中国非洲研究院文库 ———————— 新时代中国与非洲丛书

非洲华侨华人眼中的
新时代中国

China in the New Era
in the Eyes of Overseas Chinese in Africa

———————— 中国非洲研究院　主编

张梦颖　丁刚　编

社会科学文献出版社
SOCIAL SCIENCES ACADEMIC PRESS (CHINA)

"中国非洲研究院文库"
编委会名单

主　任　蔡　昉

编委会　（按姓氏笔画排序）

王　凤　　王启龙　　王林聪　　邢广程

毕健康　　朱伟东　　安春英　　李安山

李新烽　　杨宝荣　　吴传华　　余国庆

张永宏　　张宇燕　　张忠祥　　张振克

林毅夫　　罗建波　　周　弘　　赵剑英

姚桂梅　　党争胜　　唐志超　　冀祥德

充分发挥智库作用　助力中非友好合作

——"中国非洲研究院文库"总序

　　当前，世界之变、时代之变、历史之变正以前所未有的方式展开。一方面，和平、发展、合作、共赢的历史潮流不可阻挡，人心所向、大势所趋决定了人类前途终归光明。另一方面，恃强凌弱、巧取豪夺、零和博弈等霸权霸道霸凌行径危害深重，和平赤字、发展赤字、安全赤字、治理赤字加重，人类社会面临前所未有的挑战。

　　作为世界上最大的发展中国家，中国始终是世界和平的建设者、国际秩序的维护者、全球发展的贡献者。非洲是发展中国家最集中的大陆，是维护世界和平、促进全球发展的重要力量之一。在世界又一次站在历史十字路口的关键时刻，中非双方比以往任何时候都更需要加强合作、共克时艰、携手前行，共同推动构建人类命运共同体。

　　中国和非洲都拥有悠久灿烂的古代文明，都曾走在世界文明的前列，是世界文明百花园的重要成员。中非双方虽相距万里，但文明交流互鉴的脚步从未停歇。进入 21 世纪，特别是中共十八大以来，中非文明交流互鉴迈入新阶段。中华文明和非洲文明都孕育和彰显出平等相待、相互尊重、和谐相处等重要理念，深化中非文明互鉴，增强对彼此历史和文明的理解认知，共同讲好中非友好合作故事，有利于为新时代中非友好合作行稳致远汲取历史养分、夯实思想根基。

中国式现代化，是中国共产党领导的社会主义现代化，既有各国现代化的共同特征，又有基于自己国情的中国特色。中国式现代化，深深植根于中华优秀传统文化，体现了科学社会主义的先进本质，借鉴吸收一切人类优秀文明成果，代表了人类文明进步的发展方向，展现了不同于西方现代化模式的新图景，是一种全新的人类文明形态。中国式现代化的新图景，为包括非洲国家在内的广大发展中国家发展提供了有益参考和借鉴。近年来，非洲在自主可持续发展、联合自强道路上取得了可喜进步，从西方人眼中"没有希望的大陆"变成了"充满希望的大陆"，成为"奔跑的雄狮"。非洲各国正在积极探索适合自身国情的发展道路，非洲人民正在为实现《2063年议程》与和平繁荣的"非洲梦"而努力奋斗。中国坚定支持非洲国家探索符合自身国情的发展道路，愿与非洲人民共享中国式现代化机遇，在中国全面建设社会主义现代化国家新征程上，以中国的新发展为非洲和世界提供发展新机遇。

中国与非洲传统友谊源远流长，中非历来是命运共同体。中国高度重视发展中非关系，2013年3月，习近平担任国家主席后首次出访就选择了非洲；2018年7月，习近平连任国家主席后首次出访仍然选择了非洲；截至2023年8月，习近平主席先后5次踏上非洲大陆，访问坦桑尼亚、南非、塞内加尔等8国，向世界表明中国对中非传统友谊倍加珍惜，对非洲和中非关系高度重视。在2018年中非合作论坛北京峰会上，习近平主席指出："中非早已结成休戚与共的命运共同体。我们愿同非洲人民心往一处想、劲往一处使，共筑更加紧密的中非命运共同体，为推动构建人类命运共同体树立典范。"2021年中非合作论坛第八届部长级会议上，习近平主席首次提出了"中非友好合作精神"，即"真诚友好、平等相待，互利共赢、共同发展，主持公道、捍卫正义，顺应时势、开放包容"。这是对中非友好合作丰富内涵的高度概括，是中非双方在争取民族独立和国家解放的历史进程中培育的宝贵财富，是中非双方在发展振兴和团结协作的伟大征程上形成的重要风范，体现了友好、平等、共赢、正义的鲜明特征，是新型国际关系的时代标杆。

随着中非合作蓬勃发展，国际社会对中非关系的关注度不断提高。一方面，震惊于中国在非洲影响力的快速上升；另一方面，忧虑于自身在非洲影响力的急速下降，西方国家不时泛起一些肆意抹黑、诋毁中非关系的奇谈怪论，如"新殖民主义论""资源争夺论""中国债务陷阱论"等，给中非关系的发展带来一定程度的干扰。在此背景下，学术界加强对非洲和中非关系的研究，及时推出相关研究成果，提升中非双方的国际话语权，展示中非务实合作的丰硕成果，客观积极地反映中非关系良好发展，向世界发出中国声音，显得日益紧迫和重要。

以习近平新时代中国特色社会主义思想为指导，中国社会科学院努力建设马克思主义理论阵地，发挥为党和国家决策服务的思想库作用，努力为构建中国特色哲学社会科学学科体系、学术体系、话语体系作出新的更大贡献，不断增强我国哲学社会科学的国际影响力。中国社会科学院西亚非洲研究所是遵照毛泽东主席指示成立的区域性研究机构，长期致力于非洲问题和中非关系研究，基础研究和应用研究双轮驱动，融合发展。

以西亚非洲研究所为主体、于 2019 年 4 月成立的中国非洲研究院，是习近平主席在中非合作论坛北京峰会上宣布的加强中非人文交流行动的重要举措。西亚非洲研究所及中国非洲研究院自成立以来，发表和出版了大量论文、研究报告和专著，为国家决策部门提供了大量咨询报告，在国内外的影响力不断扩大。遵照习近平主席致中国非洲研究院成立贺信精神，中国非洲研究院的宗旨是：汇聚中非学术智库资源，深化中非文明互鉴，加强中非治国理政和发展经验交流，为中非和中非同其他各方的合作集思广益、建言献策，为中非携手推进"一带一路"高质量发展、共同建设面向未来的中非全面战略合作伙伴关系、构筑更加紧密的中非命运共同体提供智力支持和人才支撑。

中国非洲研究院有四大功能：一是发挥交流平台作用，密切中非学术交往。办好三大讲坛、三大论坛、三大会议。三大讲坛包括"非洲讲坛""中国讲坛""大使讲坛"，三大论坛包括"非洲留学生论坛""中非学术翻译论坛""大航海时代与 21 世纪海上丝绸之路海峡两岸学术论坛"，三大会议包括"中非文明对话大会""《（新编）中国通史》和《非洲通史（多卷本）》比较研究国际研讨会""中国非洲研究年会"。二是发挥研究基地作用，聚焦共建"一带一路"。开展中非合作研究，对中非共同关注的重大问题和热点问题进行跟踪研究，定期发布研究课题及其成果。三是发挥人才高地作用，培养高端专业人才。开展学历学位教育，实施中非学者互访项目，扶持青年学者，培养高端专业人才。四是发挥传播窗口作用，讲好中非友好故事。办好中国非洲研究院微信公众号，办好中国非洲研究院中英文网站，创办多语种《中国非洲学刊》。

为贯彻落实习近平主席的贺信精神，更好汇聚中非学术智库资源，团结非洲学者，引领中国非洲研究队伍提高学术水平和创新能力，推动相关非洲学科融合发展，推出精品力作，同时重视加强学术道德建设，中国非洲研究院面向全国非洲研究学界，坚持立足中国，放眼世界，特设"中国非洲研究院文库"。"中国非洲研究院文库"坚持精品导向，由相关部门领导与专家学者组成的编辑委员会遴选非洲研究及中非关系研究的相关成果，并统一组织出版。文库下设五大系列丛书："学术著作"系列重在推动学科建设和学科发展，反映非洲发展问题、发展道路及中非合作等某一学科领域的系统性专题研究或国别研究成果；"学术译丛"系列主要把非洲学者以及其他方学者有关非洲问题研究的学术著作翻译成中文出版，特别注重全面反映非洲本土学者的学术水平、学术观点和对自身发展问题的认识；"智库报告"系列以中非关系为研究主线，中非各领域合作、国别双边关系及中国与其他国际角色在非洲的互动关系为支撑，客观、准确、翔实地反映中非合作的现状，为新时代中非关系顺利发展提供对策建议；"研究论丛"系列集结中国专家学者研究非洲国际关系和非洲政治、经济、安全、社会发展等方面的重大问题，形成的一批创新性学术研究成果，具有基础性、系统性和标志性的特点；"年鉴"系列是连续出版的资料性文献，分中英文两种版本，设有"重要文献""热点聚焦""专题特稿""研究综述""新书选介""学刊简介""学术机构""学术动态""数据统计""年度大事"等栏目，系统汇集每年度非洲研究的新观点、新动态、新成果。

在中国非洲研究院成立这一新的历史起点上，期待中国的非洲研究和非洲的中国研究凝聚国内研究力量，联合非洲各国专家学者，开拓进取，勇于创新，不断推进我国的非洲研究、非洲的中国研究以及中非关系研究，从而更好地服务于中非高质量共建"一带一路"，助力新时代中非友好合作全面深入发展，推动构建更加紧密的中非命运共同体。

中国非洲研究院

2023 年 9 月

习近平外交思想指引
新时代中国非洲研究

——"新时代中国与非洲丛书"总序

党的十八大以来，中国特色社会主义进入新时代，这是我国发展新的历史方位。经过新时代十年团结奋斗，中国完成了全面建成小康社会的历史任务，实现了第一个百年奋斗目标，迈上全面建设社会主义现代化国家新征程，向第二个百年奋斗目标进军。新时代十年的伟大变革，在党史、新中国史、改革开放史、社会主义发展史、中华民族发展史上具有里程碑意义。

与此同时，国际形势发生深刻复杂变化，当今世界处于大发展大变革大调整时期，正在经历百年未有之大变局。习近平总书记在党的二十大报告中指出："当前，世界之变、时代之变、历史之变正以前所未有的方式展开。一方面，和平、发展、合作、共赢的历史潮流不可阻挡，人心所向、大势所趋决定了人类的前途光明。另一方面，恃强凌弱、巧取豪夺、零和博弈等霸权霸道霸凌行径危害深重，和平赤字、发展赤字、安全赤字、治理赤字加重，人类社会面临前所未有的挑战。"

"世界怎么了？我们怎么办？"习近平总书记深刻思考人类命运前途，积极推进重大外交理论和实践创新，形成了习近平外交思想。习近平外交思

1

想是习近平新时代中国特色社会主义思想的重要组成部分，为新时代我国对外工作提供了根本遵循和行动指南。

新时代十年，我们全面推进中国特色大国外交，努力推动构建人类命运共同体和构建新型国际关系，积极发展全球伙伴关系，维护大国关系总体稳定，深化同周边国家外交，加强同发展中国家团结合作，形成全方位、多层次、立体化的外交总体布局。在中国外交总体布局中，非洲占有非常重要之地位。中国是世界上最大的发展中国家，非洲是发展中国家最集中的大陆，中非从来都是命运共同体。发展同非洲国家的团结合作是中国对外政策的重要基石，也是中国长期坚定的战略选择。

新时代十年，习近平主席高度重视中非关系，以元首外交引领中非关系行稳致远。2013 年 3 月，习近平就任国家主席后首次出访便选择了非洲，至今共四次踏上非洲大陆，足迹遍及非洲东西南北中。非洲国家领导人也纷纷来华访问或者出席国际会议。对此，习近平主席都予以热情接待，进行会谈或会见。习近平主席高度重视中非合作论坛工作，连续出席 2015 年约翰内斯堡峰会、2018 年北京峰会和 2021 年第八届部长级会议并发表重要演讲。新冠疫情发生后，习近平主席主持中非团结抗疫特别峰会，并通过视频、通话等方式与非洲领导人保持密切沟通。2022 年 11 月，坦桑尼亚总统萨米娅·哈桑访华，成为党的二十大后中方接待的首位非洲国家元首，充分体现了中坦关系的密切程度和中非关系在中国外交全局中的重要地位。

新时代十年，习近平主席基于对中非发展和世界大势的深刻认识和准确把握，就中非关系发展作出一系列重要论述，提出一系列新理念、新思想、新倡议，为中非友好合作全面深入发展指明了方向。习近平主席提出的"真实亲诚"政策理念和正确义利观，成为中国加强同包括非洲国家在内的广大发展中国家团结合作的重要理念和指导原则。习近平主席提出构建"责任共担、合作共赢、幸福共享、文化共兴、安全共筑、和谐共生"的新时代中非命运共同体，为推动构建人类命运共同体树立典范。习近平主席倡导中非高质量共建"一带一路"，助力中非实现共同发展，造福中非人民。习近平主席提出将中非关系提升为全面战略合作伙伴关系，明确了新时代中非关系的战略定位和方向。习近平主席还高度概括总结了中非友好合作精神，即"真诚友好、平等相待，互利共赢、共同发展，主持公道、捍卫正义，顺应时势、开放包容"，成为新时代中非关系继往开来的力量源泉。

新时代十年，是中非合作成果丰硕的十年。在中非双方共同努力下，中非合作实现跨越式发展，结出丰硕成果。中非政治互信持续深化，为中非合作保驾护航；中非经贸合作迅速发展，为中非关系注入强大动力；中非人文交流日益扩大，促进中非民心相通；中非安全合作稳步拓展，助力非洲实现和平稳定；中非国际合作不断增强，维护国际公平正义。其中，人文交流与合作是新时代中非合作的重要内容，是中非全面战略合作伙伴关系的重要组成部分，是中非命运共同体的重要支柱。近年来，中非在文化、教育、科技、卫生、媒体、智库、青年、妇女等方面的交流与合作日益扩大，取得积极成效，从而使中非关系的社会民意基础不断夯实巩固。

随着中非关系快速发展，中非双方都认识到智库在提供知识和智力支持方面的积极作用，中非智库交流与合作不断增强。2018年9月3日，习近平主席在中非合作论坛北京峰会上宣布，"中国决定设立中国非洲研究院，同非方深化文明互鉴"。2019年4月9日，中国非洲研究院正式成立，习近平主席专门致信祝贺，将中非智库交流与合作推向新阶段。

习近平主席在贺信中指出："希望中国非洲研究院汇聚中非学术智库资源，增进中非人民相互了解和友谊，为中非和中非同其他各方的合作集思广益、建言献策，为促进中非关系发展、构建人类命运共同体贡献力量！"习近平主席贺信为中国非洲研究院发展指明了方向，贺信精神是中国非洲研究院建院之本、强院之魂。

中国非洲研究院成立以来，认真学习领会习近平新时代中国特色社会主义思想，深入贯彻落实习近平主席贺信精神，紧紧围绕"四大功能"定位，全面扎实推进各项工作。中国非洲研究院设立"三大交流机制"，包括中非治国理政交流机制、中非可持续发展交流机制和中非共建"一带一路"交流机制，积极促进中非学术交流，加强交流平台建设。推出"中国非洲研究院文库"，出版学术专著、智库报告、学术译丛、研究论丛、中国非洲研究年鉴等系列学术研究成果，扎实推进国内非洲研究和中非联合研究，加强研究基地建设。创办"三大讲坛"，包括中国讲坛、非洲讲坛和大使讲坛，举办"中非文明对话大会"和"非洲留学生论坛"，精心打造知名品牌，加强传播窗口建设。深入学习贯彻习近平外交思想，紧密配合我国外交大局，组织"非洲大使中国行"等活动，同时加强应用对策研究，充分发挥高端智库功能。高度重视人才培养，加大力度培养致力于中非友好合作的"中国通"和"非洲通"，加强人才高地建设。设立中国非洲研究院国际顾问委员会，同时创新完善机制建设，汇聚学术智库资源。经过不懈努力，中国非洲研究院工作初见成效，在国内外的影响力逐步显现，引领中国非洲研究和汇聚中非学术智库资源的作用不断增强。

新时代，中国非洲研究院肩负着"为促进中非关系发展、构建人类命运共同体贡献力量"的重要使命。为加强新时代中非关系的研究，中国非洲研究院经过深入调研后决定设立"新时代中国与非洲"重点课题，并成立专门课题组，吸纳科研骨干力量，开展专题研究。该课题旨在深入研究新时代元首外交对中非关系的引领作用，系统阐述习近平主席关于中非关系的重要论述，深刻领悟习近平外交思想中关于中非关系的新思想、新理念、新倡议，全面总结新时代中非友好合作的重要成就及意义。

我们希望，通过该丛书，为加强新时代中国非洲研究，促进中非文明交流互鉴，增进中非人民相互了解和友谊，推动构建中非命运共同体和人类命运共同体贡献学术力量！

中国非洲研究院

2023 年 9 月

目　录

中非友谊篇

习近平与"真实亲诚"理念 ………………………… 朱金峰/ 3

习近平与非洲的故事 ………………………… 倪　康　许逢春/ 16

中坦友谊之花盛开 ………………………… 易志凌/ 32

中坦关系这十年 ………………………… 夏赵春/ 46

非洲人眼中的中国 ………………………… 蒋清溪/ 60

非洲人眼中的习近平 ………………………… 林努宏/ 74

中非合作篇

习近平与中非合作论坛 ………………………… 卓　武/ 93

说说中国援非那些事 ………………………… 段新建/ 103

中非合作助推非洲工业化

　　——从乌干达华人企业天唐集团说起 ………………………… 武　军/ 114

中非职教合作面面观 ………………………… 张　娜/ 121

中非故事篇

非洲与"双奥之城"的故事 ················· 严钦兴／133

中国英模人物与非洲的故事 ············· 张志刚／143

听主席讲中国故事 ················· 严昌仁／150

携手前进　共逐梦想 ················· 黄　樱／159

中非交流篇

开展中非人文交流　促进中非民心相通 ········· 连雪花／169

习近平四访非洲回顾 ············· 陈建南　张法鑫／178

习近平对南非的五次访问 ············· 覃昌华／193

新中国历任领导人与非洲 ············· 李曼娟／205

共情抗疫篇

在华非洲人同心抗疫 ················· 金　浩／221

非洲人民与中国人民在一起 ············· 姚丽红／235

旅非侨界驰援祖国抗疫 ················· 丁延钰／246

中国助力非洲抗疫 ················· 严义祥／256

非洲侨界支持驻在国抗疫 ················· 王　鑫／264

中非团结抗疫　侨界共克时艰 ············· 王剑华／277

命运共同体篇

我所理解的中非命运共同体 ············· 南庚戌／295

携手共建人类卫生健康共同体 ……………………………… 王宏伟／305

念民之所忧　行民之所盼 ………………………………… 黄跃权／316

中国医疗队精神 …………………………………………… 迟成峰／327

在非洲感受"人类命运共同体"理念 …………………………… 杨彦涛／339

其他内容篇

非洲人读《习近平谈治国理政》 …………………………… 谢燕申／347

习近平扶贫理念对南非扶贫事业的启示 ………………………… 姒　海／357

新时代与精神的力量 ……………………………………… 陈克辉／364

后　记 …………………………………………………………… ／379

中非友谊篇

习近平与"真实亲诚"理念

朱金峰

作者简介：

朱金峰，河北籍，坦桑尼亚中华总商会会长，坦桑尼亚中国和平统一促进会荣誉会长，坦桑尼亚华助中心原主任，中非民间交流与合作促进会常务副会长，世界百家姓总会副会长兼朱氏委员会主席，河北省侨联海外委员、北京市侨联海外顾问。

2013 年 3 月 24 日至 25 日，习近平主席访问坦桑尼亚。这是习近平就任中国国家主席后首次出访访问的第一个非洲国家。此举表明，习近平主席非常重视和关心非洲，中非关系是新时代最重要的国际关系之一。

时任坦桑尼亚总统基奎特表示，当他第一次听到习近平主席把坦桑尼亚作为访问非洲的第一站时，几乎不敢相信自己的耳朵。坦桑尼亚外长对央视记者说，习近平主席对坦桑尼亚的访问对其来说是一种至高无上的荣誉。

在习近平主席到达前，大街小巷上都已经悬挂上五星红旗。当地媒体对这件事情非常关注。《国民报》连续三天刊登相关报道和文章，阐述了习近平主席访问坦桑尼亚的重要意义，介绍了中国和坦桑尼亚在经济合作领域的发展成果和趋势。

当地时间 2013 年 3 月 24 日，习近平主席乘坐的专机抵达机场。习近平主席和夫人彭丽媛走下舷梯，受到坦桑尼亚总统基奎特和夫人热情迎接。两国元首紧紧握手，坦桑尼亚儿童献上鲜花。坦桑尼亚副总统比拉勒、总理平达及多名内阁成员到机场迎接，习近平同他们亲切握手，互致问候。①

这一天，达累斯萨拉姆风和日丽，阳光灿烂，尼雷尔国际机场洋溢着一派友好热烈气氛，中坦两国国旗迎风飘扬，当地民众身着节日盛装，挥动着五彩缤纷的旗帜，兴高采烈地迎候中国贵宾的到来。

坦桑尼亚政府在机场举行隆重欢迎仪式。两国元首登上检阅台，军乐队奏中坦两国国歌，鸣礼炮21响。习近平主席检阅仪仗队，并检阅分列式。随后，当地民众挥舞着中坦两国国旗，跳起热情奔放的舞蹈，为中坦友谊欢呼。习近平主席在基奎特总统陪同下观看了具有浓郁非洲风格的歌舞表演。

习近平主席在机场发表了讲话，向坦桑尼亚人民转达中国人民的诚挚问候和良好祝愿。习近平主席强调，"中坦有着兄弟般传统友谊，深深扎根于两国人民心中。两国堪称全天候朋友。我这次访问是为了巩固传统友谊，规划未来合作，促进共同发展。相信访问一定会为两国友好合作关系发展注入新的动力和活力"②。

中国的发展离不开世界、离不开非洲，世界和非洲的繁荣稳定也需要中国。中非虽然远隔重洋，但中非人民的心是相通的。联结中国和非洲的，不仅是深厚的传统友谊、密切的利益纽带，还有我们各自的梦想。华商来到非洲打拼，是因为非洲能够给我们发展的机会，非洲人去中国学习和经商，也是因为中国能给予他们大量机会。中非传统友好合作关系是几十年来双方共同努力形成的。延续至今的中非友谊也是因为双方之间存在着利益的纽带，以及共同的梦想。

3月25日，习近平主席在坦桑尼亚尼雷尔国际会议中心发表了题为《永远做可靠朋友和真诚伙伴》的重要演讲。这篇演讲是讲给坦桑尼亚和非洲听的，是讲给中国人和非洲华侨华人听的，也是讲给世界听的，在这篇著

---

① 《习近平开始对坦桑尼亚进行国事访问》，人民网，2013年3月25日，http：//politics.people.com.cn/n/2013/0325/c1001-20897975.html，最后访问日期：2023年5月25日。

② 《习近平开始对坦桑尼亚进行国事访问》，人民网，2013年3月25日，http：//politics.people.com.cn/n/2013/0325/c1001-20897975.html，最后访问日期：2023年5月25日。

名的演讲中，习近平主席阐述了他对非洲的看法和中非友好理念，指出了中非关系的发展方向。

习近平主席在演讲时，先用斯瓦希里语"哈巴里！哈巴里！"向基奎特总统和在场者问候，斯瓦希里语"Habari"（哈巴里）的意思是"大家好"。他在演讲结束时又用斯瓦希里语"阿桑特尼萨那"（Asantenisana）表达感谢，斯瓦希里语"阿桑特尼萨那"的意思是"谢谢大家"。习近平主席说："这是我担任中国国家主席之后首次访问非洲，也是我第六次踏上非洲大陆。"①

当时，我聆听了习近平主席演讲，当听到习近平主席说这是他第六次来到非洲时愣了一下，但很快就回忆起来，2010年习近平以国家副主席的身份访问过非洲，再往前他在福建等省份担任领导职务时也曾到非洲访问过。

习近平主席说："一踏上坦桑尼亚这片美丽的土地，我就感受到了坦桑尼亚人民对中国人民热情奔放的友情，坦桑尼亚政府和人民举行了特殊的隆重欢迎仪式。这不仅是对我和中国代表团的重视，更体现了中坦两国和两国人民深厚的传统友谊。"②

确实与习近平主席说的一样，坦桑尼亚人对中国人是热情友好的，这应该源于20世纪60年代中坦建立起来的友谊，我在2000年来到坦桑尼亚时，同样感受到坦桑尼亚人的热情欢迎，正是坦桑尼亚人的热情和友善，让我在这里长期生活下来。

习近平主席说："首先，我谨代表中国政府和人民，并以我个人的名义，向在座各位朋友，向兄弟的坦桑尼亚人民和非洲人民，致以诚挚的问候和良好的祝愿！我还要感谢基奎特总统和坦桑尼亚政府为我这次访问所作的

---

① 习近平：《永远做可靠朋友和真诚伙伴——习近平在坦桑尼亚尼雷尔国际会议中心的演讲（全文）》，人民网，2013年3月26日，http：//theory.people.com.cn/n/2013/0326/c136457-20914243.html，最后访问日期：2023年5月25日。

② 习近平：《永远做可靠朋友和真诚伙伴——习近平在坦桑尼亚尼雷尔国际会议中心的演讲（全文）》，人民网，2013年3月26日，http：//theory.people.com.cn/n/2013/0326/c136457-20914243.html，最后访问日期：2023年5月25日。

精心安排和热情接待！"①

　　习近平主席把坦桑尼亚人民和非洲人民称为"兄弟"，令我备受感动，因为我们平时在坦桑尼亚也是把当地人视为"兄弟"，坦桑尼亚人民热情似火，对中国人民有发自内心的友好，就像非洲的阳光那样温暖热烈，让人难以忘怀。

　　习近平主席说："坦桑尼亚是人类发源地之一。坦桑尼亚人民有着光荣传统，为非洲人民争取民族独立、反对种族隔离斗争的胜利作出了重要贡献。"②

　　认可坦桑尼亚是人类发源地之一，理解人类是平等的，就能减少很多无谓的种族歧视。中国在争取民族解放时牺牲很大，而坦桑尼亚人在争取民族独立、反对种族隔离斗争的过程中，也付出了很大代价。

　　习近平主席还在访问题坦桑尼亚时会见了旅坦华人华侨、中资企业代表和留学生代表。我也有幸受到习近平主席接见。习近平主席向我们致以亲切问候，介绍了祖国的发展和党的十八大，希望我们成为中坦和中非民间友好的使者，并与我们一起合影。我的好朋友冯振宇也一起参加了习近平主席的会见活动。他说，习近平主席的接见让自己备感自豪，深受鼓舞。在实现中华民族伟大复兴的道路上，坦桑尼亚侨界必将同心同德，紧跟祖国步伐奔向伟大目标，共同开创更美好的未来。

　　习近平主席表示，"非洲有句谚语：'河有源泉水才深'。中非友好交往源远流长。上世纪五六十年代，毛泽东、周恩来等领导人和非洲领导人共同开启了中非关系新纪元。从那时起，中非人民在反殖反帝、争取民族独立和解放的斗争中，在发展振兴的道路上，相互支持、真诚合作，结下了同呼

---

①　习近平：《永远做可靠朋友和真诚伙伴——习近平在坦桑尼亚尼雷尔国际会议中心的演讲（全文）》，人民网，2013 年 3 月 26 日，http://theory.people.com.cn/n/2013/0326/c136457-20914243.html，最后访问日期：2023 年 5 月 25 日。

②　习近平：《永远做可靠朋友和真诚伙伴——习近平在坦桑尼亚尼雷尔国际会议中心的演讲（全文）》，人民网，2013 年 3 月 26 日，http://theory.people.com.cn/n/2013/0326/c136457-20914243.html，最后访问日期：2023 年 5 月 25 日。

吸、共命运、心连心的兄弟情谊"①。

是的,正是过去半个多世纪的共同努力及其产生的丰富成果,才为我们继续推进中非关系打下了坚实基础、积累了宝贵经验。而习近平主席用非洲谚语阐述中非传统友谊,也让当地人感到十分亲切。

习近平主席表示,今天,在双方共同努力下,中非各领域合作取得显著成果。"2012 年,中非贸易额接近 2000 亿美元,中非人员往来超过 150 万人次。截至去年,中国对非洲的直接投资累计超过 150 亿美元。今年是中国向非洲派出医疗队 50 周年,50 年来累计派出 1.8 万人次的医疗人员,诊治了 2.5 亿人次的非洲患者。"②

数字最有说服力,习近平主席当年列举的这些数据,10 年后的 2021 年,中非贸易额已超过 2500 亿美元,中国对非洲的直接投资累计超过 460 亿美元。中国向非洲累计派出 2.6 万人次的医疗人员,诊治了 2.8 亿人次的非洲患者。在新形势下,中非关系的重要性不是降低了,而是提高了,双方共同利益不是减少了,而是增多了。所以,中方发展对非关系的力度不会削弱、只会加强。

习近平主席表示,"中国为非洲发展提供了力所能及的帮助"。"中方希望中非关系发展得越来越好,也希望其他国家同非洲关系发展得越来越好。"③

谦虚是中华民族的美德。习近平主席说:"中国为非洲发展提供了力所能及的帮助。"④ 早在坦赞铁路建设时期,中国是以举国之力来帮助非洲的。而在 2002 年至 2012 年,相比美国、欧洲、俄罗斯、日本和印度,中国是对

---

① 习近平:《永远做可靠朋友和真诚伙伴——习近平在坦桑尼亚尼雷尔国际会议中心的演讲（全文）》,人民网,2013 年 3 月 26 日,http://theory.people.com.cn/n/2013/0326/c136457-20914243.html,最后访问日期:2023 年 5 月 25 日。

② 习近平:《永远做可靠朋友和真诚伙伴——习近平在坦桑尼亚尼雷尔国际会议中心的演讲（全文）》,人民网,2013 年 3 月 26 日,http://theory.people.com.cn/n/2013/0326/c136457-20914243.html,最后访问日期:2023 年 5 月 25 日。

③ 习近平:《永远做可靠朋友和真诚伙伴——习近平在坦桑尼亚尼雷尔国际会议中心的演讲（全文）》,人民网,2013 年 3 月 26 日,http://theory.people.com.cn/n/2013/0326/c136457-20914243.html,最后访问日期:2023 年 5 月 25 日。

④ 习近平:《习近平谈治国理政》,外文出版社,2014,第 305 页。

非洲帮助最大的。中国真心希望中非关系发展得越来越好，也希望其他国家同非洲的关系发展得越来越好。非洲能够快速发展，中国是乐见其成的。

习近平主席也曾表示："非洲人民也给了中国人民大力支持和无私帮助。2008 年北京奥运会火炬在达累斯萨拉姆传递过程中，坦桑尼亚人民像欢庆自己的节日一样，载歌载舞迎接奥运圣火，喜庆的画面深深定格在中国人民的脑海中。"他说："中国感谢非洲国家和非洲人民长期以来给予中国的大力支持和无私帮助，我们在事关对方核心利益的问题上，从来都是立场鲜明、毫不含糊地支持对方。"① 非洲人民对中国的支持，历届中国领导人都牢记在心。

2008 年北京奥运会是中国第一次承办奥运会，这是中国的一件大事，也是喜事，但当时有些国家和某些国际势力却想借圣火传递给中国添堵。当然，在坦桑尼亚，坦桑尼亚人民载歌载舞迎接奥运圣火，像欢庆自己的节日一样祝贺中国举办奥运会。我当时也参加了奥运圣火迎接和传递活动，这是奥运圣火第一次来到东非国家，在坦桑尼亚传递奥运圣火的过程中，沿途的坦桑尼亚人民脸上都洋溢着灿烂的笑容，他们为奥运圣火的到来激动地振臂高呼。

在奥运圣火传递仪式的当天，坦桑尼亚华侨华人很早就冒着小雨来到达累斯萨拉姆的火车站广场。这里是奥运圣火接力传递的起始站，坦桑尼亚副总统出席仪式并发表热情洋溢的讲话。在传递过程中，十多位中国人也参加了奥运圣火接力。完成奥运圣火接力之后，中坦两国数千人一起观看了坦桑尼亚艺术家们精心准备的富有非洲风情的盛大文艺表演，大家共同庆祝。

习近平主席说："中国汶川特大地震发生后，非洲国家纷纷伸出援手，有的国家自己也不富裕、人口不到 200 万，向地震灾区慷慨捐出 200 万欧元，相当于人均 1 欧元，这份情谊让中国人民备感温暖。"②

许多非洲国家比中国贫困，特别是改革开放以来中国经济腾飞之后，非

---

① 习近平：《永远做可靠朋友和真诚伙伴——习近平在坦桑尼亚尼雷尔国际会议中心的演讲（全文）》，人民网，2013 年 3 月 26 日，http://theory.people.com.cn/n/2013/0326/c136457-20914243.html，最后访问日期：2023 年 5 月 25 日。

② 习近平：《永远做可靠朋友和真诚伙伴——习近平在坦桑尼亚尼雷尔国际会议中心的演讲（全文）》，人民网，2013 年 3 月 26 日，http://theory.people.com.cn/n/2013/0326/c136457-20914243.html，最后访问日期：2023 年 5 月 25 日。

洲和中国的差距更大了。习近平主席在坦桑尼亚演讲时，反复提及非洲对中国的支持，他举的这个汶川地震捐款的例子是西非国家赤道几内亚，一个不足 200 万人的国家向中国捐款 200 万欧元，别看 200 万欧元这个数字不大，但平均下来是赤道几内亚全体国民每人捐了 1 欧元。

习近平主席说："我们双方不断加强在国际和地区事务中的协调和配合，有力维护了发展中国家共同利益。中国人民和非洲人民的友谊和合作，已经成为中非关系的标志，在国际社会传为佳话。"①

中国和非洲国家相互友好，相互支持，相互尊重。可以说，中国人民和非洲人民的友谊和合作，是中国人和非洲人的骄傲，也是旅居非洲的华人华侨的骄傲。我们在非洲的华商更是不忘每一位关心过自己的非洲朋友。

"世界上没有放之四海而皆准的发展模式，各方应该尊重世界文明多样性和发展模式多样化。中国将继续坚定支持非洲国家探索适合本国国情的发展道路，加强同非洲国家在治国理政方面的经验交流，从各自的古老文明和发展实践中汲取智慧，促进中非共同发展繁荣。"② 这是习近平主席关于中非关系的一番表述。

我们在非洲能够感受到，在 20 世纪五六十年代，美国和苏联都将自己的理念和模式强行塞给非洲，但非洲并没有因此发展起来。而习近平主席鼓励非洲国家探索适合本国国情的发展道路。非洲完全可以从自己的文明和文化中汲取智慧，这些文明和文化是根植于非洲大地的，一定是符合非洲的。

习近平主席主张，"非洲是非洲人的非洲，任何国家发展同非洲关系，都应该尊重非洲的尊严和自主性"。中国"反对干涉别国内政，将继续同非方在涉及对方核心利益和重大关切的问题上相互支持，继续在国际和地区事务中坚定支持非洲国家的正义立场，维护发展中国家共同利益。中国将继续坚定支持

---

① 习近平：《永远做可靠朋友和真诚伙伴——习近平在坦桑尼亚尼雷尔国际会议中心的演讲（全文）》，人民网，2013 年 3 月 26 日，http://theory. people. cn/n/2013/0326/c136457-20914243. html，最后访问日期：2023 年 5 月 25 日。

② 习近平：《永远做可靠朋友和真诚伙伴——习近平在坦桑尼亚尼雷尔国际会议中心的演讲（全文）》，人民网，2013 年 3 月 26 日，http://theory. people. com. cn/n/2013/0326/c136457-20914243. html，最后访问日期：2023 年 5 月 25 日。

非洲自主解决本地区问题的努力，为促进非洲和平与安全作出更大贡献"①。

安全问题是非洲最严重的问题之一。每当非洲发生安全事件，西方往往会以看似是"帮忙"的方式介入，结果是越帮越乱，比如在索马里，去那执行维和任务的美军却充当起了"世界警察"，最后闹出了"黑鹰坠落"事件。非洲是非洲人的非洲。只要西方国家不干涉添乱，非洲有能力解决自己的安全问题。

西方国家应该尊重非洲的自主性。在这方面中国就是典范。中国一直尊重非洲的自主性，始终维护非洲的自主性。半个多世纪以来，在中非关系发展的每一个关键时期，中非领导人都能登高望远，找到中非合作新的契合点和增长点，以推动中非关系实现新的跨越。这种逢山开路、遇水架桥的开拓精神，是不断提高中非合作水平的重要法宝。

习近平主席通过回顾历史，认定"中非关系不是一天就发展起来的，更不是什么人赐予的，而是我们双方风雨同舟、患难与共，一步一个脚印走出来的。饮水不忘挖井人。我们将永远铭记为中非关系发展披荆斩棘、呕心沥血的人们，不断从历史中汲取前进的动力"②。

的确，不忘历史，才能知道中坦友谊的建立和发展是难能可贵的，是中坦两国人民共同努力得来的。希望每个来到非洲的中国人，都能先了解一下中非关系的历史。

习近平主席通过回顾历史，得出结论，"中非从来都是命运共同体，共同的历史遭遇、共同的发展任务、共同的战略利益把我们紧紧联系在一起。我们都把对方的发展视为自己的机遇，都在积极通过加强合作促进共同发展繁荣"③。

---

① 习近平：《永远做可靠朋友和真诚伙伴——习近平在坦桑尼亚尼雷尔国际会议中心的演讲（全文）》，人民网，2013 年 3 月 26 日，http：//theory. people. com. cn/n/2013/0326/c136457-20914243. html，最后访问时期：2023 年 5 月 25 日。

② 习近平：《永远做可靠朋友和真诚伙伴——习近平在坦桑尼亚尼雷尔国际会议中心的演讲（全文）》，人民网，2013 年 3 月 26 日，http：//theory. people. com. cn/n/2013/0326/c136457-20914243. html，最后访问时期：2023 年 5 月 25 日。

③ 习近平：《永远做可靠朋友和真诚伙伴——习近平在坦桑尼亚尼雷尔国际会议中心的演讲（全文）》，人民网，2013 年 3 月 26 日，http：//theory. people. com. cn/n/2013/0326/c136457-20914243. html，最后访问日期：2023 年 5 月 25 日。

早在坦桑尼亚争取民族独立的时候，就与中国结成了命运共同体。在新时代，要积极加强中坦合作，促进共同发展，实现共同繁荣，努力共筑中坦、中非命运共同体。

习近平主席提出的"真实亲诚"对非政策理念表明，中国对待非洲朋友以"真"为重。真朋友最可贵。全非洲是一个命运与共的大家庭。中方真诚祝愿并坚定支持非洲在联合自强的道路上步子迈得更大一些，推动非洲和平与发展事业不断跨上新的台阶。

"真"的含义是"真正的朋友"，相互之间"真心真意"的平等相待。中非传统友谊弥足珍贵，值得加倍珍惜。中国坚持国家不分大小、强弱、贫富，一律平等，秉持公道、伸张正义，反对以大欺小、以强凌弱、以富压贫。这方面，中国是坚定支持联合国的。中国同非洲国家的团结合作，是中国对外关系的重要组成部分，这一点绝不会因为中国自身的发展和国际地位的提高而发生变化。

在非洲的华人华侨最清楚，中国一直重视同非洲国家的团结与合作。由于美国和西方从中作梗，新中国曾未能及时恢复联合国合法席位，在国际上的话语权也较弱，1971年新中国恢复联合国合法席位后，拥有联合国安理会常任理事国的一票否决权，国际地位有所提高。20世纪八九十年代，中国经过改革开放，国力有所提高，国际地位快速上升。

特别是在2001年中国加入世界贸易组织（WTO）后，中国因市场体量增大而拥有更高的国际地位，到2008年经济危机后，中国有了较大的话语权。非洲国家也很清楚，美国奉行的政策是"美国优先"，不会顾及非洲国家的利益，支持非洲国家发展，有了这个对比，非洲人民就知道几十年来持之以恒关心非洲发展的中国才是"真正的朋友"。

因此，习近平主席说的"真"，就是中非之间真诚友好、相互尊重、平等互利、共同发展，这是中非关系的本质特征。中非双方谈得来，相互之间的关系平等。中国不把自己的意志强加给非洲，非洲也不把自己的意志强加给中国。

习近平主席认为，"开展对非合作，我们讲一个'实'字。中国不仅是合作共赢的倡导者，更是积极实践者"①。只要是中方作出的承诺，就一定会不折不扣落到实处。

习近平主席讲的这个"实"，是实在、实施、实惠、落实。中国致力于把自身发展同非洲发展紧密联系起来，把中国人民的利益同非洲人民的利益紧密结合起来，把中国的发展机遇同非洲的发展机遇紧密融合起来，真诚希望非洲国家发展得更快一些、更好一些，期盼非洲人民日子过得更美好一些。随着中国经济实力和综合国力不断提高，中国将继续为非洲发展提供应有的、不附加任何政治条件的帮助。

中国在谋求自身发展的同时，始终向非洲朋友提供力所能及的支持和帮助。从 2013 年至 2022 年，中国对非洲的帮扶已影响到非洲的方方面面，从机场、公路、铁路、港口到博物馆、体育馆，再到粮食和新冠疫情时期的口罩与疫苗，等等，中国对非洲发展提供的帮助是实实在在的。这种帮扶力度也被认为是世界大国中对非洲支持力度最大的。

中国有个理念，叫"授人以鱼，不如授人以渔"。中国通过人才合作加强对非洲技术转让和经验共享。中国承诺要加强同非洲国家在农业、制造业等领域的互利合作，帮助非洲国家把资源优势转化为发展优势。只要是中方作出的承诺，就一定会不折不扣落到实处。在中非合作论坛北京峰会上，中国承诺实施八大行动，几年间就全部落实到位了；在中非合作论坛第八届部长级会议上中国又提出了九项工程。可以相信，中国一定会将这些举措落实到位。

西方国家在援助非洲时，常常带有不平等的附加条件，要求非洲国家执行他们的不平等条款才能获得相应款项。与美国代表的西方国家最不一样的是，中国在帮助非洲或与非洲国家合作时，从不附加政治条件。这也是非洲国家最欢迎中国的重要原因之一。

习近平主席说："加强中非友好，我们讲一个亲字。中国人民和非洲人

---

① 习近平：《永远做可靠朋友和真诚伙伴——习近平在坦桑尼亚尼雷尔国际会议中心的演讲（全文）》，人民网，2013 年 3 月 26 日，http：//theory. people. com. cn/n/2013/0326/c136457-20914243. html，最后访问时期：2023 年 5 月 25 日。

民有着天然的亲近感。'人生乐在相知心。'中非如何知心？我以为，很重要的一点就是要通过深入对话和实际行动获得心与心的共鸣。"①

习近平主席在演讲中讲了一个故事：有一对中国年轻人，他们从小就通过电视节目认识了非洲，对非洲充满了向往。后来他们结婚了，把蜜月旅行目的地选在了坦桑尼亚。在婚后的第一个情人节，他们背上行囊来到了坦桑尼亚，领略了这里的风土人情和塞伦盖蒂草原的壮美。回国后，他们把在坦桑尼亚的所见所闻发布在博客上，得到了数万次的点击和数百条回复。他们说，我们真的爱上了非洲，我们的心从此再也离不开这片神奇的土地。这个故事说明，中非人民有着天然的亲近感，只要不断加强人民之间的交流，中非人民友谊就一定能根深叶茂。

国之交在于民相亲。近年来，随着中非关系发展，中非人民越走越近，来到非洲的中国人越来越多，习近平主席访坦前，中国电视剧《媳妇的美好时代》在坦桑尼亚热播，使坦桑尼亚观众了解到中国老百姓家庭生活的酸甜苦辣。当然，来到中国的非洲人也越来越多，一些非洲朋友活跃在中国文艺舞台上，成了中国家喻户晓的明星，现在中国的抖音上也有很多非洲网红。中非人文交流能够增进中非人民的相互了解和认知，厚植中非友好事业的社会基础，中非关系的根基和血脉在人民。中非关系是面向未来的事业，需要一代又一代中非有志青年共同接续奋斗，中非青年交流能使中非友好事业后继有人，永葆青春和活力。

习近平主席说，解决合作中出现的问题，我们讲一个"诚"字。② 中国和非洲都处在快速发展过程中，相互认知需要不断与时俱进。中方坦诚面对中非关系面临的新情况新问题，对出现的问题应该本着相互尊重、合作共赢的精神加以妥善解决。

"诚"是坦诚，是真诚，是相互尊重，是合作共赢的心态。正如习近平主

---

① 习近平：《永远做可靠朋友和真诚伙伴——习近平在坦桑尼亚尼雷尔国际会议中心的演讲（全文）》，人民网，2013 年 3 月 26 日，http://theory.people.com.cn/n/2013/0326/c136457-20914243.html，最后访问日期：2023 年 5 月 25 日。

② 习近平：《习近平谈治国理政》，外文出版社，2014，第 309 页。

席所言，中国和非洲都处在快速发展过程中，相互认知需要不断与时俱进，中非经贸合作整体而言是合作共赢的，但也多多少少、时不时会出现一些新问题。习近平主席说，"我相信，机遇总比挑战大，办法总比困难多。中方已经并将继续同非洲国家一道，采取切实措施，妥善解决中非经贸合作中存在的问题，使非洲国家从合作中更多受益。同时，我们也真诚希望非洲国家为中国企业和公民在非洲开展合作提供相应的便利条件"①。

作为有着 14 亿多人口的大国，中国用几十年的时间走完了发达国家几百年走过的发展历程，这其中的艰辛和曲折是可想而知的。现在，中国基本国情仍然是人口多、底子薄、发展不平衡，经济总量虽大，但除以 14 亿多人口，2022 年人均国内生产总值还是排在世界第 68 位。让 14 亿多人民都过上富裕的日子，仍然还有很长的路要走，还需要付出长期的艰苦努力。随着中国不断发展，中国人民生活水平必将不断提高。但是，无论中国发展到哪一步，中国永远都把非洲国家当作自己的患难之交。

习近平主席指出，中国人民正致力于实现中华民族伟大复兴的"中国梦"，非洲人民正致力于实现联合自强、发展振兴的"非洲梦"。中非人民要加强团结合作、加强相互支持和帮助，努力实现各自的梦想。中非人民还要同国际社会一道，推动实现世界的持久和平、共同繁荣，为人类和平与发展的崇高事业作出新的更大的贡献！②

习近平主席认为，当前中非关系正站在新的历史起点上，具备天时、地利、人和的优势。③ 作为"希望的大陆""发展的热土"，今天的非洲已经成为全球经济增长最快的地区之一，非洲雄狮正在加速奔跑，而中国也继续保持着良好发展势头。中非合作基础更加坚实、合作意愿更加强烈、合作机制更加完善，推进中非合作是双方人民的共同心愿，是大势所趋、人心所向。

一直以来，坦桑尼亚侨界在中国驻坦桑尼亚大使馆和国务院侨办的支持

---

① 习近平：《习近平谈治国理政》，外文出版社，2014，第 309 页。
② 习近平：《习近平谈治国理政》，外文出版社，2014，第 310 页。
③ 习近平：《习近平谈治国理政》，外文出版社，2014，第 306 页。

下，紧紧围绕"不忘初心、牢记使命"的宗旨，秉持"团结、互助、服务、奉献"的理念，积极发挥"关爱、帮扶、融入"的服务功能，各兄弟商会相互帮扶，积极配合，依靠侨界集体力量，发挥集体智慧，共同保障在坦华人华侨的合法权益和营造良好经商及生活氛围。

"真实亲诚"四个字全面阐述了新时期中非共谋和平、同促发展的政策主张。长久以来，中非友好合作关系历久弥坚，中非命运共同体理念更加深入人心。相信中非之间的兄弟情谊必将更加深厚，中非友好关系必将更加牢固。

习近平与非洲的故事

倪　康　许逢春

作者简介：

倪康，赤道几内亚华侨建筑企业联合会会长。旅非洲赤道几内亚华侨，山东省泰安籍。2010 年创办赤道几内亚中国工程有限公司，2018 年创办科特迪瓦中国工程有限公司并任总经理。2015 年参与创建赤道几内亚华侨建筑企业联合会并一直担任会长，2016 年参与创办赤道几内亚中国和平统一促进会并一直担任执行会长。

许逢春，赤道几内亚中国和平统一促进会秘书长。旅非洲赤道几内亚华侨，云南省腾冲籍。本科毕业于西安外国语大学法语系，暨南大学国际关系学院在读博士研究生，研究方向为国际关系领域的非洲研究、华侨华人与中国国家软实力。自 2016 年起一直担任赤道几内亚中国和平统一促进会秘书长、赤道几内亚华侨建筑企业联合会副会长兼秘书长、《赤道几内亚华人报》总编。

"中国和非洲国家是患难之交，患难之交不能忘。"对于非洲人民，习近平有着深厚感情。就任中国国家主席后，习近平主席多次在国内国际场合会见非洲国家领导人，四次踏上非洲大陆与非洲人民互动交流，加上在出任中国国家主席前的五次对非洲考察和访问，至 2018 年习近平主席已经到过非洲九次，在非洲留下了许多动人故事。

故事一：赤道几内亚全国人民每人捐1欧元给中国，
而且是两次

2013年3月25日，习近平主席在坦桑尼亚尼雷尔国际会议中心演讲时，讲了一个非洲支援中国的故事。中国汶川特大地震（2008年）发生后，非洲国家纷纷伸出援手，有的国家自己也不富裕、人口不到200万，向地震灾区慷慨捐出200万欧元，相当于人均1欧元，这份情谊让中国人民备感温暖。

中国汶川发生地震后，坦桑尼亚联合共和国总统、非洲联盟轮值主席贾卡亚·基奎特到中国驻坦大使馆，分别对中国四川汶川大地震的遇难者进行吊唁。他在吊唁簿上写道："谨向贵国那些在地震中丧生的民众转达最深切的哀思并向遇难者家属表示慰问。坦桑尼亚人民和我本人在此时此刻与你们共同哀悼，我们向你们确保，有无数朋友在中国以外分担你们的哀伤和悲痛，我们期待在地震中失去亲人的家庭能够从中得到力量。"①

非洲各国和非洲人民慷慨解囊，给予中国灾区大力支持和帮助。在非洲大陆西边的赤道几内亚，向中国灾区捐赠了200万欧元，赤几不到200万人口，算起来其实是以人均超过1欧元的捐款支持中国，力度之大，在国际社会的受灾捐助中少见，充分反映了中非之间浓浓的情谊。

新冠疫情期间，非洲国家政府和非洲人民更是全力支持中国抗击疫情。赤道几内亚政府向中国捐赠200万美元，相当于人均捐款1美元。

非洲人民帮助中国有无数的故事，但赤道几内亚两次以全国人民人均捐款1欧元、1美元的力度支援中国，让中国14亿多人民深受感动，这是"中非命运共同体"的生动体现。在其后非洲暴发新冠疫情时，中国也向非洲提供了大力支持。当然，还有2014年的西非埃博拉疫情，中国提供了7.5亿元人民币的支持，派出了1200人次的医务人员奔赴非洲协助抗疫。

---

① 《坦桑尼亚总统吊唁中国四川汶川大地震遇难者》，新浪网，2008年5月21日，https：//news.sina.com.cn/c/2008-05-21/175315588813.shtml，最后访问日期：2023年5月25日。

故事二：坦桑尼亚人民喜迎北京奥运圣火盛况

习近平当选中国国家主席后的首次出访就来到非洲，来到非洲第一个访问的国家就是坦桑尼亚，他在这里阐述了中国新一届政府对非洲的政策。

2013 年 3 月 25 日，习近平主席在坦桑尼亚尼雷尔国际会议中心演讲时，讲了一个坦中友好的故事。2008 年北京奥运会火炬在达累斯萨拉姆传递过程中，坦桑尼亚人民像欢庆自己的节日一样，载歌载舞迎接奥运圣火，喜庆的画面深深定格在中国人民的脑海中。

习近平主席说的是 2008 年 4 月 13 日北京奥运圣火在坦桑尼亚第一大城市达累斯萨拉姆传递的故事。这是自 1936 年奥运圣火传递活动开创以来，圣火首次抵达东非地区。坦桑尼亚副总统阿里·穆罕默德·谢因发表讲话说："坦桑尼亚能够成为唯一一个举办奥运火炬传递的非洲国家，我为此激动不已。这对我们国家来说是很少有的机会，坦桑尼亚毫无保留地支持北京奥运会。"[①]

许多当地居民和坦桑尼亚华侨华人很早就来到奥运火炬接力起点，坦桑尼亚艺术家在传递仪式开始前的两个多小时中，一直表演着富有浓郁非洲风情的舞蹈。在奥运火炬传递过程中，沿途的坦桑尼亚民众非常激动，脸上都带着灿烂的笑容。由于下雨造成路边积水，许多当地民众甚至就站在水里等待火炬的到来。淳朴的坦桑尼亚人民依靠有限的经济条件，为奥运圣火和随圣火而来的嘉宾献上了最诚挚的祝福，共同分享着圣火带来的欢乐和喜悦。

习近平当选中国国家主席后首次出访就来到非洲，他没有在非洲联盟总部演讲阐述中国新一届政府对非洲的政策，而是将地点选择在坦桑尼亚，这正是中国和坦桑尼亚之间深厚友谊的体现。

[①] 《"祥云"照耀达累斯萨拉姆 北京奥运祝福坦桑尼亚》，光明网，2008 年 4 月 14 日，https：//www.gmw.cn/01gmrb/2008-04/14/content_760908.htm，最后访问日期：2023 年 5 月 26 日。

故事三：非洲各国的中国专家公墓

2013 年习近平主席在访问坦桑尼亚期间，冒着蒙蒙细雨来到中国专家公墓凭吊。这里的一座座墓碑整齐排列，长眠着 51 位当年在坦赞铁路建设中殉职的中国专家、技术人员和工人，以及在其他援建项目中殉职的 18 位中国专家。

哀乐低沉，思念长存。习近平主席仔细整理纪念碑前花圈上的缎带，在墓碑前献上了洁白的花束，并在纪念簿上题词："烈士精神永励后人，中坦友谊世代传承。"他满怀深情地说："他们的名字和坦赞铁路一样，永远铭记在中国人民和坦赞两国人民心中。"①

坦赞铁路是非洲 60 多年来受援的最大项目，是中国援外的最大项目。1800 多公里长的坦赞铁路，是中国在自己经济困难时期援建的，5 万名工程技术人员先后来到非洲，建设这条对坦赞两国人民极为重要的公路。

自 1956 年中埃建交至今，中国先后有几十万援建专家来到非洲帮助非洲的发展，先后牺牲了 700 多人。除了坦桑尼亚的中国专家公墓，在赞比亚，也有两处中国专家公墓，那里埋葬了 35 位中国专家；在阿尔及利亚，有 100 多位中方援建人员，包括工程合作项目专家、工程支持人员和建筑工人；乌干达国家体育场广场的一处角落，有 4 位中国援建专家的墓碑；在埃及军人烈士墓园里，也有中国专家的陵墓……非洲各国的中国专家陵墓，在默默讲述中非友好的故事。

故事四：塞内加尔老人在中国宁夏"圆梦"

2018 年 7 月 20 日，习近平主席在塞内加尔《太阳报》发表题为《中国和塞内加尔团结一致》的署名文章，讲述了一个故事："2013 年，65 岁的塞内

---

① 《不能忘却的纪念》，中华人民共和国国防部，2021 年 4 月 6 日，http：//www.mod.gov.cn/gfbw/jsxd/wh/4882646.html，最后访问日期：2023 年 5 月 26 日。

加尔老人比拉马参加'感知中国'知识竞赛。他从全球 25 万名参赛者中脱颖而出，获得了最高奖，并被邀请到中国旅游，实现了多年的访华凤愿。"①

"感知中国"知识竞赛由中国媒体发起，对中国一直兴趣浓厚的比拉马积极报名参赛。作为特等奖的获得者，他得到了去"塞上江南"宁夏旅游的机会，从而圆了自己的"中国梦"。

中国给这位首次访华的非洲老人留下了美好而深刻的印象。在著名景点沙坡头，他说："乘坐沙漠冲浪车时的颠簸，让我想到了巴黎-达喀尔汽车拉力赛——为了夺得桂冠或者仅仅是完成比赛，勇敢的车手们必须驱车穿过大片的沙漠。这真是了不起的壮举。"②

故事五：中非人民保护动物的故事

2015 年 11 月 30 日，习近平主席在津巴布韦《先驱报》发表题为《让中津友谊绽放出更加绚丽的芳华》的署名文章，文章中记述了一对小狮子的故事："穆加贝总统访华时代表津巴布韦人民赠送给中国人民一对小狮子，现已正式落户上海野生动物园。它们被命名为'津津'和'菲菲'。在中文中同'津巴布韦'和'非洲'谐音，寓意中津和中非友好。它们已经成为中津友谊的使者，受到中国民众特别是小朋友们的喜爱。"③

2014 年 8 月，津巴布韦总统穆加贝来华进行国事访问，其间提出向习近平主席赠送一对非洲幼狮作为国礼。这对幼狮为一公一母。公狮年龄近 2 岁，"身材魁梧"，体重达 96 千克；母狮年龄近 3 岁，"眉清目秀"，体重

---

① 《习近平在塞内加尔媒体发表署名文章》，中华人民共和国国防部，2018 年 7 月 20 日，http://www.mod.gov.cn/gfbw/sy/tt_214026/4819951.html，最后访问日期：2023 年 5 月 26 日。
② 《外交习语 | 听！习近平讲非洲故事》，"新华社"百家号，2018 年 9 月 1 日，https://baijiahao.baidu.com/s？id=1610370247867576562&wfr=spider&for=pc，最后访问日期：2023 年 5 月 26 日。
③ 《跟习大大一起爱萌宠【听习大大讲故事-津巴布韦】》，央广网，2015 年 12 月 2 日，http://news.cnr.cn/native/gd/20151202/t20151202_520666043.shtml，最后访问日期：2023 年 5 月 26 日。

99 千克。津巴布韦驻华大使保罗·奇卡瓦说，狮子是津巴布韦最重要的五种动物之一，是津巴布韦具有象征意义的动物。津巴布韦人民希望通过赠送幼狮向中国人民表达津巴布韦人民的热忱和感谢，以增进中津两国的友谊。

2015 年 12 月 2 日，习近平主席来到津巴布韦进行国事访问，特地来到津巴布韦野生动物救助基地考察。他察看了基地救助的野生动物，并给大象、长颈鹿喂食水果、树叶。

津巴布韦野生动物救助基地负责人萝克西女士回忆说："他跟这里的动物有过亲密的互动。当与大象、长颈鹿亲密接触时，我感觉他整个人是非常开心的，脸上闪现着特别的光彩。他问了很多和动物有关的问题，还问我如何能帮助津巴布韦保护野生动物。"

从那时起到现在，中国和津巴布韦的野生动物保护志愿者携手一起开展动物保护工作。中方成立了中津野生动植物保护基金会，在 5 年中累计投入了 200 多万美元的活动经费，来保护津巴布韦的野生动物。马纳普斯国家公园的园长尼亚孔巴和中国志愿者们早已成了好朋友，他表示："如果狮子、大象会说话，它们一定会向中国志愿者表达感激之情，感谢中国朋友在这里和我们并肩战斗，一起守护这片野生动物的乐园。"①

马纳普斯保护区是联合国教科文组织确定的世界自然遗产，在数千平方公里的范围里生活着大象、狮子、羚羊、鬣狗等 350 多种野生动物，是盗猎分子的垂涎之地。津巴布韦野生动物保护部门很想加强保护区的反盗猎力量，但保护区面积达数千平方公里，通信不便，道路崎岖，加上工作人员的巡逻设备跟不上，"通讯基本靠吼""交通基本靠走"，致使反盗猎工作在一段时间里举步维艰。

2017 年 3 月，第三批中国志愿者来到津巴布韦时（每批志愿者在津巴布韦工作 3 个月时间），专门带来了盗猎者的"克星"——三角翼飞行器，中国一家飞行俱乐部的教练还为保护区的工作人员进行如何驾驶三角翼飞

---

① 《中国志愿者远赴津巴布韦保护野生动物"狮子大象会心存感激"》，"参考消息"百家号，2017 年 7 月 19 日，https：//baijiahao. baidu. com/s？id = 1573300378175579&wfr = spider&for = pc，最后访问日期：2023 年 5 月 26 日。

行器进行了专门培训。三角翼飞行器速度是汽车在草原上行驶速度的好几倍，巡航距离达 350 公里，时速 80 公里。运行成本低，安全性很好，可以飞得很低。同时，它在空中巡航时产生的声音可以传递到方圆几十公里，可以很好地震慑盗猎者。

中国志愿者们把尼亚孔巴叫作"阿亮"。这是尼亚孔巴到中国广州学习动力滑翔机飞行时，教练给他取的中文名。"我们在空中飞行两个小时，可以绕整个国家公园飞一圈，开车的话，旱季需要一整天甚至更久。[1]"阿亮提到，雨季满地烂泥，车子根本没法开，动力滑翔机帮了大忙。中方为津巴布韦培训了 6 名滑翔机驾驶员。他们可以轮班工作。

除了动力滑翔机，中国志愿者还把小型直升机、夜视镜、热成像仪、专业级无人机、升降机等中国制造的设备带到津巴布韦用于保护动物，中国现代化的科技装备大大提升了津巴布韦开展动物保护工作的手段和能力。

不少外国人认为中国人爱买象牙，爱吃野味，是动物的天敌。中国野保志愿者刘畅说："我们希望用自己的志愿行动改变他们的偏见，让他们知道，在野保领域，中国人没有缺席。[2]"

故事六：新年第一天习主席和非洲领导人互致贺电

2018 年 1 月 1 日，习近平主席同时任南非总统祖马互致贺电，热烈庆祝中南建交 20 周年。这是 2018 年中国国家主席的第一个外事活动。

习近平主席在贺电中表示，中国和南非是中非合作论坛现任共同主席国。中方同意于 2018 年在中国举办中非合作论坛峰会，把 2018 年论坛峰会开成加强中非团结合作的历史性盛会。

---

[1] 《在非洲，中国志愿者"自带干粮"反盗猎》，新华网，2017 年 7 月 17 日，http：//www.xinhuanet.com/world/2017-07/17/c_1121327916.htm，最后访问日期：2023 年 5 月 26 日。

[2] 《中国助力津巴布韦野生动物保护志愿者：在野保领域，中国人没有缺席》，央视网，2016 年 12 月 4 日，https：//news.cctv.com/2016/12/04/ARTIW1plEGQ3WkGw2CWrzU9c161204.shtml，最后访问日期：2023 年 5 月 26 日。

正是在新年第一天的电话中，习近平主席敲定了当年中国最大的主场外交活动。这一年的 9 月，中非合作论坛北京峰会成功举办，40 位非洲国家元首、10 位非洲国家政府首脑、1 位副国家元首以及非盟委员会主席齐聚北京，共商中非友好合作，共谋中非发展大业。

故事七：中刚友谊小学

2013 年 3 月 29 日，习近平主席在刚果共和国［简称刚果（布）］议会发表题为《共同谱写中非人民友谊新篇章》的演讲。他讲述了一个中刚友好故事："2010 年 4 月，中国青海玉树发生强烈地震后，刚果（布）政府慷慨解囊，向灾区捐建了一所小学，萨苏总统亲自将其命名为'中刚友谊小学'。现在，灾区的孩子们有了宽敞的新校舍，他们可以安静读书学习，在运动场上奔跑欢笑。该校全体学生在写给萨苏总统的感谢信中动情地说，'鸟儿因为有了天空的广阔而更加自由，骏马因为有了草原的宽广而更加健壮，鲜花因为有了阳光雨露而更加艳丽，我们的生活因为有了刚果（布）政府和人民的帮助而更加美好'。"①

2010 年 4 月 14 日，中国玉树发生地震，刚果（布）总统萨苏在第一时间发电慰问。2 周后，萨苏总统在参加上海世博会开幕式时表示，刚果（布）方面希望在玉树灾区捐建一所小学。中方虑及玉树位于青藏高原，建设捐建一所完整的寄宿小学成本较高，对刚果（布）来说负担会很重，中方建议刚果（布）方面仅捐建学校的一座教学楼或图书馆。萨苏得知中方的建议后，随即表示："不，刚果（布）要捐建的是一所小学，一所完整的小学，不管造价多高，刚果（布）都会承担。"②

---

① 《习近平在刚果共和国议会的演讲（全文）》，共产党员网，2013 年 3 月 30 日，https：//news. 12371. cn/2013/03/30/ARTI1364593332088605. shtml，最后访问时间：2023 年 5 月 26 日。
② 《外交习语丨听！习近平讲非洲故事》，"新华社"百家号，2018 年 9 月 1 日，https：//baijiahao. baidu. com/s？id=1610370247867576562&wfr=spider&for=pc，最后访问日期：2023 年 5 月 26 日。

经过双方协商，刚果（布）政府捐款 1600 万元人民币重建称多县文乐中心小学。2011 年 6 月工程开工。2012 年 7 月，"刚果（布）援建的中刚友谊小学竣工仪式"在称多县举行。2012 年 9 月，该小学正式投入使用。学校占地 42625 平方米，是震前占地面积的 4 倍多；校舍面积 10483 平方米，是震前校舍面积的近 7 倍；学校拥有现代化的教学楼、综合实验楼、食堂、学生和教工宿舍以及标准篮球场和塑胶跑道运动场，能容纳 240 名学生就读。

孩子们心怀感恩，时刻铭记着刚果（布）政府及人民对玉树、对她们的这份深情厚谊，他们书写了一封封饱含感恩之情的信，以表达对刚果（布）政府和人民的感谢。

刚果（布）克服自身经济发展面临的困难和挑战，慷慨解囊，向青海玉树灾区伸出援助之手，充分体现了刚果（布）人民对中国人民的深情厚谊，体现了非洲人民对中非传统友谊的珍视。

刚果（布）恩古瓦比大学名誉校长阿尔芒·莫伊库阿说，刚中友谊的结晶和象征随处可见。被当地人誉为"梦想之路"的国家 1 号公路、科室齐全的中刚友好医院、大气磅礴的新议会大厦、气派壮观的"1960 年 8 月 15 日大桥"、可容纳 6 万名观众的布拉柴维尔金德磊体育中心，等等，这些项目都是中刚两国友谊的见证。

莫伊库阿曾在 2013 年 3 月见过习近平主席。当时，习近平主席对刚果（布）进行国事访问，到恩古瓦比大学出席由中国援建的该校图书馆启用和中国馆揭牌仪式，并参观该校。

新冠疫情发生后，中国与刚果（布）同舟共济，携手抗疫。中国是第一个向刚果（布）提供抗疫物资的国家、第一个向刚果（布）提供新冠疫苗的国家，这充分反映了两国牢不可破的深厚情谊，体现了习近平主席所具有的大国领袖情怀。中非友谊之手越拉越紧。我们盼望习近平主席再次来非洲，再次访问刚果（布）。

习近平主席在刚果（布）演讲时曾引用一位非洲诗人的诗句："向前走，非洲，让我们听到你歌声中胜利的节奏！"莫伊库阿相信，中刚人民友好将永远发展下去。

故事八：爱国爱乡之情，跃然纸上

2010 年，时任中国国家副主席的习近平访问博茨瓦纳。他在下榻的酒店房间里看到了一份中文报纸——《非洲华侨周报》，第二天他在会见非洲华侨华人代表时提到了《非洲华侨周报》，"（这份报纸）爱国爱乡之情，跃然纸上"。

600 多年前，中国的船队就来到非洲，传闻有水手留在非洲的肯尼亚，并有后裔。非洲当地的档案记载，1600 年在南非就有华人生活，至 1900 年，已有数万华人在非洲生活，到 1949 年新中国成立时约有 10 万华人在非洲生活，此后 70 年间，非洲华侨华人数量增至 100 万。

2020 年 1 月，新冠疫情在中国扩散后，非洲华侨华人万里驰援，累计捐款 1000 万美元以上，并捐赠了大批医疗物资。2020 年 3 月，新冠疫情在非洲出现后，非洲华侨华人与当地人民齐心协力抗击疫情，根据《非洲华侨周报》不完全统计，非洲华侨华人累计捐款捐物折合 2000 万美元以上。

非洲侨胞爱国爱乡，同样爱非洲。《非洲华侨周报》自 2009 年创办以来，传播了无数新闻和故事，成为促进中非民间交流与合作的桥梁。自 2019 年起，《非洲华侨周报》连续三年举办非洲华侨华人民间外交论坛。

故事九："非爱不可"的中国妈妈故事

2015 年 11 月 30 日，习近平主席在津巴布韦《先驱报》发表题为《让中津友谊绽放出更加绚丽的芳华》的署名文章。文章介绍了一个华人慈善团体故事："中津友好也在两国人民心中生根发芽。据我了解，旅居津巴布韦的华侨中间有一个名为'非爱不可'（Love of Africa）的妈妈团体，还有一位连车牌号都被当地孩子熟知的'程爸爸'（Father Cheng）。他们多年如一日给当地孤儿送去关爱和温暖，用实际行动书写着中津友好的'现在时'，也在培育中津友好的'将来时'。"①

近年来，津巴布韦因西方制裁经济不景气，人民群众生活艰难。当地一些民间组织向中国驻津巴布韦大使馆和华侨华人社团发出邀请，希望华侨华人积极参与他们的活动，献出一片爱心。中国驻津使馆、中资企业、华侨华人社团于 2009 年共同发起了"关爱艾滋病孤儿"的献爱心活动，不间断地向当地弱势群体捐助各种物品和现金，这种积极回馈社会的行动得到了津巴布韦政府和老百姓的称赞。

津巴布韦华商联合会、北方同乡会等华侨华人组织，在中国驻津大使馆的协助下发起了向津艾滋病孤儿献爱心、为农村贫困中小学生助学、领养艾滋病孤儿等关爱活动。中国驻津巴布韦大使馆和当地华侨华人积极参与当地民间组织举行的"津巴布韦新希望：救助一名儿童，改变整个世界"慈善活动，向几所小学、孤儿院捐赠了大量物品，帮助他们渡过难关。不管是"非爱不可"的妈妈团体，还是这位"程爸爸"，都是当地众多爱心华侨华人中的一分子。他们用自己的实际行动，生动诠释了大爱无疆的内涵，成为增进中津两国友谊的民间使者。

故事十：一起在杭州工作的故事

2013 年 3 月 30 日，正在刚果（布）访问的习近平主席出席了恩古瓦比大学由中国援建的图书馆启用及中国馆揭牌仪式。

当时，他与中国馆内的孔子学院本土教师艾佳进行了一番交流。对于那天的情景，艾佳至今记忆犹新："习主席问我，在哪儿学的汉语呀？我说在杭州。他问从哪一年到哪一年？我说从 2001 年到 2005 年，学了四年。他又问我喜欢杭州吗？我说非常喜欢，因为杭州是个好地方，中国有句谚语说'上有天堂，下有苏杭'，就是指的杭州。习主席说，'那时我也在杭州工作，但是我们不认识'。"艾佳一直珍藏着当天与习近平主席交谈的现场视

---

① 《让中津友谊绽放出更加绚丽的芳华》，《光明日报》2015 年 12 月 1 日，第 3 版。

频和照片，她说："那天我特别激动，不知道该说什么好！"①

孔子学院是非洲和中国的一些大学合作创办的中文教育机构，学院有些课程是中文，有些是选修课程，供有兴趣的非洲学生学习。

在中国留学的非洲青年学生中，有许多成了中非友好的桥梁。其中有一些青年学生在非洲的孔子学院当了中文教师。中国是世界第二大经济体，是非洲经贸合作第一大合作伙伴。非洲青年到中国留学或在非洲的大学里学习中文，有助于他们获得更好的个人发展机会。

故事十一：中国医疗队和友好医院的故事

2013 年 3 月 30 日，习近平主席在刚果（布）总统萨苏的陪同下来到中国援建的中刚友好医院，两国元首共同为医院竣工剪彩。剪彩仪式后，两国元首一同进入医院大厅，在医院工作的 21 名来自天津的中国医疗队队员欣喜地迎候习近平主席。习近平主席同大家一一握手，亲切询问他们的工作生活情况。

习近平主席深情地对中国医疗队员们说，你们不远万里来到刚果，用精湛的医术和高尚的医德，为刚果（布）人民提供很好的医疗服务，得到刚果（布）政府和人民的称赞，为祖国赢得了荣誉。我代表党和人民感谢你们，你们辛苦了！②

习近平主席指出，援非医疗工作是一项艰巨而又光荣的任务，迄今已有 50 年历史。非洲很多地方环境恶劣，条件艰苦，疾病肆虐，缺医少药。中国医疗队员不畏艰难，以饱满的工作热情，帮助当地群众解除病痛，为增进中非友谊作出了重要贡献，无愧于白衣天使和友好使者称号。祖国人民始终

---

① 《习近平与非洲的 8 个小故事》，"人民日报"百家号，2018 年 9 月 2 日，https：//baijiahao.baidu.com/s？id=1610472442267178048&wfr=spider&for=pc，最后访问日期：2023 年 5 月 26 日。

② 《习近平为中刚友好医院竣工剪彩并出席恩古比大学图书馆启用和中国馆揭牌仪式》，人民网，2013 年 3 月 31 日，http：//www.people.com.cn/24hour/n/2013/0331/c25408 - 20975457.html，最后访问日期：2023 年 5 月 26 日。

没有忘记你们的默默奉献，近年来，有关部门努力改善援非医疗队的工作和生活条件。

习近平主席强调，50 年来，中国医疗队不仅在为非洲人民服务方面作出了突出成绩，为祖国和人民赢得了无上荣誉，而且用自己的实际行动造就了一种崇高的中国医疗队精神，这就是不畏艰苦、甘于奉献、救死扶伤、大爱无疆。中国医疗队精神不仅是激励一代又一代医疗队员不懈奋斗的强大精神动力，也是我们民族精神的生动写照。希望你们增强责任感和使命感，继续发扬中国医疗队精神，继续发扬国际主义和人道主义精神，为帮助非洲改善医疗条件，促进中刚、中非友好作出新的更大贡献。祝大家身体健康、工作顺利、生活愉快。①

萨苏总统表示，中国医疗队队员用奉献精神和高超医术，造福当地人民。刚果（布）人民感谢中国。中国医疗队队员表示一定不负重托，克服困难，努力工作，为祖国增光，为中非友谊添砖加瓦。

由于非洲卫生管理和医疗服务水平相对较低，自 1962 年中国向阿尔及利亚派遣中国援阿尔及利亚医疗队起，中国先后向非洲 50 多个国家和地区派遣过援非医疗队，累计有 2 万多位中国医务工作者来到非洲服务非洲人民，并有 51 位医疗队队员牺牲在非洲，他们用生命守护非洲民众的健康。中国政府近十几年还为非洲援建了超过 100 座医院，如今有 46 支中国医疗队常驻非洲，在埃博拉疫情和新冠疫情发生期间，他们更是发挥了卓越的贡献。

故事十二：卢旺达有了规模化的服装厂

2018 年 7 月 21 日，习近平主席在卢旺达《新时代报》发表题为《中卢友谊情比山高》的署名文章，文章中说："中国企业家积极响应卡加梅总统

---

① 《习近平为中刚友好医院竣工剪彩并出席图书馆启用仪式》，中华人民共和国中央人民政府，2013 年 3 月 31 日，https：//www.gov.cn/guowuyuan/2013-03-31/content_2584845.htm，最后访问日期：2023 年 5 月 26 日。

提出的'卢旺达制造'发展战略，创办的服装公司为卢旺达发展本国制造业作出了积极贡献。"①

卢旺达政府当时正推行"卢旺达制造"计划，旨在提升本国制造业的产量和质量，以本国产品替代进口产品，并且增加出口。过去，卢旺达没有真正规模化的服装厂，只有小作坊。2015年，中国人开办的C&H服装厂改变了这一状况，不仅创造了1500多个就业岗位，还为当地服装制造业带来了先进的理念、技术和装备。"撸起袖子加油干！"被翻译成英语和当地语种挂在墙上，8000平方米厂房内的工人们各司其职，在21条生产线上井井有条地工作。他们生产的服装20%销往卢旺达，80%出口欧美国家。

非洲当前正处于工业发展的初级阶段，习近平主席在非洲访问期间同意将产业合作作为中非经贸合作的主要领域之一。在"一带一路"倡议的框架里，中国和非洲合作建设了许多工业园区项目，在非洲兴建了数千家工厂，为的是帮助非洲实现工业和经济发展。

故事十三：中国新婚夫妻的非洲蜜月

2013年3月25日，习近平主席在坦桑尼亚尼雷尔国际会议中心发表演讲，他讲了一个中国人热爱坦桑尼亚的故事："我听说了一个故事，有一对中国年轻人，他们从小就通过电视节目认识了非洲，对非洲充满了向往。后来他们结婚了，把蜜月旅行目的地选在了坦桑尼亚。在婚后的第一个情人节，他们背上行囊来到了坦桑尼亚，领略了这里的风土人情和塞伦盖蒂草原的壮美。回国后，他们把在坦桑尼亚的所见所闻发布在博客上，得到了数万次的点击和数百条回复。他们说，我们真的爱上了非洲，我们的心从此再也离不开这片神奇的土地。这个故事说明，中

---

① 《习近平在卢旺达媒体发表署名文章》，"新华社"百家号，2018年7月21日，https://baijiahao.baidu.com/s? id=1606579058715636730&wfr=spider&for=pc，最后访问日期：2023年5月26日。

非人民有着天然的亲近感，只要不断加强人民之间的交流，中非人民友谊就一定能根深叶茂。"①

习近平主席所讲故事的女主人公叫李玲。2010 年，李玲和丈夫决定休婚假度蜜月。虽然两人都是资深"驴友"，但对这一生一次的蜜月旅行目的地该选哪里却犯了愁。当他们看到某媒体播放非洲草原的纪录片时，两人当即决定将蜜月旅行地点定在东非坦桑尼亚。

爱记录的李玲把这次东非之旅的所见所闻发在了自己的博客上。生动的文字和壮美的图片得到了数万次的点击和数百条回复，她也获得了一次参加中国外交部非洲司组织活动的机会。据中国外交部相关人士介绍，李玲在活动现场的讲述，令人印象特别深刻。

中非人民就像自古以来就有某种亲缘关系一样，有着天然的亲近感，像一家人一样，中非之间的交往流传着无数感人故事和佳话，并且新故事还在不断地发生，故事也越来越迷人，就像非洲美丽的大草原。

故事十四：中非共同争取民族解放

习近平主席在非洲还讲过更早时期的中非共同争取民族解放的故事。

习近平主席说道："中国和津巴布韦虽然远隔万里，但联结两国人民的传统友谊深厚而牢固。在津巴布韦民族解放斗争时期，两国人民并肩战斗，结下了难忘的战友情。我听说，许多当年在中国国内和坦桑尼亚纳钦圭阿营地接受过中方培训的津巴布韦自由战士，至今仍会哼唱《三大纪律 八项注意》等歌曲，这令我非常感动。"②

津巴布韦人民在争取民族独立斗争期间，曾经得到了中国的大力支持。当时津巴布韦"非洲民族解放军"中有一批人接受过中国的军事训练，他

---

① 习近平：《永远做可靠朋友和真诚伙伴——习近平在坦桑尼亚尼雷尔国际会议中心的演讲（全文）》，人民网，2013 年 3 月 26 日，http://theory.people.com.cn/n/2013/0326/c136457-20914243.html，最后访问日期：2023 年 5 月 26 日。

② 《让中津友谊绽放出更加绚丽的芳华》，《光明日报》2015 年 12 月 1 日，第 3 版。

们在学习中国军队战略战术的同时，也学会了中国的革命歌曲。据津巴布韦语言学家彭维尼回忆，当年在津军中流传最广泛的革命歌曲是《三大纪律八项注意》。这首歌在鼓舞士气、增加团队凝聚力和广泛团结群众方面发挥了较大作用。

中坦友谊之花盛开

易志凌

作者简介:

易志凌,坦桑尼亚华助中心主任。

2013 年 3 月 24 日至 25 日,中国国家主席习近平对坦桑尼亚进行国事访问。这是他当选中国国家主席后的首次出访,坦桑尼亚也是他此次出访到访的首个非洲国家。

2013 年 3 月 24 日,习近平主席在同坦桑尼亚总统基奎特举行会谈。基奎特表示,习近平主席将坦桑尼亚作为非洲之行的第一站,这充分体现了坦中两国深厚的传统友谊。两国元首决定,传承中坦传统友谊,构建和发展互利共赢的全面合作伙伴关系,把中坦关系提升到更高水平。

2013 年 3 月 25 日,习近平主席在中国援建的尼雷尔国际会议中心发表中国对非政策演讲,提出了"真实亲诚"理念。

访坦期间,习近平主席凭吊援坦中国专家公墓。他缅怀援建牺牲的中国专家,提出要传承坦赞铁路精神。

中坦友谊是历任中坦领导人精心呵护培育的。习近平主席选择坦桑尼亚作为此行第一个访问的非洲国家,是因为中坦传统友谊是中非关系的代表。这也表明,习近平主席为传承中坦友谊而来。

中国人民的老朋友姆卡帕

2013 年 3 月 25 日，习近平主席在达累斯萨拉姆会见坦桑尼亚前总统姆卡帕。习近平主席赞扬姆卡帕是中国人民的老朋友，是中坦、中非友好的见证人和推动者。

习近平主席表示，在两国历代领导人共同的努力下，中坦全天候友谊不断传承和发展。这次访问期间，我同基奎特总统进行了富有成果的会谈，签署了一系列合作文件。双方还要密切人文交往，加深相互了解和友谊。相信在双方共同努力下，中坦互利共赢的全面合作伙伴关系一定会不断向前发展。习近平主席赞赏姆卡帕担任南方中心主席期间为促进南南合作、增强发展中国家代表性和发言权方面作出的努力，表示中方愿继续为南方中心提供力所能及的帮助。

姆卡帕表示，我曾多次访华，每次都深切感受到中国的发展，都坚定了我对探索走符合本国国情发展道路、加强坦中友好合作的决心。习近平主席的访问是坦中关系新的里程碑，必将有力促进两国合作。我愿继续为促进坦中关系作出贡献。姆卡帕表示南方中心愿加强同中国的合作。①

姆卡帕于 1995 年 10 月在坦桑尼亚实行多党制以来的首次大选中当选坦桑尼亚第三任总统，并于 1996 年 6 月出任坦桑尼亚革命党主席，实现了坦桑尼亚多党制后的权力平稳过渡。

1981 年，时任新闻和文化部部长的姆卡帕首次访华；1987 年和 1993 年姆卡帕以外交部部长身份访华；1998 年 4 月 8 日至 13 日，姆卡帕以坦桑尼亚总统身份应邀对中国进行国事访问。2000 年 10 月姆卡帕到北京参加中非合作论坛。他表示，中国是坦桑尼亚乃至整个非洲全天候的朋友，建立新型的非中伙伴关系必将有助于非洲经济和社会的发展。2004 年 5 月，他再度

---

① 《中坦全天候友谊不断传承发展》，网易，2013 年 3 月 26 日，https：//www.163.com/ sports/article/8QSJEJS50005227R.html，最后访问日期：2023 年 5 月 26 日。

访华。

2005 年姆卡帕卸任坦桑尼亚总统职务后，出任了发展中国家的国际组织南方中心董事会主席，2013 年在坦会见习近平主席，2015 年南方中心在中国召开董事会会议。2016 年他在义乌参加"中国（义乌）丝绸之路经济带城市国际论坛"上表示，对"丝绸之路经济带"能够延伸到非洲是非常欢迎的。他指出，西媒将中非合作抹黑为"新殖民主义"是错误的。

作为坦桑尼亚和非洲的资深政要，姆卡帕一直都重视发展和维护与中国的关系，直至他 2020 年去世。他是中国人民的老朋友。

13次访华的坦桑尼亚开国总统尼雷尔

朱利叶斯·坎巴拉吉·尼雷尔是坦桑尼亚开国总统，是非洲民族解放运动的伟大领袖，也是泛非主义的坚定信仰者和非洲统一组织主要领导人之一。他在坦桑尼亚享有崇高威望，被尊称为"国父"和"姆瓦里穆"（导师）；在国际社会特别是非洲大陆也具有重要影响，有"非洲贤人"之称。

尼雷尔是中国人民熟悉的老朋友，为加强坦中友谊作出了重大贡献，一直为中国人民所敬重。自 1965 年起，他曾先后 13 次访问中国。

尼雷尔曾经说："1965 年我去中国访问时谈到希望中国能帮助坦桑尼亚建一个纺织厂，当即得到中方的同意。后来工厂建成后，我们思来想去就叫友谊纺织厂，这个名字很贴切！"

1965 年 6 月 4 日至 8 日，周恩来总理应坦桑尼亚联合共和国总统尼雷尔先生的邀请，对坦桑尼亚进行了友好访问，并取得了圆满成功。访问期间，中坦双方签订了中国援建坦赞铁路和中方向坦方派遣医疗队等一系列援助项目。

作为中坦两国关系的奠基者和开拓者之一，尼雷尔把建立中坦友谊看成他政治生涯中非常重要的一部分。坦桑尼亚是接受中国援建项目最多的非洲国家之一。1990 年，尼雷尔在辞去革命党主席职务前夕，做出了一个很不寻常的举动：他对在任期间中国援建的项目统统视察了一遍。

1999 年 10 月 14 日，尼雷尔因病逝世，享年 77 岁。坦桑尼亚将 10 月 14 日定为"尼雷尔日"，每年都在该日举行纪念活动。坦桑尼亚"尼雷尔基金会"选编了尼雷尔的作品，相继出版了 4 卷本的《尼雷尔文选》（英文）。2015 年，中译版《尼雷尔文选》出版。

2019 年 10 月 14 日是尼雷尔逝世 20 周年纪念日。坦桑尼亚驻华大使馆与北京大学联合举行了首届"尼雷尔日在中国"大型纪念活动。

中国"友谊勋章"获得者萨利姆

2019 年 9 月，中国政府第三次颁授"友谊勋章"，坦桑尼亚前总理萨利姆等 6 人获此殊荣。

萨利姆是中国人民的老朋友、好朋友，1969 年，年仅 27 岁的萨利姆出任坦桑尼亚驻中国大使。1971 年 10 月，第 26 届联合国大会投票通过了恢复中华人民共和国的合法席位。当宣布决议通过时，一些非洲国家代表当场起舞，萨利姆先生便是其中之一。

萨利姆对中国怀有非常深厚、友好的感情，为巩固和促进中坦、中非友好合作作出过杰出贡献，并与中国历任领导人都有深厚情谊。他高度赞赏中国的发展成就，始终主张非中应不断加强友好交流合作，赞赏中国在维护非洲和平与发展过程中发挥的积极重要作用。

萨利姆退休后担任坦中友好协会会长，是坦桑尼亚华侨华人熟悉的一位领导人。萨利姆先生表示，我热爱中国，热爱中国人民。他说自己曾多次访华，亲眼见证了中国翻天覆地的变化，也为中国取得的每一个进步感到骄傲。历史已经并将继续证明，中国是坦桑尼亚和非洲最好的朋友。他对中国取得更大进步、变得更加强大、在世界上发挥更大作用抱有坚定信心。他说："坦桑尼亚也永远是中国的好朋友，永远支持中国的发展。"

2019 年 9 月，萨利姆在获得中方颁发的"友谊勋章"后表示，此次被中国授予"友谊勋章"是意外之喜，更是极高的荣誉。过去几十年间，世界发生了巨大变化，但他始终都记得 1971 年第 26 届联合国大会宣布恢复中华人民共和国在联合国合法席位的那一天。他说："不论是对我而言，还是对坦桑尼亚乃至全非洲为恢复中国在联合国合法席位付出巨大努力的国家而言，那都是历史性的伟大时刻。"①

萨利姆认为，新中国成立以来，中国的繁荣已经充分证明中国的发展道路是正确的，今后中国也必然会在这条正确的道路上越走越好。过去的数十年里，中国为推动全非洲的经济发展和经济独立作出了巨大贡献。他期待未来中国与非洲各国的经济合作可以继续帮助非洲实现经济转型。

姆维尼：传承对华友好

阿里·哈桑·姆维尼在 1985 年 11 月 5 日至 1995 年 11 月 23 日期间担任坦桑尼亚第二任总统，他是坦桑尼亚政治家、教育家、外交家、国务活动家。他在执政期间对坦桑尼亚的"社会主义政策"进行了调整，推行政治多元化和实行贸易自由化，并在市场经济方面取得了一定的成果。

1984 年 1 月 30 日，姆维尼出任桑给巴尔临时总统，4 月当选桑给巴尔总统并出任坦桑尼亚副总统。1985 年 4 月他再度访华。此前他在 1979 年到过中国。1985 年 4 月 15 日，邓小平会见了姆维尼，邓小平指出，中国的改革首先是从农村做起的。中国是一个农业大国，这样的国情决定了中国必须从国家自立、民族自强的高度来认识农业问题。这决定了农业现代化不仅是现代化的标志，而且是支撑现代化的基础。②

1987 年 3 月和 1992 年 8 月，姆维尼两次以坦桑尼亚总统的身份访华。时任中国国家主席杨尚昆和总理李鹏等中国领导人均会见了姆维尼。

1990 年 8 月，尼雷尔辞去执政的革命党主席职务，正式退休。随后姆

---

① 《坦桑尼亚前总理萨利姆：中坦友谊牢不可破》，中新网，2019 年 9 月 27 日，https：//www.chinanews.com.cn/gn/2019/09-27/8967454.shtml，最后访问日期：2023 年 5 月 26 日。

② 《1985 年 4 月 15 日，邓小平会见坦桑尼亚副总统阿里·哈桑·姆维尼》，人民网，2019 年 3 月 14 日，http：//cpc.people.com.cn/n1/2019/0314/c69113-30975151.html，最后访问日期：2023 年 5 月 26 日。

维尼当选为执政的革命党主席；同年 11 月再次当选为坦桑尼亚联合共和国总统。1994 年修改的宪法规定总统连任不能超过两届。因此他在 1995 年第二个任期到期时卸任。

1996 年 6 月，姆维尼辞去革命党主席职务，退休后的姆维尼一直定居在达累斯萨拉姆。2011 年，姆维尼被授予"姆瓦利姆·朱利叶斯·坎巴拉吉·尼雷尔"勋章。

1999 年 9 月 26 日至 10 月 2 日，姆维尼应中国人民对外友好协会邀请来华访问并出席中华人民共和国建国 50 周年国庆活动，朱镕基总理和钱其琛副总理先后会见了姆维尼夫妇。

2015 年 12 月 10 日，90 岁高龄的坦桑尼亚第二任总统姆维尼亲切接见了中国援坦桑尼亚医疗队员代表冀立霞博士。姆维尼回忆说，他见证了尼雷尔总统和周恩来总理签署中方向坦方派遣医疗队的议定书。中国开始向坦桑尼亚派遣了首批医疗队以来，每两年一批，从未间断。他表示，中国不仅是坦桑尼亚在国内经济社会发展中值得信赖的真诚朋友，也是坦桑尼亚在国际舞台上患难与共的真诚朋友。坦方将与中方继续加强交流合作，相信两国关系必将进入一个新时代。

冀立霞博士被坦桑尼亚穆希比利医科大学聘为"客座教授"，成为首位通过坦桑尼亚大学委员会审议而受聘教授的中国医生，此举体现了坦方对中方医疗队员学术水平的充分认可，也是中方医疗服务援助和医学教育、科研相结合的典型，既扩大了援坦医疗队的影响力，也为未来中坦医疗合作提供了新的思路。

2020 年，姆维尼的儿子侯赛因·阿里·姆维尼当选桑给巴尔总统。2021 年 9 月，桑给巴尔总统姆维尼为中国第 30 批援桑给巴尔医疗队队员授奖，表彰他们在当地医疗工作中的杰出表现。桑给巴尔卫生部部长马兹伊、常秘姆里绍等官员，以及中国驻桑给巴尔总领事张志昇和医疗队队员代表出席。姆维尼总统在讲话中高度评价并感谢中国政府和人民自 1964 年桑给巴尔革命以来向桑方提供的大量无私援助，特别是在医疗卫生领域，中方派遣医疗队，援建医院和重症监护病房，提供大批医疗物资和药品，培养医学留学生，为当地医务人员开展医疗技术培训，帮助防治疟疾等传染病，对桑医疗卫生事业发展起到了举足轻重作用，几乎所有桑给巴尔人都从中受益。他自己也亲身感受到中国人民的善良和友情，对此将永远铭记在心。自 2020 年全球新冠疫情暴发以来，中方在桑方最困难的时候及时提供多批次抗疫物资援助，并最先向桑方援助新冠疫苗，有力支持了一线医务人员抗疫工作，为旅游等服务行业人员提供了必要保护，对桑成功控制疫情起到了关键作用。可以说，中国是桑给巴尔人民最可靠的全天候朋友。

基奎特：中国是坦桑尼亚最好的朋友

基奎特总统对华十分友好，认为"中国是坦桑尼亚最好的朋友"。1980 年他作为坦桑尼亚人民国防军军官代表曾赴南京陆军指挥学院接受培训，1994 年任坦桑尼亚水利、能源和矿业部部长时率团访华，1998 年、2001 年作为坦桑尼亚外长两度访华，2004 年陪同姆卡帕总统访华，2006 年以坦桑尼亚总统身份来华出席中非合作论坛北京峰会，2008 年对中国进行国事访问，并出席博鳌亚洲论坛 2008 年年会。他是名副其实的中国人民的老朋友。

2014 年 10 月 21 日至 26 日，基奎特再次对中国进行国事访问。23 日，基奎特访问中国农业大学，受聘担任该校荣誉教授并发表演讲。24 日，习近平主席在人民大会堂与基奎特总统举行会谈。双方盛赞中坦传统友谊，一致同意继往开来，携手推动中坦互利共赢的全面合作伙伴关系发展。

习近平主席欢迎基奎特总统在中坦建交 50 周年之际访华。习近平主席指出，"中坦友谊经受住国际风云变幻考验，历久弥坚。双方始终相互理解、相互学习、相互帮助，成为全天候的好朋友、好伙伴、好兄弟。去年 3 月我访问坦桑尼亚期间，同你就中坦关系提升为互利共赢的全面合作伙伴关系达成重要共识。一年多来，双方密切配合，积极落实访问成果，取得新的进展。中方愿意同坦方一道，继往开来，开启中坦关系新篇章，为深化中非友好互利合作发挥引领和示范作用"①。中坦要做风雨同舟、患难与共的友好典范,中坦要做互利共赢、全面发展、共同进步的发展典范。中坦要做促进世界和平、维护共同利益的国际合作典范。

基奎特表示,坦中传统友谊是两国老一辈领导人共同缔造和培育的。习近平主席就任后第一次出访就访问坦桑尼亚,有力促进了坦中关系在新时期取得新发展,至今在坦桑尼亚传为佳话。坦方感谢中方长期以来提供的宝贵支持和帮助,珍惜同中方的友好关系,将一如既往坚定支持中方。中国的发展给坦桑尼亚许多有益的启示,其中重要一条是中国找到了符合本国国情的发展道路,并坚定地沿着这条道路走下去。中国有好的政策,并能一以贯之地执行。坦方正致力于实现国家工业化、现代化,坦桑尼亚希望同中方加强交往,学习借鉴中国的成功经验,扩大各领域合作,加速经济社会发展,使国家旧貌换新颜。非洲人民感激中方为西非国家抗击埃博拉疫情及时提供的帮助,感谢习近平主席刚才宣布中方将提供新一轮援助。坦方愿意同中方加强合作,建设好中非合作论坛,携手应对各种挑战,促进非洲地区和平、稳定、发展。

基奎特批评"中国在非实行新殖民主义"言论,认为中国的发展为包括坦桑尼亚在内的非洲国家提供了难得机遇,公开驳斥中国援助和投资有损非洲国家利益的不实之词,表示"投资不是殖民主义",坚定支持中国来坦投资。

马古富力:对中国是发自内心的友好

2015 年 10 月 29 日,坦桑尼亚全国选举委员会宣布,约翰·马古富力当选新一任总统,这一天也是他 56 岁生日。

马古富力 1995 年步入政坛,当选议员,历任土地、住房和人居发展部

---

① 《习近平同坦桑尼亚总统基奎特举行会谈》,中华人民共和国中央人民政府,2014 年 10 月 24 日,https://www.gov.cn/govweb/xinwen/2014-10/24/content_2770417.htm,最后访问日期:2023 年 5 月 26 日。

部长，畜牧与渔业部部长，工程部部长。他在工程部部长岗位上政绩斐然，为民众所喜欢，给他取外号"推土机"，意思是没有他办不成的事。工程部权力很大，但马古富力本人和他领导的工程部从未卷入任何腐败丑闻。因此被革命党推选为总统候选人。

反腐成为马古富力总统的个人标志，也帮助执政的革命党重新提升在坦桑尼亚民众中的支持率。两年内他查办了400多名腐败官员，包括税务总局局长、港务局局长、交通部常秘等多名部级高官。他颁布了坦桑尼亚的八项规定，经常突击视察政府部门，开除迟到的公务员，甚至有多名官员因为迟到而短暂入狱，可谓是"老虎苍蝇一起打"。

马古富力大力推动基础建设，2012年6月8日，时任工程部部长的马古富力会见中国驻坦桑尼亚大使，谈起他已经三次到过中国，对中国的基建发展变化充满敬意，希望大使多给他介绍中国基础设施建设方面的经验，还要大使帮他想办法培训坦方的工程建设队伍。马古富力启动建设一条铁路和一座大型水电站，以期实现全国发电量翻倍，目标是村村通电。

2017年6月。坦桑尼亚在《2017/2018财政预算案》中明确以工业化为发展目标，提出了完整的"五年计划"，将重点放在基础设施投入和民生项目，非生产性支出则有压缩，包括政府公务人员工资。

马古富力在第一个总统任期内，着眼于重建体系、发展经济，坦桑尼亚成为世界上增速最快的经济体之一。2020年10月，马古富力以84%的得票率赢得连任。

马古富力总统深受坦桑老一辈领导人影响，对中国充满热爱。马古富力多次对到访的中国领导人表示，坦中友谊根植于其心，融于其血，在其任期内，一定把坦中关系维护好。

2021年3月17日，坦桑尼亚总统马古富力因心脏病去世。坦桑尼亚副总统萨米娅·苏卢胡·哈桑依宪法接任总统职务。反对党领导人齐托·卡布韦在社交媒体上发布声明，说他在闻讯后与哈桑通电话，就马古富力去世致哀。"国家会记住他为我国发展作出的贡献。"

2021年3月23日，国家主席习近平就马古富力逝世向坦桑尼亚新任总统哈桑致唁电，代表中国政府和中国人民并以个人的名义表示深切的哀悼，向坦桑尼亚政府和人民以及马古富力总统亲属致以诚挚的慰问。

习近平主席指出，马古富力总统是坦桑尼亚杰出的领导人，生前为推动中坦、中非友好合作作出了积极贡献。他的逝世是坦桑尼亚人民的巨大损失，中国人民也失去了一位好朋友。中方珍视中坦深厚传统友谊，愿同坦方一道，深化两国全面合作伙伴关系，造福两国和两国人民。①

习近平主席与哈桑总统

2021 年 6 月 21 日，国家主席习近平同坦桑尼亚总统哈桑通电话。习近平主席指出，"中坦传统友谊由两国老一辈领导人亲手缔造，历经了国际风云变幻考验。我 2013 年就任中国国家主席后，到访的首个非洲国家就是坦桑尼亚。那次访问期间，我首次提出'真实亲诚'理念，如今已成为中国同发展中国家团结合作的基本政策理念"②。

习近平主席强调，中方始终从战略高度和长远角度看待和发展中坦关系，坚定支持坦方走符合本国国情的发展道路。中方愿同坦方巩固政治互信，加强相互支持，共同维护发展中国家正当权益，为构建中非命运共同体作出积极贡献。当前，中坦关系发展面临历史性机遇。中方愿同坦方加强政党交流合作和治国理政经验交流，将共建"一带一路"、落实中非合作论坛北京峰会成果同坦方发展战略对接，拓展农业、交通、通信、旅游、能源等领域合作，鼓励和支持更多中国企业赴坦桑尼亚投资兴业，加强抗疫合作，不断丰富中坦全面合作伙伴关系内涵。③

哈桑总统表示，热烈祝贺中国共产党成立 100 周年。中国共产党历史悠

---

① 《习近平就坦桑尼亚总统马古富力逝世向坦桑尼亚新任总统哈桑致唁电》，中华人民共和国中央人民政府，2021 年 3 月 23 日，https：//www.gov.cn/xinwen/2021－03/23/content_5595151.htm？gov，最后访问日期：2023 年 5 月 26 日。
② 《习近平同坦桑尼亚总统哈桑通电话》，《人民日报》，2021 年 6 月 22 日，第 1 版。
③ 《习近平同坦桑尼亚总统哈桑通电话》，《人民日报》，2021 年 6 月 22 日，第 1 版。

久辉煌。在中国共产党领导下，中国人民赢得了民族独立和解放，并在社会主义建设道路上取得了一个又一个举世瞩目的成就。我坚信，在习近平总书记坚强领导下，中国人民一定可以实现中华民族伟大复兴的中国梦。坦方珍视同中国的传统友谊，感谢中方长期以来给予的支持和帮助，愿借鉴中方脱贫攻坚和治国理政经验，加强贸易、基础设施、人文等各领域交流合作。坦方坚定奉行一个中国政策，支持中方在涉台、涉港、涉疆等核心利益问题上的立场，愿同中方积极推进共建"一带一路"，认真落实中非合作论坛北京峰会成果，推动中非关系取得新发展。①

在此次通话的前几天，中国土木工程集团有限公司（以下简称"中国土木"）承建的坦桑尼亚中央线标轨铁路伊萨卡至姆万扎段举行开工仪式。坦桑尼亚总统哈桑亲自为项目奠基。这个铁路项目建成后，将成为连接坦桑尼亚与乌干达、卢旺达、布隆迪等国，并通向印度洋的重要通道，对促进地区国家经济发展、改善民生意义重大，是坦赞铁路之后中坦合作的标志性项目。在中坦双方共同努力下，坦桑尼亚的发展之"路"不断延伸，将传承中国与坦桑尼亚、非洲的友谊，中坦友谊之花将更加盛开。

6月13日至14日，坦桑尼亚总统哈桑还先后视察了由中国土木实施的部分项目。13日，哈桑出席了坦桑尼亚姆万扎中央银行大楼的启用仪式，14日赴马古富力大桥项目检查进度、参加米松桂水厂开通仪式。哈桑总统在视察这两个项目时都发表了热情洋溢的讲话，高度赞扬了中国土木的履约能力和为当地经济发展和改善民生作出的突出贡献，充分表达了对中国土木在坦基础设施建设领域的高度认可和信任。

中国土木与坦桑尼亚

中国土木海外业务的首个项目就是坦赞铁路。坦赞铁路由中国铁道路援外办公室负责，这个办公室后来改制为企业，即中国土木。

---

① 《习近平同坦桑尼亚总统哈桑通电话》，《人民日报》，2021年6月22日，第1版。

半个世纪前修建的全长 1860.5 公里的坦赞铁路，至今都还是中国最大的援外成套项目之一，坦赞铁路由中国提供援助，中国、坦桑尼亚、赞比亚三国共同建造，被誉为帮助非洲人民实现民族独立和解放的"自由之路"、象征中非人民世代友好的"友谊之路"，在中非关系史上树立了一座不朽丰碑。

在建设坦赞铁路的 6 年中，5 万多名中国工程技术人员与坦桑尼亚、赞比亚的建设者们一道，在食物短缺、气候炎热、疾病流行、缺医少药的极端艰苦条件下，用汗水、鲜血和生命共同铸就了伟大的坦赞铁路精神，为后人留下了宝贵的精神财富。

全长 1860.5 公里的坦赞铁路，连接坦桑尼亚的达累斯萨拉姆和赞比亚的卡皮里姆波希，是中国在非洲最具代表性的援建项目，坦赞铁路于 1970 年动工，1976 年完工，耗资千亿，在修建坦赞铁路时有 70 位中国专家、技术人员和工人牺牲，他们身上体现了坦赞铁路精神。

坦赞铁路精神是相互尊重的平等精神，是顽强奋斗的拼搏精神，是无私奉献的国际主义精神，一代一代旅坦中国人，弘扬坦赞铁路精神，使中非友谊之花结出更加丰硕的果实。

52 年来，中国土木始终致力于坦桑尼亚和东非地区的基础设施建设和经济发展，在坦累计承揽 60 余个项目，覆盖铁路、公路、供水、市政、桥梁、房建等领域，是在坦中资公司中成立时间最长，业务范围最广，综合实力最强的公司之一。公司将积极策划、精心组织、认真实施，积极协调各方资源实施好该项目，确保项目的质量、安全和进度，并在项目实施期间为坦桑尼亚人民提供更多的就业机会和职业技能培训，与坦桑尼亚人民携手建好铁路，用优质工程助力坦桑尼亚乃至东非地区基础设施的发展。

旅坦华侨华人推助中坦友谊

坦桑尼亚的侨团有坦桑尼亚中华总商会、坦桑尼亚中国和平统一促进会、坦桑尼亚华助中心、坦桑尼亚浙江总商会等近 20 个。其中坦桑尼亚中华总商会是成立最早、会员最多、影响最大的侨团。坦桑尼亚中华总商会自成立以来，一直致力于推动当地华商与坦桑尼亚政府、民间的交往，为坦桑尼亚创立更多就业机会和公益事业。

2021 年 4 月 21 日，坦桑尼亚新任总统哈桑在首都多多马会见了坦桑尼亚中华总商会代表团，彼此讨论了中资企业和旅坦华商在坦进行贸易和投资活动的相关问题。

坦桑尼亚总统哈桑表示，坦桑尼亚第六届政府将与中资企业和旅坦华商密切合作，优化坦桑尼亚的投资环境，保证在坦商人的权益。尤其是在工作签证发放、税款缴纳、拖欠付款和行政工作官僚作风等方面，政府将重点进行改进。同时，她也提醒大家继续做好新冠疫情的防护。

坦桑尼亚中华总商会会长朱金峰和常务副会长、坦桑尼亚中国和平统一促进会会长冯振宇等人向哈桑总统表示，已经做好准备与坦桑尼亚第六届政府进行合作，以促进坦桑尼亚经济发展。总商会代表表示，商会将吸引更多的中国企业来到坦桑尼亚投资，投资方向包括通信、医药、汽车等方面；计划筹办工业园区，以便对当地工人进行技术培训，将优秀的坦桑尼亚青年介绍到中国学习工程和旅游等专业。

中国土木与坦桑尼亚的故事，如参与坦赞铁路，以及坦方其他经济和社会项目的建设等，仅仅是中方企业与坦方众多合作的一个缩影。中坦之间类似的友好事例，包括旅坦侨胞为中坦友好发挥的桥梁和纽带作用，可以说比比皆是，数不胜数。

中坦友谊之花盛开

2022 年 11 月 2 日至 4 日，坦桑尼亚总统萨米娅·苏卢胡·哈桑对中国进行国事访问。哈桑总统是中共二十大后中方接待的首位非洲国家元首。中坦友好关系被视为中非友好合作关系的精彩缩影。11 月 3 日，习近平主席会见了哈桑总统。两国元首宣布，将中坦关系提升为全面战略合作伙伴关系。

习近平主席指出，哈桑总统是中国共产党第二十次全国代表大会后中方接待的首位非洲国家元首，这充分体现了中坦关系的密切程度和中非关系在中国外交全局中的重要地位。坦赞铁路是中坦和中非友谊的丰碑。当年中国自己还很贫困时，我们勒紧裤带帮助非洲兄弟修建了坦赞铁路。现在我们发展起来了，更要本着"真实亲诚"理念，帮助非洲朋友实现共同发展，构建新时代中非命运共同体。①

哈桑总统表示，我非常激动和荣幸在中共二十大胜利召开后不久即受邀访华，这充分体现了坦中关系的高水平。坦方视中国为真正的最重要的朋友，愿意做永远值得中国信任的伙伴，同中方一道，以建立全面战略合作伙伴关系为契机，加强各领域务实合作，将坦中关系提升到新的高度，打造成为新时代非中关系的典范。②

如果把中国与坦桑尼亚之间的传统友好合作关系，比喻为中坦友谊之花，那么，这朵友谊之花在双方历任领导人和友好人士，以及两国民众的精心培育和努力呵护下已经盛开，而且还将开得更加鲜艳和灿烂。

---

① 《习近平同坦桑尼亚总统哈桑举行会谈》，中华人民共和国中央人民政府，2022 年 11 月 3 日，https：//www.gov.cn/xinwen/2022-11/03/content_5724181.htm，最后访问日期：2023 年 5 月 26 日。

② 《习近平同坦桑尼亚总统哈桑举行会谈》，中华人民共和国中央人民政府，2022 年 11 月 3 日，https：//www.gov.cn/xinwen/2022-11/03/content_5724181.htm，最后访问日期：2023 年 5 月 26 日。

中坦关系这十年

夏赵春

作者简介：

    夏赵春，中国侨联海外委员，坦桑尼亚浙江总商会会长，径山茶文化全球宣传大使。2020 年，获浙江省侨界青年联合会授予的"闯天下"十杰荣誉，在浙江日报报业集团、浙商发展研究院（浙商智库）、浙江省工商联、浙江省侨联等指导的"众志筑希望　大爱绘未来——'大爱浙商'抗疫英雄颁奖大会"上获颁"华人华侨抗疫英雄"荣誉。

    2013 年 3 月 24 日至 25 日，习近平首次以中国国家主席的身份出访非洲，并将坦桑尼亚作为非洲之行的第一站，这体现了中国新一届领导人对中坦关系的高度重视。坦桑尼亚政界和民间对此备感自豪，非常感动。

    2013 年 3 月 25 日，习近平主席在访问坦桑尼亚期间发表了题为《永远做可靠朋友和真诚伙伴》的重要演讲。当时，坦桑尼亚华商和中资企业代表就在现场聆听。习主席用"真实亲诚"四个字阐述新时期中国对非洲的政策理念，不仅为中坦互利共赢的全面合作伙伴关系指明了方向，更激发了坦桑尼亚政府和人民对自己国家的自豪和对未来发展的信心。

    此访期间，习近平主席还亲切会见了 150 位坦桑尼亚华侨华人、中国留学生、中资企业代表和中国驻坦桑尼亚大使馆工作人员。习近平主席告诫旅坦侨胞，要做有责任担当的大国侨民，传承中坦友谊。

政治交流合作

习主席访坦后，两国关系发展驶入了快车道，特别是在治国理政经验交流和党的建设等方面，两党、两国交往空前加强和深入。坦方各党派把中国的治国理政经验和自己的实际相结合，来制定本党的纲领。比如中国的"反四风"和开展群众路线教育活动，执政的坦桑尼亚革命党领导人学习之后在坦桑尼亚全国同步开展，结合坦桑尼亚的国情，进行了"走基层"活动，革命党的总书记和中央书记处全体成员两年时间走完全国所有的县，与农民同吃同住同劳动，解决了一系列久拖未决的问题，对十几位部长进行了问责。"走基层"活动取得了很大成效，使革命党党员人数迅速增加，奠定了该党 2015 年选举胜利的基础，随之又使该党在 2020 年选举中获胜。

中国共产党提出的"全面从严治党"理念，受到了坦方各主要党派领导人的高度重视。2015 年底，马古富力总统执政以来，出台了坦桑尼亚版的"八项规定"，即"反腐、治懒、问责、惠民"措施，并且获得了广泛好评，成为非洲国家领导人中的一颗耀眼"明星"，《新非洲人》杂志将马古富力总统评为 2016 年年度人物。革命党总书记基纳纳表示，马古富力总统执政以来全力打击腐败的举措深得民心。坦桑尼亚要想取得长久发展，革命党要想长期保持执政地位，就必须向我们的老朋友中国共产党学习。

坦各主流媒体也纷纷关注新一届中国领导人，关注他们是如何带领约占全世界人口总数 1/5 的大国脱贫致富，以及相关的先进理念和举措。

坦桑尼亚媒体转向

过去一段时期，坦桑尼亚媒体曾被认为是美西方的"势力范围"。但从 2013 年起，坦桑尼亚媒体发生了转向，给人以耳目一新的感觉。在涉华报道中，"全面、客观、公正"逐渐成为坦桑尼亚媒体报道的主基调。

2013 年 3 月，习近平主席对坦桑尼亚进行国事访问。该国三大英文报纸就发表了 100 多篇报道，包括评论等。2021 年中国国务委员兼外长王毅访坦，坦桑尼亚媒体从不同角度回顾和总结中坦传统友谊，呼吁坦桑尼亚政府进一步加强与中国的全面合作，表达对双边关系的美好愿景。

中坦两国媒体交流合作也日益频繁。在"中国企业在非洲"中非媒体联合采访活动上，坦桑尼亚记者、非洲记者与中国同行相互交流，为巩固中非合作民意基础，扩大中非合作空间贡献智慧和力量。"中坦网络新媒体圆桌会议"是中坦两国首次在网络新媒体这个新兴领域举办的高水平对话和交流活动。以网络新媒体为代表的两国交流活动正与时俱进，中坦传统友好迈入了信息化、网络化的新时代。

坦桑尼亚《每日新闻》总编曾说，关注中国发展、报道中国情况现在已成为坦所有媒体日常工作中的重要内容。每当中国发生重大事件、举办重要活动时，当地主流媒体会组成联合记者团采访中国驻坦桑尼亚大使，他也常受邀就中坦关系和双边经贸合作等重大议题在坦媒体上发表署名文章。

一名《每日新闻》记者在参加中国大使馆的活动时收到了《习近平谈治国理政》一书，经认真阅读后以专栏形式连续发表多篇读后感，高度赞扬中国的发展，并结合本国实际对坦经济社会发展提出了独到的见解，该系列报道引起了坦桑尼亚公众的高度关注。

中坦经贸交流合作

坦桑尼亚参考学习中国的经济建设经验，出台了坦桑尼亚的五年发展计划，坦桑尼亚政府大力提倡国家资源全民共享，鼓励外资以"双赢"原则进入除零售业外的所有领域，强化税收征管，严格控制政府公共经费支出，把有限的财政资源向基础设施建设和民生项目倾斜，把发展工业和加强基础设施建设作为头等大事来抓，力争保持经济持续向好态势。

坦桑尼亚通过"一五计划"和"二五计划"，提前 5 年实现进入中等收入国家的目标，坦桑尼亚全国人民非常振奋，坚定了对"三五计划"的信心。

中坦经贸合作发展迅速，双边贸易额从 2000 年的 9053 万美元增至 2019

年的 41.7 亿美元。一些投资项目由中国投资者和坦商业实体合作建设，实行本土化采购和经营，对坦经济发展产生了显著的涓滴效应和联动作用。

中坦两国签署了关于中国进口坦大豆的贸易协定。其他获准出口到中国的农产品包括芝麻、剑麻、烟草、腰果、木薯干等。该举措旨在扩大坦桑尼亚产品向中国出口，减少坦方对中方的贸易赤字。

中国对坦桑尼亚投资

2013 年前，中国对坦桑尼亚投资额仅 7 亿美元。近年来，中国对坦的投资呈现爆发式增长，根据坦投资中心统计，2021 年底中国对坦投资已经达到 76.43 亿美元，成为坦最大投资来源国，投资项目超过 800 个，新冠疫情期间中方仍对坦方进行投资。

一批有影响、有品牌、有良好信誉的中资企业不断前往坦桑尼亚发展，业务范围涉及基础设施建设、金融、农业、制造业、教育和信息技术等众多领域。中国投资的增加，提高了坦政府的财政收入。中国对坦投资已创造 20 万个直接就业岗位。例如，中资的东奥服装厂雇用了 3000 名当地工人，产品全部出口欧美。新阳嘎棉花产业园为当地种植户提供了长期稳定的棉花销售渠道，并带动了当地棉花价格的上涨。

根据南非一个调查机构统计，坦桑尼亚有 35 万人在从事与对华贸易，或是与此相关的工作。可以说，中坦投资合作的成果已经遍及坦经济发展的各个领域和民生改善的各个方面。

2017 年，中资企业还有一大批重要项目正在坦桑尼亚实施，包括东非最大的瓷砖生产基地旺康陶瓷厂、坦最大钢厂基戈瓦钢厂、坦噶水泥厂、莫罗戈罗剑麻农场等。中国银行在坦设立了办事处和分行。中国已连续多年成为坦最大贸易伙伴国。2018 年中坦双边贸易额达 40 亿美元。2020 年，即便受到了疫情影响，中坦双边贸易额仍达 45.84 亿美元，同比增长 9.9%，其中中方出口 41.75 亿美元，同比增长 9.5%，进口 4.09 亿美元，同比增长 13.7%。

坦桑尼亚农产品大量出口中国市场，年均出口额达 1.45 亿美元。在第二届进博会上，坦是 30 个设立国别馆的国家之一。习近平主席曾莅临坦桑尼亚国家馆参观，令坦方备感自豪和荣幸。

中国两国经济合作从无到有、从小到大，现在已形成了包括贸易、投融资、承包等多种形式，涵盖基础设施、工业、农业、矿业等宽广领域的全方位格局。

中国对坦桑尼亚的援助

坦桑尼亚是中国援助非洲的最大受援国之一，坦赞铁路就是其中的代表性项目。坦赞铁路项目几十年间位列中国援非最大项目，至今仍是中国援非大项目之一。近年来中国援助方式转向"授人以渔"，即从 20 世纪的生产性项目援助转为同步加强非洲的能力建设。

民生援助项目也还在继续进行。2021 年 12 月，中国驻坦大使馆向坦边远省份基戈马省的贫困地区卡苏卢捐赠一批缝纫机，用于支持卡苏卢 15 个农村贫困点开办小型服装厂。该服装厂能提供 300 余个就业岗位，提高当地妇女和青年群体的收入，改善他们的家庭生活，提升妇女的社会地位。此项活动是中国大使馆向坦方分享脱贫经验，以此加强中坦交流与合作、实现共同发展的举措之一，着眼点是民生，是坦脱贫能力建设的组成部分。

尼雷尔领导力学院是中国援建的代表性项目之一。2022 年 2 月 23 日，尼雷尔领导力学院竣工启用仪式在坦桑尼亚举行，习近平主席致贺信。习近平主席指出，尼雷尔领导力学院竣工启用将为六姊妹党加强自身建设、提高执政能力提供重要平台，助力六姊妹党更好领导各自国家实现发展振兴、造福本国人民。习近平主席强调，中国共产党愿以尼雷尔领导力学院竣工启用为契机，同非洲各国政党加强治国理政经验交流互鉴，相互支持走符合国情的发展道路。①

---

① 《习近平向尼雷尔领导力学院竣工启用仪式致贺信》，《人民日报》（海外版）2022 年 2 月 24 日，第 1 版。

中方建筑企业传承中坦传统友谊

中国与坦桑尼亚在基础设施建设领域的合作源远流长，20 世纪 70 年代动工并建成的坦赞铁路已成为中坦友好和中非友好的象征，是中非友谊的丰碑。当年参与坦赞铁路建设的一批中国企业，如中土公司、中铁建工等一直在坦桑尼亚，成为中国最早"走出去"的工程承包企业，几十年来一直是坦桑尼亚工程承包市场的主要参与者。

在坦赞铁路运营 40 周年之际，"重走坦赞铁路"活动在坦举办，数百名坦方青少年、媒体人士和中方代表一路感慨这条友谊之路为沿途民众带来的巨大变化，增进了人们对坦赞铁路和中坦友谊的认识。

中坦共同创造了坦桑尼亚乃至非洲的多个"最大"和"第一"：坦赞铁路至今仍是中国在海外援建的最大项目之一，尼雷尔大桥是东非第一座斜拉钢索跨海大桥，达累斯萨拉姆大学图书馆是非洲最大、设施最完备的图书馆，坦桑尼亚国家 ICT 宽带骨干网是坦桑尼亚首条"国家信息高速公路"，达市乌本戈立交桥将是坦首座多跨多层立交桥。

2022 年 3 月，由中国企业承建的坦桑蓝跨海大桥通车典礼在达累斯萨拉姆市举行，坦桑蓝跨海大桥位于达累斯萨拉姆市，横跨印度洋牡蛎湾，连接 CBD 区域与可可沙滩，为五塔斜拉桥。项目由主桥、南北引桥及双侧引道组成，大桥长 1030 米、双侧引道长 6 公里。桥面宽度 20.5 米，引道宽 15.5 米，双向 4 车道布置，并设置 1.5 米宽双侧人行道。坦桑尼亚总统萨米娅·苏卢胡·哈桑出席仪式并致辞，哈桑表示，坦桑蓝跨海大桥的通车对缓解交通压力、促进人员流动、助力经济增长、提升坦经济首都城市形象等具有十分重要的意义。

中坦基础设施建设合作

习近平主席访坦，以及"一带一路"的实施，推动了中坦两国在基础设施建设领域的合作。相关合作项目形式多样，亮点纷呈。近年来，中国承包工程企业占据了坦桑尼亚承包市场 80% 以上的份额，2013 年至 2018 年，中国企业在坦承建公路里程数累计 4000 多公里，为坦基础设施发展发挥了重要作用。

目前中国参与坦桑尼亚基础设施建设主要有三种形式。

一是由中国企业投资建设重大基础设施项目。例如，巴加莫约港口和经济特区综合开发项目、K3 和 K4 天然气发电厂项目，以及姆楚楚马 - 利甘加煤铁电一体化项目等，多数项目已经完成调研，正在进行开工前的准备工作。

二是由中国的金融机构提供贷款，中国工程承包企业负责实施的项目。如作为新时期"能源坦赞铁路"的姆特瓦拉至达累斯萨拉姆天然气管道项目，就是由中国金融机构贷款支持，由中国石油技术开发公司（中技开）承建的，已于 2022 年 8 月全线移交，帮助坦桑尼亚实现了用自己的能源发电的愿望，改善了坦能源结构并节省大量宝贵外汇储备。

中国金融机构贷款支持并由中国通信建设公司承建的光缆骨干传输网项目，使坦形成了三个环形光缆骨干传输网络，连同一并建设的大型数据中心，助力坦电信业实现跨越式发展，并向东非信息中心迈进。

目前正在建设或者正在进行前期准备工作的使用中国金融机构贷款的大型基础设施项目还有：桑岛机场 2 号航站楼项目，达累斯萨拉姆至阿鲁沙的东北电网输变电项目，桑给巴尔新港项目等。

三是由坦桑政府自有资金或者通过其发展伙伴出资的项目，中国工程承包企业通过参与公开公平的招投标获得承建资格。

例如，由坦社保基金出资、中铁建工集团与中铁大桥局承建的尼雷尔大桥是东非地区最大斜拉式跨海大桥，其过硬质量受到马古富力总统好评，也成了达累斯萨拉姆著名的旅游景点。由世界银行提供资金，中土公司承建的乌本戈立交桥项目，是马古富力总统上任以来坦方发包的第一个大型基建项目。中国企业还参与了由世界银行、非洲发展银行、美国、英国、欧盟等提供资金支持的达港升级改造项目和姆特瓦拉港新建项目，以及众多的公路、桥梁、机场、供水供电项目等。

2021 年 6 月 14 日，哈桑总统出席了由中国土木工程集团有限公司承建的中央线标准轨铁路第五标段项目的奠基仪式。该项目连接坦桑尼亚北部重镇伊萨卡和坦第二大城市姆万扎，建成后将极大改善坦铁路基础设施，提升交通运输能力，对促进沿线经济发展、工业发展和民生改善等具有重要意义。哈桑总统一行还视察了由中国土木实施的部分其他项目，包括中央银行姆万扎分行大楼、米松桂水厂和马古富力大桥。总统称赞这些项目的质量，并对工程进度表示满意。

坦桑尼亚的优势

与周边国家相比，坦桑尼亚具有五大独特的比较优势。

其一，国际形象良好。坦桑尼亚有着非常强大的地区影响力，其人民在不少国际组织中担任重要职务，是经济合作与发展组织（OECD）和世界银行等国际组织提供援助最多的非洲国家之一。

其二，政治社会稳定。政党之间、宗教之间、部落之间，都可以做到和平共处。同时，这里也没有恐怖袭击和海盗袭击，边界冲突也鲜有发生。

其三，自然资源丰富。坦桑尼亚有着大量未开发、未勘探的天然气、石油和氦气等自然资源，这也是坦的潜力所在。坦 35 岁以下人口占总人口的70%，所以劳动力资源丰富。

其四，经济长期稳定增长。政府积累了比较丰富的经济管理经验，尤其是招商引资方面具有丰富经验。同时，经济初步实现了多元化，抗风险能力强，货币汇率稳定。

其五，地理位置优越。坦桑尼亚是东部非洲的入海口，有 1000 公里长的海岸线，是唯一一个既是东非共同体又是南部非洲共同体成员的国家，市场腹地广阔。

坦营商环境与旅坦华商

坦桑尼亚营商环境整体良好，已有上万华商在坦桑尼亚经商。坦方对华商群体也很重视。哈桑总统执政后会见的第一个外国商会就是坦桑尼亚中华总商会。该商会是华人在坦企业的一个代表性民间团体，自成立以来，一直致力于推动华商企业与坦桑尼亚的官方与民间交往、为坦桑尼亚提供更多就业机会和发展公益事业。

当然，良好的营商环境也需要华商共同维护。中国有句古话，"路遥知马力，日久见人心"。坦桑尼亚也有句谚语，"患难见真交"（Akufaaye kwa dhiki ndiye rafiki）。中坦友好凝聚了两国几任领导人的心血，是中坦人民辛勤耕耘的结果，值得我们倍加呵护。

中国驻坦桑尼亚大使馆、中资企业和在坦华商多年来为提升中国国家形象而共同努力，几乎每个旅坦中国人都是中国形象的代表，严格遵守中坦两国法律，文明经商，诚实守信，通过企业形象的提升、产品形象的提升、个人形象的提升，共同促进中国国家形象的提升，进而巩固中坦友谊。华商在坦桑尼亚各级政府各个部门办事得到了尊敬，关键时刻"找得到人、说得上话、办得成事"。坦桑尼亚各侨团联系和团结全体侨胞，"自我组织，自我教育，自我管理，自我保护"，地缘为经、业缘为纬，形成多重立体侨社格局，全力打造"企业入园、商人入会、行为合规"的绿色领事保护新生态。

中国驻坦桑尼亚大使馆高度重视领事保护，使馆全员推动领事保护工作，创新领事保护工作，把援助、投资、贸易和人文交流都转化为领事保护资源和力量，定期联合坦政府部门举办安全、劳工、税务和移民事务讲座，邀请坦政府官员介绍法律法规和治安形势，建立预警信息发布平台，大力开展领事保护公共外交工作，并建立领事保护联络员机制，制订领事保护事件应急预案。

总的来说，在坦中资企业、华侨华人能受到当地人尊重，两国民众感情明显拉近，中国国家形象得到了有效维护，旅坦侨胞的人身、财产安全和正当合法权益能得到充分保障，营商生活环境也在持续改善。相信今后会有更多的中国企业和海外华商来到坦桑尼亚投资兴业。

"一带一路"与中坦经贸合作

2019 年 5 月，第二届"一带一路"国际合作高峰论坛在北京举行，坦桑尼亚代表团出席论坛，共商合作大计。这不仅由于坦是海上丝绸之路的历史与自然延伸，是"一带一路"登陆非洲的桥头堡，更是由于中坦之间有着深厚的传统友谊，以及在各个领域的友好合作关系。

"一带一路"高度契合了坦通过工业发展带动坦经济快速发展和在 2025 年进入中等收入国家行列的国家发展战略，已经并将继续为坦带来大量发展机遇。越来越多的中国企业借"一带一路"东风，来坦寻求互利共赢的发展机遇，有力带动了当地就业、经济增长，以及中坦两国经贸往来，给坦人民带来了实实在在的利益。

"一带一路"已在坦成功落地。目前中国已是坦最大贸易伙伴、最大工程承包方和主要投资来源国。800 多家中资企业在坦投资，总额超过 70 亿美元。中坦经贸合作成果已经体现在坦经济发展的各个领域和人民生活的方方面面。可以说，"一带一路"在坦有着一系列坚实行动的支撑。中坦双方在"一带一路"框架下的合作已经初见成效。

"一带一路"助力坦人民实现致富梦想。中国致力于把两国发展目标紧密联系起来，把两国人民利益紧密结合起来。在坦港口、铁路、公路、航空等基础设施建设领域，以及轻工、纺织、钢铁、建材、通信、能源、农产品深加工等行业，都有大量中国投资，这为坦创造大量就业机会和政府税收。

"一带一路"与坦发展战略高度契合。坦政府"二五发展规划"和"三五发展规划"以基础设施建设和工业发展为重点，与"一带一路"高度契合。坦政府加强基础设施建设、扩大对外经贸合作、推动工业发展进程、提振农业产业，而中国在技术、资金、先进劳动力方面恰恰具备比较优势，因而中坦经济合作互补性强。

中坦民心相通

2020 年，坦桑尼亚前总理、坦中友好协会副会长米曾戈·平达曾撰文《中非合作论坛对坦桑尼亚和非洲意义重大》表示，他在担任坦桑尼亚总理期间，对坦中交流互动的强劲势头有深刻感受。"2016 年至 2020 年间，我和我的同事 20 余次访华。我们与中国同行的交往合作促成多个民生项目在坦实施，包括援建姆贝亚省中小学教室、鲁安格瓦区学校学生宿舍、林迪省基尔瓦区公共图书馆、马拉省布蒂亚马区学校实验室，以及向卡盖拉省偏远地区的学校和卫生中心捐赠太阳能照明设施等。我们还为盖塔省渔民提供安全优质渔网，向莫罗戈罗省基洛萨区农民捐赠农业物资，为遭受 2016 年卡盖拉地震和 2020 年林迪省洪灾的灾民运送食品和医疗用品。2014 年至 2019 年，协会还邀请中国援坦医疗队为马拉、卡盖拉、乞力马扎罗、林迪四省的弱势群体提供免费诊疗服务及药物。"[1]

"国之交在于民相亲，民相亲在于心相通。"2017 年，中国外交部部长王毅会见坦桑尼亚总理马贾利瓦时提出，要进一步夯实两国政治互信和人民友好两大基础，着力打造互利合作、人文交流、军事交往和国际协调四大亮点。加强人文交流，有利于促进两国人民间的真诚互信与合作共赢，推动中坦传统友谊不断迈上新台阶。

很多在坦桑尼亚居住的中国人和在中国居住的坦桑尼亚人，都努力融入当地社会，为当地发展贡献力量，成了中坦友好的民间使者。成立于 2009 年的坦桑尼亚浙江总商会现有 1200 位会员，十多年来积极开展公共外交，与达累斯萨拉姆大学附属小学建立帮扶关系，宣传 G20 杭州峰会和浙江，向当地社会累计捐赠了 100 多万元人民币。博爱儿童家园成为总商会具有较大影响的公益活动品牌。

---

① 〔坦桑尼亚〕曾戈·平达：《中非合作论坛对坦桑尼亚和非洲意义重大》，中华人民共和国驻坦桑尼亚联合共和国大使馆，2020 年 12 月 4 日，http://tz.china-embassy.gov.cn/chn/tsyw/202012/t20201204_6191588.htm，最后访问日期：2023 年 5 月 26 日。

达累斯萨拉姆大学和多多马大学开设了孔子学院，在桑岛开设了孔子课堂并开展"中学汉语项目"，让汉语课程走进坦大中校园，有的已成为必修课程。孔子课堂通过举办"汉语桥"中文演讲比赛、中国夏令营、中文歌曲大赛、中华武术大赛、中国文化讲座、中国电影节等多姿多彩的文化活动，在广大学生中掀起学中文、讲汉语的热潮。

二十年来，中国政府共向 2339 名坦桑尼亚学生提供了赴华留学全额奖学金，专业覆盖医学、工商管理等学科。中方还向坦方提供了 6000 多个赴华培训名额，中国正成为坦青年人青睐的求学、工作目的地。中国高校在坦"圈粉"无数，年轻学子纷纷表示，学习汉语不光是出于对外语的兴趣，更有利于接受优质教育、提升自身竞争力和未来找到好工作。

欢乐春节之"坦桑过大年"已连续 12 年成功举办，在疫情期间仍以线上方式举办，多位坦桑尼亚领导人包括哈桑总统都出席过"坦桑过大年"活动。

中国艺术团和专家学者经常来坦进行交流和访问，比如"江西文化周""北京之夜""宁夏非遗文化周""中非影视合作论坛""潍坊风筝体验坊"等专题文化活动，并与坦国家电视台 TBC 合作引进斯瓦希里语配音的多部国产影视作品，向更多当地民众展示了中国文化魅力，不断提高他们对中国的兴趣和认同感。

坦凭借独特的文化艺术和自然风光吸引了大批中国游客，并且进入了越来越多中国人海外旅游的行程单，如"畅游非洲新地平线"的赴坦团体游活动正在中国展开。

2022 年 1 月 28 日，坦桑尼亚总统哈桑在个人推特账号发文，祝愿 2022 年北京冬奥会和冬残奥会圆满成功。哈桑总统说，"我们非常激动地关注着 2022 年北京冬奥会和冬残奥会。我们祝愿中国政府和人民成功举办这一最重大国际赛事"。此前，坦桑尼亚桑给巴尔总统姆维尼在其个人社交媒体账号上发布了文字和视频，支持 2022 年北京冬奥会，反对冬奥会政治化。2 月 18 日，坦桑尼亚主流媒体《公民报》刊登了达累斯萨拉姆大学中国研究中心主任莫希教授的评论文章《北京冬奥会的顺利举办使世界人民感到宽慰》，高度评价中国克服新冠疫情影响、如期举办北京冬奥会的重要意义，批评少数西方国家将冬奥会政治化的做法不得人心。

坦新任总统哈桑重视对华合作

2021年4月21日，坦桑尼亚新任总统哈桑在首都多多马会见了坦桑尼亚中华总商会代表团。双方讨论中国企业和旅坦华商在坦进行贸易和投资活动的相关问题。哈桑总统表示，坦桑尼亚第六届政府将与中国商人密切合作，优化坦桑尼亚的投资环境，保证在坦商人的权益，尤其在工作签证发放、税款缴纳、拖欠付款和行政工作官僚作风等方面进行改进。同时，她也提醒大家继续采取新冠疫情预防措施。

坦桑尼亚中华总商会代表团表示，已经做好准备与坦桑尼亚的第六届政府进行合作，以协助坦桑尼亚经济发展。总商会代表表示，商会将鼓励更多的中国企业来到坦桑尼亚进行投资。投资的方向包括通信、医药、汽车等方面；并计划筹办工业园区，以便对当地工人进行技术培训，将优秀的坦桑尼亚青年介绍到中国，学习工程和旅游等专业。

2022年1月，坦桑尼亚从第四波新冠疫情中缓解过来，2月多数时间每日确诊数为零，偶尔仅有个位数确诊，2年来累计确诊33851例。坦桑尼亚疫情好转有助于中坦合作，特别是中坦经贸合作。

2022年3月21日，《公民报》和《卫报》等媒体报道，坦桑尼亚能源部部长马坎巴表示，哈桑总统执政一年来坦在能源领域取得了重大成就。政府优先保证了尼雷尔水电站项目建设资金，促进该项目及其配套电网基础设施建设有序推进。哈桑总统出席迪拜世博会能源领域投资论坛，进一步释放了坦开放能源领域投资的信号，吸引了来自阿拉伯联合酋长国和坦桑尼亚的400余名商界人士关注。他还指出，尽管坦在能源领域存在规划不足、预算有限和输配电网络薄弱等问题，但政府将采取举措，努力实现到2030年全国100%电力供应覆盖的目标，并着力向可再生能源转型。

尼雷尔水电站总装机容量为 2115 兆瓦。到 2025 年，随着尼雷尔水电站和其他水电项目相继投入使用，坦发电量将达 5000 兆瓦，届时坦国内用电需求为 2677 兆瓦，将有 2323 兆瓦的剩余电量可供出口。该项目至 2021 年 6 月已完成 52% 施工量。

非洲人眼中的中国

蒋清溪

作者简介：

蒋清溪，福建三明人，马拉维中国大饭店董事长，马拉维中福贸易有限公司董事长，马拉维中国友好协会中方会长。第九届中国侨联海外委员，福建省侨联海外委员、三明市侨联海外顾问，广东省侨联海外委员。曾任马拉维中国和平统一促进会会长，非洲中国和平统一促进会副会长，马拉维中国城有限公司董事，马拉维中国海外投资中心董事，全球非洲留学生联盟副主席，中非民间交流与合作促进会副主席。

非洲媒体人眼中的中非传统友谊

非洲人眼中的中非传统友谊是什么？2019年6月26日至30日，"首届中国-非洲经贸博览会"在湖南长沙举行。来自33个非洲国家的媒体记者在采访博览会时，也被中国媒体采访问及中非传统友谊，他们的意见具有一定代表性。

坦桑尼亚《每日新闻》记者迪欧格莱修斯是第一次来到湖南省，他说，湖南对他来说既陌生又熟悉，他知道湖南是毛泽东的故乡。毛主席帮助非洲修建了坦赞铁路，有机会能看毛主席生活过的地方，他太幸运了！

塞拉利昂非洲青年之声主持人萨穆尔介绍，近半个世纪来，一批批的湖南援非医疗工作者在塞拉利昂救助了数十万患者。他说，当地民众都期待了解湖南，为此他加班加点传回了四篇报道。

刚果（布）布拉柴维尔《快讯报》记者冈加玛来到湖南杂交水稻研究中心采访时，特意在"杂交水稻之父"袁隆平"禾下乘凉"的雕像前席地而坐，摆出同款姿势留影。她说，"禾下乘凉"不仅是浪漫的梦想，更是帮助非洲人民抗击饥饿，保障粮食安全的现实成就。在袁隆平的推动和指导下，湖南杂交水稻研究中心累计培训了近 50 个非洲国家的学员，16 个非洲国家成功试种杂交水稻。

乌干达愿景集团记者穆巴拉克表示，乌干达和湖南面积相近，合作紧密，湖南人帮助乌干达修水电站、建学校，他们在当地很受欢迎。

非洲人看待中国援助西非抗击埃博拉疫情

2014 年，在埃博拉疫情暴发的第一时间，中国便迅速援助，共提供 7.5 亿元人民币的现汇和医疗物资援助，先后派出 1200 多名医护人员和公共卫生专家前往西非抗疫。此次援助是新中国成立以来最大规模的海外人道主义援助。

塞拉利昂总统科罗马表示，"在塞拉利昂遭遇埃博拉疫情来袭、最孤立无援的时候，是中国政府率先驰援，带动了国际社会纷纷向我们伸出援手"。"感谢中国政府在我们遭遇埃博拉疫情时，对塞拉利昂给予的无私支持。经历过埃博拉疫情后，我们更加深刻感受到'患难见真情'的含义，也真正了解了谁是真正的朋友。"[1]

利比里亚总统瑟利夫表示，埃博拉疫情给利社会经济造成重大负面影响。中国及时提供了多批援助，是世界上第一个派出专机向利运送援助物资的国家，引领了国际社会援助行动，为利抗击埃博拉疫情作出了重要贡献。

---

[1] 《塞拉利昂总统诚谢李克强：中国帮助我们走出埃博拉阴影》，中华人民共和国中央人民政府，2016 年 12 月 2 日，https://www.gov.cn/xinwen/2016-12/02/content_5142343.htm，最后访问日期：2023 年 5 月 26 日。

中国是利在医疗领域的重要合作伙伴，利方希望中方来利医护人员能够培训更多的当地医护人员，支持利方重建公共卫生体系的努力。

非洲驻华使团团长、马达加斯加驻华大使维克托·希科尼纳说："必须要让全世界都知道，是中国医疗队帮助非洲战胜了埃博拉疫情，这是一件非常有象征意义的事情，象征着中国和非洲国家风雨同舟。"①

非洲政要看中非关系

马里总统凯塔：我们认为中国是真正的朋友。

南苏丹总统基尔：中国是非洲真正的贸易伙伴。

赤道几内亚总统奥比昂：最为重要的是我们双方互相尊重，中国从不干涉赤道几内亚的内政。

2018年7月2日，非洲联盟（非盟）第31届首脑会议在毛里塔尼亚首都努瓦克肖特闭幕，与会代表在接受采访时谈及中国时这样说。

摩洛哥外交与国际合作大臣布里达表示，当前，广大非洲国家和中国在经济发展、安全与稳定、气候变化等诸多领域都面临着共同挑战，应通过沟通与协作共同应对。中国与非洲的友好合作关系着眼于未来，不断向前发展，中国对非洲的大力支持对非洲提升应对各项挑战的能力具有至关重要的意义。

苏丹外交部前部长伊斯梅尔表示，中国始终坚持不干涉内政，从支持非洲国家摆脱殖民统治、追求独立与自由，到帮助非洲大陆提升教育、医疗卫生、基础设施建设、农业、能源等领域的发展水平，中国一直是非洲国家值得信赖的朋友与合作伙伴。

非盟法律事务官员娜米拉·纳吉姆表示非常期待即将召开的中非合作论坛北京峰会。她说，中国与非洲各国的经贸往来日益密切，中国对非投资不

---

① 《为构建更加紧密的中非命运共同体开启新篇章》，《光明日报》2018年8月31日，第1版。

断增加。她期待即将举行的中非合作论坛北京峰会将进一步加强双方各领域互利合作，让非洲国家更好地学习借鉴中国发展经验，实现共同发展。

赤道几内亚驻非盟使团负责贸易的官员莫伊塞斯·姆巴·恩查马说，在非洲国家和人民眼中，中国不仅是朋友，更是地球另一边的兄弟。他强调，中国提出构建中非命运共同体，并付诸实际行动，向世界展现了不同以往的合作方式。中国与非洲合作不附加政治条件，不离不弃，中非真诚合作是非洲合作伙伴关系的榜样。①

非洲政要看中国助力非洲发展

冈比亚总统巴罗：对于非洲国家来说，中国具有领导力和凝聚力，中国是发展的动力。

卢旺达总统卡加梅：中国是发展的加速器，我们希望中国能推动非洲加速发展，这是一个互利双赢的局面，非洲受益，中国也受益，我们会像过去一样并肩前进。

几内亚总统孔戴：有了中国的帮助，我们能够自主发电了，我们还修了路，能源和交通问题的解决，为我们实现国家转型和工业化打下了基础。

科特迪瓦总统瓦塔拉：我们的阿比让港目前是西非最大的港口之一。港口的扩建提高了船舶的最大吃水深度，中国不仅让科特迪瓦受益，还造福了我们的周边国家。

赤道几内亚总统奥比昂：赤道几内亚经常派出专业团队去中国学习技术，我们的大部分技术人员都有自己的中国师傅。

马拉维总统穆塔里卡：在基础设施建设方面，中国给了我们很大的帮助，中马合作对于我们来说至关重要。

纳米比亚总统根哥布：中国的援助与合作让非洲得到了长足的进步，国

---

① 《非盟峰会代表高度评价中非命运共同体》，"国际在线"百家号，2018 年 7 月 3 日，https://baijiahao.baidu.com/s? id=1604955132797072629&wfr=spider&for=pc，最后访问日期：2023 年 5 月 26 日。

际机场、高速公路基础设施的建设、科学技术的提高，整个非洲的发展都是有目共睹的。

非洲国家领导人眼中的中国

2018 年，中非合作论坛北京峰会举行，非洲 40 位国家元首和十多位政府首脑出席峰会。以下是其中部分非洲国家领导人发表的对中国的看法。

博茨瓦纳总统马西西：我从政后两次访华，都留下了美好印象，也取得了丰富的访问成果。深化两国各方面友好关系是博茨瓦纳的国策。中国在国际事务中具有举足轻重的影响力，经济上发展迅速，对外开放不断扩大，取得了重大成就。这为博茨瓦纳提供了非常值得学习的成功范例。例如，中国发达的网络数字通信基础设施、各种先进科技等。博茨瓦纳的各种轻工业制品、电子产品、基础设施建设都离不开中国。我期待中国的服务产业和投资能更多进入博茨瓦纳。我非常关注中国的减贫事业。改革开放 40 年，中国 7 亿多人成功脱贫，这是无可比拟的伟大成就。为了学习中国的减贫经验，我曾去过一处养鸡场考察，这家养鸡场十分现代化，专为快餐店供应鸡肉。在养鸡场工作的村民们勤劳工作，让家人过上了好日子。博茨瓦纳正努力把中国的一些减贫理念和措施应用到博茨瓦纳的消除贫困计划当中。

刚果（布）总统萨苏：非中人民有着相同的历史遭遇，现在非中人民选择在发展经济、增进社会福祉的道路上共同前行。1960 年，刚果（布）摆脱西方殖民统治正式独立时，除了布拉柴维尔、黑角市内欧洲人居住区的几条柏油小路以外，刚果（布）没有 1 公里柏油公路。然而，得益于刚中合作，刚果（布）拥有了连接黑角到韦索的公路，还有了水电站、医院、桥梁、港口、机场等设施，这些建设成果带动了我们国家的发展。

莱索托首相塔巴内：中国是非洲国家"真实亲诚"的好朋友，中非合作论坛北京峰会表明中国信守支持非洲的承诺，并愿意积极参与提升整个非洲大陆的发展水平。什么是最好的朋友？在你贫穷的时候，能帮助你不断提升的就是最好的朋友。中国就是始终不渝帮助非洲国家的好朋友。中国用实实在在的行动力和执行力，助推非洲国家不断向前迈进。以莱索托为例，中国已派遣 12 批医疗队赴莱索托开展卫生援助，为提高莱索托民众的健康水平做了很多细致工作。在基础设施方面，中国帮助我们建起了布塔布泰工业园、会展中心、国立图书馆等。马塞卢的医疗中心也即将竣工。通往国家公园的道路即将开工，此外还有水坝和光伏等诸多合作项目。这些促进经济、改善民生的项目都是中非合作论坛框架下莱中互利互惠合作结出的硕果。

尼日尔总统伊素福：中国是尼日尔第一大投资国，在通信、能源、铁路等很多领域都给尼日尔发展提供了帮助。尤其是与中国在石油等能源领域的合作，让尼日尔迈进了产油国的行列。我们对此充满感谢。地区安全是尼日尔面临的一个重大挑战。中国是联合国安理会常任理事国之一，也是联合国维和行动的中坚力量。希望在打击恐怖主义等方面，得到中国以及国际社会更多支持。发展和安全相辅相成、密不可分。对我们而言，国家的发展是对抗恐怖主义的最有效手段。非洲和中国都是发展中国家，有着共同的利益诉求，在经济全球化和国际事务上立场相同或相似。古丝绸之路曾让沿线亚欧国家受益，也辐射到非洲大陆。如今，"一带一路"倡议将地球村更加紧密地联系在一起。尼日尔当然不能错过"一带一路"带来的巨大机遇。

布基纳法索总统卡博雷：今年（2018 年）5 月 26 日，中国与布基纳法索复交，掀开了两国关系的新篇章。作为非中友好大家庭的一位新成员，这是布基纳法索首次参加中非合作论坛峰会。中国已成为世界第二大经济体，这得益于中国政府一直有方向明确、目标合理、落实有效的中长期发展规划。中国在国家治理层面有很多经验值得我们研究和学习。我很期待在此次峰会中聆听习近平主席关于国家治理、非中共同发展进步的精彩观点。

加蓬总统阿里·邦戈：非中合作在过去几年得到飞速发展，加蓬从中获益良多。特别是当加蓬经济处于最困难的时候，中国一直与加蓬守望相助，加蓬人民对此充满了感激。从 2014 年开始，中国成为加蓬第一大经贸合作伙伴，2017 年双边贸易额达到 1 万亿非洲法郎。在加蓬的发展过程中，中国一直在我们身边。加蓬 2016 年出台了经济振兴计划，我们希望克服困难，到 2025 年成为新兴市场国家。吸引外国直接投资是实现振兴计划的重中之重。我们强烈希望中国继续增加在加蓬的各种投资。①

非洲人看待中国的多边主义倡议

南非总统拉马福萨：我们需要把世界带出"丛林"，加强国家间的伙伴关系，用一个多边主义体系把世界各国联系在一起。这里的各国是指我们这些相信多边主义的国家，我们这些相信双赢的国家，我们应该团结在一起，提高我们的话语权。我们应该坚持相信，当双赢成为主流，当合作成为主流，当多边主义成为主流，这才是世界发展最好的方式。

塞拉利昂总统比奥：在全球化不可逆的今天，我认为贸易保护主义和单边主义是没有立足之地的。

肯尼亚总统肯雅塔：我认为封闭的贸易保护是一种短视行为，有些人因为经济发展放缓，就认为封闭自己才能保护本国产业，这最终只会损害自身利益。

尼日利亚的《先锋报》刊发文章指出：中国通过行动身体力行地维护全球秩序。与殖民者及西方的新殖民主义不同，中国人告诉我们，蜡烛不会因点燃其他蜡烛而失去亮度，而是让世界变得更加光明。②

非洲人看待"中非命运共同体"

2021 年 11 月 29 日晚，习近平主席在北京以视频方式出席中非合作论坛第八届部长级会议开幕式，并发表主旨演讲。习近平主席表示："我相信，在中非双方共同努力下，这次中非合作论坛会议一定能够取得圆满成功，凝聚

---

① 《构建更加紧密的中非命运你共同体》，《人民日报》2018 年 9 月 3 日，第 5 版。

② 《非洲媒体：中非合作论坛是一个非常有益的平台》，中国网，2018 年 8 月 25 日，http：//news.china.com.cn/world/2018-08/25/content_60215142.htm，最后访问日期：2023 年 5 月 26 日。

起中非 27 亿人民的磅礴力量，推动构建高水平中非命运共同体。"①

纳米比亚总统根哥布说，中国一直平等对待非洲中小国家。中国历史上支持非洲的正义事业，今天继续帮助非洲的发展。

卢旺达总统卡加梅认为，中国始终平等对待非洲，这"比金钱更宝贵"。

吉布提总理卡米勒："中非命运共同体"理念鼓励中非之间的合作共赢。我们吉布提从来不是局外人，我们一直积极参与中非命运共同体的构建。

阿尔及利亚总理乌叶海亚：通过构建"中非命运共同体"，可以使现有国际关系更加平衡。

摩洛哥首相欧斯曼尼：中非主张共建"命运共同体"，共建多元化和彼此尊重的世界，拒绝当今世界上的某些势力实行保护主义和霸权主义，我认为这是中非合作秉持的重要哲学理念。而构建"命运共同体"是有关国际政治平衡的重要哲学。

非洲人看"一带一路"

多哥总统福雷：构建"人类命运共同体"重要的是落实到行动上，而这个行动就是"一带一路"倡议。在我看来，"人类命运共同体"理念和"一带一路"倡议是紧密相连的。

布基纳法索总统卡博雷：我认为"一带一路"是个很好的倡议，因为它致力于全球化，消除国家之间的界限。

科特迪瓦总统瓦塔拉：铁路、公路、电网，是"一带一路"建设把我们这些国家连接了起来。

吉布提总统盖莱："一带一路"倡议让货物流通起来，让人员流动起来，这样人人都能从中获益。

---

① 《习近平出席中非合作论坛第八届部长级会议开幕式并发表主旨演讲》，光明网，2021 年 11 月 30 日，https：//m.gmw.cn/baijia/2021-11/30/35346592.html，最后访问日期：2023 年 5 月 26 日。

利比里亚总统维阿：人们需要一个纽带把世界连接起来，而"一带一路"恰好就能发挥这样的作用。

中非共和国总统图瓦德拉：中非是位于非洲中部的内陆国家，无法与海洋相连，但"一带一路"能使交通不便的劣势转化成机遇，中非共和国人民的梦想就此与"一带一路"倡议圆满契合。

塞内加尔总统萨勒："一带一路"倡议把大陆和海洋连接在一起，把人和人连接在一起把国家和国家连接在一起，而我们非洲国家在其中理应占有一席之地。

乌干达总统穆塞韦尼：我曾于 2006 年、2015 年两次出席中非合作论坛，中非合作论坛机制是非洲国家和中国对话的良好平台。非洲与中国的合作方兴未艾，双方都从中获益良多，相信中非合作论坛将拓展更多的合作领域，非中合作前景无限广阔。乌中两国政治互信根深蒂固、不可动摇。在经济方面，乌中合作成果显著。中国帮助乌干达修建了恩德培国际机场扩建项目、卡鲁玛水电站、伊森巴大坝、国家体育场、工业回收中心等。与有些西方国家习惯于对非洲颐指气使不同，中国对非洲国家从来都是平等相待，尤其是在合作促进双方共同发展方面。习近平主席提出的"一带一路"倡议，将中国与世界的合作提升到一个新的层面。通过"五通"，用更现代的方式将世界连接起来。"一带一路"倡议与乌干达的"2040 年愿景"、非盟《2063 年议程》都强调合作共赢、互惠互利。乌干达正从"一带一路"建设中受益，相关项目将乌干达这个非洲内陆腹地国家与外部世界连接起来。以中国公司承建的坎帕拉至恩德培高速公路为例，它将乌首都与恩德培国际机场连接起来，成为乌干达通往世界的纽带。

非洲人对团结抗疫的看法

乌干达初级卫生保健国务部长乔伊斯·莫里库·卡杜库表示，非洲国家与中国在病毒检测研究方面一直保持密切合作。新冠疫情暴发以来，中国全力支持包括乌干达在内的广大非洲国家抗击疫情，是非洲国家可以真正信赖和依靠的朋友。相信中非团结抗疫特别峰会的成功举行将助力非洲国家抗击新冠疫情并推动经济复苏。

博茨瓦纳国际事务和合作部常务秘书盖伊梅尔韦·戈伊斯芒表示，疫情暴发以来，博茨瓦纳政府不仅从中方获得医疗设备、防护物资等方面援助，还学到处理疫情的丰富经验。两国在卫生领域开展多项合作，中方帮助博茨瓦纳提升了公共卫生医疗水平。博茨瓦纳期待扩大博中医疗合作，支持打造中非卫生健康共同体。

赞比亚卫生领域专家昆斯·姆瓦布表示，中国向包括广大非洲国家在内有需要的国家积极提供物资支持、分享抗疫经验，是最努力推动国际抗疫合作的国家。疫情持续蔓延之际，中国携手非洲国家以实际行动告诉国际社会，团结合作才是战胜疫情最有力的武器。

塞内加尔卫生领域专家莫马尔·恩道表示，疫情在非洲扩散蔓延之际，中方提出构建"中非卫生健康共同体"显得尤为重要。2005 年塞中两国复交以来，卫生领域就一直是两国合作的重点领域。疫情暴发后，中国持续支持塞内加尔抗击疫情，包括卫生合作在内的两国关系也在团结抗疫中得到进一步巩固和加强。

马里卫生领域专家卡利卢·迪亚拉表示，在马里确诊首例新冠病例之前，中国捐助的第一批抗疫物资就已抵达，这对马里这样一个公共卫生医疗系统非常脆弱的非洲内陆国家应对疫情至关重要。

阿尔及利亚大学政治学系教授穆罕默德·巴希尔说，中国为阿尔及利亚抗击疫情提供了重要支持，特别是派遣抗疫医疗专家组来到阿尔及利亚，与阿方分享成功经验，这对阿方有效防控疫情有很大帮助。中方承诺在新冠疫苗研发完成并投入使用后愿率先惠及非洲国家，充分展现了中国的大国担当以及对中非关系的重视。

卢旺达大学政治学系高级讲师伊斯梅尔·布坎南说，疫情仍在非洲持续蔓延，而中国的支持为与疫情做斗争的非洲国家注入了希望。中国不仅向非洲国家提供抗击疫情急需的物资和经验，更重视帮助非洲国家加强应对此类危机的能力建设，这充分显示中国高度重视中非之间兄弟般的关系。

利比亚非洲事务专家法蒂玛·扎迪表示，中国是率先向非洲提供抗疫支持的国家，并且以实际行动再次证明，中国对非洲国家的支持是无私、不附加任何条件的。中国的支持不仅体现在人道主义层面，更体现在帮助非洲国家提高应对重大公共卫生危机和实现可持续发展的能力。

苏丹双尼罗大学政治学教授哈桑·绍里认为，中国对非洲国家抗击疫情提供的支持不仅体现在物资援助、经验分享、疾控中心建设等"救急"方面，更着眼于事关非洲国家可持续发展的债务减免、自贸区建设、互联互通和产业链、供应链建设等方面，这些贴近经济民生领域的支持必将推动"后疫情时代"的非中关系再上新台阶。①

非洲媒体眼中的中国

利比里亚《分析家报》曾发表长篇社论，盛赞利中、非中之间的友好合作关系，称这一关系像磐石一样牢不可破。文章说，中国总是慷慨地向包括利比里亚在内的非洲国家伸出援助之手，目前中国向利比里亚派驻了500多人的维和部队，并且参与了当地多个经济发展项目。

《肯尼亚时报》高度评论中非关系，称中国是非洲"靠得住的兄弟和朋友"。

埃及《金字塔报》"事务和观点"版曾刊登阿迪夫·喀穆里的题为《埃及、中国和非洲》的评论文章。文章认为，中国经济发展的成功经验正在推动着世界前进。他说，中国经济发展让世界侧目，也令世界各国深感佩服。

非洲媒体看中非经贸博览会

"南非各大知名酒庄的红酒在这里基本都可以找到，我还在一款酒瓶上

---

① 《综合消息：在团结抗疫中推动构建更加紧密的中非命运共同体——非洲多国人士高度评价中国全力支持非洲国家抗击新冠疫情》，中华人民共和国中央人民政府，2020年6月22日，https://www.gov.cn/xinwen/2020-06/22/content_5520953.htm，最后访问日期：2023年5月26日。

发现了曼德拉的头像和生平介绍。"南非独立传媒集团助理主编温德尔兴奋地说，该平台就像一场"永不落幕"的博览会，希望中国民众和企业都能从这里发现非洲的优质商品。

肯尼亚《民族日报》记者奥杨戈就中非贸易地位等问题采访了多位与会人士，请他们解读湖南将如何扩大非洲商品进口。奥杨戈还了解到，长沙直飞肯尼亚内罗毕的航线开通后便班班爆满，货运航线的开通也提上了日程。"人流、物流以及随之打通的信息流，将为肯尼亚和湖南加强交往奠定坚实的基础。"

"非洲与湖南是永远的朋友，这一点从过去到现在从未改变。"埃塞俄比亚通讯社高级记者阿威凯介绍，湖南在埃塞俄比亚奥罗米亚州投资兴建了埃塞俄比亚·湖南工业园，入驻园区的湘企为当地创造了数千个就业岗位，大大提升了该国的出口创汇能力。[①] 该工业园内的风力发电装置就来自三一重工。在长沙三一重工"18 号厂房"内，非洲媒体团被装点着棕榈树和喷泉的智能化车间惊呆了：在这座"中国最聪明的工厂"内，每五分钟就有一台挖掘机下线。《赞比亚时报》首席记者齐拉感慨道，驰援非洲大地的"中国制造"是如此高效、可靠，希望未来湖南能将这样的工厂兴建到赞比亚。

非洲政党政要支持团结抗疫

肯尼亚朱比利党总书记图朱表示，中国抗击新冠疫情的成功经验、做法和相关防疫物资支持，对肯尼亚抗击疫情提供了极大帮助。中国对非洲和全球疫情防控，以及维护全人类健康安全作出了重要贡献，中国还悉心照料肯尼亚在华留学生，我们对此深表感激。我们愿与中国建立抗疫命运共同体，携手战胜疫情。

---

① 《首届中非经贸博览会非洲媒体团访湖南 解码传统友谊与务实合作交融点》，中国新闻网，2019 年 6 月 30 日，https://www.chinanews.com/sh/2019-06-30/8879188.shtml，最后访问日期：2023 年 5 月 26 日。

南非和平倡议总协调员、南非共产党第二副总书记马特尔哈科表示，中国为抗击新冠疫情做出的努力和贡献有目共睹。只要非中携手，加强防控合作，维护地区和全球公共卫生安全，我们就一定能够战胜病毒，取得最终胜利。

刚果劳动党政治局委员、政府外长加科索表示，刚中友谊深厚，历经过风雨考验；中国在自身承受抗疫压力同时向非洲国家积极施以援手，为非洲抗疫斗争作做了巨大贡献；一些国家试图夸大防疫过程中的个别问题，抹黑非中友谊，我们对此坚决反对。

尼日利亚全体进步大会全国副主席奥卢瓦嘉纳，安哥拉人民解放运动中央委员、全国政治培训中心主任邓贝利，尼日尔争取民主和社会主义党第一副总书记、政府外长卡拉，塞舌尔联合塞舌尔党全国执委吉尔，几内亚比绍社会革新党青年团全国书记若昂·孔戴，南非执政党非洲人国民大会国际关系委员会主席祖鲁，布隆迪保卫民主力量总书记恩达伊施米耶，坦桑尼亚革命党全国执委巴杜等政党政要也表示，非中友好源远流长、不容置疑。中方对非方在华侨民提供了周到的保护和关照，对他们反映的问题作出了非常及时的回应。非中友谊在团结抗疫中必将更加深厚牢固。我们愿同兄弟般的中国人民齐心协力战胜疫情，继续传承和唱响非中友谊。[①]

非洲人对未来中非关系的期望

安哥拉总统洛伦素：我相信安中两国之间的合作能够越来越深入。

加蓬总统邦戈：中国企业在加纳一直以来都很有活力，期待加蓬与中国的企业界进一步加强合作。

加纳总统阿库福-阿多：我希望加纳和中国的关系在未来能够变得越来越牢固。

[①] 《非洲政党政要高度评价中非传统友谊和抗疫合作》，《人民日报》2020 年 4 月 24 日，第 3 版。

2021 年 11 月 7 日，非盟驻华代表拉赫曼塔拉·奥斯曼在"首届中非未来领袖对话"上表示，一直以来，中国大力支持非洲的经济社会文化发展，特别是中国的发展成就和发展经验，为很多谋求独立自主发展的非洲国家带来了巨大的鼓舞、提供了宝贵的经验。中国和非洲在很多领域有共同的立场和利益，中非双方的深入合作，必将会在中国实现第二个百年奋斗目标和非洲实现《2063 年议程》之间产生巨大的协同效应。真诚期待中非青年积极推动双方在更多领域团结合作、携手共赢，为构建"中非命运共同体"作出更大的贡献。

非洲人眼中的习近平

林努宏

作者简介:

林努宏,中国侨联海外委员,毛里求斯新华学校校长,全球华人恭祭炎黄典礼组委会主席团成员。

习近平主席首访非洲前

2013 年 3 月 24 日至 30 日,习近平主席访问非洲,对坦桑尼亚、南非和刚果共和国进行国事访问,这是习近平担任中国国家主席后的首次出访。

坦桑尼亚总统基奎特说,坦桑尼亚人民热切期盼习主席的来访,习主席首访就选择包括坦桑尼亚在内的非洲国家,表明新一届中国政府高度重视非中友好关系的发展。

南非德班市议会议长劳杰·奈都说,习近平主席曾先后作为福建省省长和中国国家副主席两次访问南非,到访过比勒陀利亚、开普敦和约翰内斯堡,但此次出席金砖国家领导人会晤是他第一次访问德班,这对德班市和夸祖鲁—纳塔尔省都有着重大意义。①

---

① 《坦桑尼亚南非刚果共和国友好人士:期盼习近平主席"历史性访问"》,人民网,2013 年 3 月 20 日,http://theory.people.com.cn/n/2013/0320/c49150-20846884.html,最后访问日期:2023 年 5 月 26 日。

在莫桑比克前总统希萨诺的印象中，习近平是一个善于听取别人意见，并且意志坚定、一诺千金的人。2012 年希萨诺曾赴中国参加第二届中非民间论坛，他对时任中国国家副主席习近平在开幕式上的主旨讲话记忆犹新，高度认同习近平在演讲中有关如何推进中非新型战略伙伴关系发展的见解。习近平就任中国国家主席后首次出访就选择非洲，这充分显示了习主席高度重视中国与非洲的关系，以及中国与非洲的合作。

南非金山大学国际关系学院教授加斯·谢尔顿表示，2010 年，时任中国国家副主席习近平出席了在南非比勒陀利亚举行的纪念中非合作论坛成立 10 周年研讨会开幕式，并发表了题为《共创中非新型战略伙伴关系的美好未来》的演讲。自己有幸聆听了这一鼓舞人心的演讲，深切感受到这位像父亲一样和蔼可亲的中国领导人对未来发展的见解之独到与睿智。

习近平主席访问坦桑尼亚期间

坦桑尼亚总统基奎特在习主席结束访问后，第一时间对此访作出高度评价："中国国家主席习近平对坦桑尼亚的访问获得了圆满成功，成果之丰硕超出了坦方预期。坦方充分认识到此访的重要意义，相关部门将立即开始行动，逐项落实访问成果，推动两国关系不断向前迈进。"①

坦桑尼亚前驻华大使查尔斯·桑嘎在由中国援建的尼雷尔国际会议中心聆听了习近平主席的演讲。他回忆道，习主席的演讲真挚、热情，引人入胜且充满诚意。他说的话并不是试图取悦别人，而是摆事实、讲道理，以人为本。他指出，习主席当时的演讲很好地提醒全世界，中国与非洲的关系不是以某种条件为基础的，而是以经得起风雨考验的友谊为支撑的。在演讲中，习主席因非洲大陆不断发展而备受鼓舞的喜悦是那么真诚，令人感动，这是

---

① 《非洲各界高度评价习近平主席访非成果》，中国共产党新闻网，2013 年 4 月 13 日，http://cpc.people.com.cn/pinglun/n/2013/0413/c241127-21122784.html，最后访问日期：2023 年 5 月 26 日。

从心底发出的爱。非中友好合作是相互尊重、合作共赢的。中非合作论坛更是中国梦与非洲梦相融相通的有力见证。中国改革开放以来奇迹般的经济发展给非洲国家实现经济独立提供了前所未有的机遇。

习近平主席访问南非期间

南非准官方机构"品牌南非"首席执行官米勒·马托拉表示，"对决定设立金砖国家开发银行尤其满意。金砖国家开发银行的成立，将使发展中国家面临经济困难和财政困难时，除了向世界银行和国际货币基金组织求援外，也可以得到金砖国家开发银行的援助。这对国际金融体系改革、减少过度依赖西方国家主导的金融机构现状会起积极作用"[1]。

南非国际问题专家恩圭尼亚认为，习主席的访问表明中国是南非和非洲的全天候朋友，表明中国是南非和非洲"任何时候都可以依靠的平等伙伴"。中非伙伴关系建立在平等的基础上，中国作为非洲重要的伙伴正在发挥重要作用。

南部非洲研究与文献研究所主任约翰逊表示，习主席履新后首访就选择了非洲三国，足以证明中国新领导集体对中非关系的重视。在中国新领导集体推动下，中非关系将延续以往的快速发展势头并不断增强。中非合作前景广阔，中国的发展模式和发展经验都值得非洲学习借鉴。

非洲智库网站区域间经济网主任希克瓦蒂认为，从习近平的演讲中可知，中国是非洲人民真诚的朋友，中国在与非洲国家的交往中秉持不干涉内政的原则。中国政府总是践行着自己对于非洲国家的承诺。[2]

---

① 《非洲各界高度评价习近平主席访非成果》，《经济日报》2013 年 4 月 13 日，第 2 版。

② 《国际社会积极评价习近平关于中非关系的重要演讲》，人民网，2013 年 3 月 26 日，http://politics.people.com.cn/n/2013/0326/c70731-20910928.html，最后访问日期：2023 年 5 月 26 日。

习近平主席访问刚果共和国期间

刚果共和国宪法法院副院长、前驻华大使帕西表示，自 1964 年刚中两国建交以来，两国人民结下了兄弟般的情谊，这种牢固的友谊让刚中两国都从中受益。习近平主席首次访问刚果共和国，这是友谊之旅。将推动刚中合作结出更丰硕的果实。

《布拉柴维尔快报》副总编热尔韦说，习主席的演讲体现了中国和非洲做好朋友、进行双赢合作的真诚和决心，讲到了刚果共和国人的心坎里。我相信刚中合作一定会有更多的成果。[①]

"习主席身上展现出中国人民所特有的意志、谋略与文化。"恩古瓦比大学名誉校长阿尔芒·莫伊库阿至今仍清楚地记得 2013 年习主席为该校图书馆揭牌的那历史性一刻。中国援建的图书馆是该校当时唯一一座现代化建筑。"习主席是一位伟大的领导人，刚果共和国为他在 2013 年专程到访深感荣幸，刚果共和国人民对此非常感激。"

在剪彩并参观图书馆阅览室后，习主席来到图书馆二层的中国馆，恩古瓦比大学汉语教师艾佳回忆起习主席访问时的情景说，习主席询问起艾佳在中国的留学经历。当习主席得知她曾于 2001 年至 2005 年在杭州读书时，还笑称，咱俩当时在同一个城市，但却不认识。"这是我一生都无法忘记的美好回忆，我对此非常骄傲。当时在场的每个学生都珍藏着习主席访问时的视频光盘。"艾佳表示，她将习主席的讲话当作学习汉语的范本。

习近平主席对非洲的首访期间

贝宁总统亚伊说道："我们希望进一步推进中国和非洲之间的战略伙伴

[①] 《国际社会高度评价习近平访非和出席金砖国家峰会》，中华人民共和国中央人民政府，2013 年 3 月 31 日，https://www.gov.cn/govweb/jrzg/2013-03-31/content_2366610.htm，最后访问日期：2023 年 5 月 26 日。

关系，使其继续成为合作典范。中国和非洲共同合作，分享资源，创造财富，我们可以实现和平、繁荣，并且共同创造一个更加美好的世界。"[1]

非盟委员会驻几内亚比绍特别代表佩坎诺表示，习近平主席演讲中提出的"中非命运共同体"理念赋予了未来中非关系以新的内涵，使中非全方位合作伙伴关系的构想更加清晰和具体。中非关系的发展经历了艰难曲折的历程，中国人民与非洲人民传统友好情谊奠定了中非关系进一步向纵深发展的坚实基础。习主席对中非关系的新定位，表明新一届中国政府将给予非洲国家一如既往的关心和支持，非洲人民对此表示衷心感谢和充满期待。

非洲开发银行行长唐纳德·卡贝鲁卡表示，"金砖国家开发银行设立恰逢其时"。金砖国家开发银行的设立，是对现有国际金融体系的补充和完善，这有助于推进国际资本流向发展中国家的项目建设。

西非国家经济共同体执行秘书处副秘书长奥贡·桑尼表示，习近平主席此访展示了新一届中国政府对非政策的战略思路，巩固了中非传统友好关系，开创了中非友好合作的新时代，具有承上启下的划时代意义。

尼日利亚和平与冲突解决研究所所长助理萨姆·阿比表示，习近平主席在演讲中首次提出"中非命运共同体"的理念使非洲人民倍受鼓舞，这无疑是在向世界发出中非合作内涵将更加丰富的强烈信息，中非将开启战略合作的新时代。

肯尼亚智库区域间经济网络主任希克瓦蒂表示，从习近平主席的演讲中可知，中国是非洲人民真诚的朋友，中国在与非洲国家的交往中秉持不干涉内政的原则。中国政府总是践行自己对于非洲国家的承诺。

苏丹国家通讯社资深记者默罕迈德撰文认为，基础设施建设不完善和国外直接投资短缺是非洲国家普遍存在的问题，习近平主席此访表明了中国政府将继续加强对非投资，以及支持非洲国家基础设施建设的坚定决

---

[1] 《永远的朋友　真诚的伙伴——记中国国家主席习近平非洲之行》，人民网，2013 年 4 月 1 日，http：//theory. people. cn/n/2013/0401/c136457 - 20981523 - 2. html，最后访问日期：2023 年 5 月 26 日。

心，使非洲国家在联合自强的发展道路上看到了新的历史机遇并对未来充满希望。①

习近平主席访问津巴布韦期间

2015 年 12 月 1 日至 2 日，习近平主席对津巴布韦进行国事访问。

时任津巴布韦总统穆加贝在欢迎晚宴上称习主席夫妇是津巴布韦人民真正的朋友，代表津巴布韦人民热烈欢迎习主席来访。有报道称"在最近数十年访问津巴布韦的外国首脑中，中国领导人被认为是最重要的人物"。

津巴布韦财政部部长奇纳马萨称，已有 100 多个中国企业在津巴布韦投资，中国投资者对所有领域都表示关心。他认为习主席此访向中国投资者明确了在津巴布韦投资的安全可靠性。

津巴布韦主流媒体撰文《习主席应该得到津英雄般的礼遇》指出，津中两国患难与共，是全天候的好朋友。在津巴布韦反帝反殖反霸的艰难时刻，有着相似经历的中国给予无条件援助，为津巴布韦民族解放斗争提供了坚定支持。文章《习主席国事访问惠及津向东看政策》认为，习主席此访是一次互惠互利的访问，是一次有实际意义的访问。在西方国家对津实施制裁后，津采用了"向东看"的政策，中国近年来的发展让他们受益良多。②

"很骄傲能够见证这一历史性时刻。"津中青年论坛主席布莱恩·姆杜米表示，他的团队耗时一个半月制作了一幅津中友好画像。画像中习近平主席与津巴布韦总统穆加贝面带笑容，握手示意，两位领导人身后分别画有大津巴布韦遗址和长城，加上青草、松树以及两国国旗的装点，一幅绚丽夺目的图景，在向人们展示中津两国的长久友谊和美好未来。他说："青草、松树象征着两国友谊生机盎然，我相信习主席的到访会为津中两国关系注入新

---

① 《非洲各界高度评价习近平主席访非成果》，《经济日报》2013 年 4 月 13 日，第 2 版。
② 《津巴布韦媒体热议习主席来访》，新华社，2015 年 12 月 2 日，http://www.xinhuanet.com/world/2015-12/02/c_128490955.htm，最后访问日期：2023 年 5 月 26 日。

的活力。"①

津巴布韦著名石雕艺术家多米尼克希望把自己的石雕作品赠送给习近平主席。他说："现在'中国'在津巴布韦是个流行词，很多中国企业在这里帮助我们发展和建设，越来越多的中国人来到这里，不仅给我们带来了先进技术和设备，还促进了不同文化间的交流。"津巴布韦大学孔子学院学生凯文和迈克尔认为，习近平主席和夫人到访津巴布韦将会掀起一股"汉语热"。②

津巴布韦超级计算中心工程师普利奇拉·汉迪卡特瑞表示，她曾到中国济南接受技术培训，对中国的发展速度感到惊叹。"我希望津巴布韦能像中国一样快速发展。"

中非合作论坛约翰内斯堡峰会期间

2015年12月2日至5日，中国国家主席习近平对南非进行国事访问，并主持在约翰内斯堡举行的中非合作论坛峰会，这是首次在非洲举办中非合作论坛峰会。

南非前总统府部长帕哈德表示，习近平自就任中国国家主席后，三年内两次对南非进行国事访问，这充分说明中南两国关系的亲近。"从电视上看，习主席是一个非常温和、举止大方的领导人，很多时候，脸上都会露出极富感染力的笑容。当然，在讨论问题时，他显得严肃和认真。"③

乌干达《新视野报》援引乌总统穆塞韦尼的话称，"西方大国只是关注

---

① 《"中国是我们最重要的朋友"——津巴布韦各界热切期盼习近平主席访问》，共产党员网，2015年12月1日，https://news.12371.cn/2015/12/01/ARTI1448919407265615.shtml，最后访问日期：2023年5月26日。
② 《"中国是我们最重要的朋友"——津巴布韦各界热切期盼习近平主席访问》，共产党员网，2015年12月1日，https://news.12371.cn/2015/12/01/ARTI1448919407265615.shtml，最后访问日期：2023年5月26日。
③ 《中国梦与非洲梦相融相通　听非洲朋友讲述习近平主席的故事》，《人民日报》2015年11月28日，第2版。

止血，而中国则帮助疗伤，帮助修复诸如血液循环系统、神经系统、消化系统等非洲经济的内部系统。这是中国与一些西方大国的不同之处。电力、公路、铁路、信息通讯网，这些是现代经济的基础。我赞赏中方在合作关键点上与我们意见一致"[1]。

南非广播公司援引南非著名女商人布里奇特·拉德贝的话说："令人欣喜的是，我们不再用传统的西方殖民主义来解读中非合作的新模式。我认为这正是此次峰会的意义所在，也是非洲国家领导人和商人重视和欢迎中非合作的重要原因。"

非通社 ANA 援引时任非洲联盟委员会主席恩科萨扎娜·德拉米尼·祖马的话，中非关系有几百年的历史，中非长期以来都相互支持、相互尊重和相互友善。她认为习近平主席的讲话回答了非洲人民关于如何在中非合作论坛协议框架下消除贫困等诸多问题。

尼日利亚《卫报》报道称，尼日利亚总统穆罕默杜·布哈里承诺将积极履行尼方的各项义务，推动中尼各项合作协议尽快落实，这有利于促进尼经济发展和创造数千个新就业机会。布哈里赞赏中方在农业领域向尼方提供的援助，特别提到中国农业专家在尼偏远地区帮助培训当地农民如何有效灌溉和使用高产良种。[2]

习近平主席访问埃及期间

中东社社长海德尔表示，中国国家主席习近平对埃及的访问具有历史意义，这体现在多个方面，尤其是经济方面。中埃将相互合作、相互借鉴，这才是真正的好朋友。

埃及回声网报道称，中国将提供总计 600 亿美元的资金支持非洲发展，其中包括 50 亿美元无息贷款、350 亿美元优惠贷款和出口信贷额度。此外，

---

[1] 《非洲媒体高度评价中非合作论坛约翰内斯堡峰会》，《光明日报》2015 年 12 月 7 日，第 12 版。
[2] 《非洲媒体高度评价中非合作论坛约翰内斯堡峰会》，《光明日报》2015 年 12 月 7 日，第 12 版。

中国决定免除与中国有外交关系的非洲最不发达国家截至 2015 年年底到期未还的政府间无息贷款债务。报道引用非盟轮值主席穆加贝在会上的发言指出："中国是上天赐予非洲的礼物。"①

埃及《金字塔报》推出了 20 页的专版报道，以"命运共同体：习主席的访问将连接中国梦和阿拉伯梦"为主题，全面回顾中埃关系以及两国高层交往。《金字塔报》报业集团董事长纳贾尔表示，中国国家主席的来访正值中埃两国高层交往热络之际，表明双方都希望务实增进战略关系。中国所倡导的"一带一路"不是对古丝绸之路的简单复制，而是一条不同国情、不同文化的国家之间开展和平、平等合作的现代之路。

习近平主席在阿盟总部演讲时指出，中阿要共建"一带一路"，确立和平、创新、引领、治理、交融的行动理念，推动中阿两大民族复兴形成更多交汇。② 埃及学者法亚哈特积极评价中国倡导的共建"一带一路"，认为有关构想能够切实令发展中国家实现互利共赢。"一带一路"建设不仅有利于南南合作，也为埃中关系发展开启新篇章。

习近平主席访问塞内加尔期间

2018 年 7 月 21 日至 22 日，中国国家主席习近平访问塞内加尔。萨勒总统在同习近平主席共见记者时说，塞内加尔十分荣幸成为习主席此行首个访问的西非国家，特别授予习近平塞内加尔最高国家荣誉的"国家雄狮勋位团大十字勋章"。萨勒总统表示，中国是非洲的天然盟友，非洲也要成为中国的天然盟友。塞内加尔支持多边主义，支持和平的国际关系，支持更加包容、更加公平的国际体系。

习近平主席抵达塞内加尔当日，5000 名当地民众提前 3 个小时便等候在机场外，载歌载舞欢迎习主席的到来。曾在中国留学的塞内加尔大学生捷

---

① 《非洲媒体高度评价中非合作论坛约翰内斯堡峰会》，《光明日报》2015 年 12 月 7 日，第 12 版。

② 丁俊：《新时代中阿文明交流根深叶茂》，《光明日报》2022 年 12 月 10 日，第 8 版。

图·塞勒也来到了现场。塞勒说："我是一名学生，如今留在了中国工作。我今天来到机场是因为我热爱中国这个国家，非常敬佩习主席。"

当习近平主席乘车前往塞总统府时，礼宾马队威武雄健、整齐划一地护卫着。塞新社记者马利克·强多姆表示，马队护卫是塞内加尔迎接外国元首的最高礼遇，已经有 15 年没有使用过了。这次习主席的到来再现礼宾马队，展现了塞内加尔对于中国国家主席到访最真挚的诚意。强多姆表示："我很赞赏中国模式和中国精神，因为中国人勤劳、朴实、勇敢，对工作充满了热情，在国际政治和经济发展领域都取得了惊人的成就。"

达喀尔一家外贸公司的员工哈迪·法尔说，塞内加尔是第一个同中国签署"一带一路"合作文件的西非国家，中国的"一带一路"倡议将大大促进塞内加尔未来的经济发展。

习近平主席访问卢旺达期间

2018 年 7 月 22 日至 23 日，中国国家主席习近平对卢旺达进行国事访问。

非盟轮值主席、卢旺达总统卡加梅在谈及对习近平的印象时说："他是一位令人印象深刻的领袖，他致力于让中国和中华民族在各个领域都达到全新的高度。中国与卢旺达乃至中国与非洲的关系正在日趋紧密和牢固。因此我们希望，在我们的互动中，可以进一步加强这种关系。"[1]

卡加梅总统谈到，卢中友好关系历史悠久。2017 年对中国的国事访问使其印象深刻，特别是在习近平主席领导下，中国政府将世界人口大国治理得井然有序，并推动中国经济快速发展，为非洲各国政府治理国家树立了榜样。

卡加梅总统高度认同习近平主席提出的"人类命运共同体"理念，认

---

[1] 《他是一位令人印象深刻的领袖》，大公网，2018 年 7 月 23 日，http：//www.takungpao.com/news/232108/2018/0723/192301.html，最后访问日期：2023 年 5 月 26 日。

为构建"人类命运共同体"的关键在于"合作、发展和互通"。卡加梅总统强调，卢旺达和中国的友好合作关系为卢旺达振兴国民经济发挥了重要作用。卢中两国在经贸、医疗、教育、农业等方面都有着积极合作。目前，卢旺达政府正在不断探索契合卢旺达自己的发展道路，鉴于卢旺达独特的历史、文化和市场环境，卢旺达始终坚持不照搬他国发展模式，坚持将从中国、美国、欧洲等世界各地学习、吸收的先进发展经验与卢旺达具体国情相结合，走出属于卢旺达自己的发展道路。卢旺达正努力发展出口制造业，积极开拓非洲及欧美市场。

"这是一次伟大的访问，给卢旺达和非洲带来多重益处。"卢旺达大学经济系教授赫尔曼·穆萨哈拉对习主席访卢给予高度评价。他说，中国作为世界第二大经济体，为世界其他经济体提供了有益经验，特别是像卢旺达这样希望迈向繁荣的国家。此外，卡加梅总统是今年非盟轮值主席，也是非盟机构改革的牵头人，而中国一直是帮助非洲实现发展目标的好伙伴，习主席此访对推动非中互利共赢合作也具有重要意义。

卢旺达治理署署长阿纳斯塔瑟·夏卡表示，继卡加梅总统 2017 年 3 月访华之后，习近平主席此次访问卢旺达，显示了卢中两国合作在广度和深度上进入新阶段。习主席此次访问包括卢旺达在内的一些非洲国家，为深化卢中和非中合作起到了积极推动作用。

在卢旺达中国同学会秘书诺贝尔·哈古玛看来，习近平主席访问卢旺达具有历史意义。卢旺达已经有许多来自中国的投资者，这对卢旺达经济发展很有益处，习主席此访将进一步加深卢中两国的友好关系。

"习近平主席访问卢旺达对加深卢中两国双边关系具有里程碑意义。"卢旺达大学学生布特拉说，"我们期待中国政府继续支持卢旺达社会和经济发展，也期待在贸易、文化交流、技术转移等其他领域进一步拓展两国合作。"①

---

① 《推动合作 深化友谊——卢旺达各界高度评价习主席访问成果》，"国际在线"百家号，2018 年 7 月 24 日，https：//baijiahao.baidu.com/s? id = 1606873371525580174&wfr = spider&for = pc，最后访问日期：2023 年 5 月 26 日。

习近平主席过境毛里求斯访问期间

　　毛里求斯是历史上华人前往非洲的主要地区之一，华人在当地生活了200多年，目前有大约 3 万华侨华人，在毛全国 130 万人口中占比 2% 左右，中华文化是当地多元文化的重要组成部分，毛里求斯是非洲唯一一个将春节定为法定节假日的国家，并有多位华裔担任过部长和市长。1988 年，中国在海外设立的第一个文化中心落地毛里求斯；2003 年，毛里求斯成为中国公民自费出国旅游目的地；2013 年，中毛两国互免签证；2021 年，中国-毛里求斯自由贸易协定正式生效——这是中国与非洲国家签署的首个自贸协定，协定生效当年即推动中毛贸易额增长 25.8%。近年来，越来越多的中国企业来毛里求斯投资兴业，参与毛方"平安城市""智慧城市"等重点项目建设，并将业务拓展至非洲大陆。

　　习近平主席于 2018 年 7 月 27 日过境毛里求斯并进行友好访问，毛里求斯总理贾格纳特到机场迎接，在机场为习近平主席举行隆重欢迎仪式，现场奏响中国歌曲《我的中国心》。28 日，贾格纳总理和习近平主席会晤，约定 9 月在中非合作论坛北京峰会相见。

　　祖籍广东梅州的毛里求斯社会融合和经济增长部部长王纯万表示，毛里求斯非常荣幸能够接待中国贵宾，希望毛里求斯和中国能够成为永远的好朋友，未来一起实现更加美好的合作。

　　毛里求斯艺术与文化部文化局副局长不丹表示，毛里求斯人民热烈欢迎习近平主席的访问。中国是与毛里求斯最早建交的国家之一。习近平主席对毛里求斯的友好访问显示中国对发展中毛关系的高度重视。在互惠互利的前提下，两国将加强经济和文化交流合作。习近平主席此访将进一步提升两国政治互信，深化两国在各领域的合作，不断开拓新的合作领域，推动两国关系迈上新台阶。

　　萨迪斯是路易港一家汽车租赁公司的总经，萨迪斯表示，习近平主席的访问将为毛里求斯经济发展带来更多机遇，毛里求斯企业一定会从中受益。①

毛里求斯艺术与文化部前部长曾繁兴是一位二代华人，他父亲是广东梅县客家人，于 1932 年到毛里求斯谋生。曾繁兴出版过多本与中国有关的著作，包括《客家史诗》《毛里求斯历史中的中国人》《客家人的由来和传记》等。在曾繁兴看来，中华文化在当地备受推崇的原因正是在于中华文化自身的智慧与魅力。曾繁兴说，毛里求斯华人群体的行为和生活方式就是中国文化的体现。他认为毛里求斯其他族裔尊重、崇敬华裔，根源在于中国文化的吸引力和影响力，华侨华人通过自己的实际行动向世人展现了真正的中国文化，比如对人文主义精神的理解，对他人的尊重、对他人的友善帮助，华侨华人为自己赢得了其他族裔的尊重与敬意，中国文化富有人文主义关怀精神。曾繁兴认为，毛中两国有着深厚的情感纽带，很多像他这样的毛里求斯华人时不时踏上去中国的寻根之旅，探访国内亲人。

毛里求斯新华学校的师生们因习近平主席来访而兴奋，这是一所建于 1912 年的具有百年历史的华文学校，高峰时期曾经拥有 1000 多名全日制学生，目前在校学生有 200 多名，包括 20 多位非华裔学生，新华学校在 2012 年入选国务院侨办 100 所海外"华文教育示范学校"名单。新华学校除了汉语课，每周还有一节是文化课，文化课内容包括跳舞、剪纸、武术、书法等，旨在传承和弘扬中华传统文化。

中非合作论坛北京峰会期间

2018 年 9 月 3 日，中非合作论坛北京峰会在人民大会堂隆重开幕。中国国家主席习近平出席开幕式并发表主旨讲话。来自非洲国家的商界和媒体界人士表示，中非有着共同愿景，中国领导人治国理政能力令人叹服。

博茨瓦纳通讯社记者莫察梅·蒙尼曼格说："博茨瓦纳总统马西西高度

---

① 《毛里求斯各界热切期待习近平主席访问》，"环球网"百家号，2018 年 7 月 28 日，https：//baijiahao. baidu. com/s？id = 1607211277368101592&wfr = spider&for = pc，最后访问日期：2023 年 5 月 26 日。

赞赏习近平主席的讲话，他与习近平主席有着共同的愿景。"蒙尼曼格表示，习近平主席的讲话对于非洲国家而言，是非常鼓舞人心的。习近平在讲话中提出："中国是世界上最大的发展中国家，非洲是发展中国家最集中的大陆，中非早已结成休戚与共的命运共同体。我们愿同非洲人民心往一处想、劲往一处使，共筑更加紧密的中非命运共同体，为推动构建人类命运共同体树立典范。"① 蒙尼曼格就此指出，习近平的"中非命运共同体"理念能帮助很多非洲国家。此外，令她印象深刻的还有习近平提出的"中国愿同国际合作伙伴一道，支持非洲和平与发展"。

马里投资促进处负责人穆萨·伊斯梅拉·杜尔和 IBI 集团公司的负责人易卜拉希马·迪亚瓦拉表示，习近平主席在主旨讲话中宣布的新举措对中非未来发展至关重要。这些正是非洲所需要的和非洲人民所乐见的。习近平主席的演讲激动人心，让他们备受鼓舞。

安哥拉记者维洛拉·尚托·沙维尔说："中国领导人的治国理政能力让我深感震撼，他们能管理好一个幅员如此辽阔、人口如此众多的国家。我们可以向中国学习借鉴很多东西，中非之间也有很多可以分享的经验。"

莫桑比克记者穆萨韦莱·加布里埃尔·费利马奥说，习近平主席让我们看到了他对非洲的承诺，我们确实看到中非双方在携手努力。他认为，中国和非洲将精诚合作，为双方人民创造更加美好的新生活。

埃塞俄比亚记者塞拉马威特·卡萨说，习近平主席谈到的有关青年人的合作令她印象深刻。卡萨说："非洲很多年轻人都密切关注着社会动态。让越来越多的非洲年轻人找到工作，是我们迫切希望看到的，这点至关重要。中国政府为非洲学生提供了在中国学习的机会，这将有助于他们的发展。"②

---

① 《携手共命运 同心促发展——在二○一八年中非合作论坛北京峰会开幕式上的主旨讲话》，《光明日报》2018 年 9 月 4 日，第 2 版。

② 《非洲各界热议习主席讲话：中国领导人治国理政能力令人叹服》，"中国日报网"百家号，2018 年 9 月 7 日，https://baijiahao.baidu.com/s? id = 1610915049341382355&wfr = spider&for = pc，最后访问日期：2023 年 5 月 26 日。

新冠疫情期间

尼日利亚国际问题评论家萨勒在尼《领导者报》刊文，认为非中在新冠疫情面前相互声援，并肩战斗，共同抗击疫情，将非中建立在相互尊重和理解基础上的传统友谊提升到了前所未有的高度。

利比里亚大学教授努塔在"非中观察"网站刊文强调，习近平主席提出的一系列援非慷慨承诺，进一步指明了中非合作未来发展方向，擘画了中非共同打造"卫生健康共同体"和构建更加紧密的"中非命运共同体"宏伟蓝图。

乌干达第一大报《新愿景报》发表评论文章介绍，疫情发生以来，中国政府和民间机构向非洲国家和非盟提供了大量援助物资，还专门向非洲派遣医疗专家组，分享疫情防治经验，帮助挽救了众多非洲民众的生命。中国国家主席习近平在出席第73届世界卫生大会开幕式时，就开展同发展中国家抗疫合作，宣布了一系列重大举措。此次又结合中非团结抗疫特别峰会，进一步宣布对非洲的"定向"抗疫支持，充分彰显了中国对非洲的高度重视，以及致力于构建更加紧密的"中非命运共同体"的坚定决心。

喀麦隆国际关系学院学者古特在喀《轶事》杂志刊文认为，中国一贯重视帮助非洲解决发展问题，习近平主席此次宣布的减债缓债举措将为受疫情影响的非洲国家"输氧"，展现了促进中非共同发展、互利共赢的决心。

马里最大私营媒体《独立者报》发表评论文章认为，《中非团结抗疫特别峰会联合声明》重申支持多边主义和开放型世界经济，推动非洲大陆自贸区建设和非洲国家互联互通，有利于推进国际抗疫合作和维护广大发展中国家利益。

肯尼亚国际关系学者凯文斯博士在肯《民族报》刊文认为，疫情暴露了非洲公共卫生领域短板。中非加大在数字经济、智慧城市和5G技术等关键领域投资合作势在必行，这将为非洲的一体化和经济社会发展打下坚实的基础。

南非姆贝基非洲领导力研究院教授谭哲理在南独立传媒网站刊文建议，非洲国家应保持对华政策连续性，利用好非中关系提供的机遇，制定符合自身特点的政治经济政策，实现可持续发展和振兴，与中国携手构建人类命运共同体。①

---

① 《非洲舆论积极评价中国推进抗疫合作：中非团结抗疫展现兄弟情谊》，中国网，2020 年 7 月 8 日，http://news. china. com. cn/2020 - 07/08/content_76248920. htm，最后访问日期：2023 年 5 月 26 日。

中非合作篇

习近平与中非合作论坛

卓 武

作者简介：

卓武，肯尼亚中华总商会会长，非洲中国总商会主席。

2020 年 10 月 12 日，中国国家主席习近平同中非合作论坛非方共同主席国塞内加尔总统萨勒就中非合作论坛成立 20 周年互致贺电。习近平和萨勒指出，20 多年来，在中非双方共同努力下，中非合作论坛已成为中非开展集体对话的重要、活跃平台和务实合作的有效机制，也是南南合作的一面重要旗帜。中非双方始终坚持以人民为中心，致力于发展高质量的中非全面战略合作伙伴关系，论坛合作成果惠及中非人民。中非双方愿继续秉持团结合作精神，共同应对各类风险挑战，让中非合作成为多边主义和互利共赢的典范，为捍卫国际公平正义作出积极贡献。

中非合作论坛的源起

中国是世界上最大的发展中国家，非洲是发展中国家最集中的大陆。几十年来，特别是 21 世纪以来，在中国的外交战略中，非洲是基础中的基础，需要持续巩固和加强。

2000 年 10 月，首届中非合作论坛部长级会议在北京举行，这标志着中非合作论坛机制正式形成。来自 45 个非洲国家的外交部部长、主管对外合作或经济事务的部长，以及部分国际机构和地区组织的代表出席了会议。会议主要讨论了中非如何推动建立国际政治经济新秩序和加强中非在经贸领域的合作。会议通过了《北京宣言》和《中非经济和社会发展合作纲领》。

出席会议的有非洲统一组织（非盟前身）秘书长、坦桑尼亚前总理萨利姆·艾哈迈德·萨利姆、坦桑尼亚总统本杰明·威廉·姆卡帕、赞比亚总统弗雷德里克·奇卢巴、阿尔及利亚总统阿布杜拉齐兹·布特弗利卡以及多哥总统纳辛贝·埃亚德马等领导人。从中可以看出坦桑尼亚、赞比亚和阿尔及利亚三国与中国的传统友谊。

合作理念

"真实亲诚"和正确义利观高度凝练和概括了中国对非政策理念，体现了中国优秀文化的道德精髓，融入了中非传统友谊的历史积淀，树立了国际社会成员对非合作的时代标杆，是中国加强同包括非洲在内的发展中国家团结合作的总体指导原则。

中国对非合作义利相兼、以义为先，政治上主持公道、伸张正义，经济上互利共赢、共同发展，交往中讲信义、重情义、扬正义、树道义。正确处理"义"和"利"的关系是新时代中非合作的必然要求。中非关系最大的"义"，就是把非洲自主可持续发展同中国自身发展紧密结合起来，不搞你输我赢的零和游戏，不做唯利是图的狭隘之举，最终实现合作共赢。

中非合作是发展中国家间的互帮互助。坚持真诚友好、平等相待。坚持义利相兼、以义为先。坚持发展为民、务实高效。坚持开放包容、兼收并蓄。中国尊重非洲国家探索符合本国国情的发展道路，不干涉非洲国家内政，不把自己的意志强加于人，不在对非援助中附加任何政治条件，不在非洲谋求政治私利。

几十年来，中国与非洲友好相待，互利合作，形成了一条特色鲜明的中非合作共赢之路。

高层引领

高层交往对中非关系发展发挥着重要引领作用，双方领导人就双边关系和共同关心的重大问题加强沟通协调，为巩固传统友谊、增强政治互信、维护共同利益、共谋发展合作提供了有力的政治保障。

2013 年 3 月，习近平就任中国国家主席后首次出访就远赴非洲，他的足迹遍及非洲东西南北中。

无论是在 2015 年中非合作论坛约翰内斯堡峰会期间，还是在 2018 年中非合作论坛北京峰会期间，习近平主席都同与会的 50 余位非洲国家领导人逐一会面，包括 40 位非洲国家总统，一起叙友情、商合作、话未来。习主席出席了近几十场双边、多边活动。

2018 年中非合作论坛北京峰会后，有 17 位非洲领导人先后来华访问或出席会议。新冠疫情发生后，中非领导人通过视频、通话等形式保持交往和沟通。

2020 年 6 月，习近平主席以视频形式主持召开中非团结抗疫特别峰会，13 位非洲领导人和非盟委员会主席出席。疫情以来，习近平主席先后同非洲各国元首至少通话 17 次，保持了中非高层交往的密度和热度。

2021 年 11 月 29 日，习近平主席以视频方式出席中非合作论坛第八届部长级会议开幕式，发表题为《同舟共济，继往开来，携手构建新时代中非命运共同体》的主旨演讲。提出中非友好合作精神。

习近平主席对非洲朋友真诚友好、平等相待，与非洲领导人建立深厚的友谊和信任，以元首外交引领了中非关系行稳致远。

中非友好合作精神

中非友谊历久弥坚，具有光荣传统和深刻内涵。习近平主席指出，中非关系为什么好？中非友谊为什么深？关键在于中非双方缔造了"真诚友好、平等相待，互利共赢、共同发展，主持公道、捍卫正义，顺应时势、开放包容"的中非友好合作精神。

"真诚友好、平等相待"是中非友好合作的原则基础。从新中国成立之初周恩来总理访非时提出的对外援助八项原则，到习近平主席提出真实亲诚理念和正确义利观，中非关系始终是相互尊重、相互理解、大小国家一律平等的典范。

"互利共赢、共同发展"是中非友好合作的鲜明特征。从当年中国"勒紧裤腰带"援建坦赞铁路，到几乎所有非洲国家和非盟委员会加入共建"一带一路"合作大家庭，中非双方对接各自发展战略，推动中非合作从小到大、由少到多，为中非各自发展振兴作出了重要贡献。

"主持公道、捍卫正义"是中非友好合作的道义担当。从中国支持非洲反帝反殖和民族解放的正义事业，到一批非洲国家支持中国恢复在联合国的合法席位，中非双方在国际舞台上始终相互支持、密切配合，中非合作一直是反对霸权强权、践行多边主义、维护发展中国家共同利益的一面旗帜。

"顺应时势、开放包容"是中非合作的时代风范。从穷兄弟之间的互帮互助，到引领国际对非合作潮流，中非合作从不封闭排他，而是开放自信、开拓创新，不仅为非洲经济社会发展带来机遇，而且为国际社会对非合作创造了更加有利的条件。[1]

中非合作论坛涉及领域

中非合作论坛的领域比较全面，涵盖政治、经济、文化、安全与国际事务等。其中，农业合作和基础设施建设合作是中非经贸合作的重要内容。

---

[1] 《弘扬中非友好合作精神，构建新时代中非命运共同体——习近平主席出席中非合作论坛第八届部长级会议开幕式并发表主旨演讲引领中非关系未来发展》《人民日报》2021年12月1日，第1版。

2012 年以来，在华培训非洲农业学员 7456 人次；通过实施援非百名农业专家、援非农业专家组等项目，培训非洲当地 5 万余人次，建成 23 个农业示范中心。截至 2020 年底，中国在非农业投资企业超过 200 家，遍及 35 个非洲国家，投资存量 11.1 亿美元，投资范围涵盖种植、养殖和农产品加工等各产业。中非农业贸易稳步增长。现有超过 350 余种非洲农产品食品可以向中国出口。① 2019 年中非举办首届中非农业合作论坛，成立了中国-非盟农业合作委员会。中非农业现代化合作规划和行动计划编制工作由此启动。

中国积极同非洲开展减贫、卫生、教育、科技、环保、气候变化、青年妇女交流等社会领域合作，通过加强交流、提供援助、分享社会发展经验，帮助非洲国家提高社会综合发展水平，为非洲经济发展创造内生动力。

"一带一路"与中非合作论坛

如前所述，基础设施建设合作是中非合作重点，中国支持非洲将基础设施建设作为经济振兴的优先发展方向，鼓励和支持中国企业采取多种方式参与非洲基础设施的建设、投资、运营和管理。

习近平主席在 2013 年提出了"一带一路"倡议。在 2018 年中非合作论坛北京峰会上，中非双方一致同意要加强共建"一带一路"合作。截至 2021 年底，52 个非洲国家和非盟都与中国签署共建"一带一路"合作文件。非盟委员会并同中国签署了《中华人民共和国政府与非洲联盟关于共同推进"一带一路"建设的合作规划》，这是中国同区域性国际组织签署的第一份共建"一带一路"的合作文件。

非洲大部分国家成为共建"一带一路"合作伙伴，秉持共商共建共享原则和绿色、开放、廉洁理念，精准对接"一带一路"倡议与非洲发展议程，充分发挥中非合作论坛引领作用，巩固传统合作，开拓新兴领域，加速

---

① 《新时代的中非合作（3）》，"新华社"百家号，2021 年 11 月 26 日，https：//baijiahao.baidu.com/s？id=1717454411774681064&wfr=spider&for=pc，最后访问日期：2023 年 5 月 26 日。

合作转型升级、提质增效，成果丰硕并惠及中非人民。

近年来，在"一带一路"项目的带动下，中非互联互通快速发展。亚的斯亚贝巴—吉布提铁路、肯尼亚蒙巴萨—内罗毕铁路、刚果（布）国家1号公路、塞内加尔捷斯—图巴高速公路、加蓬让蒂尔港—翁布埃沿海路及博韦大桥、尼日利亚铁路现代化一期二期项目相继完工通车，吉布提多哈雷多功能港、多哥洛美集装箱码头等有效提升了当地转口贸易能力，为地区互联互通和一体化进程发挥了重要作用。截至2021年底，中国与21个非洲国家正式签署了民用航空运输协定，与12个非洲国家建立了双边适航关系；与8个非洲国家签订了双边政府间海运协定。

中非合作论坛成立以来，中国企业利用各类资金帮助非洲国家新增和升级铁路超过1万公里、公路近10万公里、桥梁近千座、港口近百个、输变电线路6.6万公里、电力装机容量1.2亿千瓦、通信骨干网15万公里，网络服务覆盖近7亿用户终端。[①]

中国企业承建和运营的肯尼亚蒙内铁路是该国百年来第一条现代化铁路，全部采用中国标准、中国技术、中国装备，被誉为新时期中非"友谊之路""合作之路""共赢之路"，自2017年5月开通至2021年11月，累计运送旅客541.5万人次、发送集装箱130.8万个标准箱，对肯经济增长贡献率达到1.5%，累计直接和间接创造就业4.6万个。

中国引导企业采用BOT（建设—经营—转让方式）、BOO（建设—拥有—经营方式）、PPP（政府与社会资本合作）等多种模式，推动中非基础设施合作向投资建设运营一体化模式转型，促进基础设施项目可持续发展。

共同维护正当合法权益

中非在涉及各自国家主权、领土完整、民族尊严和发展利益等重大问题上相互理解和支持。所有同中国建交的非洲国家恪守一个中国原则，坚定支

---

① 《中非能源合作 助力非洲发展》，《中国改革报》2022年8月24日，第6版。

持中国统一大业。中国坚定支持非洲国家捍卫国家主权、维护民族独立，呼吁国际社会帮助非洲国家实现生存权和发展权，反对一切形式种族主义和种族歧视，积极推动解除针对非洲国家不合理的单边制裁。

中国与非洲国家在联合国安理会建立"1+3"磋商机制，就重大国际和地区问题保持沟通与协调。

2017 年以来，中国在担任安理会轮值主席国期间，倡议召开了"加强非洲和平与安全能力""加强非洲维和行动""非洲和平与安全：打击非洲恐怖主义和极端主义"等公开辩论会，以及"非洲和平与安全：推进非洲疫后重建，消除冲突根源"高级别会议，推动国际社会加强团结合作、加大力度支持非洲实现长久和平。

没有和平稳定的环境，发展就无从谈起。中国是非洲和平与安全事务的建设性参与者，一贯致力于支持非洲人以非洲方式解决非洲问题，坚持标本兼治，坚持合作共赢，支持非洲国家和非盟在非洲和平安全事务中发挥主导作用，支持非洲提升自主维和、维稳和反恐能力，支持非洲国家和非盟等地区组织落实"消弭枪声"倡议，支持联合国为非盟自主维和行动提供资金支持。中国在充分尊重非洲意愿、不干涉内政、恪守国际关系基本准则基础上，积极探索建设性参与非洲和平与安全事务。

中国支持联合国在维护非洲和平与稳定方面发挥重要作用，也是安理会常任理事国中向非洲派遣维和人员数量最多的国家。自 1990 年参加联合国维和行动以来，中国派出的维和人员有超过 80%部署在非洲，累计向非洲派出 3 万余人次，在 17 个联合国维和任务区执行任务。现有 1800 余名维和人员在马里、刚果（金）、阿布耶伊、南苏丹、西撒哈拉非洲任务区执行联合国维和任务。

中非合作的务实性

中非合作给中非人民带来的是实实在在的好处，也为国际社会对非合作创造了更加有利的条件，为增进全人类福祉，推动构建新型国际关系、推动构建"人类命运共同体"树立了榜样。

除了以各种方式支持非洲和帮扶非洲，中非经贸合作一直是中非务实合作的亮点。中国自 2009 年起一直稳居非洲第一大贸易伙伴国地位，中非贸易额占非洲整体外贸总额比重连年上升，2020 年超过 21%。中非贸易结构持续优化，中国对非出口技术含量显著提高，机电产品、高新技术产品对非出口额占比超过 50%。中国主动扩大自非洲非资源类产品进口，对非洲 33 个最不发达国家 97% 税目输华产品提供零关税待遇，帮助更多非洲农业、制造业产品进入中国市场。近年来，中国从非洲进口的农产品持续增长，已成为非洲第二大农产品出口目的国。中非电子商务等贸易新业态蓬勃发展，"丝路电商"合作不断推进，如中国已与卢旺达建立电子商务合作机制。中国企业积极投资海外仓建设，非洲优质特色产品可以通过电子商务直接对接中国市场。

与时俱进的中非合作论坛

根据世界发展变化和中非双方不同时期的共同关切，中非合作论坛能做到与时俱进，每届都会在巩固原有合作的基础上增加新的合作内容，比如近年先后增加了食品安全合作、中医药和非洲传统医疗合作、中非文化产业合作、海洋经济合作、青年和妇女交流合作，以及工会交流合作等内容。中非在海洋领域的合作也在展开，包括共建海洋观测站、实验室和"中非海洋科学与蓝色经济合作中心"等合作内容。

中非合作论坛在各领域的合作持续深化和延伸，构建起多层次、多渠道、多形式、全方位的友好合作。比如政治合作中，除元首外交引领、领导人高层互访和外交部部长会晤，逐渐增加了政党合作、立法机构合作、地方政府合作等内容，中国全国人大与埃及、南非、肯尼亚等非洲国家议会建立定期交流机制，与 35 个非洲国家议会建有双边友好小组。中国全国政协及所属机构已同 39 个非洲国家的 59 个机构开展交往，2019 年 6 月，中国全国政协成立了中非友好小组，这是中国全国政协历史上第一个对外友好小组。

截至 2021 年底，中非双方共缔结 160 对友好省市，其中 2013 年以来新增友好省市 48 对。

另外，中非合作正在从项目合作提升到顶层合作，在项目合作的基础上，发展到人力资源发展合作，再发展到政策与规划合作层面的治理能力合作。比如在援非医疗队派遣的基础上，发展到医生护士、卫生技术人才和公共卫生管理人员培养，再发展到帮助非洲国家加强卫生体系建设和政策制定，以提高非洲医疗卫生领域的自主可持续发展能力。

论坛发展目标

在 2018 年中非合作论坛北京峰会上，中非双方就携手打造"责任共担、合作共赢、幸福共享、文化共兴、安全共筑、和谐共生"的中非命运共同体达成战略共识。这是中非命运共同体基本纲领，是中非双方共同奋斗的宏伟目标，为新时代中非合作规划了路径。

加强在涉及彼此核心利益和重大关切问题上的相互理解和支持，密切在重大国际和地区问题上的协调配合，维护中非和广大发展中国家共同利益。抓住中非发展战略对接的机遇，用好共建"一带一路"带来的重大机遇，开拓新的合作空间，发掘新的合作潜力。把增进民生福祉作为发展中非关系的出发点和落脚点。中非合作要给中非人民带来看得见、摸得着的成果和实惠。促进中非文明交流互鉴、交融共存，增强中非人民的情感纽带，为彼此文明复兴、文化进步、文艺繁荣提供持久助力，为中非合作提供更深厚的精神滋养。促进非洲和平稳定发挥建设性作用，支持非洲国家提升自主维稳维和能力。中国坚定支持非洲国家和非洲联盟等地区组织以非洲方式解决非洲问题。加强在应对气候变化、应用清洁能源、防控荒漠化和水土流失、保护野生动植物等生态环保领域交流合作，让中国和非洲都成为人与自然和睦相处的美好家园。

着眼"后疫情时代"和世界发展新态势，继续推进中非合作论坛发展，助力中非合作提质升级，已成为中非双方的强烈共识。习近平主席曾经宣布，中国将同非洲国家共同实施卫生健康、减贫惠农、贸易促进、投资驱动、数字创新、绿色发展、能力建设、人文交流、和平安全"九项工程"。这些实实在在的举措契合非洲国家最紧迫的发展需求，对接中国新发展格局建设，顺应国际发展合作大势，是中国对非投入力度不减、中非合作势头不降的有力宣示，得到了非洲国家高度评价，必将为非洲疫后经济复苏赋予新的动能，为中非友好合作注入新的动力。

说说中国援非那些事

段新建

作者简介：

段新建，2008 年北京建工集团派往非洲参与援建卢旺达外交部政府办公大楼项目，从事电梯安装及售后服务工作。援建项目结束后，在非自主创业，2014 年创办卢旺达优力维特电梯有限公司，并积极参与卢旺达华侨华人社区活动。2013 年组织、创作、编排中国驻卢使馆主办、北京建工集团卢旺达分公司承办的以"欢乐中国年"为主题的中卢联欢晚会，获得成功，建工集团受到了国家文化部的表彰，个人受到建工集团的表彰。先后在北京建工报、卢旺达月刊和华侨周报发表多篇多题材的文章，获得好评，出任卢旺达华人华侨协会副会长，2018 年创办华卢千秋国际旅行社；2019 年 4 月，《非洲华侨周报》落地卢旺达，出任卢旺达分社社长。

习近平主席从全球视角思考责任担当，提出"构建人类命运共同体"、共建"一带一路"等新思想、新倡议，倡导正确义利观和真实亲诚对非政策理念。中国的对外援助顺应时代要求，向国际发展合作转型升级，呈现新气象、实现新发展、进入新时代。

以坦赞铁路为代表的援非成套项目

2013 年 3 月 24 日至 25 日，习近平在当选中国国家主席后，首次出访时来到了非洲的坦桑尼亚。访问期间，他专程前往坦赞铁路中国专家公墓，缅怀为中坦、中非友好事业献出宝贵生命的中方烈士。习近平满怀深情地说："他们（烈士们）用生命诠释了伟大的国际主义精神，是铸就中坦、中非友谊丰碑的英雄，他们的名字和坦赞铁路一样，永远铭记在中国人民和坦赞两国人民心中。"①

自 1956 年至今，继与埃及建交后，中国先后与 50 多个非洲国家建交。半个多世纪以来，中国为非洲援建了 1000 多个成套项目。成套项目援助是指中国通过提供无偿援助和无息贷款等方式，帮助受援国建设生产和民用领域的工程项目。中方负责项目考察、勘察、设计和施工的全部或部分过程，提供全部或部分设备、建筑材料，派遣工程技术人员组织和指导施工、安装和试生产。待项目竣工后，移交付受援国使用。

成套项目是中国最主要的对外援助方式。以非洲为例，要占到中国对非援助财政支出的 40% 左右。截至 2018 年底，中国共帮助发展中国家建成约 3000 个成套项目，对非洲的援助项目占中国援外的比例超过 1/3。

公共设施项目是中国对外援助中一个具有特色的领域。中国援建的公共设施项目主要包括市政设施、民用建筑、打井供水、会议大厦、体育场馆、文化场馆、科教卫生设施等。截至 2009 年底，中国共帮助发展中国家建成 687 个公共设施项目。中国在非洲援建的坦桑尼亚国家体育场、苏丹友谊厅、加纳国家剧场、埃及开罗国际会议中心、科摩罗广播电视中心、肯尼亚国际体育中心等公共设施，这些已成为当地社会政治文化活动的中心和城市标志性建筑。

中国援建的毛里塔尼亚首都供水工程、坦桑尼亚查林兹供水项目、尼日尔津德尔供水工程、安哥拉经济住宅项目，以及在非洲各国的打井项目等社会公共福利设施，为改善当地贫困人民的生活条件作出了积极贡献。中国援建的援助阿尔及利亚歌剧院、塞内加尔竞技摔跤场和黑人文明博物馆、科特

---

① 《习近平凭吊援坦中国专家公墓》，共产党员网，2013 年 3 月 26 日，https://news.12371.cn/2013/03/26/ARTI1364246232929113.shtml？from=groupmessage，最后访问日期：2023 年 5 月 26 日。

迪瓦文化宫、贝宁会议大厦等公共设施项目维修和升级改造，为非盟和有关国家援建国际会议中心及附属设施，为几内亚比绍、突尼斯等国建设、维修和升级改造体育运动场馆，改善文化活动条件，进一步丰富了相关国家民众的文化体育生活，被誉为"幸福工程"。

中国支持的赞比亚卡里巴北—凯富埃西输变电等项目，帮助相关国家实现了内部电网连接，对于促进能源独立和工业发展发挥了重要作用。

医疗卫生援非

2013 年 3 月 30 日，习近平主席在刚果（布）首都布拉柴维尔出席中国援建的中刚友好医院竣工剪彩仪式，并慰问第 21 批中国援刚果（布）医疗队。自 1963 年中国向阿尔及利亚派出第一支援非医疗队，至今已有 60 年。中国援非医疗队是指中国向非洲派出医务人员团队，并无偿提供部分医疗设备和药品，在受援国进行定点或巡回医疗服务。中国援非医疗队曾获评为 2014 年感动中国人物。

医疗卫生是中国对外援助的重要领域。主要援助内容有：建设医院、医疗卫生中心和设立疟疾防治中心，派遣医疗队，培训医疗人员，提供药品和医疗物资援助。60 年来，中国共向 72 个国家派遣过援外医疗队。截至 2019 年底，共派遣 1069 批次 27484 名医疗队员，涵盖内外妇儿、中医、麻醉、护理、病理、检验、公共卫生等医疗医学全领域，经中国医生诊治的患者约 2.8 亿人次。

到 2022 年，中国在 50 多个国家派有医疗队，其中在 46 支医疗队常驻非洲，有 1000 多名医疗队员在非洲工作。2015 年至 2019 年派出的 3588 名援外医疗队员，有 1500 多人获得有关国家颁发的总统勋章等荣誉，1 名队员殉职，使在非牺牲的援非医疗队员增至 51 人。

截至 2018 年底，中国共帮助非洲国家建成 200 多所医院和医疗服务中心，并提供大量医疗设备和药品。中国援建的中非友谊医院、几内亚比绍卡松果医院、津巴布韦奇诺伊医院、乍得自由医院等友谊医院，为解决当地人民看病就医困难作出了积极贡献。

近年来，中国加强与非洲国家开展在艾滋病、疟疾等传染病和其他疾病防治，中国为非洲国家设立了30个疟疾防治中心，提供了价值1.9亿元人民币的青蒿素类抗疟药品。中国在医疗领域的援助为受援国发展医疗卫生事业、改善医疗卫生条件、提高医疗技术水平作出了积极贡献。中国为坦桑尼亚桑给巴尔血吸虫病防治提供技术援助，在科摩罗实施的复方青蒿素快速清除疟疾项目，使当地实现疟疾零死亡、疟疾发病人数下降98%。中国通过医疗机构对口合作，帮助坦桑尼亚等10多个非洲国家建立医疗专业科室能力。

中国还组派短期医疗专家组开展专科行动。在博茨瓦纳、厄立特里亚、摩洛哥、加纳等20多个非洲国家开展了42次白内障手术"光明行"活动，实施9752例手术；在加纳、坦桑尼亚等非洲国家实施了170台"爱心行"心脏病手术。

2014年，西非地区暴发埃博拉疫情。中国向13个相关非洲国家提供了5轮、累计1.2亿美元的紧急人道主义物资援助，向几内亚等疫区国家派出了近1200名医护人员和公共卫生专家，累计留观诊疗相关病例900多例，检测样本近9000份，培训当地医护人员1.3万人次。中国还为埃博拉疫区援建了实验室、治疗中心等10余个项目。利比里亚治疗中心从开工到竣工仅用了20余天，中国-塞拉利昂实验室被塞拉利昂卫生部指定为"病毒性出血热国家参比实验室"，以及"国家生物安全培训基地"。

非洲发生黄热病、寨卡病毒、鼠疫等疫情时，中国均向有关国家提供紧急援助，帮助这些国家抗击疫情。2020年，新冠疫情在全球多点暴发并迅速扩散蔓延。面对突如其来的疫情，中国在做好自身抗疫工作、保障国内抗疫需要的前提下，根据疫情严重程度、医疗卫生条件、疫情国具体援助需求和自身能力等，向包括非洲国家在内的150多个国家和国际组织提供了援助和支持，开展了新中国成立以来援助时间最集中、涉及范围最广的一次医疗卫生援助。

2020年，中国援建的非洲疾病预防控制中心（Africa Center for Disease Control and Prevention，ACDC）总部提前开工建设。

提供一般物资

一般物资援助是指中国在援助资金项下，向受援国提供所需生产生活物资、技术性产品或单项设备，并承担必要的配套技术服务。

中国对非援助最早是从提供一般物资开始的。20 世纪五六十年代，中国在国内物资十分短缺的情况下，为支持广大非洲国家争取民族解放和发展民族经济，提供了大量生产和生活物资援助。

除单项提供援外物资外，中国还配合成套项目建设提供各种配套设备和物资。中国始终将国内生产的质量最好的产品作为援助物资，提供的物资涉及机械设备、医疗设备、检测设备、交通运输工具、办公用品、食品、药品等众多领域。这些物资能满足受援国生产生活急需，其中一些设备如民用飞机、机车、集装箱检测设备等，还促进了受援国装备能力的提高和产业的发展。

2010 年至 2018 年，中国共向 124 个国家和地区提供物资援助 1314 批，主要包括机械设备、检测设备、交通运输工具、药品以及医疗设备等。

为增强非洲国家在全球供应链布局中的竞争力，积极帮助非洲共建"一带一路"国家改善贸易基础设施，推进贸易流通现代化，中国向坦桑尼亚和肯尼亚等多个非洲国家援助了集装箱检查设备，以加快货物通关速度和效率，更好地打击走私犯罪。中国还在世界贸易组织、世界海关组织设立基金，开展贸易能力建设，支持非洲国家特别是最不发达国家更好地融入多边贸易体制。

技术合作援助

技术合作是指由中国派遣专家到非洲国家，对已建成的成套项目后续生产、运营或维护提供技术指导，就地培训受援国的管理和技术人员；帮助发展中国家为发展生产而进行试种、试养、试制，传授中国农业和传统手工艺技术；帮助发展中国家完成某一项专业考察、勘探、规划、研究、咨询等。这是一种互利性质的对非援助。

技术合作期限一般为 1~2 年，必要时应对方要求可以延长。这是中国帮助非洲国家增强自主发展能力的重要合作方式。技术合作涉及领域广泛，包括工业生产和管理，农业种植养殖，编织、刺绣等手工业生产，文化教育，体育训练，医疗卫生，沼气、小水电等清洁能源开发，地质普查勘探、经济规划等。

2010 年至 2012 年，中国共在 61 个国家和地区完成技术合作项目 170个。2013 年至 2018 年，中国共在 95 个国家和地区完成技术合作项目 414个，其中非洲约占 1/3，主要涉及工业生产和管理、农业种植养殖、文化教育、体育训练、医疗卫生、清洁能源开发、规划咨询等领域。

开展人力资源开发合作

人力资源开发合作是指中国通过多双边渠道为非洲国家举办各种形式的政府官员研修、学历学位教育、专业技术培训以及其他人员交流项目，也是属于援非范围。

中国和埃及等非洲国家建交后，接收了埃及等国的学生来华学习，学习内容涉及农林、水利、轻工、纺织、交通、卫生等 20 多个行业。自 1981 年起，中国同联合国开发计划署合作，在华为非洲国家举办了多个领域的实用技术培训班。

自 1998 年起，中国政府开始举办非洲官员研修班，通过实施官员研修研讨、技术人员培训、在职学历学位教育项目等方式，积极开展援外人力资源开发合作。项目涉及政治外交、公共管理、国家发展、农业减贫、医疗卫生、教育科研、文化体育、交通运输等 17 个领域共百余个专业。

派遣志愿者

援外志愿者是指中国选派志愿人员到非洲和其他发展中国家，在教育、医疗卫生和其他社会发展领域为当地民众提供服务。

目前，中国派出的志愿者主要有汉语教师志愿者和援外青年志愿者。2002 年 5 月，中国首次派遣 5 名青年志愿者赴老挝，在教育和医疗卫生领域开展了为期半年的志愿服务，其后扩大到非洲和其他大洲。2003 年，中国开始对外派遣汉语教师志愿者，采取轮换制。中国累计向 80 多个国家派遣青年志愿者和汉语教师志愿者 3.5 万余名。

中国向埃塞俄比亚、塞舌尔、利比里亚、津巴布韦等多个非洲国家派有援外青年志愿者，服务范围涉及汉语教学、中医治疗、农业科技推广、体育训练、计算机培训、国际救援等领域。其中，向埃塞俄比亚等多个国家实现连续派遣。

提供紧急人道主义援助

紧急人道主义援助是指在有关国家和地区遭受各种严重自然灾害或人道主义灾难的情况下，主动或应受灾国要求提供紧急救援物资、现汇或派出救援人员，以减轻灾区人民生命财产损失，帮助受灾国应对灾害造成的困难局面。

中国政府于 2004 年 9 月正式建立人道主义紧急救灾援助应急机制，至今已提供人道主义救援约 400 次。中国曾向非洲的几内亚比绍蝗灾和霍乱、马达加斯加飓风提供救援，向肯尼亚、布隆迪、莱索托、津巴布韦、莫桑比克等国提供过紧急粮食援助。

自 2013 年起，中国的国际人道援救行动力度明显加强，2014 年，中国对印度洋海啸的救援行动和西非埃博拉疫情的救援行动均超过 7 亿元人民币。2019 年，"伊代"飓风席卷东南部非洲，中国向津巴布韦、莫桑比克、马拉维紧急提供人道主义物资援助，并向莫桑比克派出国际救援队。

2020 年至 2022 年，中国在新冠疫情期间对非洲和国际的救援行动，是有史以来规模最大的对外人道主义救援行动。

中国同 22 个国家和国际组织建立了"一带一路"地震减灾合作机制，援建了肯尼亚地震监测台网等项目，提升了相关国家灾害监测预警能力。

中国向受灾国提供灾后恢复重建帮助，并通过援建灾害管理设施、提供防灾救灾储备物资、支持社区防灾备灾项目、开展能力培训、制定政策规划等方式，帮助相关国家克服资金和技术瓶颈，加强灾害风险治理能力。

中国向仍然生活在战火、动荡、饥饿、贫困中的非洲国家和人民，同国际组织和非盟合作，向难民和流离失所者提供粮食、生活物资、发电设备、临时住所等紧急人道主义援助物资，向难民提供抗疫物资援助，帮助难民抗击疫情。

中国还支持有关国家经济社会重建，比如援安哥拉北隆达省的两所难民学校项目，支持当地难民学生取得受教育机会，通过促进经济社会发展解决移民和难民深层次矛盾。

中国对非经典援助项目简介

（一）农业援助

中国在非洲援建了 22 个农业技术示范中心。中国帮助几内亚比绍建立了 11 个水稻生产示范点，2008 年中方农业专家获得几内亚比绍农业部颁发的科技进步一等奖。中国援助马达加斯加杂交水稻开发示范中心试种 34 个中国杂交水稻品种，平均产量为每公顷 8 吨以上，实现产量翻倍。由中国在马里援建的 2 个甘蔗农场和 2 个糖厂组成的马里制糖联合企业成为该国骨干企业。中国于 20 世纪 80 年代援建的突尼斯麦热尔德—崩角水渠，实现了突尼斯农业灌溉的西水东调。中国为乍得等国援助农业灌溉系统改造项目，提供农用机械设备和物资，中国在埃塞俄比亚、肯尼亚、乌干达等国遭受蝗灾等自然灾害时及时提供援助，帮助快速恢复农业生产。中国为科特迪瓦水稻增产、坦桑尼亚桑给巴尔水产养殖等提供技术培训。还援建了佛得角农产品初加工中心和赞比亚玉米粉加工厂等项目。

（二）工业援非

工业援助在中国对外援助初期占据重要地位。中国帮助许多刚独立的非洲国家建设了一批工业生产性项目，涉及轻工、纺织、机械、化工、冶金、电子、建材、能源等多个行业。其中卢旺达水泥厂和刚果（布）水泥厂等项目一直保持着盈利。

中国在非洲援建了上百个工业园区，以助推非洲的工业发展。

（三）基础设施援非

坦赞铁路、索马里贝莱特温—布劳公路、喀麦隆拉格都水电站、毛里塔尼亚友谊港、博茨瓦纳铁路改造、埃塞俄比亚格特拉立交桥等项目，提升了受援国的工业基础水平。

中国支持建设的毛里塔尼亚友谊港扩建项目，显著提高了港口的吞吐能力，缓解了货船积压滞港现象，使之成为21世纪海上丝绸之路的贸易物流节点之一。

中国帮助赞比亚、津巴布韦、多哥等国实施机场升级扩建项目，提高了机场运营能力和安全性，增加了客货运吞吐量，为跨境商务人士流动和贸易往来带来更多便利。

肯尼亚国家光纤骨干网项目推动了肯尼亚信息通信产业的跨越式发展，在大幅提高网络速度的同时，降低了通信成本，促成了电子商务的兴起。

（四）文化教育援非

中国在非洲20多个国家实施"万村通"项目，为1万个村庄接入卫星数字电视信号，为他们打开了解世界的新窗口。

中国为塞舌尔、科摩罗、坦桑尼亚、毛里求斯援助实施广电中心合作项目，提高广播电视传播能力，使其成为当地文化传播的重要载体。

中国向非洲国家提供留学生奖学金。至 2009 年底，中国累计资助来自非洲国家的两万多名留学生来华学习；近 10 年来，中国每年向非洲国家提供约 1 万个中国政府奖学金名额，2022 年增至 1.2 万个。

中国帮助非洲国家建设普通和技术院校，提供教学仪器和实验室设备。自 20 世纪 60 年代起向非洲国家派遣援外教师，在非洲援建了 100 多所农村小学。

中国在莫桑比克、纳米比亚等国修建了一批中小学校，并提供计算机、实验室设备、文体用品等教学物资，改善了这些国家的基础教学条件。

中国向南苏丹提供教育技术援助，为南苏丹小学量身打造英语、数学、科学三科教材，编印了 130 万册教材，使 15 万名师生受益。

中国援建了坦桑尼亚达累斯萨拉姆大学图书馆、马里巴马科大学卡巴拉教学区、肯尼亚肯雅塔农业科技大学中非联合研究中心等项目。中国企业家在尼日尔投资创办了一所全日制本科院校——尼日尔汇才地质与能源高等教育学院。

中国为卢旺达、乌干达、马拉维、埃及、苏丹、利比里亚、赤道几内亚等国援建了职业技术学校或职业培训中心，为埃塞俄比亚、马达加斯加等国提供职业技术教育物资，帮助改善职业教育条件。在吉布提、埃及等国设立"鲁班工坊"，由中国职业教育学校对口建设帮扶，为当地青年提供实用技术培训。

（五）生态环保援助

中国与突尼斯、几内亚等国家开展沼气技术合作，为喀麦隆、布隆迪、几内亚等国援建水力发电设施。中国在加蓬等国开展清洁能源示范项目，帮助其增加电力供应的同时，减少对环境的不利影响。中国支持的肯尼亚加里萨光伏发电站年均发电量超过 7600 万千瓦时。

中国向津巴布韦、肯尼亚、赞比亚等国提供野生动物保护物资，提高其打击盗猎和非法野生动物制品交易的装备水平，加强野生动物保护能力建设。

中国帮助埃塞俄比亚等国编制环境保护、清洁能源等领域发展规划，加快绿色低碳转型进程。中国赠埃塞俄比亚微小卫星成功发射，帮助其提升气候灾害预警监测和应对气候变化能力。

中国帮助佛得角编制海洋经济特区规划，为佛得角圣文森特岛海洋资源开发和保护绘制蓝图。

中国与非洲国家开展了植树造林、林业科研等方面的合作，向坦桑尼亚、科摩罗等国提供森林消防运输车、巡逻车等物资，提升森林资源管理能力。

（六）助力非洲脱贫

中国通过援建农村公益设施、分享农业治理经验和开展技术转移等方式，帮助减贫、改善民生。

中国在利比里亚、埃塞俄比亚等国分享竹藤编技艺，让农民利用当地竹资源进行家具制作，提高了当地农村人口手工艺技能和收入。

中国在莱索托、卢旺达、中非共和国等国援助的菌草种植示范项目使农户掌握菌草种植技术，带动农户增收致富。

中非合作助推非洲工业化

——从乌干达华人企业天唐集团说起

武 军

作者简介：

武军，非洲中国总商会监事长，京师律师事务所东非负责人。

非洲工业化梦想

进入 21 世纪以来，随着经济全球化发展，非洲国家也行动起来并以更积极姿态和更饱满热情推动工业化进程。非洲国家以及非洲联盟已先后出台了包括《非洲发展新伙伴计划》《加速非洲工业化发展行动计划》《非洲基础设施发展规划宣言》以及非盟《2063 年议程》等重要发展战略文件，希望通过工业化、经济融合和一体化将 21 世纪打造为非洲发展的世纪。

众所周知，工业化是现代化的重要基础，也是一个国家经济发展的必由之路。虽然非洲拥有丰富的自然资源和巨大的人口优势，但由于长期被殖民统治，以及受单一经济结构的制约，大多数非洲国家的工业水平仍然非常落后，整体工业还处于初始阶段。

但是，中国从 2010 年起便是世界第二大经济体，全球有近 1/4 的工业产值由中国创造，这表明中国已发展到了工业化的中后期，积蓄了大量富余产能，而且拥有发展资金、适用技术和设备，以及从农业国成长为"世界工厂"的丰富发展经验。因此，中国工业发展的经验可以供非洲国家参考和借鉴。中国可以成为非洲国家工业发展、加快非洲工业化进程最合适的合作伙伴。

华商参与乌干达工业

华商张志刚在非洲经商数年之后，在乌干达感受到了其工业化的需求，便决定在乌干达投资钢铁产业和工业园区。

1962 年，乌干达取得民族独立，当年中国与乌干达建交。20 世纪 60 年代中国向乌干达援建了一些小型工厂和农场，八九十年代援建了国家体育场等项目，乌干达外交部办公楼也是中国的援建项目。2010 年，乌干达与肯尼亚、坦桑尼亚、布隆迪和卢旺达共同启动了《东非共同体共同市场协议》，建立区域性的共同市场。

自 1987 年起，中国在乌干达进行工程承包和劳务合作，从事盖房修路修桥建设。乌干达从中国进口机电产品、服装鞋类等，有少量产品出口到中国，包括皮革、芝麻、咖啡和棉花。

2009 年 10 月，张志刚在乌干达投资成立了天唐钢铁厂和天唐工业园，天唐钢铁厂是乌干达第一家中国钢铁公司，天唐工业园园区占地 40 英亩。他投入 800 万美元从中国引进先进设备和管理技术，让乌干达人见识到了中国效率，2010 年 6 月，天唐钢铁厂就建成投产。

天唐钢铁厂的发展并非顺风顺水，缺电和缺技术人员等问题一个接一个。面对技术人员不足问题，钢铁厂采取"本土化"发展的策略，通过完善管理体系和传授知识技术，培养当地技术骨干及技术工人；但断电是当时最棘手的问题。为此，张志刚不得不来到中国驻乌大使馆寻求帮助。在使馆的帮助下，张志刚联系上了乌干达总统穆塞韦尼，向其汇报断电的情况并请求支持。在穆塞韦尼总统的关心下，天唐钢铁厂断电的问题很快得到了解决。张志刚从此还与穆塞韦尼总统成为朋友。

天唐工业园

天唐工业园位于距乌干达首都坎帕拉 30 多公里的穆科诺区卡森基村，在坎帕拉通往肯尼亚蒙巴萨港的交通大动脉旁边，这里在 2010 年初时还是一片沼泽地，仅仅 4 年时间，一个拥有 4 家先进工厂的工业园区拔地而起。高高飘扬的五星红旗见证了中国投资给乌干达带来的巨大变化。

2010 年，康姆海绵厂和合盛钢管厂相继在天唐工业园区内建成投产。合盛钢管厂的生产线和仓储同在一个大厂房内，粗钢在计算机控制下的各条生产线上变成螺纹钢、麻花钢、钢管等各种钢制品，并被堆放在大厂房的另一端。2014 年时，钢管厂年产 3.5 万吨钢制品，占乌干达市场的 20% 左右。在钢铁厂和钢管厂中间是海绵厂，年产 70 万片海绵。

2014 年 7 月，制造各种复合板建筑板材的宏海木业在天唐工业园建成投产。天唐工业园就此全部建成。仅 4 年时间，天唐工业园直接投资已达 3000 万美元，到 2013 年总产值 5400 万美元，所有产品 70% 在乌干达销售，30% 销往南苏丹、刚果（金）、卢旺达和布隆迪等国。工业园为乌干达提供 1400 多个直接就业机会，各地分销商、物流和运输等间接就业机会超过 1 万个。中国人投资的轮胎厂、造纸厂和鞋厂陆续在工业园附近建成投产，使当地形成了产业集群。

2014 年，乌干达总统穆塞韦尼率领 30 多位政府官员视察了天唐工业园，他亲自为工业园区揭牌，并为刚投产的宏海木业剪彩。他表示，天唐集团不仅在乌干达，而且在非洲都是非常先进的企业。天唐钢铁厂为推动乌干达钢铁业和正在进行的工业化起了非常重要的作用。他还表示，中国是乌干达的理想合作伙伴，不仅是因为中国有能力提供资金，而且因为中国坚持不干涉他国内政。乌干达期待更多中国投资。

随着天唐工业园走上正轨，张志刚还投资了相关配套产业，包括酒店餐饮、旅游、安保、机械商贸、房地产开发和矿产开发等。

习主席推动非洲建设"三网一化"

2014 年 5 月，中国国务院总理李克强访问非洲时，提出了推动非洲建设"三网一化"（即助力非洲的铁路网、公路网和区域航空网络"三大网"及非洲工业化建设）的发展目标。①

2015 年是中非合作论坛成立 15 周年。同年 12 月，中非合作论坛约翰内斯堡峰会在南非举办。在这次峰会上，习近平主席宣布了"十大合作计划"，将中非合作范围扩大到工业化合作、农业现代化合作、基础设施合作、金融合作、绿色发展合作、贸易和投资便利化合作、减贫惠民合作、公共卫生合作、人文合作、和平与安全合作十个领域。摆在首要和突出位置的就是中非工业化合作，即中非产能合作和推进非洲的工业化进程。为顺利推动这一举措，"十大合作计划"中专门设立了首批 100 亿美元资金的"中非产能合作基金"，并为中非发展基金和非洲中小企业发展专项贷款各增资 50 亿美元。②

中国的发展经验、技术、资金、市场等相对优势，有助于非洲突破基础设施不足和人才不足两大制约发展的瓶颈，有助于非洲把丰富的自然、人力资源优势和潜能转化为发展动力和惠及民生的成果，加速工业化和农业现代化进程，更好地实现经济独立和自主可持续发展，更好地实现持久和平与稳定。

"一带一路"与中乌姆巴莱工业园

2017 年，借助"一带一路"倡议的东风，张志刚积极响应中乌两国政府号召，投资建设中国-乌干达姆巴莱工业园。这个工业园是经乌干达财政

---

① 《李克强在世界经济论坛非洲峰会上的致辞（全文）》，人民政协网，2014 年 5 月 9 日，https：//www.rmzxb.com.cn/2014qglh/yw/323736.shtml，最后访问日期：2023 年 9 月 15 日。

② 《中非合作论坛约翰内斯堡峰会暨第六届部长级会议"十大合作计划"经贸领域内容解读》，中华人民共和国商务部，2015 年 12 月 11 日，http：//www.mofcom.gov.cn/article/ae/ai/201512/20151201208518.shtml，最后访问日期：2023 年 9 月 15 日。

部批准，由天唐集团投资兴建的乌干达国家级工业园，也是河北省重点扶持境外产业园和"一带一路"峰会签约项目。

中乌姆巴莱工业园占地面积 2.51 平方公里，采取"总体规划、分期实施"的原则，计划 5 年内开发完成。其中一期规划占地 1 平方公里，二期规划占地 0.7 平方公里，三期规划占地 0.8 平方公里。园区完全按照现代化工业园的高标准打造，水电路等基础设施完善，建有一般工业区、自贸区、保税库、会展中心、仓储基地及配套的商业生活设施。园区建成后计划吸引入驻企业 60 家，可为乌干达创造 15000 个就业岗位。

2018 年 3 月 9 日，举行了中乌姆巴莱工业园区奠基仪式。乌干达总统穆塞韦尼为中乌姆巴莱工业园揭牌。他对中国投资该园区表示高度赞赏。

2020 年 3 月 19 日，乌干达总统穆塞韦尼为中乌姆巴莱工业园正式启动剪彩，并参加四家生产加工电缆电线、纺织品、灯泡和洗衣粉等用品的工厂开业仪式。

乌干达共有 22 个国家级工业园区，中乌姆巴莱工业园是其中的典范。即便在新冠疫情期间，园区建设和发展也未停止，目前已有 22 家投资企业入园，涵盖建材、日化品、服装纺织、电力电子和汽车组装等产业。中乌姆巴莱工业园目前已经吸引实际投资金额 8520 万美元。另外还有 15 家企业签署了入园意向协议。园区一站式服务为所有入驻园区的企业保驾护航，确保企业在注册、商检、签证、海关、税务、物流、融资和销售等各个环节少走弯路，让入园企业没有任何后顾之忧。

中乌姆巴莱工业园项目从一开始就得到了中乌两国政府的高度关注和支持，穆塞韦尼总统曾多次视察园区，每个季度都要听取园区管理团队的汇报。他还派乌方军警和保安昼夜在那巡逻，以确保园区的安全。

"乌干达中国工业投资之父"

2019 年 10 月 24 日，为了表彰乌干达天唐集团董事长张志刚对乌干达工业化和经济发展的贡献，乌干达政府授予张志刚"乌干达中国工业投资之父"荣誉证书。

2000 年，张志刚来到非洲，在坦桑尼亚从事箱包行业。2002 年，张志刚考察了乌干达的市场之后，决定把自己的事业重心转向乌干达。他先是在坎帕拉使馆区经营餐饮酒店业务，然后在 2008 年投资创办天唐钢铁厂和天唐工业园，2009 年投资创办康姆海绵厂。

如今，乌干达天唐集团已经发展成为多元化综合性的大型华人企业集团，业务涵盖园区投建、生产制造、酒店餐饮、旅游服务、房地产开发、矿产开发、机械商贸、安保服务八大领域，拥有 20 家全资子公司，员工 3000 余人。自成立之初，集团便坚持走非洲本土化的发展策略，经过 20 年的艰苦奋斗，现已在整个东非区域内享誉盛名。2021 年，天唐集团在中国深圳投资成立了益三达公司，以此作为天唐集团在中国的总部。

中非合作助推非洲工业化

目前，像中乌姆巴莱工业园这样的中非共建产业园在非洲已超过 100 个（含在建园区）。有 3500 多家中国企业在非洲投资兴业，中国对非各类投资存量已经超过 1000 多亿美元，这些落户非洲的中资企业在非洲大地进行二次创业，为非洲发展和企业自身转型开辟了新空间。

中国还在非洲 5 国创办了 6 个境外经贸合作区，分别是埃塞俄比亚东方工业园、尼日利亚莱基自由贸易区、赞比亚-中国经贸合作区、尼日利亚广东经贸合作区、毛里求斯晋非经贸合作区和埃及苏伊士经贸合作区。

作为第一批加入中国国际产能合作进程的非洲国家，坦桑尼亚"五年规划"的核心也是工业化，以便与中国的产能合作相对接。已有来自中国的 12 家企业入驻坦桑尼亚出口加工区。中国民营企业河北壮大玻璃公司在坦桑尼亚多多马市建设了年产 60 万重量箱玻璃项目。

最早落户埃塞俄比亚东方工业园的中国鞋业生产巨头——东莞华坚集团，已成为中国在埃塞最大规模的民营企业，为当地 7500 多人解决了就业问题。该企业是埃塞最大的鞋业出口企业，年产超过 500 万双女鞋，占埃塞鞋业出口的 65% 以上。2017 年 9 月 1 日，埃塞俄比亚政府授予华坚集团董事长张华荣先生"埃塞俄比亚工业之父"的荣誉称号，以此表彰他对该国工业发展的贡献。华坚不仅在埃塞俄比亚创造了传奇，未来还计划在卢旺达、尼日利亚等非洲国家投资，续写"一带一路"与非洲工业化进程对接的新篇章。

埃及苏伊士湾西北经济区的"中埃苏伊士经贸合作区"，共有 65 家企业入驻，其中制造类企业 32 家，配套服务机构 33 家，吸引合作投资额近 10 亿美元，为当地提供就业岗位 3000 多个。在入驻经贸合作区的众多企业中，世界上规模最大的玻璃纤维生产商中国巨石集团备受瞩目。该集团一期项目总投资为 2.23 亿美元，设计年产能达到 8 万吨，是目前中国在埃及投资金额最大、技术装备最先进、建设速度最快的工业项目。

2021 年 11 月 29 日，习近平主席以视频方式出席中非合作论坛第八届部长级会议开幕式并演讲。他提出了"九项工程"，其中"投资驱动工程"内容包括：中国未来 3 年将推动企业对非洲投资总额不少于 100 亿美元，设立"中非民间投资促进平台"。中国将为非洲援助实施 10 个工业化和就业促进项目，向非洲金融机构提供 100 亿美元授信额度，重点扶持非洲中小企业发展，设立中非跨境人民币中心。另外，在"贸易促进工程"中，中国将力争未来 3 年从非洲进口总额达到 3000 亿美元。中国将提供 100 亿美元贸易融资额度，用于支持非洲出口，在华建设中非经贸深度合作先行区和"一带一路"中非合作产业园。①

---

① 《习近平出席中非合作论坛第八届部长级会议开幕式并发表主旨演讲》，中华人民共和国中央人民政府，2021 年 11 月 29 日，https://www.gov.cn/xinwen/2021 - 11/29/content_5654864.htm，最后访问日期：2023 年 9 月 15 日。

中非职教合作面面观

张 娜

作者简介：

张娜，尼日尔汇才地质与能源高等教育学院院长，尼日尔尼中文化促进会会长。

2021 年 11 月 29 日，习近平主席在中非合作论坛第八届部长级会议开幕式上发表了题为《同舟共济，继往开来，携手构建新时代中非命运共同体》的主旨演讲。他说，要"实施'未来非洲-中非职业教育合作计划'，开展"非洲留学生就业直通车"活动。中国将继续同非洲国家合作设立'鲁班工坊'，鼓励在非中国企业为当地提供不少于 80 万个就业岗位"。① 习主席在这里专门提到了"中非职业教育合作"和"鲁班工坊"。

在中国，"鲁班"象征着精湛的技能和精益求精的精神。鲁班锁是起源于中国古代建筑中特有的榫卯结构的一种益智玩具，制作鲁班锁是鲁班学堂上的一个任务，学员们需要在 1 厘米见方、8 厘米长的木条上，用锉刀和小锯子等传统工具开榫，再把十几条这样的木条像搭积木一样拼装起来。学生们都觉得很神奇。在这个过程中，他们感受到了鲁班精神。而今，"鲁班"

---

① 《习近平出席中非合作论坛第八届部长级会议开幕式并发表主旨演讲》，中华人民共和国中央人民政府，2021 年 11 月 29 日，https：//www.gov.cn/xinwen/2021 - 11/29/content_5654864.htm，最后访问日期：2023 年 9 月 15 日。

已经走出了国门，来到了非洲，并且成为中国与非洲国家职业教育合作的一个亮点。

"鲁班工坊"促进中非职教合作

2021年11月5日，美国詹姆斯敦基金会在其网站发表题为《中国职业教育工坊寻求加强与非洲合作》的文章。文章称："从历史上看，中非合作主要集中在基础设施方面，其中铁路、公路和能源项目吸引了最多的媒体关注。然而，对中国的非洲合作伙伴的长远利益而言，技能和教育培训也是中非合作中值得关注的一个关键领域。"①

文章中还说，"鲁班工坊"不仅符合中国为非洲提供技术援助和职业教育与培训的历史，也支持中国与非洲更广泛的外交和经济交往。在"一带一路"倡议下，"鲁班工坊"等教育和发展项目投资，仍将是中国海外援助的重要组成部分。

"鲁班工坊"是中国一个旨在与世界分享专门的技术和职业教育与培训的项目，2016年在东南亚启动首家"鲁班工坊"之后，很快引发关注，在2018年中非合作论坛北京峰会上，中国国家主席习近平宣布在非洲设立10个"鲁班工坊"，向非洲青年提供职业技能培训。这是中非合作论坛北京峰会上中国承诺的"八大行动"中的能力建设行动中的组成部分："中国决定同非洲加强发展经验交流，支持开展经济社会发展规划方面合作；在非洲设立10个'鲁班工坊'，向非洲青年提供职业技能培训；支持设立旨在推动青年创新创业合作的中非创新合作中心；实施头雁计划，为非洲培训1000名精英人才；为非洲提供5万个中国政府奖学金名额，为非洲提供5万个研

---

① 《美智库文章："鲁班工坊"促进中非职业教育合作》，"海外网"百家号，2021年11月9日，http：//baijiahao.baidu.com/s？id＝1715911946026968619&wfr＝spider&for＝pc，最后访问日期：2023年9月15日。

修培训名额，邀请 2000 名非洲青年来华交流。"①

2019 年 4 月，吉布提"鲁班工坊"在当地最大的职业院校吉布提工商学校揭牌，这是中国在非洲设立的首家"鲁班工坊"，吉布提总统盖莱和多位政府部长、中国驻吉布提大使卓瑞生等数百人出席揭牌仪式，共同见证这一重要时刻。

2021 年 12 月，摩洛哥"鲁班工坊"启动运营。天津商务职业学院和摩洛哥阿伊阿萨尼应用技术学院合作的这所"鲁班工坊"已是非洲第 12 所"鲁班工坊"，中国超额实现了对非洲的承诺。

非洲首家"鲁班工坊"

吉布提"鲁班工坊"致力于服务亚吉铁路（亚的斯亚贝—吉布提铁路）和吉布提经贸港口经济发展，面向非洲青年提供学历教育和职业培训。在非洲设立"鲁班工坊"，向非洲青年提供职业技能培训，是落实中非合作论坛北京峰会"八大行动"的具体举措。

"鲁班工坊"采取政府、学校、企业多方合作模式，由吉布提教育部、中国天津市政府、天津铁道职业技术学校、天津市第一商业学校、吉布提工商学校、中国土木工程集团有限公司共同建设，工坊一期设立铁道运营管理、商贸等 4 个专业，学制为 3 年。首批铁道类专业招生 24 人，商科类专业直接针对现有职校学生培养。

"鲁班工坊"在吉布提工商学校设有铁道运营实训区、机车模拟驾驶实训区等多个高标准教学区，并在亚吉铁路吉布提境内始发站纳贾德火车站设立校外实训基地，学生在这里可以模拟火车驾驶，演练实操中出现的各种突发状况。"鲁班工坊"内还铺设有铁轨，可供铁道专业学生实践学习。这些体验式教学设备使学生们能够将理论与实践更加紧密地结合起来，有力提升吉布提职业教育水平。

---

① 《中非合作论坛北京峰会"八大行动"内容解读》，中华人民共和国商务部，2018 年 9 月 19 日，http://www.mofcom.gov.cn/article/ae/ai/201809/20180902788421.shtml，最后访问日期：2023 年 9 月 15 日。

埃塞俄比亚—吉布提联合铁路运营公司副总经理卡密尔表示，校外实训基地为高素质技术技能人才培养、铁路员工能力提升提供了有力支撑，能更好地服务亚吉铁路项目。①

"鲁班工坊"广受好评

"鲁班工坊"是按照当地需求设置专业的。每个国家的"鲁班工坊"都配合东道国政府发展目标培训对应的技术技能，非常实用。比如吉布提"鲁班工坊"之所以开设了与铁路相关的专业，就是因为亚吉铁路的运营需要技术人才。纳贾德火车站员工艾达劳斯曾在天津学习铁道技术，得知自己的同胞能在当地进行实训非常激动。他说："曾经远赴万里才能完成的学习，如今在我的祖国就能实现，更多年轻人的梦想将成为现实。"②

泰国大城技术学院"鲁班工坊"是我国最早成立的境外"鲁班工坊"，之后持续扩大，已经为泰方进行了几千人次的培训。泰国大城技术学院院长哲仁说，经过几期项目建设，我们的"鲁班工坊"开设了新能源汽车、仿生机器人、电脑鼠、机电一体化、数控技术、物联网等多个全新专业。这些专业设置和教学水平遥遥领先于泰国其他职业院校。据报道，泰国大城技术学院因此而获得泰国王室最高奖项"国王奖"。

"鲁班工坊"在非洲也获得了肯定和赞扬。埃及教育部副部长穆罕默德·穆贾希德说，与中国合作的这些项目"将增加就业机会，为毕业生打开一个新天地，并提供现代领域的就业机会"。乌干达科技与创新部部长埃利奥达·图姆韦西杰表示，他相信乌干达的鲁班工坊将促进当地和非洲的经

---

① 《非洲首家鲁班工坊在吉布提揭牌——"更多年轻人的梦想将成为现实"》，《人民日报》2019年4月3日，第3版。

② 《非洲首家鲁班工坊在吉布提揭牌——"更多年轻人的梦想将成为现实"》，《人民日报》2019年4月3日，第3版。

济，并充实乌干达和非洲的技术人才。①

21 世纪以来，随着中非合作论坛的成立，中非友好合作关系取得了长足发展，其中就包括中国与非洲国家的教育合作，而职业教育合作又是双方教育合作的内容之一。"鲁班工坊"就是中国与非洲国家教育合作的一个方面。

中国与卢旺达职教合作

"在中国学到的东西会让我受用一生"，卢旺达小伙特维泽勒说道。几年前，他获得机会前往中国金华职业技术学院学习通信设备专业，目前正自主创业，"作为首届卢旺达政府委托培养班的一名学员，我非常珍惜在中国的学习机会"。特维泽勒在 2018 年中国全国职业院校技能大赛高职组"机电一体化项目"国际邀请赛中获得过二等奖。毕业后，特维泽勒创办了一家网上商城，专注于为卢旺达和其他国家的在华人士提供经贸方面的服务。

像特维泽勒一样，受益于中卢职业教育合作的卢旺达留学生还有很多。2014 年至今，金华职业技术学院已接收 4 届共 99 名卢旺达学生。基于职教合作的良好效果，2017 年 7 月，由金华职业技术学院与卢旺达穆桑泽职业技术学校合作建立的穆桑泽国际学院在卢旺达正式挂牌，以在信息通信、智能制造、电气自动化、电子商务和食品加工等领域着力培养懂汉语、精技能的卢旺达本土人才，以提升卢旺达及中东非地区劳动力素质，带动地区经济社会发展。截至 2022 年，穆桑泽国际学院已在卢旺达培训学生 3880 人次，还联合华为等中国公司合作共建了涉及信息通信技术、电子商务等领域的 8 个实验实训室。

卢旺达教育部前部长欧仁·穆提穆拉评价说，"中国为卢旺达职业教育发展作出了贡献，职教合作成为卢中友谊的又一典范"②。

---

① 《"助力乌干达青年提升职业技能"》，人民网，2020 年 12 月 29 日，http：//world. people. com. cn/n1/2020/1229/c1002－31981835. html，最后访问日期：2023 年 9 月 15 日。

② 《卢旺达教育部长说中国为卢旺达发展做出贡献》，新华网，2019 年 5 月 31 日，http：//www. xinhuanet. com/world/2019－05/31/c_1210148656. htm，最后访问日期：2023 年 9 月 15 日。

中国与赞比亚职教合作

2019年，赞比亚中国经济贸易合作区电站的电工卡萨瓦参加了中国－赞比亚职业技术学院（以下简称"中赞职业技术学院"）组织的电站运维培训班，得益于此次培训，卡萨瓦后来成长为管理十几人团队的工程师。

中赞职业技术学院是中国有色金属工业协会、中国有色矿业集团在中国教育部支持下，组织国内10家职业院校共同成立的。学院除了向当地中方企业赞方员工提供技能培训外，还面向赞比亚高中毕业生开展中高等职业教育，旨在为赞比亚培养技术和能力过硬的人才。学院先后在赞比亚开展了近50期员工技能培训，包括电工、焊接、钳工、维修技术等20多个工种和专业，从整体上提升了当地员工的职业素养和技能，截至2022年2月，受训人员已经达到1000多人。

中赞职业技术学院还先后从当地学校和企业员工子女中选派超过150名赞比亚学生赴中国的中南大学、辽宁大学、昆明理工大学等院校学习。28岁的巴沙前不久结束了在哈尔滨职业技术学院为期3年的学习，回到了赞比亚。他是作为企业优秀员工子女被选派赴华学习的。"自从爸爸在中国企业工作后，我们家的生活条件越来越好。家里也不再为孩子的学费发愁了。"目前巴沙正忙着找工作，在中国学习机械电子的经历无疑是一个加分项，"我不仅学到了技术，还能用简单的中文进行交流，这让我对未来充满信心"。2020年，为了有针对性地帮助当地女生就业，学院还选派12名女生成立护理专业留学生班。①

尼日尔汇才地质与能源高等教育学院

尼日尔汇才地质与能源高等教育学院的前身是一个成立于2015年2月

---

① 《中非职业教育——为中非友好合作增添新的内涵》，《人民日报》2022年2月15日，第17版。

的以中文培训为主的语言学习中心。2020 年 11 月，尼日尔共和国高等教育部批准尼日尔汇才地质与能源高等教育学院（以下简称汇才学院）开展全日制本科教育和专科职业教育，汇才学院是非洲第一所由华人投资创办的高等教育学府。

汇才学院 2021 年向尼日尔共和国高等教育部申请开设了 8 个本科专业，32 个专科专业。本科专业包括化学工程与工艺、石油天然气储运工程、电子商务、行政管理、物流、仓储等，中文是所有专业的必修课。汇才学院还于 2022 年 10 月成功启动了化学工程与工艺、石油天然气储运工程和行政管理专业。

汇才学院的办学策略是"中文+专业"，口号是"人人讲中文，勇敢走天下"。对所有专业的学生来说，中文都是必修课。汇才学院和中国的几所大学也进行了一些专业的合作教学。比如化学工程与工艺和石油天然气储运工程专业就是和辽宁石油化工大学合作的。

国之交在于民相亲，汇才学院作为在尼日尔境内的唯一国家汉办指定考点，为更快更好的弘扬中国文化、协助海外企业华人华商与当地人的沟通交流，汇才学院还设立中尼文化教育奖学金，得到了驻尼日尔各个国家的使馆，各个与中国有联系的企业以及当地华人华商的大力支持。

豪萨语是非洲最重要的三大语言之一，汇才学院编撰出版了一本语言生活手册《中文、英文、豪萨语生活语册》，这是目前尼日尔第一本三国语言手册，这本手册结合外国人在国外遇到的问题，以场景展现的方式帮助了外国和尼日尔的连接，成为全世界朋友了解尼日尔文化的窗口。

中国与埃塞俄比亚职教合作

埃塞俄比亚职业教育孔子学院由天津职业技术师范大学和埃塞联邦职业技术教育与培训学院（原埃塞-中国职业技术学院）共同承办，自 2009 年创建以来一直采用中文教学与职业技术培训相结合的培养模式，是一所以"中文+职业技能"为特色的孔子学院。纵使在新冠疫情防控期间，该院仍通过网络视频平台开展线上教学。

塔博尔是埃塞俄比亚亚的斯亚贝巴科技大学机电工程专业大三的学生。他说："我们学校实验设备比较少，多数时间是学习理论知识，这导致我们在实操方面能力不足。来到埃塞俄比亚职业教育孔子学院后，我第一次接触到这么多先进的设备，更加深入地理解了我所学习的领域。"埃塞俄比亚职业教育孔子学院不向学员收取任何费用，这让塔博尔心存感激，"这样优秀的课程、先进的设备，如果需要交学费，我肯定负担不起。真心感谢埃塞俄比亚职业教育孔子学院为我们免除学费，让我们拥有如此宝贵的学习机会"[1]。

塔博尔是数以万计受益于埃塞俄比亚职业教育孔子学院培训的学生之一。自创办以来，该院面向埃塞联邦职业技术教育与培训学院汽车、机械、电子电气、计算机等多个专业师生，开设了专业技术汉语、技能实训及短期培训等课程，累计注册学员达 4 万余人。[2]

中国与南非职教合作

2017 年，南非青年邓肯·蒙格祖鲁还是一名普通机械工程专业学生，"南非学生赴华留学实习项目"为他的职业发展带来机遇。作为这个项目的首批学生之一，他不仅在中国学有所成、回国后顺利就业，而且代表南非参加"一带一路"暨金砖国家技能发展与技术创新大赛并获奖。如今，蒙格祖鲁既是机械工程师，也是南非赴华留学生校友会主席。他肩负的一项重要使命是，帮助更多南非学生到中国学习职业技能。

"南非学生赴华留学实习项目"由南非高等教育与培训部联合南非中国文化和国际教育交流中心共同设立，旨在选派南非学生到中国进行为期一年的职业技能实践，助力他们回国实现就业。在常州信息职业技术学院和苏州

---

① 《中非职业教育——为中非友好合作增添新的内涵》，《人民日报》2022 年 2 月 15 日，第 17 版。

② 《中非职业教育——为中非友好合作增添新的内涵》，《人民日报》2022 年 2 月 15 日，第 17 版。

博众精工科技有限公司的实践基地，蒙格祖鲁重点学习了 3 轴和 5 轴数控机床操作、维护及质量品控，学成回国后，他成为南非一家知名工程机械公司的机械工程师。他的经历被多家南非媒体报道。

2017 年至 2022 年，已有超过 1700 名南非学生参与"南非学生赴华留学实习项目"，其职业培训和实践领域涵盖机械、电子、通信、旅游、物流、食品、电商等多个门类。目前，该项目被纳入中非（中南）职业教育合作联盟平台实施机制。这个联盟的成员包括 100 多个中国职业院校和企业、近 30 所南非职业技术学院。[①]

南非教育界充分肯定该项目成效。南非格特·西班德职业技术学院校长波提亚洲·摩根表示，学校会继续择优选拔学生参与该项目，这些从中国学成归来的学生将有更大机会留校任教。南非高等教育和科技部部长纳兹曼德致信感谢中国政府及相关职教机构。他表示，南非学生在中国学习和实践中受益匪浅。他们非常珍惜这一宝贵经历。南非政府期待进一步与中国加强在科学技术和职教培训方面的合作。

中非（南）职业教育合作联盟

2017 年 4 月，中国南非两国建立高级别人文交流机制。为丰富机制内涵，推进与南非职业教育务实发展，加强产教融合，促进中国职业院校和企业联手"走出去"，2018 年 1 月，教育部中外人文交流中心与南非高等教育和培训部工业和制造业培训署以及中南两国相关政府、院校、企业等 58 家单位在中国常州共同发起成立"中国-南非职业教育合作联盟"。

"中国-南非职业教育合作联盟"旨在搭建开放性平台，秉持共商、共建、共享理念，推动中南职教合作，深化产教融合，创新技术技能人才培养模式，发挥教育培训在促进人文交流和经济发展、产业升级中的先导性、基础性和广泛性作用。

---

① 《中非职业教育——为中非友好合作增添新的内涵》，《人民日报》2022 年 2 月 15 日，第 17 版。

2019 年 11 月，为促进中国与非洲其他国家职业教育合作和交流，助力"一带一路"建设和中非命运共同体构建，经联盟中方理事会研究决定，"中国-南非职业教育合作联盟"更名为"中非（南）职业教育合作联盟"〔China & Africa（South Africa）Technical and Vocational Education Cooperation Alliance，简称 CASATVECA〕。

中非教育合作

职业教育合作是中非教育合作较为成功的领域，但这只是中非教育合作的一部分。中非教育合作另外两个重要部分是赴华留学和孔子学院。这些都是 2000 年中非合作论坛上确定的"非洲人力资源开发"目标的组成部分。从 2010 年到 2012 年，来自非洲国家的 27318 名学员接受了培训。而 2013 年到 2018 年间，这个数字增加了 4 倍以上。

2000 年，中国宣布设立非洲人力资源开发基金会，此后通过中非合作论坛制定的一系列培训计划得到了加强。中国向非洲提供的国家奖学金名额，2015 年增至每年 6000 个，2018 年增至每年 10000 个，而从 2022 年起每年达到 1.2 万个。

除了中国政府提供的留学生名额，中国部分省市也向非洲提供奖学金名额，如前所述，在非洲的中资企业也会向当地员工及其家属提供奖学金名额，例如帮助赞比亚青年来到中国留学。安哥拉江苏总商会是一个华商社团，该社团也提供了几十个奖学金名额，供安哥拉青年前往江苏省的南通大学留学，这些安哥拉留学生多数是学习医学。

中非故事篇

非洲与"双奥之城"的故事

严钦兴

作者简介：

严钦兴，摩洛哥华人商会会长。

2013 年 3 月 25 日，习近平主席在坦桑尼亚尼雷尔国际会议中心发表题为《永远做可靠朋友和真诚伙伴》的重要演讲时回忆说："2008 年北京奥运会火炬在达累斯萨拉姆传递过程中，坦桑尼亚人民像欢庆自己的节日一样，载歌载舞迎接奥运圣火，喜庆的画面深深定格在中国人民的脑海中。"①

非洲分享北京奥运会的喜悦

2001 年 7 月 13 日，北京获得 2008 年奥运会主办权。2008 北京奥运会以"点燃激情、传递梦想"为口号，在五大洲 21 个城市开展以"和谐之旅"为主题的奥运火炬接力。坦桑尼亚首都达累斯萨拉姆作为非洲的代表参加了这项目活动，这是有史以来奥运火炬传递活动首次在东非地区举办。

2008 年 3 月，非洲华侨华人举办了"龙行天下耀中华，全球华人贺奥运"车队远征活动，车队从南非出发，途经 40 多个国家，终点站为北京。

---

① 《习近平开始对坦桑尼亚进行国事访问》，人民网，2013 年 3 月 25 日，http：//politics. people.com.cn/n/2013/0325/c1001-20897975.html，最后访问日期：2023 年 9 月 15 日。

车队抵达坦桑尼亚首都达累斯萨拉姆时，坦桑尼亚奥委会主席布拉姆·托戴德特意从桑给巴尔岛专程赶来迎接。

2008 年 4 月 13 日，北京奥运会火炬在达累斯萨拉姆传递，当天 14 时许，"祥云"火炬在达累斯萨拉姆火车站广场点燃，北京市副市长、北京奥组委执行副主席刘敬民将火炬交到坦桑尼亚谢因副总统手中，谢因将火炬交给第一棒火炬手——坦桑尼亚国务部长赛义夫·卡提布，奥运火炬传递活动正式开始，路线为经纳尔逊·曼德拉大道到达终点坦桑尼亚国家体育场，传递路程为 5 公里，80 名火炬手（含 14 名华人）参与接力，整个传递过程中，数百名当地的年轻人以及部分华侨华人从起点到终点一直随着传递队伍奔跑，气氛热烈，并有节奏地喊着"北京加油！"15 时许，最后一棒火炬手——联合国副秘书长、联合国人居署执行主任安娜·蒂拜朱卡到达终点——坦桑尼亚国家体育场，点燃圣火盆。随后，广场上开始举行盛大的庆祝表演，上万民众欢歌劲舞。坦桑尼亚人民像欢庆自己的节日一样，载歌载舞迎接奥运圣火，喜庆的画面深深定格在中国人民的脑海中。

非洲其他国家也都对北京奥运会充满由衷喜悦，并且表达美好祝愿。时任加蓬总统邦戈表示，通过北京奥运会，来自世界各国的人们可以相互了解，相互鼓励，相互学习。北京奥运会也将是世界各国人民进一步了解中国和中国人民的机会。毛里求斯总统贾格纳特表示，北京奥运会举世瞩目，中国政府和人民为筹备奥运会作出了巨大的努力，相信北京奥运会将成为历史上最成功的一届体育盛会。

北京奥运会成功举办

2008 年 8 月，第 29 届奥运会在北京举办。这届奥运会的口号是：同一个世界，同一个梦想（One World，One Dream）。这个口号体现了奥林匹克精神实质和普遍价值观——团结、友谊、进步、和谐、参与和梦想，表达了全世界在奥林匹克精神的感召下，追求人类美好未来共同愿望；反映了北京奥运会的核心理念，也表达了中国人民与世界各国人民共有美好家园，同享文明成果，共创美好未来的崇高理想；表达了正在大步迈向现代化的伟大民族致力于和平发展、社会和谐、人民幸福的坚定信念；表达了全体中国人民为建立一个和平而更美好的世界作出贡献的心声。

在北京奥运会上，中国队取得总奖牌 100 枚的好成绩，在金牌榜排第一，总奖牌榜排名第二。

在北京奥运会上，非洲国家也取得较好成绩。肯尼亚获得历史最好成绩，在奥运会金牌榜排名前列。津巴布韦和喀麦隆也获得了金牌，尼日利亚、阿尔及利亚、摩洛哥、南非和苏丹获得银牌，埃及和多哥、毛里求斯获得铜牌。有 3 个非洲国家实现了自己的梦想，首次获得奥运会奖牌：多哥男子单人皮划艇运动员本杰明·布克佩蒂获得皮划艇激流回旋铜牌；苏丹田径运动员伊斯梅尔·艾哈迈德获得男子 800 米银牌；毛里求斯拳击运动员布鲁诺·朱利获得男子最轻量级铜牌。

时任国际奥委会主席萨马兰奇对北京奥运会高度评价："北京奥运会是所有奥运会中最好的一届奥运会。在未来应该很少有人可以做到这种程度。这不光是我个人的看法，同时也是绝大部分媒体和国际奥委会的官员们的看法。"[1]

北京奥运会不仅圆了中国的奥运梦，还使中国更加自信，更加开放，更加进步。北京奥运会后的中国，更加致力于和平的发展、开放的发展、合作的发展，致力于同世界各国人民一道，建设持久和平、共同繁荣的和谐世界。

北京成功申办冬奥会

2015 年 7 月 31 日，国际奥委会第 128 次全会投票通过决定，将 2022 年

---

① 《北京奥运会是所有奥运会中最好一届奥运会》，央视网，2008 年 8 月 20 日，http://news.cctv.com/world/20080820/105758.shtml，最后访问日期：2023 年 9 月 15 日。

第 24 届冬奥会举办权交给北京。

在国际奥委会投票表决前，习近平主席通过视频向国际奥委会委员致辞，代表中国政府和人民表达对举办 2022 年冬奥会的期盼之情和最坚定的支持，表示中国政府高度赞赏奥林匹克运动的价值观和国际奥委会的改革主张，将全面兑现每一项承诺，全方位践行《奥林匹克 2020 议程》。

在国际奥委会投票表决通过后，习近平主席致信申办冬奥会代表团表示热烈祝贺。习近平主席在贺信中说，北京携手张家口获得了 2022 年第 24 届冬季奥林匹克运动会的举办权，我向你们致以热烈的祝贺。你们为申办冬奥会付出了巨大的努力。希望你们再接再厉、扎实工作，在全国各族人民大力支持下，把 2022 年冬奥会办成一届精彩、非凡、卓越的奥运盛会。①

申办冬奥会是中共中央、中国政府作出的重大决策，是全体中国人民对奥林匹克运动的又一次呼唤和拥抱。它有利于促进冬季冰雪体育运动的普及发展，有利于增进中国与世界各国人民的了解和友谊。北京成功申办冬奥会后，在北京奥林匹克公园举行了大型群众庆祝活动。正在北京体育大学求学的非洲留学生纳赛尔被当时北京欢庆的热烈场面所感染，也加入欢庆的人群之中。纳赛尔曾在 2011 年深圳第 26 届世界大学生夏季运动会开幕式上，作为火炬手代表与奥运会冠军刘翔以及其他 3 名大学生一同点燃大运会主火炬。这段经历成了纳赛尔在中国留学生活期间"最美好的和最值得纪念的回忆"。他为北京将成为双奥之城由衷高兴。

国际奥委会再度垂青北京，既显示了对中国经济稳步发展、社会持续进步的信心，也是对北京举办的 2008 年夏季奥运会的又一次高度肯定。中国由此成为第 9 个既举办夏奥会也举办冬奥会的国家。北京更是成为全球首个获得夏、冬两季奥运会举办权的城市。北京也因此被誉为"双奥之城"。

---

① 《习近平致申办冬奥会代表团的贺信》，中国日报中文网，2015 年 7 月 31 日，http：//china. chinadaily. com. cn/2015－07/31/content_21467458. htm，最后访问日期：2023 年 5 月 26 日。

国际奥委会委员，2008 年北京奥运会游泳金牌得主，津巴布韦青年、体育、艺术和娱乐部部长考文垂表示，北京冬奥会的举办将为世界各国运动员提供展示自己的机会，激励和团结世界。国际奥委会遵守相关防疫规定，并对此次冬奥会充满信心。

"一起向未来"

2020 年，由于新冠疫情在全球蔓延，原定当年在日本东京举办的第 32 届夏季奥运会被迫延期 1 年。到了 2021 年，新冠疫情仍然未能减缓，日本不得不在没有境外观众的情形下举办这届奥运会。

那么，2022 年北京冬奥会应该怎么办？要不要延期？比赛时如何防疫？若是如期举办风险到底有多大？有哪些困难要克服？面对种种担忧，中国政府毅然决定在北京如期举办第 24 届冬季奥运会。

2021 年 9 月 17 日，北京冬奥会、冬残奥会发布主题口号——"一起向未来"。11 月 15 日，2022 年冬奥会和冬残奥会主题口号推广歌曲《一起向未来》全新 MV 在全平台正式上线。

2021 年 10 月 18 日，北京冬奥会火种在希腊成功点燃，并于同月 20 日抵达北京。

2021 年 10 月 31 日，北京 2022 年冬奥会和冬残奥会志愿者招募工作基本完成，赛会志愿者培训工作全面展开。

2021 年 11 月 16 日，"一起向未来——北京冬奥推介会"在法国巴黎中国文化中心举办，来自中法两国的文化、艺术和体育界人士，华人华侨代表等 100 余人出席了活动。

2021 年 12 月 3 日上午，中国国务院新闻办公室召开发布会，宣布北京冬奥会各项准备工作已经就绪。

对于北京冬奥会，非洲朋友始终表示了肯定、鼓励和支持。坦桑尼亚总统哈桑表示："我们非常兴奋地关注着 2022 年北京冬奥会和冬残奥会。我们向中国政府和中国人民致以最美好的祝愿，祝愿他们能够顺利举办这场盛大的活动。"①

2022 年 1 月 26 日，在即将踏上前往中国参加北京冬奥会的旅程之际，非洲国家奥委会联合会（ANOCA）主席穆斯塔法·贝拉夫在阿尔及尔表示，依靠丰富的经验和人才储备，北京冬奥会将再次让全世界为之赞叹。"我记得我参加 2008 年北京奥运会时是如何为之赞叹的。我确信即将开幕的北京冬奥会将再次成为最佳赛事。"贝拉夫说，他此前五次前往中国，无论是去北京还是其他城市，每次都感慨于中国的发展和进步。世界上没有哪个国家取得如此大的发展成就并保持稳定。中国人爱好和平、努力工作。这个伟大的国家和伟大的人民理应得到全世界的尊重。他还称赞中国在新冠疫情防控方面为全球树立了典范。②

刚果（金）争取重建与民主人民党政治局委员、驻华代表马贝雷表示，北京冬奥会必将推动各国人民交流合作，共建更加和平美好的世界，同时也为全球开放发展提供更多机遇，促进世界和平与合作。

埃塞俄比亚和平与安全研究所主任阿戴托表示，北京冬奥会对促进世界和平、合作、团结、友谊具有重要意义。中国是举世瞩目的焦点，不仅是因为举办冬奥会，更因为中国为全人类创造了命运与共、光明美好的未来，为世界树立了光辉榜样。③

双奥之城名副其实

2022 年 2 月 4 日，第 24 届冬季奥林匹克运动会，也即北京冬季奥运会

---

① 《坦桑尼亚总统哈桑祝福北京冬奥会》，光明网，2022 年 1 月 29 日，https：//m.gmw.cn/2022-01/29/content_1302784487.htm，最后访问日期：2023 年 9 月 15 日。

② 《非洲国家奥委会联合会主席贝拉夫：北京冬奥会将成为最佳赛事》，新华网，2022 年 1 月 27 日，http：//www.news.cn/sports/2022-01/27/c_1128305504.htm，最后访问日期：2023 年 9 月 15 日。

③ 《多国政党政要表达对北京冬奥会的信心和期待》，中华人民共和国中央人民政府，2022 年 1 月 29 日，https：//www.gov.cn/xinwen/2022-01/29/content_5671073.htm，最后访问日期：2023 年 9 月 15 日。

开幕。北京就此成为真正的双奥之城。国际奥委会主席托马斯·巴赫表示，北京是第一个先后举办夏季奥运会和冬季奥运会的城市。

在出席开幕式的各国元首中，埃及总统塞西成为媒体关注的焦点，因为埃及没有派运动员参加这届冬奥会的比赛，塞西总统是代表埃及人民、代表阿拉伯人民和非洲人民来参加北京冬奥会开幕式的。

约90个国家代表队参加了北京冬奥会，其中包括5个非洲国家的代表队。他们出场时，受到现场观众的热烈欢呼。

2022年2月6日，国际奥委会主席托马斯·巴赫表示，北京冬奥会创造了历史，它以前所未有的数字化水平，让更多人感受了奥运文化与精彩。奥运会实现了有史以来第一次核心系统全面上云，并用云计算支持全球转播，这为奥运留下了全新的技术标准。[1]

中国实现了"三亿人上冰雪"的目标，"这一非凡成就将永远改变世界各地冰雪运动的格局，北京2022年冬奥会将开启全球冰雪运动新篇章"[2]。

中国人民获颁奥林匹克奖杯

在北京冬奥会举办之前，摩洛哥非洲中国合作与发展协会主席纳赛尔·布希巴曾表示："北京即将再一次举办奥运会，我和摩洛哥同胞都对此充满期待。"纳赛尔亲眼见证了北京2001年申奥成功后发生的巨大变化，他对这座城市如何诠释奥林匹克精神有了别样的感悟。他说："在新冠疫情依旧肆虐全球的当下，北京冬奥会的成功举办必将向世界传递积极和正面的信念。"[3]

北京冬奥会可以说是亮点纷呈，极富创新。它创造了冬奥会闭环管理模式，所有参加冬奥会的人员都在一个闭环内运行。这非常有利于新冠疫情的

① 《国际奥委会主席巴赫：北京冬奥会创造历史，为奥运留下技术标准》，腾讯网，2022年2月7日，https：//new.qq.com/rain/a/20220207A02I8400，最后访问日期：2023年9月15日。

② 《北京冬奥会｜坦桑尼亚总统哈桑祝福北京冬奥会》，中国经济网，2022年1月30日，http：//intl.ce.cn/qqss/202201/30/t20220130_37302829.shtml，最后访问日期：2023年9月15日。

③ 《期待冬奥呈现更多精彩中国元素》，《南方日报》2021年12月28日，第A11版。

防控，世界卫生组织对此予以积极评价。北京冬奥会举办理念为绿色、共享、开放、廉洁，也就是绿色办奥、共享办奥、开放办奥、廉洁办奥。例如，北京冬奥会所有场馆用的是风能、太阳能等绿色电力。

2022 年 2 月 19 日，在北京举行的国际奥委会第 139 次全会上，北京冬奥组委和国际奥委会北京冬奥会协调委员会主席小萨马兰奇向全会做了陈述报告。全会对北京成功举办 2022 年第 24 届冬奥会、对北京冬奥组委为运动员和所有冬奥会参与者提供的出色服务表示肯定和感谢。

国际奥委会主席托马斯·巴赫在会上总结说："这真的很暖心，这也对北京冬奥会的成功至关重要。因此，我非常荣幸和高兴地宣布，今天，国际奥委会授予中国人民奥林匹克奖杯。"他在颁奖时说："如果没有中国人民的支持，北京 2022 年冬奥会不可能达到如此出色的水平。即使是在闭环中，我们也感受到了中国人民的支持。"[1]

非洲运动员参加冬奥会的意义

非洲国家奥委会联合会主席贝拉夫曾说，虽然受到气候制约，非洲运动员在冬季运动领域并不出色，但非洲运动员参加北京冬奥会具有象征意义，因为这届冬奥会是在一个对非洲有很大帮助的伟大的兄弟国家举行。非洲的官员和运动员为能够参加北京冬奥会而感到自豪和高兴。[2]

贝拉夫认为，中国给予非洲和非洲体育以有力支持。"我们将始终与中国站在一起。"非洲国家奥委会联合会将寻求与中国奥委会共同支持非洲的年轻运动员发展，并就下届非洲青年运动会进行合作。

非洲有 5 个国家的 6 名运动员代表参加了 2022 年北京冬奥会，他们分

---

[1] 《北京冬奥会，见证中国"大国成长"》，腾讯网，2022 年 2 月 20 日，https：//new. qq. com/rain/a/20220220A067L800，最后访问日期：2023 年 9 月 15 日。

[2] 《非洲国家奥委会联合会主席贝拉夫：北京冬奥会将成为最佳赛事》，新华网，2022 年 1 月 27 日，http：//www. news. cn/2022-01/27/c_1128305504. htm，最后访问日期：2023 年 9 月 15 日。

别来自厄立特里亚、加纳、马达加斯加、摩洛哥和尼日利亚，其中5人参加高山滑雪比赛，1人参加越野滑雪比赛。

对于非洲运动员来说，能参加冬奥会就是进步。马达加斯加滑雪运动员米娅·克莱尔克是该国首位参加冬奥会比赛的女性。她为自己专门设计了北京冬奥会比赛服，誓言要在北京的雪道上"激励所有非洲人民"。她说，过去两年，训练和比赛都殊为不易，对于运动的热爱不断推动着运动员们在各自的项目上变得更好、变得更强。的确，在炎热的非洲大陆，自然气候带来的限制是人力难以改变的，但这并不能阻挡非洲运动员逐梦冬奥。他们奋力奔向冬奥会赛场的身影，是奥林匹克精神最生动的诠释。

参加北京冬奥会的尼日利亚运动员萨穆埃尔·伊克佩凡，是尼日利亚历史上第一位参加冬奥会雪上项目的运动员。他的父亲是尼日利亚人，母亲是法国人。由于尼日利亚没有雪，他是在法国学会滑雪的，他说："参加冬奥会对我来说意义重大，因为它将告诉全世界，即使在冬季运动并非主流的国家，人们也可以参与其中。它也可以让更多人观看比赛，让大家对这些运动感兴趣。"[1] 他知道，在上届的2018年平昌冬奥会，拥有美国和尼日利亚双重国籍的女性运动员莫利亚姆·塞温·阿迪贡，和朋友建立了尼日利亚第一支雪车队，她们组成了冬奥会历史上首支来自非洲国家的雪车队伍，成为在尼日利亚冬奥史和非洲冬奥史上留名的人物。

厄立特里亚高山滑雪运动员香农·阿贝达曾随父母移居加拿大并在那里进行训练，后来代表厄立特里亚参加冬季青奥和冬奥比赛，2018年参加了平昌冬奥会并获得男子大回转比赛61名。后来他因伤病退役。在奥运梦想的驱动下，他决定在北京继续挑战自我。阿贝达说："我小时候画过一幅自己站在奥运会领奖台上的画，没想到我能参加两届奥运会。这是我最大的荣耀。我希望为我父母和所有厄立特里亚同胞争光。看到国旗在冬奥村飘扬，我非常自豪。"他在赛后说："每个人都是与众不同的，拥有广阔的成长空

---

① 《一个人的冬奥：非洲运动员圆梦北京》，光明网，2022年2月18日，https://sports. gmw. cn/2022-02/18/content_35527722. htm，最后访问日期：2023年9月15日。

间。坚持梦想，才能创造奇迹。""我曾宣布不再参加奥运会。最终我克服了重重困难和挫折来到北京。接下来，我相信我还将站在 2026 年意大利冬奥会的雪道上。""作为高山滑雪运动中为数不多的非洲裔运动员，我希望通过自己的冬奥会经历，激励更多人参与冬季奥林匹克运动。"

在北京冬奥会开幕式，加纳运动员梅德高举着加纳国旗，走进让世人惊叹的鸟巢体育场。他是加纳队唯一一名参赛选手。非洲各国代表团很多是在欧洲和北美长大或生活的。43 岁的加纳人梅德自幼被一个瑞士家庭收养，有滑雪的条件。他借此机会成为一名滑雪业余爱好者，但没有可能代表高手如云的瑞士运动队参赛。几年前有朋友对他说："你可以争取奥运参赛资格，为加纳比赛！"这虽非易事，但他还是决心尝试一下。其后，梅德开始了自己的"疯狂"计划，先是拿到国际雪联认证，然后在奥运资格赛中攒够积分，最终如愿拿到了北京冬奥会的参赛资格。"那真是一次奇妙的经历，就像辛勤工作有了回报一样。"梅德说，"我多次幻想那个时刻，尤其是在困难的时候。"代表加纳队参加冬奥会这个目标实现后，他又有了第二个目标。他知道加纳人分布在世界各地，希望能找到并且激励其中一些年轻人，组成一个运动队，一起为加纳做一些事情，比如"在冬季运动比赛中，为加纳升国旗"。他还希望推动非洲大陆滑雪联盟的成立，"希望未来从北非到南非能有 5~6 个滑雪场，给非洲年轻人提供更多滑雪机会，这是我的梦想"。梅德说："追随梦想，努力工作，你可以实现一些了不起的目标。"①

---

① 《"追随梦想，努力工作，你可以实现了不起的目标"——加纳 43 岁高山滑雪运动员梅德的新旅程》，"新华社体育"百家号，2022 年 2 月 14 日，https：//baijiahao.baidu.com/s?id＝172474317699520350/&wfr＝spider&for＝pc，最后访问日期：2023 年 9 月 15 日。

中国英模人物与非洲的故事

张志刚

作者简介：

张志刚，河北籍，现任天唐集团（乌干达）董事长，中乌姆巴莱工业园董事长，乌干达中国社团联合会执行会长，乌干达河北商会会长，乌干达深圳总商会会长，中非民间商会副会长，中国侨联海外委员，河北省侨联海外委员，河北省政协海外侨胞列席代表，河北省国际华商联合会常务副会长兼"一带一路"专业委员会主任，河北省贸促会驻乌干达联络处负责人，第十四届"河北十大经济风云人物"，广东省小商品协会荣誉会长，深圳市进出口商会副会长，深圳企业联合会常务副会长，南开大学客座教授，天津工业职业学院特聘教授，中国国际经济合作学会高级专家。

从在战火中为民族独立、人民解放和国家富强、人民幸福作出英勇牺牲的千万名烈士，到和平年代抛洒汗水的英雄模范人物，他们出自平凡，但造就了伟大。他们的英雄模范事迹不仅是对中国的贡献，永远为中国人民所铭记于心，其中有些也对中外友好关系的发展，以及人类进步和正义事业发挥过积极作用，产生了广泛和深远的影响，并且赢得了许多国际友人的尊重和爱戴。

袁隆平与非洲的故事

首批获得共和国勋章的袁隆平是一位农业科学家。他不仅在中国家喻户晓，也被许多非洲人所熟知。被誉为"杂交水稻之父"的袁隆平曾说，自己有两个梦："一是在稻穗下乘凉；二是把杂交水稻的成果推向世界，让全世界人民不挨饿！"

袁隆平的研究方向是杂交水稻。他和他的团队研发出来的杂交水稻平均亩产达 900 千克，而试验田亩产已超过 1300 千克。得益于杂交水稻的推广，中国早已解决了饥饿问题，但非洲和世界其他地方仍有大量人口处于饥饿状态。这些地方也都需要袁隆平的杂交水稻技术。

2005 年，袁隆平团队的专家来到非洲国家利比里亚，实施相关农业技术援助合作项目。利比里亚时任总统发现"中国魔稻"比本地稻种产量高出了三倍，特将自己官邸的 5 亩花园改成稻田种下了中国杂交水稻。

在 2006 年中非合作论坛北京峰会上，中国承诺在非洲建立 10 个特色农业技术示范中心。2006 年，袁隆平团队在马达加斯加试种杂交水稻获得成功，被当地人称为"擦拉贝"（当地语言意为"最好的东西"）。2017 年，马达加斯加的一位官员来到中国长沙拜访袁隆平。他说："中国的杂交水稻在马达加斯加的种植面积越来越大，人民已基本摆脱饥饿。为了感谢您，马达加斯加特意将水稻作为新版货币的图案。马达加斯加人民都想见到您。"①

2021 年 5 月 22 日，袁隆平逝世，享年 91 岁，举国哀悼，全球致敬。联合国官方微博发文称："袁隆平院士为推进粮食安全、消除贫困、造福民生作出了杰出贡献！国士无双，一路走好。"联合国经济与社会事务部在社交平台上发文称："今天，我们缅怀一位真正的粮食英雄。中国科学家袁隆平通过率先培育的杂交水稻品种，使千百万人免于饥饿。他于今天去世，享年91 岁，但他为消灭饥饿留下的遗产以及使命将被牢记并传承下去。"联合国粮农组织总干事屈冬玉在社交平台上表示，袁隆平把自己的一生献给了杂交水稻研究，帮助数十亿人实现了粮食安全，称袁隆平是自己敬爱的"老师"

---

① 《"把杂交水稻印在货币上！"袁爷爷墓前收到份特别的"礼物"》，新浪网，2023 年 7 月 2 日，https://finance.sina.com.cn/jjxw/2023-07-02/doc-imyzhxvm7170168.shtml，最后访问日期：2023 年 9 月 15 日。

和榜样，对袁隆平的逝世深感悲痛。①

马达加斯加农业、畜牧业和渔业部部长拉纳里韦卢以农业部文件形式发表《向杂交水稻之父袁隆平教授致敬》的悼文，介绍了马达加斯加通过袁隆平团队的帮助，稻谷产量从 3 吨/公顷提高到 10 吨/公顷的故事。马农业部的许多技术人员曾赴长沙杂交水稻发展中心培训，聆听过袁隆平的授课。拉纳里韦卢部长还录制了视频，郑重表达对袁隆平的哀悼。他在视频中表示，"杂交水稻之父"袁隆平院士的离世使中国和人类失去了一位伟大的科学家，但他研发的杂交水稻技术和中马两国坚实的合作关系，将使世界消除饥饿的愿景在马达加斯加实现。

屠呦呦与非洲的故事

屠呦呦女士既是首批共和国勋章的获得者，也是中国首位诺贝尔生理学或医学奖获得者。她和她的团队所研发的抗疟神药——青蒿素，不仅帮助中国消灭了疟疾，还挽救了非洲数以百万计疟疾患者的生命。

疟疾是由一种叫作疟原虫的寄生虫引起的传染性疾病，中国俗称"打摆子"，通过受感染的蚊子叮咬传播给人类，是一种有千年历史的顽疾，目前年发病人数以亿计。1820 年法国药学家皮埃尔从金鸡纳树皮中发现的"金鸡纳霜"（就是后来的奎宁）是抗疟首个特效药，但随着疟原虫耐药性的增加，奎宁对疟疾患者也渐渐不是那么有效。

1971 年，屠呦呦带领"523"项目团队发现了青蒿素。到 1974 年，青蒿素在国内临床治疗 6000 多例，均得到良好的效果，全世界开始关注这个抗疟神药——青蒿素。1993 年，被命名为"科泰新"（COTECXIN）的双氢青蒿素产品走进了作为疟疾重灾区的肯尼亚，在那里，"科泰新"被称为"来自东方的神药"。

---

① 《外媒眼中的袁隆平：为全球粮食安全作出了杰出贡献》，人民网，2021 年 5 月 24 日，http：//world. people. com. cn/n1/2021/0524/c1002-32111946. html，最后访问日期：2023 年 9 月 15 日。

2001 年，世界卫生组织建议采用屠呦呦的科研成果青蒿素综合治疗法，作为疟疾的一线治疗方法。近 20 年来青蒿素综合治疗法每年在全球治疗 2 亿多人，挽救了至少 620 万人的生命，更是使疟疾死亡率降低了 66%，5 岁以下儿童的死亡率降低了 71%。投入使用青蒿素的非洲国家，疟疾患病率已从 21 世纪初的 15% 下降至 2.2%。

2011 年，屠呦呦获得美国拉斯克奖，这个奖被称为诺奖"风向标"，屠呦呦是拉斯克奖 65 年来首个获奖的华人。2015 年 12 月 10 日，在诺贝尔奖颁奖典礼的主题演讲会上，85 岁的屠呦呦以《青蒿素——中医药给世界的一份礼物》为题发表演讲。当年，中国向屠呦呦颁发了 2016 年度国家最高科学技术奖——屠呦呦成为该奖首位女性获得者。

2019 年，有媒体将屠呦呦与居里夫人、爱因斯坦、图灵选为"20 世纪最伟大的科学家"。入选理由是：艰难时刻仍秉持科学理想，砥砺前行亦不忘回望过去，她的成就跨越了东方和西方。BBC 评价屠呦呦："如果用拯救多少人的生命来衡量一个科学家的伟大程度，那么屠呦呦无疑是史上最伟大的科学家之一！"

2020 年 2 月 10 日，第 33 届非盟会议期间，非盟总部举行联合国教科文组织—赤道几内亚国际生命科学研究奖颁奖典礼，屠呦呦获得奖项。联合国教科文组织总干事阿祖莱赞扬了屠呦呦对人类生命的卓越贡献，称"她的工作是革命性的"。

如今，年已九旬的屠呦呦仍然带着团队开展医学研究，2019 年，新一代的青蒿素抗疟组合再次战胜了已经产生耐药性的疟原虫，使青蒿素得以继续发挥一线抗疟的作用。同年，屠呦呦团队还确认青蒿素在治疗红斑狼疮上有明显效果。她的团队还在继续研究如何利用青蒿素治疗肿瘤、白血病、类风湿关节炎、多发性硬化，以及变态反应性疾病等。

申亮亮与非洲的故事

2019 年 9 月 17 日，习主席签署主席令，授予申亮亮"人民英雄"国家荣誉称号。申亮亮是河南省焦作市温县温泉街道西南王村人，中国共产党党员，中国人民解放军上士军衔，生前系中国驻马里共和国维和工兵分队战士。他在联合国维和营地执勤时遭遇恐怖袭击，为救战友而牺牲。

在国内服役期间，申亮亮就常有出色表现。2010 年 7 月，吉林市西流松花江发生洪水，申亮亮随连队赴吉林市永吉县口前镇执行抢险救灾任务。到达指定位置后，他第一个报名参加搜救小分队。其间，虽经历多次险情，但他义无反顾、毫不退缩，和战友一起救出被困群众 50 余人。

马里当地时间 2016 年 5 月 31 日 20 时 50 分许，申亮亮正在马里维和营区营门主哨执勤，他最先发现和判断驶向营地的三辆可疑车辆。事实也验证了他的判断，这几辆驶向营地的可疑车辆满载火药，企图发动恐怖袭击。

面对满载炸药的汽车，申亮亮在及时报告情况后果断下令开火，以阻止车辆闯入营区。来袭车辆在离哨位十多米处撞上防护墙并爆炸，爆炸发生瞬间，申亮亮置个人安危于度外，将战士朝营区方向推了过去，拯救了战友的生命，自己却壮烈牺牲。

如果那天晚上没有申亮亮的提前示警，没有他为营地争取到更多应急处理的时间，没有他在营地主哨岗位的坚守，那么维和营地伤亡可能会惨重到无法想象的地步。申亮亮用生命捍卫了中国军人的荣誉，光荣地完成了自己的使命。

非洲是联合国维和任务最多的地区，也是联合国维和部队遭遇袭击最多的任务区，几乎每年都有恐怖分子袭击非洲的维和部队。根据联合国相关信息，中国维和部队在执行任务时殉职 16 人，其中 11 人牺牲在非洲。

陈薇与非洲的故事

2020 年全国抗击新冠疫情表彰大会上，习近平总书记亲自向张伯礼、张定宇、陈薇颁授人民英雄荣誉称号。

陈薇博士是一名现役军人，担任中国人民解放军军事科学院军事医学研究院生物工程研究所所长、研究员，是一位拥有少将军衔的科学家。颁发国家荣誉称号奖章时，陈薇一身戎装，向习近平主席行军礼。习近平主席对她说："你为军队立了功！"

在新冠疫情肆虐的暗夜中，陈薇是一道闪亮的光。2003 年"非典"疫情期间，陈薇率领团队展开对"非典"病毒的追踪及相关疫苗研发。经过几个月的研究，她发现自己研发的"重组人干扰素 ω 喷雾剂"对"非典"有抑制作用。当年 4 月 28 日，中国卫生部门批准这款药物进入临床。

2014 年，埃博拉疫情在西非暴发。这一病毒的感染者死亡率高达 58% 至 88%，但由于之前这种病被认为是非洲的地方病，西方国家医药公司出于投入产出不平衡的顾虑而没有重视疫苗研发工作。世界卫生组织曾对此提出批评。

这次埃博拉疫情在西非暴发后，中国政府决定派陈薇率团队前往非洲研发埃博拉疫苗。陈薇和她的团队不辱使命，出色完成了任务，成功研发出埃博拉疫苗，并在两年后获得世界卫生组织认可。非洲媒体称赞陈薇是"埃博拉病毒的终结者"，热情感恩的非洲人还把她抛向空中庆贺。或许是受陈薇的影响，她的儿子上中学时也主动申请到西非做志愿者。

2020 年 1 月 26 日，正是农历大年初二，陈薇带领军事医学专家组奔赴武汉，前去抗击新冠疫情。她领衔的新冠疫苗研发团队，被视为疫苗研发的"种子选手"。一个月后她和团队生产出第一批应急接种试验疫苗，当天是陈薇 54 岁生日，她自己第一个参与实验，2021 年 2 月 26 日，由陈薇领衔研发的疫苗获国家药品监督管理局附条件批准上市。同年 8 月初，陈薇团队成功推出全球首款雾化吸入式新冠疫苗。

刘贵今与非洲的故事

刘贵今 1972 年进入中国外交部，1981 年到中国驻肯尼亚大使馆工作，成为一位外交官。他先后担任过中国驻埃塞俄比亚大使馆参赞和驻津巴布韦大使，任职期满回国工作，仍在外交部非洲司供职。2000 年，时任外交部非洲司司长的刘贵今在中非双方高层的支持下，促成了首届中非合作论坛的举办，并建立后续机制，使之发展至今。2001 年至 2007 年，刘贵今出任中国驻南非大使。2007 年至 2012 年，刘贵今担任首位中国政府非洲事务特别代表，以协调解决非洲相关热点问题。

被任命为中国政府非洲事务特别代表后，刘贵今在 3 个月内三度访问非洲，其中两次造访苏丹的达尔富尔地区。他亲奔赴一线，马不停蹄，与苏丹政府等相关方面会见，劝和促谈。他亲自探访难民营，查看中国援助的落实情况。

为了调解达尔富尔问题，刘贵今遍访肯尼亚、乌干达、埃塞俄比亚、南非、埃及等区域国家，还与欧美国家代表建立了良好的沟通机制。在出访最为密集的一年中，他先后访问苏丹近 20 次。刘贵今回忆，那段时间经常连夜搭飞机，抵达目的地立刻投入谈判，紧接着撰写简报、会见记者，一天跑十几场活动。

刘贵今还经常向媒体和外界朋友详细阐明中方立场和中国为推动解决达尔富尔问题所作出的努力。"我们以非洲朋友能够理解和接受的方式来说话和做事，在解决达尔富尔问题上发挥的作用是独特的。"刘贵今说。中国政府及时的援助和劝和促谈的态度得到了苏丹方面的热烈欢迎，也得到了非盟、东非政府间发展组织和地区各国的充分肯定。

在刘贵今的职业生涯中，绝大部分时间都与非洲相关联。他曾在肯尼亚、埃塞俄比亚、津巴布韦和南非常驻 17 年，去过 52 个非洲国家。他说："从事了对非工作，我就爱上了这片热土，从此不离不弃。"他积极推动建立中非合作论坛机制，在传承中非友谊、深化中非合作中担当作为、倾情奉献，坚定捍卫中国在非洲利益和国际形象，为促进中非关系发展作出了突出贡献。

刘贵今认为："建党百年之际获得'七一勋章'是我莫大的荣幸。这是党中央对外交工作、特别是对非工作的充分肯定，更是一种鞭策。"在接受采访时，他说得最多的就是："荣誉属于中国外交工作者这个伟大的集体。"①

---

① 《首位中国政府非洲事务特别代表刘贵今——为中非合作倾情贡献》，《人民日报》2021 年 7 月 12 日，第 4 版。

听主席讲中国故事

严昌仁

作者简介：

严昌仁，福建福清人，2007 年前往斯威士兰，创办宏博投资有限公司；2010 年在莫桑比克创办泰坤集团，涵盖矿产、航空、运输、旅游、电子设备、安保等多个产业。现任莫桑比克华人警民合作中心主任，莫桑比克中国和平统一促进会副会长，世界百家姓总会莫桑比克分会会长，中国侨联海外委员。

国之交在民相亲，民相亲在心相通。无论是驼铃相闻，还是舟楫相望，人民的深厚友谊一直是国家关系发展的力量源泉。向世界讲好中国故事，才能为民心相通奠定基础。这有利于拉近中国人民与各国人民感情和精神上的距离，是一种非常好的交往方式。

如何向世界讲好中国故事，习主席做出了好的榜样。

民族复兴故事

向世界讲好中国故事，首先就要讲好中华民族伟大复兴的故事。向世界讲述中华民族伟大复兴的故事，在当下就是讲述中国梦的故事。

当前，14 亿多中国人在中国梦感召下，正在以自己辛勤的劳动追求和实现梦想。中国人怎么想、怎么做，中国向何处发展、未来前景怎么样，都体现在中国人民追逐梦想、实现梦想的故事之中。还是那句话："梦想总要有的，万一实现了呢？"反过来就是，如果连梦想都没有，你凭什么成功？

2012 年 11 月 29 日，习近平在北京国家博物馆参观"复兴之路"展览时，首次提出中国梦的概念。每次出访，他都努力向外界讲中国梦的故事，阐释中国梦的渊源，阐述中国梦的世界意义。

为争取世界其他国家的理解和支持，习近平主席出访演讲时经常将中国梦与世界各国的美好梦想联系起来，特别注重讲述中国梦的世界意义，强调"我们要实现的中国梦，不仅造福中国人民，而且造福各国人民"。这表明中国梦是和平、发展、合作、共赢的梦，与世界各国人民的美好梦想相通。

习近平主席在非洲讲中国梦的时候，都会讲非洲人的非洲梦，也就是《2063 年议程》。习近平主席四次访问非洲，在非洲和中国先后会见四十多位非洲元首，反反复复讲中国梦和非洲梦，以及两个梦想之间的联系，强调在中非合作论坛机制框架下的合作共赢。

中非民心相通故事

近年来，随着中非关系发展，中非人民越走越近。一些非洲朋友活跃在中国文艺舞台上，成了中国家喻户晓的明星。2013 年，习近平主席在坦桑尼亚演讲时，提到中国电视剧《媳妇的美好时代》。该电视剧在坦桑尼亚的热播，使坦桑尼亚观众了解到中国老百姓家庭生活的酸甜苦辣。

2011 年 11 月 21 日，斯瓦希里语版《媳妇的美好时代》在坦桑尼亚开播。2013 年 12 月 11 日，《媳妇的美好时代》法语版首播仪式在塞内加尔国家大剧院举行。作为国家广电总局"中国优秀电视剧走进东非"项目的开局之作，斯瓦希里语版 36 集《媳妇的美好时代》是首部被翻译成非洲本土语言并进行配音、在非洲的国家电视台播出的中国电视剧。该剧在坦桑尼亚由当地最具号召力的人气明星担纲配音、重新演绎。随后，《媳妇的美好时代》很快成为许多非洲国家的热播剧。

2018 年 7 月 21 日，习近平主席在卢旺达《新时代报》发表题为《中卢友谊情比山高》的署名文章，文章中讲述了几个工业化故事："我们高兴地看到，中国援建的阿马霍罗国家体育场里上演了多场精彩赛事，成为卢旺达民众休闲娱乐的重要场所。穆桑泽职业技术学校已成为卢旺达北方省最大的职业技术培训中心。即将实施的打井 200 口项目将有效缓解 11 万多民众饮水困难。中国企业家积极响应卡加梅总统提出的'卢旺达制造'发展战略，创办的服装公司为卢旺达发展本国制造业作出了积极贡献。中国公司修建的公路占卢旺达国家公路总里程 70%，已成为家喻户晓的明星企业。"[①]

习近平主席通过讲述服装厂的故事，强调了中国制造与"卢旺达制造"计划之间的对接的重要性。

卢旺达政府当前正推行"卢旺达制造"计划，旨在提升本国制造业的产量和质量，以本国产品替代进口产品并增加出口。以前，卢旺达没有真正规模化的服装厂，只有小作坊。2015 年，中国人开办的 C&H 服装厂改变了这一状况，不仅提供了 1500 多个就业岗位，还为当地服装制造业带来了先进的理念、技术和装备。"撸起袖子加油干！"被翻译成英语和当地语挂在墙上，8000 平方米的厂房内工人们各司其职，在 21 条生产线上井然有序地工作。他们生产的服装 20% 在卢旺达销售，80% 出口欧美国家。

那么如何实现合作呢？习近平主席又讲了"乌姆干达"文化故事。他说，卢旺达有悠久的"乌姆干达"文化，强调大家通过互帮互助、共同参与来实现共同目标。中国有一句类似的谚语叫作"人心齐，泰山移"。中卢两国应该同心协力、同舟共济，为实现互利共赢、共同发展，构建中卢、中非命运共同体携手前行。

2016 年，在对埃及进行国事访问之际，习近平主席在埃及《金字塔报》发表题为《让中阿友谊如尼罗河水奔涌向前》的署名文章中强调，"阿拉伯谚语说'独行快，众行远'，中国人常讲'朋友多了路好走'。这用来形容

---

① 《习近平在卢旺达媒体发表署名文章——中卢友谊情比山高》，《长沙晚报》2018 年 7 月 22 日，第 A01 版。

中阿双方结伴前行、风雨同行再恰当不过了"①。"古代埃及人这样赞美尼罗河:'你从大地涌出,奔流不息。'我相信,在双方共同努力下,中埃友谊、中阿友好也一定会像尼罗河水般奔涌向前,助推我们实现民族复兴的伟大梦想!"②

这些个生动、鲜活的中非民心相通故事,或暖意融融、或鼓舞人心,传递和加深着中非人民之间的深情厚谊。

中华文化和中华文明故事

中华优秀传统文化是我们最深厚的文化软实力,也是中国特色社会主义植根的文化沃土。中华优秀传统文化,为中国故事提供了精神内核。向世界讲好中国故事,必须讲好博大精深的中华文化故事。

中共十八大以来,习近平每次出访,都很好地借助自己深厚的中华文化底蕴,融通中外,兼论中西,向国际社会展示中华文化魅力,展示中外文化交流互鉴的成果,让世界人民更好触摸中华文化脉搏,更好理解中国人的价值观和发展理念。

同样,习主席在讲中国文化故事的时候,也会讲外国历史文化故事。文明因交流而多彩,文明因互鉴而丰富。文明交流互鉴,是推动人类文明进步和世界和平发展的重要动力。

2014年3月27日,习近平主席在联合国教科文组织总部提出了新文明观。此后,文明交流互鉴就成为中国外交政策的一个新焦点和新方向,并成为讲好中国故事、提高国家文化软实力和构建人类命运共同体的重要路径。

习近平主席曾在博鳌亚洲论坛2015年年会上指出:"不同文明没有优劣之分,只有特色之别。要促进不同文明不同发展模式交流对话,在竞争比较

---

① 《习近平在埃及媒体发表署名文章》,《贵州日报》2016年1月20日,第3版。
② 《习近平在埃及媒体发表署名文章》,中华人民共和国中央人民政府,2016年1月19日,https://www.gov.cn/xinwen/2016-01/19/content_5034530.htm,最后访问日期:2023年9月15日。

中取长补短，在交流互鉴中共同发展，让文明交流互鉴成为增进各国人民友谊的桥梁、推动人类社会进步的动力、维护世界和平的纽带。"①

2016 年，习近平主席在阿拉伯国家联盟总部发表演讲时指出，"中华文明与阿拉伯文明各成体系、各具特色，但都包含有人类发展进步所积淀的共同理念和共同追求，都重视中道平和、忠恕宽容、自我约束等价值观念"②。这番话语在寻找文化的相似点、文明的共通点的基础上，突出了文明交流互鉴的重要性。

中国和平发展故事

中国发展起来了怎么办？这是世界关注中国的焦点。因此，向世界讲好中国故事，必须讲好中国和平发展故事，阐明中国走和平发展道路的历史渊源、文化基因，以及中国关于和平、发展的系列主张，对世界关注的中国走向作出回应。

习近平主席从历史、文化和现实的角度，讲中国倡导的正确义利观、人类命运共同体、新型大国关系、亚洲新安全观、亲诚惠容周边外交理念等，讲中国和平发展对世界的好，讲中国对人类文明进步的贡献，展示中国负责任大国的形象。

一方面，讲好中国和平发展故事要从历史的角度阐释中国的和平发展理念。2014 年 3 月 28 日，习近平主席在德国科尔伯基金会的演讲中，向世界讲述了中国近代以来遭受的苦难，此后也在多个场合对此进行讲述。2014 年，他在布鲁日欧洲学院的演讲中指出，"中国人民经过逾百年前赴后继的不屈抗争，付出几千万人伤亡的巨大牺牲，终于掌握了自己的命运。中国人

---

① 《习近平主席在博鳌亚洲论坛 2015 年年会上的主旨演讲（全文）》，中华人民共和国中央人民政府，2015 年 3 月 29 日，https：//www.gov.cn/xinwen/2015-03/29/content_2839796.htm，最后访问日期：2023 年 9 月 15 日。

② 《习近平在阿拉伯国家联盟总部的演讲（全文）》，中华人民共和国中央人民政府，2016 年 1 月 22 日，https：//www.gov.cn/xinwen/2016-01/22/content_5035204.htm，最后访问日期：2023 年 9 月 15 日。

民对被侵略、被奴役的历史记忆犹新，尤其珍惜今天的生活。中国人民希望和平、反对战争，所以始终奉行独立自主的和平外交政策，坚持不干涉别国内政、也不允许别人干涉中国内政。我们过去一直是这样做的，今后也会这样做下去"①。2017 年，他在联合国日内瓦总部的演讲中指出："国家和，则世界安；国家斗，则世界乱。从公元前的伯罗奔尼撒战争到两次世界大战，再到延续 40 余年的冷战，教训惨痛而深刻。"② 这样，习近平主席就从自身历史体认和世界历史比较的角度阐释了中国选择和平发展的理由。

另一方面，讲好中国和平发展故事，还要从文化的角度阐释中国的和平发展理念。2014 年，习近平主席在印度世界事务委员会的演讲中指出，"中华民族历来爱好和平，和平、和睦、和谐的追求深深植根于中华民族的精神世界之中。中国自古就倡导'强不执弱，富不侮贫'，深刻总结了'国虽大，好战必亡'的箴言。以和为贵、和而不同、化干戈为玉帛、天下大同等理念在中国世代相传"。"历经苦难，中国人民珍惜和平，希望同世界各国一道共谋和平、共护和平、共享和平。"③

2014 年 11 月 17 日，习近平主席在澳大利亚联邦议会发表题为《携手追寻中澳发展梦想并肩实现地区繁荣稳定》的演讲中说道："中国坚持和平发展，决心不会动摇。中国人民珍惜和平，中华民族历来是爱好和平的民族。中国人自古崇尚'以和为贵''己所不欲，勿施于人'等思想。中国近代以后遭遇了 100 多年的动荡和战火，国家发展、人民幸福根本无从谈起，中国人民绝不会将自己曾经遭受过的悲惨经历强加给其他国家和民族。"他还强调："中国需要和平。中国最需要和谐稳定的国内环境与和平安宁的国际环境，任何动荡和战争都不符合中国人民根本利益。中国虽然是个大块头，但两千多

① 《习近平在欧洲学院发表重要演讲》，人民政协网，2014 年 4 月 2 日，https：//www. rmzxb. com. cn/sy/jrtt/2014/04/02/311730. shtml，最后访问日期：2023 年 9 月 15 日。
② 《习近平主席在联合国日内瓦总部的演讲（全文）》，央广网，2017 年 1 月 19 日，http：// china. cnr. cn/gdgg/20170119/t20170119_523503205. shtml，最后访问日期：2023 年 9 月 15 日。
③ 《习近平在中法建交 50 周年纪念大会上的讲话（全文）》，人民政协网，2014 年 3 月 28 日，https：//www. rmzxb. com. cn/sy/ttxg/2014/03/28/310338. shtml，最后访问日期：2023 年 9 月 15 日。

年前中国的先人就认识到'国虽大，好战必亡'的道理。纵观历史，任何国家试图通过武力实现自己的发展目标，最终都是要失败的，历史上那些不可一世的帝国如今都成了过眼烟云。这是一条颠扑不破的真理。"①

旗帜鲜明讲述中国坚持走和平发展道路的系列主张，阐明中国不仅是合作共赢的积极倡导者，更是合作共赢的切实实践者。坚持正确的义利观，搭乘中国发展的列车，亲诚惠容的周边外交理念，建立以合作共赢为核心的新型国际关系，推动"一带一路"建设等，是深入推进中国特色大国外交的实践，是对构建新型国际关系、打造人类命运共同体这个宏大课题给出的中国方略。

2013 年，习近平主席在莫斯科国际关系学院的演讲中指出，"这个世界，和平、发展、合作、共赢成为时代潮流，旧的殖民体系土崩瓦解，冷战时期的集团对抗不复存在，任何国家或国家集团都再也无法单独主宰世界事务"②。

2014 年 7 月 16 日，习近平主席在巴西国会发表题为《弘扬传统友好 共谱合作新篇》的演讲，其中讲道："中华民族历来是爱好和平的民族，坚定不移走和平发展道路。中国坚决反对各种形式的霸权主义和强权政治，愿意同各国一起维护人类良知和国际公理。中国发展离不开世界，世界发展也需要中国。我们将始终不渝奉行互利共赢的开放战略，致力于自身发展，也强调对世界的责任和贡献，造福中国人民，也造福各国人民。"③

2017 年，习近平主席还在联合国日内瓦总部演讲时指出，"各国相互联系、相互依存，全球命运与共、休戚相关，和平力量的上升远远超过战争因素的增长，和平、发展、合作、共赢的时代潮流更加强劲"④。

---

① 《携手追寻中澳发展梦想　并肩实现地区繁荣稳定》，人民网，2014 年 11 月 18 日，http：//politics. people. com. cn/n/2014/1118/c1024-26042837. html，最后访问日期：2023 年 9 月 15 日。

② 《国家主席习近平在莫斯科国际关系学院的演讲（全文）》，中华人民共和国中央人民政府，2013 年 3 月 24 日，https：//www. gov. cn/ldhd/2013-03/24/content_2360829. htm？ eqid=a8257b8d00060dc300000003645a0fbf，最后访问日期：2023 年 9 月 15 日。

③ 《习近平在巴西国会的演讲（全文）》，中华人民共和国中央人民政府，2014 年 7 月 17 日，https：//www. gov. cn/xinwen/2014-07/17/content_2719171. htm，最后访问日期：2023 年 9 月 15 日。

④ 《习近平主席在联合国日内瓦总部的演讲（全文）》，新华网，2017 年 1 月 19 日，http：//www. xinhuanet. com/world/2017-01/19/c_1120340081. htm，最后访问日期：2023 年 9 月 15 日。

中国道路故事

世界上没有固定的发展道路和发展模式，立足自己的国情，走适合本国实际的发展道路才是正确的选择。独特的文化传统，独特的历史命运，独特的基本国情，注定了中国必然走适合自己特点的发展道路。向世界讲好中国故事，必须讲好中国道路的故事。

中国道路是人民的选择。2013年3月23日，习近平主席在莫斯科国际关系学院的演讲中指出，"鞋子合不合脚，自己穿了才知道"。一个国家的发展道路合不合适，只有这个国家的人民才最有发言权。"鞋子合脚论"让莫斯科国际关系学院的年轻学生们会心地笑了，也让全世界关注于此的人们在历史的回顾中思考。

中国道路是历史的选择。2014年4月1日，习近平主席在布鲁日欧洲学院的演讲中畅谈中国悠久的文明和实行中国特色社会主义的必然性，指出"中国人苦苦寻找适合中国国情的道路。君主立宪制、复辟帝制、议会制、多党制、总统制都想过了、试过了，结果都行不通。最后，中国选择了社会主义道路"。同年6月5日，他在中阿合作论坛第六届部长级会议开幕式上强调："履不必同，期于适足；治不必同，期于利民。""正像我们不能要求所有花朵都变成紫罗兰这一种花，我们也不能要求有着不同文化传统、历史遭遇、现实国情的国家都采用同一种发展模式。否则，这个世界就太单调了。阿拉伯国家正在自主探索发展道路。我们愿意同阿拉伯朋友分享治国理政经验，从各自古老文明和发展实践中汲取智慧。"[1]

中国道路是现实的选择。2017年1月17日，习近平主席在世界经济论坛2017年年会开幕式上的主旨演讲中指出，"中国立足自身国情和实践，从中华文明中汲取智慧，博采东西方各家之长，坚守但不僵化，借鉴但不照

---

[1] 习近平：《习近平谈治国理政》，外文出版社，2014，第315页。

搬，在不断探索中形成了自己的发展道路"①。

中国道路是一条不断发展的道路。2015 年 10 月 21 日，习近平主席在伦敦金融城市长晚宴上的演讲中指出，"改革开放三十七年来，中国经济年均增速近百分之十，成为全球第二大经济体，六亿多人口摆脱贫困，人均国内生产总值超过七千美元。中国用几十年时间走完了发达国家几百年走过的发展历程。这充分说明，中国人民正走在正确的道路上"②。他注重以自己的亲身经历讲述中国道路的价值，用自己的生活体验讲述中国人民生活的巨大变迁，用真情的话语打动在座的每一位宾客。

---

① 习近平：《习近平谈治国理政》（第二卷），外文出版社，2017，第 482 页。

② 习近平：《论坚持推动构建人类命运共同体》，中央文献出版社，2018，第 272 页。

携手前进　共逐梦想

黄　樱

作者简介：

黄樱，科特迪瓦光辉矿业集团董事、总经理，中科智能科技有限公司董事长，科特迪瓦中国和平统一促进会会长。《中科友声报》社长，世界江西同乡联谊会理事，湖北省中国和平统一促进会海外理事。广东省海外联络员。自1997年受汕头市对外贸易经济合作局委派来到科特迪瓦商务考察起，黄樱与科特迪瓦结下不解之缘，1998年作为TCL西非代理再次来到科特迪瓦，2004年在科特迪瓦创业，连续15年成为科特迪瓦教育援助供应商。

继往开来

习近平总书记指出："一百年来，中国共产党团结带领中国人民，以'为有牺牲多壮志，敢教日月换新天'的大无畏气概，书写了中华民族几千年历史上最恢宏的史诗。"[1] 毛泽东、邓小平、江泽民、胡锦涛把马克思主义基本原理同中国实际和时代特征相结合，产生了毛泽东思想、邓小平理

---

[1] 《庆祝中国共产党成立100周年大会在天安门广场隆重举行 习近平发表重要讲话》，求是网，2021年7月1日，http://www.qstheory.cn/yaowen/2021-07/01/c_1127615366.htm，最后访问日期：2023年9月15日。

论、"三个代表"重要思想、科学发展观、习近平新时代中国特色社会主义思想，为中国共产党和中国人民各项事业的发展提供了既一脉相承、又与时俱进的科学理论指导。

众所周知，新中国成立之后，确立了社会主义基本制度，成功实现了中国历史上最深刻、最伟大的社会变革，为当代中国一切发展进步奠定了根本政治前提和制度基础，使中国人民实现了从站起来、富起来、到强起来的伟大飞跃。在国际舞台上，中国铁肩担道义，展示大国风范，敢于斗争，支持和平、反对战争，支持民主、反对强权，支持多边主义、反对单边主义，坚定维护世界和平，坚定维护国际公平正义。习近平提出的"人类命运共同体"理念，不仅契合人类共同发展的需求，还强调人与自然环境的关系，为世界提供了应对挑战、共创未来的方案。

2013 年 3 月，习近平在当选中国国家主席后的首次出访，就访问了非洲国家坦桑尼亚，并在坦桑尼亚达累斯萨拉姆发表演讲时首次指出，"中非从来都是命运共同体"[①]。这被认为是习主席对中非关系的高度概括，也是他对中非关系的高度赞赏。

中非友谊历久弥坚。中国人民不会忘记，50 年前，第 26 届联合国大会以压倒性多数通过第 2758 号决议，恢复中华人民共和国在联合国的合法席位，提案的 23 个国家中有 11 个来自非洲，76 张赞成票中有 26 张来自非洲。2008 年中国遭受特大地震灾害，不足 200 万人口的赤道几内亚捐赠了 200 万欧元，平均每人 1 欧元。刚果（布）政府在汶川地震后捐赠 100 万美元，在玉树地震后又捐资 200 万美元建设了一所小学。非洲人民在自己经济并不富裕的情况下，仍慷慨解囊支援中国人民抗震救灾和灾后重建，这份情谊让中国人民倍感温暖。

投之以桃，报之以李。2019 年，"伊代"飓风席卷东南部非洲。中国向津巴布韦、莫桑比克、马拉维紧急提供人道主义物资援助，并向受灾最严重

[①] 《习近平：永远做可靠朋友和真诚伙伴》，中华人民共和国中央人民政府，2013 年 3 月 25 日，https://www.gov.cn/ldhd/2013-03/25/content_2362197.htm，最后访问日期：2023 年 9 月 15 日。

的莫桑比克派出由 65 人组成的国际救援队，在莫当地治疗 3000 多人。2019 年底，蝗灾袭击非洲之角，地区国家超过 3000 万人生计受到威胁。2020 年初，尽管面临新冠疫情的严峻挑战，中国仍紧急向埃塞俄比亚、肯尼亚、乌干达 3 国提供灭蝗物资援助，并从中国-联合国粮农组织南南合作信托基金中安排资金援助支持 3 国购买防控物资和开展能力建设。①

60 多年来，中非关系走过了不平凡的历程。毛泽东主席、周恩来总理等老一辈中国领导人高瞻远瞩，与当时非洲国家的领导人和民族解放运动领导人一起，开创了中非友好事业，为中非双方长期友好奠定坚实基础。中共十八大以来，习近平高度重视中非关系，亲自关心指导中非友好合作关系的发展。

2015 年 12 月，习近平主席访问津巴布韦和南非，同南非总统共同主持中非合作论坛约翰内斯堡峰会。习近平主席强调要做强和夯实中非关系"五大支柱"，宣布未来 3 年同非方重点实施"十大合作计划"。2016 年 1 月，习近平主席访问埃及，全面规划中埃合作蓝图。2018 年 7 月，习近平主席对塞内加尔、卢旺达、南非进行国事访问并出席金砖国家领导人第十次会晤，还过境毛里求斯并进行友好访问。

世界各国风雨同舟、团结合作，才能书写构建人类命运共同体的新篇章。2020 年对于全世界人民来说都是非比寻常的一年，一场突如其来的新冠疫情迅速蔓延全球。面对新冠疫情，中非双方相互支持、并肩战斗，经受住了严峻考验，共同唱响了团结合作、共克时艰的时代强音。

中国作为受新冠疫情冲击较早的国家，抗疫之初，形势严峻，国内各项防疫物资都比较短缺。科摩罗总统阿扎利、纳米比亚总统根哥布、突尼斯总统赛义德、埃塞俄比亚总理阿比等非洲国家领导人，以及中非合作论坛非方共同主席国塞内加尔总统萨勒、非洲联盟委员会主席法基致信习近平主席，向中方表示慰问，表达对中国抗疫的支持，相信中国政府和人民有能力战胜

① 《新时代的中非合作》，中华人民共和国中央人民政府，2021 年 11 月 26 日，https：//www.gov.cn/zhengce/2021-11/26/content_5653540.htm，最后访问日期：2023 年 9 月 15 日。

疫情。赤道几内亚、乌干达、阿尔及利亚、突尼斯、刚果（布）、加纳等非洲国家还在第一时间向中国提供了资金和物资支援，以支持中国抗疫。

疫情在非洲发生后，中国在第一时间驰援非洲，开展了新中国成立以来涉及范围最广、实施难度最大的人道主义援助行动。2020 年 4 月，中国政府派抗疫医疗专家组赴非洲开展疫情防控支援，为在非中资企业、华人华侨和孔子学院代表举办了新型冠状病毒肺炎科普讲座。从 2020 年起，中国根据有关国家需求，统筹地方政府、企业和民间组织等各类资源，向非洲 53 国和非盟提供了 120 批检测试剂、防护服、口罩、隔离眼罩、呼吸机等紧急抗疫物资援助，实现对非抗疫援助"全覆盖"。中国积极同非洲国家分享抗疫经验，向 17 个非洲国家派出了抗疫医疗专家组或短期抗疫医疗队，同非洲人民共同抗击疫情，并推动中国援建的非洲疾控中心总部项目提前开工建设。

抗疫谱写了中非团结友好、共克时艰的新篇章。中非始终风雨同舟、携手前行，为推动构建人类命运共同体树立了典范。历史的事实告诉我们，中非友谊坚如磐石，一如既往。

携手前进

为推动构建"中非命运共同体"，习近平主席提出"坚持团结抗疫、深化务实合作、推进绿色发展、维护公平正义"这四点主张。这些主张顺应时代潮流，回应各方关切，为中非关系发展和深化中非合作注入了新的时代内涵，擘画了共创未来的美好蓝图。

作为发展中国家一员，中国的发展成就为非洲国家的发展树立了榜样，广大发展中国家可以从中国的发展成就和发展经验中受益。中国提出的"一带一路"倡议，以及推出的其他相关举措等，有利于推动构建"中非命运共同体"，中方在此框架下开展中非合作，必将进一步促进双方共同发展。

中非友好合作基础扎实、势头良好。双方共谋发展，共同应对经济全球化挑战，在国际事务中的影响力不断上升。中非合作论坛首届部长级会议于 2000 年 10 月在北京举行，中非合作论坛正式成立。现今，中非合作论坛有中国、53 个同中国建交的非洲国家和非盟委员会共计 55 个成员。论坛通过了一系列重要的合作文件，推动实施了一系列支持非洲发展、深化中非友好互利合作的重大举措，取得了丰硕成果。

2021 年 11 月，中非合作论坛第八届部长级会议在塞内加尔举行。会议通过了《中非合作论坛第八届部长级会议达喀尔宣言》。该宣言表示，"我们将秉持共商共建共享原则，坚持开放、绿色、廉洁理念，将中非共建'一带一路'打造成高标准、惠民生、可持续的合作之路。中方欢迎非洲国家加入共建'一带一路'合作大家庭，支持非洲加快一体化进程和区域互联互通，推动共建'一带一路'倡议同非盟《2063 年议程》、联合国 2030 年可持续发展议程、非洲各国发展战略紧密对接，推动中非共建'一带一路'合作高质量发展"。"中国和非洲作为最大的发展中国家和发展中国家最集中的大陆，都有发展壮大和过上幸福生活的权利，都面临加快发展的迫切任务。我们欢迎本次会议发表《中非合作 2035 年愿景》。中方愿以构建新发展格局为契机，加强同非盟和非洲国家发展战略对接，支持非方加快落实非盟《2063 年议程》，早日实现自主可持续发展。"[①] 由此可见，经过 20 多年的发展，中非合作论坛已成为中非开展集体对话的重要平台和务实合作的有效机制，成为新时代引领国际对非合作的一面旗帜。

大家知道，中国提出的"一带一路"倡议，旨在通过政策沟通、设施联通、贸易畅通、资金融通、民心相通，来实现中国与其他友好国家的共同发展和繁荣。历史上，海上丝绸之路曾为非洲带去了中国的丝绸、茶叶、瓷器和文化等，增进了中非人民的相互了解和文明互鉴，成为中非友好交往的一段佳话。"一带一路"倡议提出后，得到非洲国家的积极支持和响应，中非互联互通合作项目不断涌现，亚的斯亚贝巴—吉布提铁路、肯尼亚蒙

[①] 《中非合作论坛第八届部长级会议达喀尔宣言（全文）》，中华人民共和国中央人民政府，2021 年 12 月 2 日，https：//www.gov.cn/xinwen/2021–12/02/content_5655364.htm，最后访问日期：2023 年 9 月 15 日。

巴萨—内罗毕铁路、刚果（布）国家 1 号公路、塞内加尔捷斯—图巴高速公路、加蓬让蒂尔港—翁布埃沿海路及博韦大桥、尼日利亚铁路现代化一期二期项目相继完工通车，吉布提多哈雷多功能港、多哥洛美集装箱码头等有效提升当地转口贸易能力。为地区互联互通和一体化进程发挥了重要作用。截至 2022 年 8 月，中国已与 21 个非洲国家正式签署了民用航空运输协定，与 12 个非洲国家建立了双边适航关系；并与 8 个非洲国家签订了双边政府间海运协定。

中国改革开放以来，非洲华人社会与中国在经济、文化、政治、教育等诸多领域的联系变得更为密切，形成相互交织的多重网络，华侨华人在"一带一路"文化交流和中国国家形象建构中占有重要的地位，也起到重要的作用。科特迪瓦中国和平统一促进会这些年来亲眼见证了科特迪瓦和非洲华侨华人的发展变化。科特迪瓦和非洲的侨胞大多从事餐饮业、服装加工业和贸易等。跨境电商在科特迪瓦和非洲的兴起，是受到"一带一路"的影响而出现的。为参与助力"一带一路"建设，科特迪瓦中国和平统一促进会成员与非洲华侨华人始终秉承和发扬爱国、爱乡、爱侨的精神，积极推动中科关系和中非关系发展，积极投身"一带一路"建设，通过不断创新经营理念，拓宽市场、拓展规模、开创合作发展新局面。

2018 年，由科特迪瓦中国商会主办的《中科友声》报创刊。该报为在科华侨华人、中资企业员工，以及热爱中国文化的当地友人读者，提供一个信息和交流平台。

新征程，再出发，中非团结合作、携手同行，定能凝聚起中非人民的磅礴力量，推动构建高水平中非命运共同体，向着中国梦与非洲梦的光明未来迈出更加坚实的步伐。

共逐梦想

中国共产党始终把人民放在心中最高位置，让人民更多更好享有经济、政治、文化、社会、生态文明发展成果，建成社会主义现代化强国，实现中华民族伟大复兴的中国梦，为世界提供新机遇、为各国共同发展注入新动力，为构建新时代中非命运共同体，为建设更加美好的世界，为人类作出更大贡献。

进入 21 世纪以来，中非发展合作从工程合作向产业合作、从共同建设到共同经营、从发展项目合作到发展理念合作步步深入，不断提高，未来会有更多利好值得期待。当前，"一带一路"对接非洲国家规划，已成为中非合作的新亮点。这是新形势下中非合作，特别是中非经贸合作的新气象。中非有多项合作建设的大型基础设施项目已经投入使用，它们有效改善了非洲国家经济发展的相关条件。许多中非合作兴建的产业园区也已建成运营，为促进非洲国家工业发展、对外贸易和现代化建设奠定了更好的基础。中国帮助非洲国家开发建设的资源类项目已经实现出口创汇，为非洲国家工业发展和民生需求等提供了宝贵的外汇。伴随着构建"中非命运共同体"，中非发展合作将向经济发展的深水区迈进。除了传统的基础设施建设、贸易、资源开发等领域，中非发展合作将向产业规划、金融、发展理念等领域扩展。

当前，中非双方都进入新的发展阶段。中国推动构建以国内大循环为主体、国内国际双循环相互促进的新发展格局，将为非洲发展带来更多"中国机遇"。非洲自贸区正式实施，非洲经济一体化和区域经济融合加速推进，给中非经贸合作扩展更大发展空间。中非双方将以高质量共建"一带一路"为抓手，进一步推动"一带一路"与非盟《2063 年议程》、联合国2030 年可持续发展议程，以及非洲各国发展规划深度对接，深化中非各领域务实合作，把"一带一路"建设成为中非之间的和平之路、文明之路、开放之路、绿色之路、创新之路和繁荣之路，共筑新时代"中非命运共同体"。中非是休戚与共的命运共同体和合作共赢的利益共同体，无论国际风云如何变幻，无论中国发展到哪一步，中国始终同非洲等广大发展中国家站在一起，永远做非洲的真诚朋友和可靠伙伴。

围绕非洲发展的现实需要，着眼于中非合作的长远发展，中方应在产能合作、基础设施建设、经贸、环境保护、人文交流、和平安全等领域，推出新的对非合作举措，更好造福非洲人民。中非合作论坛北京峰会将"一带一路"倡议与非洲的发展规划结合起来，必将有利于促进中国和非洲的共同发展与繁荣"。中非双方一致主张维护多边主义，反对单边主义和保护主义，都认为发展中国家应该加强团结，希望世界更加和平、公正、合理。大道行思，取则行远。承担着谋划未来的历史使命，中非合作论坛北京峰会必将助推中非关系开启新征程，推动构建更加紧密的"中非命运共同体"。

习近平主席曾在中非合作论坛第八届部长级会议开幕式上说："中国永远不会忘记非洲国家的深情厚谊，将继续秉持真实亲诚理念和正确义利观，同非洲朋友一道，让中非友好合作精神代代相传、发扬光大。"① 他高度评价中非多年来结下的深厚兄弟情谊，深刻阐明中非友好合作精神的核心要义，为携手构建新时代"中非命运共同体"明确方向路径、注入新的动力。

相知无远近，万里尚为邻。中非关系是风雨同舟、患难与共，一步一个脚印走出来的，中非友好合作关系保持旺盛生命力的"秘诀"在于与时俱进、开拓创新。中非合作承载着中非人民的梦想和福祉，肩负着构建人类命运共同体的重要职责。中非双方都能牢牢把握自身发展的关键期，践行合作共赢的主题，政治上平等互信、经济上合作共赢、文明上交流互鉴、安全上守望相助、国际事务中团结协作，携手前行，共建"一带一路"，努力实现中国梦和非洲梦，续写中非友好的"将来时"。

---

① 《习近平在中非合作论坛第八届部长级会议开幕式上的主旨演讲（全文）》，求是网，2021年 11 月 29 日，http://www.qstheory.cn/yaowen/2021-11/29/c_1128113621.htm，最后访问日期：2023 年 9 月 15 日。

中非交流篇

开展中非人文交流　促进中非民心相通

连雪花

作者简介：

连雪花，乍得华侨华人联合会会长。

中国与非洲的交往源远流长，唐宋时期就有了友好交流。1956 年，新中国与埃及建交。此后至今，一批批中方专家来到非洲，一批批医疗队员在非洲为当地人消除病痛，一批批中资企业员工，以及中方各类公派人员和志愿者，还有旅居非洲的华侨华人，都成为中非人文交流、民间交流的亲历者和见证者。他们为促进中非民心相通、增进中非友谊发挥了积极作用。

中非地方和民间交往

在人文交流方面，中非之间并没有局限于国家和政府层面，双方地方和民间层面的人文交流也较活跃。例如，中国与非洲国家之间建立的友好城市已达 150 对。这些友好城市之间也会举办各种交流活动，其中就包括人文交流活动。

2012 年，中国人民对外友好协会和中国非洲人民友好协会共同在北京举办了中非地方政府合作论坛，为促进中非地方交流合作、落实中非合作论坛成果作出了积极贡献，使该论坛成为中非合作论坛框架下的重要机制性分论坛。这个论坛在 2015 年、2018 年和 2021 年分别举办了第二、第三和第四届。

2021 年 11 月 15 日，第六届中非民间论坛在京举行。习近平主席在致信祝贺时表示，希望中非双方共同努力，把中非民间论坛办成加强中非全面战略合作伙伴关系的纽带、促进中非人民心灵相通的桥梁、践行中非命运共同体的典范，共同开创中非民间友好合作新局面。[1]

中非民间论坛由中国民间组织国际交流促进会发起创办，是中非合作论坛重要机制化活动之一。论坛确立了"增进民间友好、促进务实合作、推动世界和平"的中非民间友好三原则，在国内外产生了广泛影响，为促进中非民间友好交流与合作发挥了积极作用。前五届中非民间论坛分别在肯尼亚内罗毕、苏州、苏丹喀土穆、义乌和成都举办。论坛还发布了《中非民间友好伙伴计划》，推出对非民间合作项目。

中方欢迎非洲非政府组织加入丝绸之路沿线民间组织合作网络和"丝路一家亲"行动，重视发挥"中非民间友好组织负责人会晤"平台作用，鼓励通过贸易扩大民间交流，通过庆祝中非合作论坛纪念日巩固中非友谊的民意基础。另外，还鼓励中非工会之间继续深化体育领域的合作与交流，支持对方举办的体育赛事，加强伙伴关系。

中非影视合作

为支持非洲广播电影电视产业发展，中国积极落实"万村通"项目，支持在非洲农村和偏远郊区开展"大篷车"等户外放映活动，覆盖 12 个非洲国家 70 多个村庄和地区。中非双方鼓励联合开发制作、创作更多讲述非洲故事、中非友好故事的作品。中国企业为 1300 万非洲用户提供 11 种语言、600 多个频道的节目资源；近年来，中国对约 200 部中国优秀视听作品

---

[1] 《习近平向第六届中非民间论坛致贺信》，新华网，2021 年 11 月 15 日，http://www.qstheory.cn/yaowen/2021-11/15/c_1128066670.htm，最后访问日期：2023 年 9 月 15 日。

进行面向非洲的多语种译制，在 10 余个非洲国家举办中国电影展映展播活动，每年都有一定数量的非洲影片在中国电影节上展映。2021 年 11 月中非合作论坛第八届部长级会议决定：在华举办非洲电影节，在非洲举办中国电影节。

2015 年 12 月 4 日，习近平出席中非合作论坛约翰内斯堡峰会开幕式，并发表题为《开启中非合作共赢、共同发展的新时代》的致辞，并宣布多个人文交流举措，其中之一就是"为非洲 1 万个村落实施收看卫星电视项目"。①

根据相关计划，"万村通"项目将在非洲 25 个国家优先选择城镇周边 150 户以上的通电且没有信号障碍的村落，共计 10112 个，为其实现收看卫星电视节目并建立可持续发展的体系。来自中国的企业四达时代集团作为实施方承建该项目。四达时代还为非洲一些欠发达国家和地区的医院、学校、村公所等公共场所提供免费设备。

在这方面有一个真实的故事：在卢旺达首都基加利西南部的加腾加中心医院候诊大厅里，平板电视正在播放新闻，候诊的患者们都在抬头认真观看。一位候诊的女性患者表示："我们在看电视的同时，身上的病痛好像也减轻了不少。"

"万村通"是在民心相通方面影响最大的人文交流项目。以卢旺达为例，目前这个项目已在卢旺达全国落地，在 900 个村庄的公共区域安装了投影电视和电视机，村民可以通过这些设备永久免费收看电视节目。另有 6000 个家庭用户获赠机顶盒、卫星电视接收器和两个月的免费电视服务。卢旺达地方政府部长弗朗西斯·卡博内卡表示，"万村通"项目让卢旺达人有机会了解具有教育意义的全国性和国际性活动，从而帮助卢旺达人开拓眼

---

① 《习近平：开启中非合作共赢、共同发展的新时代》，人民网，2015 年 12 月 4 日，http：//politics. people. com. cn/n/2015/1204/c1001 - 27892314. html，最后访问日期：2023 年 9 月 15 日。

界、发展生产、改善生活条件。①

现在喀麦隆已有 300 个村落的 6000 个家庭，以及 900 个公共区域免费安装了四达时代的电视机和配套设施。喀麦隆第汝那村拥有了一台 100 寸的高清分辨率投影电视，包含至少 30 套免费节目。2022 年 1 月 9 日至 2 月 6日，非洲杯足球赛在喀麦隆举行。看比赛成为酷爱足球的村民恩东戈每日劳作后最期待的时刻。"以前想看比赛很不容易。"恩东戈说，因为家里没有电视，以往每逢有重大比赛，自己都要前往一公里外的镇上酒吧观看。恩东戈还介绍说："我们这里经常停电，电视配套的太阳能电池刚好解决了这个问题，中国企业建设'万村通'很有社会责任感。"四达时代在喀麦隆聘用并培训了 600 多位员工，他们为项目运营提供技术支持，一位优秀员工当上了喀麦隆中部大区区域经理。

作为中国广电行业的数字电视系统集成商、网络运营商和内容提供商，四达时代 2007 年进入非洲，在卢旺达成立第一家公司，目前在南非、尼日利亚等非洲 30 多个国家开展业务，用户达 1000 万。四达时代的电视信号覆盖全非洲，共有近 500 个频道，用 10 种语言播出。②

中国文化中心

20 世纪 80 年代，中国开始在海外设立文化中心。中国文化中心是中国与相关国家双边关系进一步深化的重要标志，旨在加强两国文化交流与合作，增进两国人民之间的相互了解和友谊。中国已在非洲的毛里求斯、坦桑尼亚、贝宁、开罗、尼日利亚、摩洛哥建有中国文化中心，还与突尼斯、肯尼亚、科特迪瓦、塞内加尔、埃塞俄比亚、莫桑比克签署互设文化中心或设立中国文化中心的政府文件。

---

① 《中企承建的"万村通"项目将推动非洲 25 个国家实现收看卫星电视节目——非洲偏远农村看电视不再难》，《人民日报》2018 年 10 月 16 日，第 3 版。
② 《中企承建的"万村通"项目将推动非洲 25 个国家实现收看卫星电视节目——非洲偏远农村看电视不再难》，《人民日报》2018 年 10 月 16 日，第 3 版。

毛里求斯中国文化中心于 1988 年落成开放，系中国在海外设立的第一个文化中心。中心位于毛里求斯首都路易港，2008 年重新建设的中心设施更加齐全，多功能厅、图书馆、阅览室、展览厅、舞蹈训练厅、武术训练厅、汉语教室、语言实验室、音乐教室、书画教室、烹饪教室、录像室和灯光球场等一应俱全。图书馆提供各类有关中国文化的信息，为赴华旅游、经商、留学者提供咨询服务，定期举办"发现中国讲座"。中心常年开设汉语班、舞蹈班、武术班，特邀国内资深教师任教。中心的舞蹈表演队和武术、太极表演队在毛已成知名品牌，每逢春节和当地重大节庆均被邀演出；中心汉语话剧队在每年的毛里求斯汉语话剧比赛中均名列前茅。另外还有"春节品牌""华夏乐韵——毛里求斯汉语歌曲大赛""世界音乐日""快乐汉语""中国电影之旅——优秀影片欣赏会"等活动。

2015 年中非合作论坛约翰内斯堡峰会举行。中方宣布将为非洲援建 5 所文化中心，非洲东南西北中各一个。刚果（金）国家文化艺术中心项目，是中国援助非洲建立的五个地区性文化艺术中心项目之一，建设地点位于金沙萨市，在中国援建的人民宫正对面，占地面积约 9.3 万平方米，建筑面积约 3.7 万平方米，项目包括 2000 座的大剧场、800 座的小剧场，以及一个 2000 人规模的艺术院校。

习近平主席在 2018 年中非合作论坛北京峰会开幕式上的主旨讲话中指出，携手打造文化共兴的中非命运共同体，继续推动中非互设文化中心。

中非传媒交流合作

在 2015 年举行的中非合作论坛约翰内斯堡峰会上，中国宣布每年培训 1000 名非洲新闻领域从业人员。2018 年中非合作论坛北京峰会决定共同打造中非媒体合作网络。现今，已有 30 家非洲媒体加入"一带一路"新闻合作联盟，42 个非洲国家参加"一带一路"媒体合作论坛。

中非双方就深化新闻合作、网络空间管理、处理媒体关系经常加强对话与交流，共同举办了中非媒体领袖峰会、中非媒体合作论坛等大型交流活动。

中非积极推动新闻出版领域的交流合作，加强在教育、农业、文化、生态、医疗、儿童阅读等相关主题出版合作项目。通过联合制作节目、组织媒体人员互访等，新闻出版领域的交流合作能够积极介绍中非经济、文化、社会等领域的发展变化，增进双方相互了解，促进民心相通。为此，浙江出版集团在肯尼亚成立了非洲首个中国出版服务中心。

为落实对非媒体从业人员研修项目，中国还为非洲国家培训新闻广电和旅游高端人才，适时举办非洲国家新闻官员和记者研修班，推动双方更多新闻媒体人员交流，支持非洲广电媒体能力建设，助力非洲媒体融合发展，促进中非媒体务实合作。

中非直航与旅游合作

2019年，中国与非洲之间的直飞航班平均每天超过7个，而2010年时平均每天只有不到1个直飞航班。根据航空数据服务商OAG公司的统计，截至2019年9月中非航线每年航班数量达到2616个，经营中非航线的民航机队每年能够运送约85万人次的乘客。

若干年前，埃塞俄比亚航空公司旗下还没有一条中非航线。现在，中非之间的航班中近一半由这家航空公司负责运营。中国乘客是该航空公司最大的客户群体。埃航航班每天都会飞往广州、上海和北京，每周3次飞往成都。埃塞航空还将从埃塞俄比亚首都飞往中国航班的数量从目前的每周35班增加到每周50班，以满足中国商人、投资者和游客对飞往非洲的日益增长的航班需求。即便是在新冠疫情期间，埃塞俄比亚航空也一直保持着中非航线。

2015年，中国国际航空公司开通了北京至约翰内斯堡的航线；2019年1月，又在北京至约翰内斯堡航线上加降深圳。

2019年8月，埃及航空的"梦想客机"首飞北京至开罗航线。此前，中国川航开通了成都直飞开罗的航线。埃及《消息报》称，随着埃中关系的全面提速，以及"一带一路"的持续推进，埃中两国各个领域的交往日益频繁，为埃及航空更好、更高质量地瞄准中国市场提供了契机。埃及航空在中国的北京和广州设有办事处，每周共有 10 个直飞航班从北京、广州飞往开罗。①

肯尼亚《非洲商业日报》报道称，为满足日益增多的商务飞行需求，中国南航 2019 年夏天推出了从长沙直飞肯尼亚首都内罗毕的航班。在长沙举办的中非经贸博览会，吸引了大量中非商人关注湖南。②

近年来，中国企业参与修建或扩建了非洲许多国家的机场，包括肯尼亚、马里、毛里求斯、莫桑比克、尼日利亚、刚果（布）、多哥和塞拉利昂、乌干达等。这些工程项目不仅有利于中非之间的经贸合作，还有利于促进双方的旅游和人文交流。

埃塞俄比亚首都亚的斯亚贝巴博来国际机场的新航站楼现代感十足。这座新航站楼由中国交建集团建设，于 2019 年初交付，配有最新的安保系统、自助值机设备、自助登机系统，扩容后旅客吞吐量将由每年 900 万人次提升至 2500 万人次，成为非洲领先的交通枢纽。

2003 年 12 月，中非合作论坛第二届部长级会议在亚的斯亚贝巴举行。中国在论坛上宣布增列埃塞俄比亚、肯尼亚、坦桑尼亚、赞比亚、毛里求斯、塞舌尔、津巴布韦、突尼斯 8 个非洲国家为"中国公民出境旅游目的地"，使这一数字增至 17 个。2021 年中非合作论坛第八届部长级会议上，中国宣布支持所有与中国建交的非洲国家成为中国公民组团出境旅游目的地国。

在中非合作论坛约翰内斯堡峰会上，双方决定实施 50 个文体旅游项目，支持非洲国家加入丝绸之路国际剧院、博物馆、艺术节等联盟。2019 年，中国公民赴非洲超过 60 万人次，而非洲人赴华人数超过了中国人去非洲的人数。

---

① 《中非民航合作，从航线到机场》，凤凰网，2019 年 9 月 9 日，https：//ishare.ifeng.com/c/s/7poz89vpfUL，最后访问日期：2023 年 9 月 15 日。

② 《中非民航合作，从航线到机场》，凤凰网，2019 年 9 月 9 日，https：//ishare.ifeng.com/c/s/7poz89vpfUL，最后访问日期：2023 年 9 月 15 日。

中非学术交流

中非支持双方学术研究机构、智库、高校开展课题研究、学术交流、著作出版等多种形式的交流合作，优先支持开展治国理政、发展道路、产能合作、文化与法律等课题的研究与成果分享，推动壮大中非学术研究力量。

2009 年，中非合作论坛第四届部长级会议在埃及沙姆沙伊赫举行，中非双方决定实施"中非联合研究交流计划"，以促进学者、智库交往合作，交流发展经验，并为双方出台更好合作政策提供智力支持。已有 80 余个中非智库学术研究机构参加了"中非联合研究交流计划"。

2012 年中非合作论坛第五届部长级会议决定展开"中非高校 20+20 合作计划"和"中非智库 10+10 合作伙伴计划"，以"一对一"方式建立长期合作关系。

2018 年，习近平主席在中非合作论坛北京峰会上宣布，中国决定设立中国非洲研究院，打造中非联合研究交流计划增强版。2019 年 4 月，中国非洲研究院在北京成立。习近平主席为此致信祝贺。

据悉，中方将进一步加大对非洲高校智库承接研讨会和课题研究项目的支持力度，继续实施"中非高校 20+20 合作计划""中非智库 10+10 合作伙伴计划"，加强中非智库联合研究交流；继续举办"中非合作论坛—智库论坛"，支持中非学术界建立长期稳定的合作，鼓励论坛和相关机构开展联合研究，为中非合作发展提供智力支持；继续利用好中国非洲研究院，深化文明互鉴。欢迎和鼓励中非企业、金融及学术机构等为促进中非学术互动、民间交往和文化交流提供支持；继续支持"一带一路"非洲研究联盟建设，开展科研信息化合作，推进理论创新与决策研究合作，促进学术交流和科研成果转化，加强发展经验交流互鉴。

中非青年与妇女交流

在中非合作论坛框架下，2004 年中国共青团中央和全国青联在北京共同承办了"中非青年联欢节"。至 2021 年，这个活动已经举办了 6 届，每次邀请约 500 位非洲青年来华参加。2006 年 11 月，中国国家主席胡锦涛在中非合作论坛北京峰会上宣布，今后 3 年中国向非洲派遣 300 名青年志愿者。

2018 年 9 月 3 日，习近平主席在 2018 年中非合作论坛北京峰会开幕式上的主旨讲话中强调："青年是中非关系的希望所在。我提出的中非'八大行动'倡议中，许多措施都着眼青年、培养青年、扶助青年，致力于为他们提供更多就业机会、更好发展空间。去年 10 月，我同南南合作与发展学院的留华学生互致书信，他们中绝大多数来自非洲。我在信中勉励他们坚持学以致用，行远升高，积厚成器，为推动中非合作和南南合作谱写新篇章。'红日初升，其道大光。'我相信，只要中非友好的接力棒能够在青年一代手中不断相传，中非命运共同体就一定会更具生机活力，中华民族伟大复兴的中国梦和非洲人民团结振兴的非洲梦就一定能够早日实现！"① 首届"中非未来领袖对话"于 2021 年成功举办。未来中非还将举办中非青年服务论坛。

到 2009 年，中国全国妇联在莱索托、吉布提、苏丹、津巴布韦、毛里求斯 5 个非洲国家建立了妇女培训与交流中心，先后向 14 个非洲国家妇女组织提供了 28 批物资援助。2021 年中非合作论坛第八届部长级会议还决定举办中非妇女论坛。中非将继续加强性别平等和妇女赋权问题交流合作，鼓励并支持中非高层女性对话、专题研讨、能力建设和女企业家对口交流。不断深化中非妇女领域务实合作，实施一批妇女领域小额物资援助、技能培训项目，帮助妇女摆脱疫情影响，共同促进妇女和女童全面发展。中方将举办非洲政党妇女研修班和"百名驻华女外交官看中国"活动，进一步加强同非洲国家妇女干部的对话和合作。

中方还将继续加强与非洲在残疾人领域的交流与合作，共同在康复、教育、就业等领域开展务实合作项目。

---

① 《习近平在 2018 年中非合作论坛北京峰会开幕式上的主旨讲话（全文）》，新华网，2018 年 9 月 3 日，http：//www.xinhuanet.com/world/2018-09/03/c_1123373881.htm，最后访问日期：2023 年 9 月 15 日。

习近平四访非洲回顾

陈建南　张法鑫

作者简介：

陈建南，埃及兄弟国际贸易公司董事长，埃及华人联谊理事会会长，埃及中国和平统一促进会会长，第十三届全国政协海外侨胞列席代表，中华海外联谊会理事，中国侨联海外委员，江苏中国和平统一促进会副会长，浙江中国和平统一促进会常务理事，以及云南、宁夏、山西、四川等省侨联海外委员。

张法鑫，埃及中国和平统一促进会暨埃及华人联谊理事会常务副会长，浙江省侨联海外委员，阿鑫埃及矿泉水公司董事长，浙江青田县银岭农业开发有限公司总经理。

自 2013 年 3 月当选中国国家主席后，习近平十年来曾先后四次访问非洲：2013 年 3 月到访坦桑尼亚、南非和刚果共和国，2015 年 12 月到访津巴布韦和南非，2016 年 1 月到访埃及，2018 年 7 月到访塞内加尔、卢旺达、南非和毛里求斯（过境访问）。10 年来，习近平主席共对 9 个非洲国家进行了访问，其中三次访问南非。

在 2012 年 11 月之前，习近平担任省市领导和中国国家副主席期间，也曾先后五次到访非洲，如 2010 年习近平以中国国家副主席身份访问过博茨瓦纳。可以说，习近平是了解非洲的，在非洲是有许多朋友的，是深受非洲人民尊敬和喜欢的。

在习近平眼中，"非洲是充满希望的大陆"。他对非洲发展前景始终抱有信心，认为"中非发展互为机遇"，相信"中非共同发展对于增强发展中国家整体实力、促进国际关系民主化和有力维护世界和平稳定具有重要意义"。他"支持非洲国家自主发展和联合自强，支持非洲国家积极探索符合自身国情的发展道路"①。

习近平主席2013年访问非洲

2013年3月，习近平当选中国国家主席。几天之后，习主席就首次以国家主席的身份出访。此行访问的国家为俄罗斯，以及非洲的坦桑尼亚、南非和刚果共和国，并在访问南非时出席金砖国家领导人第五次会晤。习主席在此次访非期间，与坦桑尼亚、南非、刚果共和国达成20多项重要合作成果。

（一）习近平主席访问坦桑尼亚

2013年3月24日，国家主席习近平访问坦桑尼亚。这是习近平就任中国国家主席后的第一次出访，在这次出访中，访问的第一个非洲国家就是坦桑尼亚。

3月24日下午，习近平主席在达累斯萨拉姆同坦桑尼亚总统基奎特举行会谈。习近平主席表示，坦桑尼亚是中国的老朋友、好朋友，中坦友谊是由毛泽东主席、周恩来总理和尼雷尔总统等两国老一辈领导人亲手缔造的。中坦一直保持全天候友谊。② 基奎特表示，习近平主席将坦桑尼亚作为以主

---

① 《新时代的中非合作》，中华人民共和国中央人民政府，2021年11月26日，https：//www.gov.cn/zhengce/2021-11/26/content_5653540.htm，最后访问日期：2023年9月15日。

② 《习近平同坦桑尼亚总统基奎特举行会谈》，中华人民共和国中央人民政府，2013年3月25日，https：//www.gov.cn/ldhd/2013-03/25/content_2361273.htm，最后访问日期：2023年9月15日。

席身份首次非洲之行的第一站，充分体现了坦中两国深厚的传统友谊。两国元首决定，传承中坦传统友谊，构建和发展互利共赢的全面合作伙伴关系，把中坦关系提升到更高水平。会谈后，两国元首共同出席了两国贸易、金融投资、基础设施建设、文化等领域多个合作文件签字仪式。

3月25日上午，习近平主席在达累斯萨拉姆分别会见桑给巴尔总统谢因和坦桑尼亚前总统姆卡帕；习近平主席在中国援建的尼雷尔国际会议中心发表《永远做可靠朋友和真诚伙伴》的重要演讲，阐述了他对非洲的看法，指出了中非关系的发展方向，提出了"真实亲诚"的中非关系理念①；习近平会见了在坦中资机构、华侨华人和留学生代表，并与他们合影留念。25日下午4时许，习近平主席在坦桑尼亚总统基奎特陪同下抵达援坦中国专家公墓。习近平主席向烈士墓献上洁白的花束，寄托哀思，并在纪念簿上题词："烈士精神永励后人，中坦友谊世代传承。"习近平主席表示，我们要弘扬坦赞铁路精神，精心珍惜和呵护中非传统友谊这份宝贵财富。② 基奎特也动情地说，中国烈士们是坦桑尼亚和赞比亚人民心目中的英雄，他们的精神将激励坦赞人民在非中友好合作的大道上继续前行。

（二）习近平主席访问南非

2013年3月25日，习近平主席抵达比勒陀利亚，对南非进行国事访问，这是习近平当选国家主席后第一次访问南非，他还出席了在南非德班举行的金砖国家领导人第五次会晤。

3月26日，南非总统祖马在比勒陀利亚联邦大厦前广场举行仪式，欢迎中国国家主席习近平访问南非。祖马表示，习近平出任中国国家主席后的首次出访，就选择南非，这是南非的荣幸。习近平主席同南非总统祖马举行会谈。两国元首从促进中非关系发展和推动发展中国家团结合作的战略高

---

① 《习近平：永远做可靠朋友和真诚伙伴》，中华人民共和国中央人民政府，2013年3月25日，https://www.gov.cn/ldhd/2013-03/25/content_2362197.htm，最后访问日期：2023年9月15日。

② 人民日报评论部：《习近平讲故事》，人民出版社，2017，第265页。

度，深入探讨发展中南关系，并达成重要共识。会谈后，两国元首共同出席了双方经贸、金融投资、能矿、文化教育、基础设施建设等领域多项合作文件签字仪式。①

3月27日，金砖国家领导人与成员国工商界早餐会在南非德班举行。中国国家主席习近平、南非总统祖马、巴西总统罗塞夫、俄罗斯总统普京等共同出席。祖马在会上宣布，金砖国家工商理事会成立；同日，金砖国家领导人第五次会晤在南非德班举行，这是金砖国家第一次在非洲大陆举行领导人会晤。中国国家主席习近平、南非总统祖马、俄罗斯总统普京、巴西总统罗塞夫和印度总理辛格出席会晤；是日下午，金砖国家领导人同非洲国家领导人对话会在南非德班举行。中国国家主席习近平在讲话中表示，中方已承诺给予同中国建交的最不发达国家97%税目产品零关税待遇，有关措施将在2015年落实到位。同日，习近平主席在德班会见巴西总统罗塞夫。两国元首同意，积极探讨成立中巴工商论坛，促进两国企业合作。罗塞夫表示，巴方支持成立拉中合作论坛，推动拉中关系取得更大发展；习近平主席夫人彭丽媛在南非总统祖马夫人恩盖马陪同下来到德班音乐学校参观，并就音乐教育问题同师生们交流。这所学校旨在向残疾人等教授音乐技能，帮助他们融入社会。3月28日上午，彭丽媛在南非总统祖马夫人恩盖马陪同下来到距德班市区约35公里的祖鲁文化村，参观了具有祖鲁族特色的圆顶草房。

（三）习近平主席访问刚果共和国

2013年3月29日，中国国家主席习近平对刚果共和国进行国事访问，这是两国建交49年来中国国家元首的首次到访。习近平主席与刚果共和国总统萨苏进行会谈。会谈后，习近平主席和萨苏出席了两国有关合作文件的签字仪式。

习近平主席在刚果共和国议会发表题为《共同谱写中非人民友谊新篇

---

① 《习近平26日在比勒陀利亚同南非总统祖马举行会谈》，中华人民共和国中央人民政府，2013年3月26日，https://www.gov.cn/ldhd/2013-03/26/content_2363041.htm，最后访问日期：2023年9月15日。

章》的重要演讲。他表示，中国将坚定不移同非洲国家团结互助，在力所能及范围内继续增加对非援助、扩大对非贸易和投资、加强对非务实合作，与非洲携手应对世界经济风险和困难带来的挑战。①

3 月 29 日下午，习近平主席夫人、世界卫生组织防治艾滋病和结核病亲善大使彭丽媛在刚果总统萨苏夫人安托瓦内特陪同下，访问了布拉柴维尔贝达尼遗弃儿童收养中心，看望该中心收养的儿童，特别是艾滋病患儿。彭丽媛同中心创始人恩桑达和路希两位修女亲切交谈，向中心赠送了电脑、玩具和书包等文教用品。彭丽媛还在安托瓦内特陪同下参观了刚果妇女手工艺品展。

3 月 30 日上午 10 时许，习近平主席和夫人彭丽媛在萨苏总统和夫人陪同下来到中国援建的中刚友好医院，两国元首为医院竣工剪彩，并按照当地传统，将剪下的彩条互相给对方戴上。

仪式后，两国元首一同进入医院大厅，在医院工作的 21 名来自天津的中国医疗队队员欣喜地迎候习近平主席。习近平主席同大家一一握手，亲切询问他们的工作生活情况，并向队员们表达慰问，希望大家继续发扬不畏艰苦、甘于奉献、救死扶伤、大爱无疆的中国医疗队精神。萨苏表示，中国医疗队队员用奉献精神和高超医术，造福当地人民，刚果共和国人民感谢中国。

习近平主席在萨苏总统陪同下，从中刚友好医院来到恩古瓦比大学，出席由中国援建的该校图书馆启用和中国馆揭牌仪式。恩古瓦比大学是刚果共和国仅有的一所公立大学。新建的图书馆是该校唯一一座现代化建筑。习近平主席和萨苏总统共同为图书馆剪彩。随后，两国元首步入图书馆大厅，一同为图书馆和中国馆揭牌。习近平主席和萨苏总统参观了图书馆一层的阅览室和二层的中国馆，并与现场的师生们亲切交谈。②

---

① 《共同谱写中非人民友谊新篇章》，人民网，2013 年 3 月 30 日，http：//politics. people. com. cn/n/2013/0330/c1001-20971690. html，最后访问日期：2023 年 9 月 15 日。

② 《习近平为中刚友好医院竣工剪彩并出席图书馆启用仪式》，中华人民共和国中央人民政府，2013 年 3 月 31 日，https：//www. gov. cn/guowuyuan/2013-03/31/content_2584845. htm，最后访问日期：2023 年 9 月 15 日。

习近平主席2015年访问非洲

2015 年 12 月，习近平再次以中国国家主席身份访问非洲，对津巴布韦和南非进行国事访问，并赴约翰内斯堡主持中非合作论坛约翰内斯堡峰会。

（一）习近平主席访问津巴布韦

2015 年 12 月 1 日至 2 日，中国国家主席习近平对津巴布韦进行国事访问。12 月 1 日，习近平主席在津巴布韦首都哈拉雷与津巴布韦总统穆加贝举行会谈。两国元首高度评价中津传统友谊，共同规划未来两国关系发展，就深化务实合作达成重要共识。会谈后，两国元首共同见证了两国政府经济技术合作协定及基础设施建设、产能、投融资、野生动物保护等领域合作文件的签署。当天下午，习近平主席还前往津巴布韦民族英雄墓敬献花圈。

12 月 2 日，国家主席习近平在津巴布韦考察野生动物救助基地，津巴布韦旅游部部长陪同考察。在基地负责人陪同下，习近平主席和夫人彭丽媛察看了基地救助的大象、狮子、穿山甲、长颈鹿、角马等野生动物，并给大象、长颈鹿递喂水果、树叶。习近平主席详细地询问基地建设情况、动物的生活习性及救助、成长情况等。习近平主席强调，中国高度重视野生动物保护事业，加强野生动物栖息地保护和拯救繁育工作，严厉打击野生动物及象牙等动物产品非法贸易，取得了显著成效。[①] 野生动物保护是中国同津巴布韦合作的重点领域之一。

（二）习近平主席访问南非

2015 年 12 月 2 日，中国国家主席习近平对南非进行国事访问，并在比勒陀利亚同南非总统祖马举行会谈。祖马欢迎习近平主席访问南非，并与南

[①] 《习近平考察津巴布韦野生动物救助基地》，环球网，2015 年 12 月 3 日，https：//china. huanqiu. com/article/9CaKrnJRXlv，最后访问日期：2023 年 9 月 15 日。

非方面共同主持中非合作论坛约翰内斯堡峰会。两国元首一致认为，中南关系面临历史性发展机遇，双方要以落实两国高层共识和《中南5—10年合作战略规划》为抓手，以中非合作论坛约翰内斯堡峰会为新起点，推动中南关系再上新台阶。会谈后，两国元首共同出席了双方在经贸、文化、科技等领域多项合作文件签字仪式。两国元首还共同会见了记者。

12月3日晚，国家主席习近平和夫人彭丽媛抵达杉藤国际会议中心，出席中非合作论坛约翰内斯堡峰会欢迎宴会，祖马总统和习近平主席分别致辞。

12月4日，中国政府在约翰内斯堡发表《中国对非洲政策文件》，这是2006年中国政府首次发表对非洲政策文件后，第二次发表《中国对非洲政策文件》。

12月4日上午，中非合作论坛约翰内斯堡峰会在南非开幕。本次峰会由中国和南非共同主办。中国国家主席习近平同南非总统祖马，非盟轮值主席、津巴布韦总统穆加贝等共50位非洲国家的国家元首、政府首脑和代表团团长以及非盟委员会主席祖马出席开幕式。习近平主席发表致辞，全面阐述中国发展对非关系的政策理念，宣布未来一段时期中非合作重要举措，提出把中非关系提升为全面战略合作伙伴关系，携手迈向合作共赢、共同发展的新时代。根据此次峰会，未来3年，中方将同非方重点实施"十大合作计划"。习近平主席出席中非合作论坛15周年成果图片展开幕式，同祖马总统、穆加贝总统一道为展览剪彩；习近平主席还在约翰内斯堡出席中非领导人与工商界代表高层对话暨第五届中非企业家大会闭幕式，并发表题为《携手共进，谱写中非合作新篇章》的重要讲话，强调中国真诚希望同非洲国家分享中国工业化经验，愿为非洲工业化进程提供支持。中非应该继承真诚友好的光荣传统，把互助合作精神发扬光大，共同创造中非人民的美好未来。① 南非总统祖马，非盟轮值主席、津巴布韦总统穆加贝，非盟委员会主席祖马，出席中非合作论坛峰会的非洲国家领导人及400余名中非企业家代

---

① 《携手共进，谱写中非合作新篇章》，人民网，2015年12月5日，http://politics.people.com.cn/n/2015/1205/c1024-27892564.html，最后访问日期：2023年9月15日。

表出席大会；习近平主席还同南非总统祖马，非盟轮值主席、津巴布韦总统穆加贝共同出席中非装备制造业展开幕式并为展览剪彩。当天晚上，习近平主席和夫人彭丽媛在约翰内斯堡出席南非"中国年"闭幕式文艺演出。

12 月 5 日，中非合作论坛约翰内斯堡峰会全体会举行，习近平主席和祖马总统共同主持。包括 42 位非洲国家元首和政府首脑、非盟委员会主席祖马在内的中非合作论坛 52 个成员代表出席。习近平主席主持通过《中非合作论坛约翰内斯堡峰会宣言》和《中非合作论坛——约翰内斯堡行动计划（2016—2018 年）》并作总结发言。

习近平主席2016年访问非洲

2016 年 1 月 19 日至 23 日，中国国家主席习近平应邀对沙特、埃及、伊朗国事访问。

在此次出访前，中国政府于 2016 年 1 月 13 日发布《中国对阿拉伯国家政策文件》，这是中国政府制定的首份对阿拉伯国家政策文件。文件从政治、投资贸易、社会发展、人文交流、和平与安全等五个领域详细阐述了中方全面加强中阿关系的各项政策举措。

2016 年 1 月 19 日，习近平主席在埃及《金字塔报》发表题为《让中阿友谊如尼罗河水奔涌向前》的署名文章。1 月 20 日至 21 日，习近平主席访问了埃及和阿盟总部。

2016 年是中埃建交 60 周年。中埃两国于 1956 年建交。埃及是非洲第一个与新中国建交的国家，也是第一个与新中国建交的阿拉伯国家。

2016 年 1 月 20 日，习近平主席抵达埃及首都开罗，对埃及进行国事访问。当晚，习近平主席在下榻酒店会见埃及总理伊斯梅尔。习近平主席表示，他这次访问埃及，就是要全方位巩固和深化中埃关系，推动两国务实合作取得新成果。伊斯梅尔表示，埃方支持"一带一路"倡议，愿积极参与相关合作，成为连接中国同欧洲贸易的通道。会见后，习近平主席和伊斯梅尔总理共同参观了中国高科技展。当天，习近平主席还会见了联合国前秘书长加利等 10 名获得"中国阿拉伯友好杰出贡献奖"的友好人士，并同他们一一握手，合影留念。

1 月 21 日，习近平主席在开罗库巴宫同埃及总统塞西举行会谈。两国元首高度评价中埃传统友谊和各领域互利合作成果，规划中埃关系发展，就共同关心的国际和地区问题深入交换意见，达成广泛共识。中埃双方共同发表了关于加强全面战略伙伴关系的五年实施纲要，利用基础设施建设和产能合作两大抓手，将埃及打造成"一带一路"沿线支点国家。

会谈后，两国元首见证了《中华人民共和国和阿拉伯埃及共和国关于加强两国全面战略伙伴关系的五年实施纲要》《中华人民共和国政府和阿拉伯埃及共和国政府关于共同推进丝绸之路经济带和 21 世纪海上丝绸之路建设的谅解备忘录》，以及电力、基础设施建设、经贸、能源、金融、航空航天、文化、新闻、科技、气候变化等领域多项双边合作文件的签署，并共同为中埃苏伊士经贸合作区二期揭牌。

1 月 21 日，国家主席习近平在开罗会见埃及议长阿里。习近平主席表示，埃及新议会的产生，标志着埃及政治过渡顺利完成。相信埃及人民一定能够实现国家长治久安和繁荣发展，并为维护地区和平稳定作出更大贡献。阿里表示，埃中两国议会保持着良好交往，埃及议会愿加强同中国全国人大交流机制，深化交流合作，共同为推动埃中关系发展作出贡献；习近平主席来到开罗阿拉伯国家联盟总部，阿盟秘书长阿拉比致辞欢迎习近平主席到访阿盟总部。习近平主席发表了题为《共同开创中阿关系的美好未来》的重要演讲。习近平主席强调中阿两个民族彼此真诚相待，这份信任牢不可破。我们要共建"一带一路"，确立和平、创新、引领、治理、交融的行动理念，推动中阿两大民族复兴形成更多交汇。习近平主席表示，中国和阿拉伯国家要心手相连、并肩攀登，为深化中阿友好合作而努力，为人类和平与发展的崇高事业而共同奋斗。① 是日下午，习近平主席乘专机赴卢克索，

---

① 《共同开创中阿关系的美好未来——在阿拉伯国家联盟总部的演讲》，2016 年 1 月 21 日，http：//politics. people. com. cn/n1/2016/0122/c1024-28074930. html，最后访问日期：2023 年 9 月 15 日。

继续对埃及进行访问。1 月 22 日，国家主席习近平在卢克索参观古埃及文明遗址。习近平主席和塞西总统在古老的卢克索神庙广场，共同出席中埃建交 60 周年庆祝活动暨 2016 中埃文化年开幕式。习近平主席观看了《两个伟大文明对话》主题演出，并亲切会见了两国艺术家，祝贺他们演出成功。

习近平主席2018年访问非洲

2018 年 7 月，习近平主席再次踏上非洲的土地，对卢旺达、南非进行国事访问，出席在南非约翰内斯堡举行的金砖国家领导人第十次会晤，还过境毛里求斯并进行了友好访问。

（一）习近平主席访问塞内加尔

2018 年 7 月 21 日，中国国家主席习近平对塞内加尔进行国事访问，这是习近平自 2013 年担任国家主席后访问的第一个西非国家。2016 年中塞两国建立了全面战略合作伙伴关系。

7 月 21 日，习近平主席在达喀尔同塞内加尔总统萨勒举行会谈。两国元首在会谈中高度评价近年来中塞关系取得的长足发展，一致同意继续携手努力，推动两国各领域合作取得更多成果，开创中塞关系更加美好的明天。习近平主席欢迎塞内加尔成为第一个同中国签署"一带一路"合作文件的西非国家。会谈后，萨勒向习近平授予塞内加尔国家最高荣誉勋章国家雄狮勋位团大十字勋章。

7 月 22 日，习近平主席在达喀尔与塞内加尔总统萨勒共同出席塞内加尔竞技摔跤场项目移交仪式。塞内加尔竞技摔跤场位于达喀尔近郊，是中国在塞内加尔规模最大的援助项目，也是非洲首座现代化摔跤场。在交接仪式上，习近平主席向萨勒总统移交项目"金钥匙"，并共同观看塞内加尔传统竞技摔跤表演。

（二）习近平主席访问卢旺达

2018 年 7 月 22 日至 23 日，中国国家主席习近平对卢旺达共和国进行国事访问。这次访问是中国国家主席首次访问卢旺达。卢旺达是当年的非盟轮值主席国。

7 月 23 日，习近平主席与卢旺达总统卡加梅举行会谈。习近平主席表示，非洲正如奔跑的雄狮。中国愿意看到一个强大的、日益走向一体化的非洲。非洲联盟是引领非洲国家团结合作的一面旗帜。中方一向支持非盟在非洲和平与发展中发挥引领作用，在国际和地区事务中发挥更大作用。中方愿提升同非盟关系的战略性、示范性、实效性，更好造福中非人民。习近平主席还表示，支持中国企业赴卢旺达投资，助力卢旺达工业化和现代化进程。卡加梅表示，希望同中方交流治国理政经验，密切两国双边、多边各领域互利共赢合作。"一带一路"倡议对卢旺达、对非洲都是重要机遇，卢方愿积极参与"一带一路"框架内合作。[1] 会谈后，两国元首共同见证了关于"一带一路"建设等多项双边合作文件的签署。

7 月 23 日，习近平夫人彭丽媛参观了位于基加利北部加萨博区的法维女子中学。彭丽媛教授在此观摩学生们上地理课，欣赏学生们合唱校歌、用中文演唱中国民歌《茉莉花》，并表演富有当地特色的舞蹈。学生代表向彭丽媛赠送手工作品，彭丽媛向校方赠送教学用品。彭丽媛表示，教育是实现国家发展、人民幸福的基础。作为一位妻子、一位母亲，她衷心希望所有的孩子特别是女孩都能够接受良好教育，享受平等权利。希望中卢两国加强教育交流合作，培养出更多中卢友好的使者。[2] 习近平主席和夫人彭丽媛还参观了基加利大屠杀遇难者纪念馆。

---

[1] 《习近平同卢旺达总统卡加梅会谈》，中国共产党新闻网，2018 年 7 月 24 日，http://cpc.people.com.cn/n1/2018/0724/c64094-30165197.html，最后访问日期：2023 年 9 月 15 日。

[2] 《彭丽媛参观法维女子中学》，央广网，2018 年 7 月 24 日，http://m.cnr.cn/news/20180724/t20180724_524309519_3.html，最后访问日期：2023 年 9 月 15 日。

（三）习近平主席访问南非

2018 年 7 月 23 日，中国国家主席习近平对南非共和国进行国事访问，这是习近平以中国国家主席身份第三次访问南非。当时，金砖国家领导人将在约翰内斯堡举行会晤。这也是拉马福萨当年 2 月就任南非总统后，首次接待到访南非的外国元首。

7 月 24 日，习近平主席在比勒陀利亚同拉马福萨总统拉举行会谈。两国元首高度评价中南传统友好关系，就推进新时期中南全面战略伙伴关系达成重要共识，一致同意加强高层往来，深化政治互信，对接发展战略，推进务实合作，密切人文交流，让两国人民更多享受中南合作成果。会谈后，两国元首共同见证了多项双边合作文件的签署。

"南中关系正处于历史最好时期。习主席此访彰显南中关系已超越一般的双边关系，具有战略意涵，"拉马福萨总统表示，"南方将深化同中方各领域合作，继续推进南中全面战略伙伴关系。"[1]

习近平主席参观了中南科技创新合作成果图片展，出席了中南科学家高级别对话会开幕式、北汽投资项目首辆汽车下线视频连线仪式，以及拉马福萨总统举行的欢迎暨庆祝中南建交 20 周年晚宴。

7 月 25 日上午，习主席离开比勒陀利亚，抵达约翰内斯堡出席金砖国家领导人第十次会晤。当天下午，他便应邀出席金砖国家工商论坛，并发表题为《顺应时代潮流　实现共同发展》的重要讲话。

坚持合作共赢，建设开放经济；坚持创新引领，把握发展机遇；坚持包容普惠，造福各国人民；坚持多边主义，完善全球治理。习主席提出的"四个坚持"，为金砖国家合作指明了方向，向世界释放出积极信号。

7 月 26 日，金砖国家领导人第十次会晤在南非约翰内斯堡举行，南非总统拉马福萨主持，中国国家主席习近平、巴西总统特梅尔、俄罗斯总统普

---

[1] 《相知无远近　万里尚为邻——聚焦习近平访问中东非洲五国并出席金砖国家领导人会晤》，人民画报，2018 年 8 月 13 日，http：//www.rmhb.com.cn/yxsj/zttp/201808/t20180813_800138128.html，最后访问日期：2023 年 9 月 15 日。

京、印度总理莫迪出席。出席会晤的金砖国家领导人共同擘画金砖合作第二个"金色十年"的美好蓝图。

此次金砖国家领导人会晤的主题是"金砖国家在非洲：在第四次工业革命中共谋包容增长和共同繁荣"。习主席发表了《让美好愿景变为现实》的重要讲话。他表示，金砖国家要把握历史大势，深化战略伙伴关系，巩固"三轮驱动"合作框架，让第二个"金色十年"的美好愿景变为现实。①

7月27日上午，习主席出席"金砖+"领导人对话会并发表讲话。当日，习主席出席纪念金砖国家领导人会晤10周年非正式会议，习主席提出要拓展"金砖+"合作，构建广泛伙伴关系，让其他新兴市场国家和发展中国家都参与到金砖合作中来，形成维护共同利益、促进共同发展的强大力量。

（四）习近平主席过境毛里求斯并进行友好访问

2018年7月27日，中国国家主席习近平抵达毛里求斯共和国，过境并进行友好访问。

当地时间7月27日晚9时15分许，习近平主席乘坐的专机抵达拉姆古兰国际机场。毛里求斯总理贾格纳特到机场迎接。毛里求斯第一副总理克兰达维卢、大法官马塔丁、议长哈努曼吉、外长卢奇米纳赖杜等也在机场迎接。中国驻毛里求斯大使孙功谊也到机场迎接。当习近平主席和夫人彭丽媛步下舷梯，贾格纳特总理和夫人科比塔迎上前去。科比塔向彭丽媛献上鲜花。

贾格纳特总理在机场为习近平主席举行了隆重欢迎仪式。两国领导人登上检阅台。军乐队奏中毛两国国歌。在贾格纳特总理陪同下，习近平主席检阅了仪仗队。现场奏响中国歌曲《我的中国心》。检阅后，两国领导人共同前往接待大厅。习近平主席和彭丽媛同毛方迎接人员握手。贾格纳特夫妇同中方陪同人员握手。

---

① 《为开创金砖合作第二个"金色十年"指明方向》，《光明日报》2018年7月28日，第1版。

7月27日晚，中毛两国领导人亲切交谈。习近平主席表示，刚刚抵达就感受到毛里求斯政府和人民对中国人民的深情厚谊。中毛关系友好。期待同总理先生就中毛关系，以及共同关心的国际和地区问题交换看法。贾格纳特总理表示，热烈欢迎习近平主席过境毛里求斯并进行友好访问，很荣幸接待习近平主席到访，非常期待明天同习近平主席的会晤。

7月28日，习近平主席会见毛里求斯总理贾格纳特。习近平主席积极评价毛里求斯独立50年来取得的不凡成就，赞赏毛里求斯历届政府一贯秉持对华友好政策。习近平主席表示，中毛两国和两国人民友谊深厚、感情亲近。中毛建交46年来，双方政治互信不断加深，各领域交流合作成果丰硕。中方愿同毛方始终做好朋友和好伙伴，推动中毛友好合作关系不断迈上新台阶。

习近平主席强调，中毛都是发展中国家，有着相似的发展经历和发展任务。当前，中毛关系发展面临新的重要机遇。我们要保持高层交往势头，加强政府部门、立法机构、地方等往来，继续在涉及彼此核心利益和重大关切问题上相互理解和支持。要挖掘务实合作潜力，提高双方贸易和投资自由化便利化水平，早日商签中毛自由贸易协定，发挥毛里求斯参与共建"一带一路"的独特区位优势，加强沟通对接，深化广泛领域合作。要加强人文交流，促进相互了解。中方愿同毛方加强气候变化南南合作，密切在国际事务中协作，维护发展中国家共同利益。

习近平主席指出，中非是休戚与共的命运共同体和合作共赢的利益共同体。无论国际风云如何变幻，无论中国发展到哪一步，中国始终同非洲等广大发展中国家站在一起，永远做非洲的真诚朋友和可靠伙伴。中非双方决定于2018年9月举行中非合作论坛北京峰会。期待届时同包括总理先生在内的非方领导人共商新时代中非合作大计。

贾格纳特再次热烈欢迎习近平主席过境毛里求斯，并进行历史性的友好访问。他表示，毛中两国基于历史传承和人文联系的友谊源远流长。建交以来，双方在相互信任、相互尊重基础上发展起紧密与充满活力的良好关系。毛里求斯感谢中国长期以来给予的大力支持和帮助，高度关注中国发展进入新时代，钦佩中国取得的巨大成就，积极评价习近平主席提出的构建人类命运共同体主张。毛里求斯将继续坚定奉行一个中国政策，欢迎"一带一路"倡议，愿深化同中国的互利友好合作。他本人热切期待出席中非合作论坛北京峰会，共同打造更加紧密的非中伙伴关系。①

----

① 《习近平会见毛里求斯总理贾格纳特》，《光明日报》2018 年 7 月 29 日，第 1 版。

习近平对南非的五次访问

覃昌华

作者简介：

覃昌华，南部非洲广西总商会会长。1993 年毕业于重庆大学经济与工商管理学院，1999 年到南非从事纺织品进出口贸易，在南非经营 20 年，致力于互联网平台打造、网络媒体服务、网络游戏以及资源类平台建设。他擅长企业战略规划以及南非市场营销推广，经营过纺织品，担任过汽车销售策划、南非东方商城创始人、南非商业地产策划以及互联网推介，为南非企业提供互联网平台以及引进互联网新概念。

在当选中国国家主席之前，习近平先后两次访问南非。在当选中国国家主席后，习近平又三次访问南非。至 2018 年，习近平先后五次访问南非。

2013 年 3 月，在当选中国国家主席后，习近平首次出访即来到非洲，他访问了坦桑尼亚、南非和刚果（布）三国。来到非洲后，习近平主席提出了真实亲诚的对非政策理念。在南非，中南两国领导人一致同意将双边关系作为两国各自对外政策的战略支点和优先方向，并就加强各领域合作达成广泛共识。

2015 年 12 月，习近平再次以中国国家主席身份访问非洲。他对津巴布韦和南非进行国事访问，并出席中非合作论坛约翰内斯堡峰会，这是首次在非洲大陆举办的中非合作论坛峰会。峰会一致决定将中非关系提升为全面战略合作伙伴关系。这对推动中非关系全面发展，促进世界更加均衡、包容、可持续发展具有里程碑意义。

2018 年 7 月 19 日至 24 日，习近平主席对阿联酋、塞内加尔、卢旺达和南非进行国事访问。2018 年是中国与南非建交 20 周年，此次访问是习近平主席对南非进行的第三次国事访问。

通过这五次对南非的访问，习近平和南非结下了不解之缘。南非侨界也因为习近平一次次的来访而熟悉他，并对他的外交理念和中非关系理念有了更多的了解。

本文拟就习近平五访南非做一个回顾。

2002年首次访问南非

习近平第一次访问南非是在 2002 年，那时他担任福建省省长。大家知道，习近平在福建工作的时间较长，从 1985 年 6 月至 2002 年 10 月长达 17 年半。福建是中国的侨务大省，习近平是熟悉侨务情况和侨务工作的。

2010 年，习近平对南非进行国事访问期间曾经深情地回顾："8 年前我首次访问南非时，就对南非人民建设美好家园的奋斗精神留下深刻印象。"①

2010年第二次访问南非

2010 年 11 月，时任中国国家副主席习近平应邀对安哥拉、博茨瓦纳和南非进行正式访问，每到一处，习近平都会见当地华侨华人、中资机构、医疗队和留学生代表，向他们介绍中共十七届五中全会精神和国内改革发展情况，鼓励大家为增进中非友好合作多作贡献。

访问期间，习近平同莫特兰蒂副总统共同主持了中南国家双边委员会第

---

① 《共创中非新型战略伙伴关系的美好未来——在纪念中非合作论坛成立 10 周年研讨会开幕式上的演讲》，《人民日报》2010 年 11 月 19 日，第 3 版。

四次全会，双方就落实两国元首共识、推动落实《中南关于建立全面战略伙伴关系的北京宣言》提出的各项目标达成广泛一致。

当时，南非方面对习近平在祖马总统访华后不到三个月即到访该国深感高兴，认为这充分显示了南中全面战略伙伴关系的良好发展，并表示今后将与中方巩固兄弟般的友谊、发展更为密切的合作。

习近平表示，加强中非合作是大势所趋、人心所向，中非关系基础比以往任何时候都更加坚实，双方经贸合作潜力巨大。在中国"十二五"时期，中国将按照互利共赢的开放战略，进一步推动更多中资企业"走出去"，逐步完善对非"走出去"的产业布局。他还勉励更多中资企业深入实施对非"走出去"战略，不断充实中非合作内涵、提升中非合作层次，积极推进经营本地化和国际化战略，巩固扩大中非友好的社会基础和民意基础，成为名副其实的中非友好建设者、促进者、维护者。①

在这次访问南非时，习近平代表中方宣布大幅增加对非洲的中国政府奖学金名额。南非领导人称赞中国为非洲发展所作贡献，希望中国进一步加大对非洲的投入。南非希望中国重视和支持非洲跨国跨区域基础设施建设。

南非社会各界人士对习近平的到访纷纷表示热烈欢迎，普遍认为此访对增进中南两国友好交往、深化双方务实合作、进一步提升中国与往访国关系具有重要意义。参加纪念中非合作论坛成立 10 周年研讨会的非洲学者普遍认为，中非关系越密切，非洲受益就越多。

11 月 18 日，习近平在比勒陀利亚出席"纪念中非合作论坛成立 10 周年——世界变革中的中非关系"学术研讨会开幕式并发表演讲。他热烈祝贺研讨会开幕，并向所有为推动中南关系和中非关系发展作出贡献的朋友表示诚挚问候和衷心感谢。

习近平表示，中南关系是中非友好合作关系的缩影。半个多世纪以来，中非关系经受住国际风云变幻的考验，已进入全面发展新阶段。中非合作论

---

① 《传承友谊谋发展　互利共赢向未来——外交部副部长翟隽谈习近平副主席访问亚非四国》，《经济日报》2010 年 11 月 25 日，第 3 版。

坛全方位、实质性推进了中非新型战略伙伴关系发展。他说，中国仍然是世界上最大的发展中国家，要实现现代化，还要长期努力、艰苦奋斗。中国始终把发展作为执政兴国第一要务，对内坚持科学发展、和谐发展、协调发展，对外坚持和平发展、开放发展、合作发展。中国始终不渝奉行互利共赢的开放战略，在持续"引进来"的同时积极"走出去"，在加快推进各种形式对外投资合作的同时，力所能及地帮助发展中国家特别是非洲国家增强自主发展能力，加强南南合作、缩小南北差距。①

南非金山大学国际关系学院教授加斯·谢尔顿聆听了这一鼓舞人心的演讲，深切感受到这位和蔼可亲的中国领导人对未来发展见解之独到与睿智。三年之后，他回忆起这段经历并表示，因为习近平非常重视发展对非关系，南中关系目前处在历史最好时期，中非合作论坛部长级会议这次升格为峰会，希望这次峰会能把中国的发展与非洲《2063 年议程》相对接，以进一步深化非中合作。

2013年第三次访问南非

2013 年 3 月 14 日，习近平当选中国国家主席。一周后的 3 月 25 日，习近平主席开始对南非进行国事访问，并出席金砖国家领导人第五次会晤。这是习近平当选中国国家主席后的首次出访，也是他第三次来到南非。

3 月 26 日，中国国家主席习近平在比勒陀利亚同南非总统祖马举行会谈，就新形势下加强中南全面战略伙伴关系交换意见。会谈开始前，祖马举行隆重仪式，欢迎习近平对南非进行国事访问。会谈结束后，习近平主席和祖马总统出席了两国合作文件的签字仪式，并共同会见记者。中国与南非建交 15 年来，中南关系实现了从伙伴关系到全面战略伙伴关系的历史性跨越，双方各领域合作日益深化、成果丰硕。

---

① 《共创中非新型战略伙伴关系的美好未来——在纪念中非合作论坛成立 10 周年研讨会开幕式上的演讲》，《光明日报》2010 年 11 月 20 日，第 3 版。

3 月 27 日，金砖国家领导人第五次会晤在南非德班举行。中国国家主席习近平、南非总统祖马、巴西总统罗塞夫、俄罗斯总统普京、印度总理辛格出席。五国领导人围绕本次会晤主题"金砖国家与非洲：致力于发展、一体化和工业化的伙伴关系"发表看法和主张。习近平主席发表了题为《携手合作　共同发展》的主旨讲话，强调加强金砖国家合作，既为各成员国人民带来福祉，也有利于促进国际关系民主化，是我们共同的愿望和责任。相信金砖国家在深化务实合作、加强伙伴关系等方面将取得新进展。

祖马介绍了非洲形势及一体化设想，金砖国家领导人表示愿同非洲加强合作伙伴关系，促进非洲发展。五国领导人决定，建立金砖国家开发银行并筹备建立金砖国家外汇储备库。会晤结束后，他们出席了《金砖国家多边可持续发展合作和联合融资协议》、《金砖国家非洲多边基础设施联合融资协议》，以及《关于成立金砖国家工商理事会的宣言》等合作文件签字仪式。会议发表了《德班宣言》及行动计划，宣布下次会晤（2014 年）在巴西举行。

3 月 28 日，习近平主席在南非德班同非洲国家领导人举行早餐会。与会各国领导人就中非关系、非洲形势深入交换意见，阐述政策主张。

习主席表示，中国政府将积极采取措施，鼓励中国企业扩大对非投资，特别是农业和制造业，基础设施建设等领域的投资，将继续要求中国企业积极履行社会责任，更加注重技术转让、人员培训、经验共享。[①] 当前，非洲和平与发展事业处于新的关键阶段。非洲经济蓬勃向上，联合自强不断迈出新步伐，国际地位日益提高。同时，非洲求和平、谋稳定、促发展仍面临不少挑战。习主席相信，只要非洲保持和平稳定，积极探索符合自身实际的发展道路，非洲必将迎来更加光明的发展前景。

2015年第四次访问南非

2015 年 12 月 2 日至 5 日，中国国家主席习近平应邀对南非进行国事访

① 《听，非洲的声音——记习近平主席和非洲国家领导人早餐会》，《湖南日报》2013 年 3 月 30 日，第 8 版。

问。这是习近平当选中国国家主席后第二次访问非洲，也是他第四次访问南非。此次访问期间他还出席了中非合作论坛约翰内斯堡峰会，这是在非洲大陆首次举办中非合作论坛峰会，习近平主席认为，这样的安排对推动中非关系全面发展，促进世界更加均衡、包容、可持续发展具有里程碑意义。

12月2日，习近平主席在比勒陀利亚同南非总统祖马举行会谈。习近平主席表示，中方重视发展中南"同志加兄弟"的特殊关系。双方要坚持做面向未来、高度互信的战略伙伴，密切高层交往，加强政党、政府、立法机构交流，继续就涉及各自核心利益和重大关切问题相互支持。双方要坚持做平等互利、合作共赢的发展伙伴，发挥中南政治互信和经济互补两大优势，推动海洋经济、产能、能源、贸易、投资等重点领域合作，促进双边贸易均衡、可持续发展。中方愿助力南非引领中非产能合作、促进非洲工业化的努力，支持金融机构扩大对南非融资规模，创新金融合作，支持加快金砖国家新开发银行非洲区域中心筹建工作，为南非和非洲国家发展发挥积极作用。双方要坚持做相知相亲、交流互鉴的友好伙伴，加大教育、文化、旅游、航空等领域合作，巩固人文交流蓬勃发展势头。双方要坚持做相互支持、密切协作的全球伙伴，加强在地区和国际组织中的协调配合，推动金砖国家合作取得更多成果。①

祖马表示，热烈欢迎习近平主席访问南非并共同主持中非合作论坛峰会。当前，南中双方正共同努力，落实两国元首达成的共识和《中南5—10年合作战略规划》。双方贸易投资、基础设施、工业园区、企业孵化、冶金、海洋经济等合作稳步推进。南方希望扩大双方经贸、科技、能源、海洋水产、商业航空、融资等领域合作，欢迎中国企业加大对南投资。南方支持扩大两国人员交流，愿加强同中方在联合国、二十国集团等多边组织及应对气候变化等重大国际问题上协调和合作，维护发展中国家共同利益。南方支持中方主办二十国集团领导人杭州峰会。

---

① 《发展中南"同志加兄弟"关系》，凤凰网，2015年12月2日，https：//news.ifeng.com/a/20151204/46516694_0.shtml，最后访问日期：2023年5月26日。

12 月 4 日上午，中非合作论坛约翰内斯堡峰会开幕。峰会由中国和南非共同主办。中国国家主席习近平同南非总统祖马，非盟轮值主席、津巴布韦总统穆加贝等共 50 位非洲国家的国家元首、政府首脑和代表团团长以及非盟委员会主席祖马出席开幕式。

习近平主席在峰会开幕式上发表题为《开启中非合作共赢、共同发展的新时代》的致辞，表示中方愿在未来 3 年内同非方重点实施"十大合作计划"，涉及工业化、农业现代化、基础设施、金融、绿色发展、贸易和投资便利化、减贫惠民、公共卫生、人文、和平与安全十个方面。为确保"十大合作计划"顺利实施，中方决定提供总额 600 亿美元的资金支持。

习近平主席全面阐述了中国发展对非关系的政策理念，宣布未来一段时期中非合作重要举措，提出把中非关系提升为全面战略合作伙伴关系，携手迈向合作共赢、共同发展的新时代。习近平主席强调，中非历来是命运共同体。长期以来，中非始终风雨同舟、相互支持。中非友好历久弥坚、永葆活力，根本原因就在于双方始终坚持平等相待、真诚友好、合作共赢、共同发展。

习近平主席指出，当前中非都肩负发展国家、改善民生的使命，中非合作发展迎来难得的历史性机遇。我们要把中非传统友好优势转化为促进团结、合作、发展的动力，为中非人民创造更多实实在在的成果，为推动世界更加均衡、公平、包容发展，构建以合作共赢为核心的新型国际关系作出更大贡献。①

习近平主席指出，中非合作论坛成立 15 年来，中非各领域务实合作成果丰硕，中非关系正处于历史上最好时期。我们应该登高望远、阔步前行。让我们携手努力，汇聚起中非 24 亿人民的智慧和力量，共同开启中非合作共赢、共同发展的新时代。②

---

① 《习近平出席中非合作论坛约翰内斯堡峰会开幕式并发表致辞 提出把中非关系提升为全面战略合作伙伴关系 全面阐述中国发展对非关系政策理念 宣布深化中非合作重要举措》，中国政府网，2015 年 12 月 4 日，https://www.gov.cn/xinwen/2015-12/04/content_5020122.htm，最后访问日期：2023 年 5 月 26 日。

② 《完美的收官之行——历史新坐标》，央视网，2015 年 12 月 5 日，http://news.cntv.cn/2015/12/05/ARTI1449252416838385.shtml，最后访问日期：2023 年 5 月 26 日。

12 月 4 日，习近平主席在约翰内斯堡出席中非领导人与工商界代表高层对话会暨第五届中非企业家大会闭幕式并发表题为《携手共进，谱写中非合作新篇章》的重要讲话，强调中国真诚希望同非洲国家分享中国工业化经验，愿为非洲工业化进程提供支持。中非应该继承真诚友好的光荣传统，把互助合作精神发扬光大，共同创造中非人民的美好未来。

习近平主席就加强中非友好合作提出 5 点建议。第一，坚持互利共赢的平等合作，坚持义利并举原则，共同打造中非命运共同体。第二，坚持开放包容的多方合作，欢迎其他国家企业在互利共赢基础上加入到中非合作中来。第三，坚持能力导向的务实合作，中方愿毫无保留地同非方分享先进适用技术，深化产业合作，促进非洲劳动力素质提高，创造就业，增强非洲经济发展内生动力。第四，坚持绿色低碳可持续发展，我们将为非洲国家实施应对气候变化及生态保护项目，为非洲国家培训生态保护领域专业人才。第五，坚持基础优先的重点合作，我们将对中非全方位经贸合作进行整体规划设计，让中非合作造福于民，惠及全民。[1]

12 月 5 日，中非合作论坛约翰内斯堡峰会全体会议举行，习近平主席和南非总统祖马共同主持。包括 42 位国家元首和政府首脑、非盟委员会主席祖马在内的中非合作论坛 52 个成员代表出席。习近平主席主持通过《中非合作论坛约翰内斯堡峰会宣言》和《中非合作论坛——约翰内斯堡行动计划（2016—2018 年）》并作总结发言。

习近平主席强调，我们明确了中非关系未来发展的具体目标和任务，提出了实现合作共赢、共同发展的重大举措。我们决心着力实施工业化、农业现代化、基础设施建设、金融、绿色发展、贸易和投资便利化、减贫惠民、公共卫生、人文、和平和安全"十大合作计划"。我们一致认为中国和非洲是维护世界和平安宁、促进世界发展繁荣的重要力量，决心加强团结协作，

---

① 《携手共进，谱写中非合作新篇章——在中非企业家大会上的讲话》，人民网，2015 年 12 月 5 日，http：//politics. people. com. cn/n/2015/1205/c1024 - 27892564. html，最后访问日期：2023 年 5 月 26 日。

维护好中非共同利益和发展中国家整体利益。①

与会各国领导人高度评价中非合作论坛约翰内斯堡峰会，以及峰会通过的宣言和行动计划。他们表示，长期以来，中国同非洲在平等互利原则下开展合作，是非洲最可信赖的伙伴。在非洲人民争取国家独立、推进国家发展的过程中，中国与非洲同甘共苦，给予非洲人民真诚帮助。当前，非中合作进入新阶段。习近平主席在论坛峰会开幕式上提出的合作计划是全方位的，对非中下阶段合作具有重大意义。双方要加快落实合作倡议，以本次论坛峰会为契机，全面推进非中合作，推进非洲工业化、农业现代化。非洲国家愿将非洲梦同中国梦有效对接，积极参与"一带一路"建设，提高非洲互联互通水平，助推非洲实现非盟《2063年议程》目标。非洲国家愿同中方加强安全合作，提高非洲国家维和能力，使非洲国家获得和平稳定的发展环境。非洲和中国人口总和超过世界总人口的1/3，非中要以中非合作论坛为重要平台，在国际舞台上发出一致声音，维护共同利益，应对共同挑战。

2018年第五次访问南非

2018年7月23日，中国国家主席习近平抵达比勒陀利亚，开始对南非共和国进行国事访问，并出席金砖国家领导人第十次会晤。当晚8时40分许，习近平主席乘坐的专机抵达比勒陀利亚沃特克鲁夫军用机场。习近平主席和夫人彭丽媛受到南非外长西苏鲁等政府高级官员热情迎接。南非儿童向彭丽媛献花。礼兵整装肃立在红地毯两侧，行注目礼。

7月24日，习近平主席在比勒陀利亚同南非总统拉马福萨举行会谈。两国元首高度评价中南传统友好，就推进新时期中南全面战略伙伴关系达成重要共识，一致同意加强高层往来，深化政治互信，对接发展战略，推进务实合作，密切人文交流，让两国人民更多享受中南合作成果。

---

① 《约翰内斯堡峰会绘制中非合作新蓝图 中非关系将进入新时期》，中国经济网，2015年12月6日，http：//www.ce.cn/xwzx/gnsz/szyw/201512/06/t20151206_7335344.shtml，最后访问日期：2023年5月26日。

习近平主席赞赏拉马福萨为推动中南建交和促进两国关系发展作出的重要贡献。他说："中国和南非都是具有重要影响的发展中大国和新兴市场国家。建交 20 年来，双方致力于合作共赢、共同发展，始终风雨同舟、休戚与共，建立起真诚友好、相互信任、亲密无间的'同志加兄弟'关系。中南关系实现了从伙伴关系到战略伙伴关系再到全面战略伙伴关系的重大跨越，给两国人民带来了实实在在的利益。中方愿同南方一道，以两国建交 20 周年为契机，相互支持办好今年金砖国家领导人约翰内斯堡会晤和中非合作论坛北京峰会，承前启后，继往开来，推动中南全面战略伙伴关系结出更多硕果，更好造福两国人民。"①

习近平主席指出，金砖国家领导人约翰内斯堡会晤是五国去年开启金砖合作第二个"金色十年"之后首次举行领导人会晤，对金砖国家合作具有特殊意义。我们要共同把握好金砖合作大方向，不断巩固战略伙伴关系，发出坚持多边主义的响亮声音，共同建设开放型世界经济。中方将配合和支持南非主办约翰内斯堡会晤取得圆满成功。此外，习近平主席表示，"发展同非洲国家团结合作是中方长期、坚定的战略选择。再过一个多月，我和拉马福萨总统将共同主持召开中非合作论坛北京峰会。南非作为现任论坛非方共同主席国，为论坛机制建设和中非友好合作作出重要贡献。中方期待届时同论坛非方成员一道，共商新时期中非友好合作发展大计，携手打造更加紧密的中非命运共同体"②。

拉马福萨总统表示，南中人民传统友好，两国建交 20 年来，南中关系不断巩固发展，已超越双边关系范畴，具有重要的战略意义，在区域和多边层面开展了富有成效的合作。两国特殊友好关系使两国人民切实受益。南中继续加强政治互信、扩大务实合作、加强科技和人文交流，深入推进全面战

---

① 《习近平同南非总统拉马福萨举行会谈》，四川卧龙国家级自然保护区管理局，2018 年 7 月 25 日，http：//www.chinawolong.gov.cn/scwl/c106610/201807/35d923cea0c8442cb1e7d25750f46cf9. shtml，最后访问日期：2023 年 5 月 26 日。

② 《习近平同南非总统拉马福萨举行会谈》，四川卧龙国家级自然保护区管理局，2018 年 7 月 25 日，http：//www.chinawolong.gov.cn/scwl/c106610/201807/35d923cea0c8442cb1e7d25750f46cf9. shtml，最后访问日期：2023 年 5 月 26 日。

略伙伴关系，符合南方根本和长远利益。南非将继续坚定奉行一个中国政策，推动共建"一带一路"框架内合作取得积极进展，密切同中国在重大国际和地区问题中的沟通和协调，反对单边主义，加强多边主义，维护发展中国家共同利益。

7月24日上午，中国国家主席习近平夫人、联合国教科文组织促进女童和妇女教育特使彭丽媛在南非总统夫人莫采佩陪同下，参观位于比勒陀利亚东郊的乌坦多社区托儿所。彭丽媛和莫采佩抵达时，非洲自助基金会负责人、托儿所园长等在门口迎接。40名活泼可爱的南非儿童挥舞中南两国国旗列队欢迎，彭丽媛俯身同孩子们亲切握手问候。彭丽媛来到庭院，20多名儿童手持中南两国国旗，轮流用中英文高声呼喊"欢迎欢迎"。孩子们伴着俏皮轻快的舞蹈动作，合唱英文歌曲《欢迎您》、用中文吟唱中国古诗儿歌《咏鹅》、演唱南非说唱歌曲。彭丽媛认真聆听，频频点头微笑、不时鼓掌称赞，夸奖孩子们中文发音准确。彭丽媛来到教室，观看儿童绘画、识字，和孩子们用当地传统手语互致问候。彭丽媛向孩子们赠送玩具、文具、图书，并在孩子们自己创作的手印画上题写"前程似锦"，勉励孩子们好好学习、茁壮成长。彭丽媛表示，儿童成长关乎一个国家未来。儿童早期教育，最重要的是树德育人，引导他们树立远大志向、培育美好心灵。希望中南友好事业从娃娃抓起，让他们长大后做两国友好事业的传承者和接班人。①

7月25日，习近平主席应邀出席在南非约翰内斯堡举行的金砖国家工商论坛，并发表题为《顺应时代潮流　实现共同发展》的重要讲话，强调金砖国家要顺应历史大势，坚持合作共赢、创新引领、包容普惠、多边主义，为构建新型国际关系、构建人类命运共同体发挥建设性作用。

7月26日，金砖国家领导人第十次会晤在南非约翰内斯堡举行。南非总统拉马福萨主持。中国国家主席习近平、巴西总统特梅尔、俄罗斯总统普

---

① 《彭丽媛：让世界上每个女童、每位女性都获得人生出彩的机会》，澎湃，2018年10月13日，https://www.thepaper.cn/newsDetail_forward_2525676，最后访问日期：2023年5月26日。

京、印度总理莫迪出席。习近平主席发表了题为《让美好愿景变为现实》的重要讲话，揭示新工业革命突出特点，就金砖合作未来发展提出倡议，强调金砖国家要携手努力，共同推动建设持久和平、普遍安全、共同繁荣、开放包容、清洁美丽的世界。①

① 《为开创金砖合作第二个"金色十年"指明方向》，《光明日报》2018 年 7 月 28 日，第 1 版。

新中国历任领导人与非洲

李曼娟

作者简介：

李曼娟，1997 年毕业于武汉大学外语学院（现外国语言文学学院）英文专业。1998 年到津巴布韦和莫桑比克出差，1999 年底来到津巴布韦从事翻译工作并随后在津创业，曾任津巴布韦中国和平统一促进会秘书长、《侨声》和《给力》杂志副主编，津巴布韦"非爱不可"华人爱心妈妈组织发起人之一，先后参与、推动津巴布韦华人摄影协会、津巴布韦华人舞蹈队、津巴布韦华人时装模特队等侨社成立，现任津巴布韦华商会常务副会长兼秘书长，津巴布韦华人网主编，津巴布韦作家协会会员，中国华侨国际文化交流促进会理事，世界华文大众传播媒体协会理事。

中非友谊为什么那么深？中非友谊为什么那么好？是因为半个多世纪以来有无数的中国人和非洲人，在持续地为中非友谊之花添水加肥，为中非友谊这座大厦添砖加瓦。

从 20 世纪 50 年代起，历任中国领导人和非洲国家领导人持续进行友好往来，奠定了中非友谊的基础。从 20 世纪 60 年代起，一支又一支医疗队从中国来到非洲，一队又一队援非技术专家从中国来到非洲。从 20 世纪 80 年代起，数以万计的留学生从非洲来到中国求知，也有几乎同样数量的留学生从中国前往非洲学习。从 20 世纪 90 年代以来的 30 多年里，数十万华商前往非洲，数十万非洲商人也先后来到中国经商。从 21 世纪初起，一支又一支维和部队从中国前往非洲，为非洲的和平与安宁贡献出自己的力量，甚至生命。中国和非洲之间的上百对城市，结为友好城市。当然，还有数万因相互爱恋而喜结连理的中非夫妻，以及他们的子女和后代。

总之，中国与非洲之间的故事实在是太多太多。在此，让我们一起来回顾一下新中国历任领导人与非洲的故事，以及他们和非洲结下的不解之缘。

20世纪50年代

毛主席、周恩来等新中国第一代领导人是 20 世纪 50 年代中国外交的主要决策者。当时毛主席指出，对亚洲、非洲和拉丁美洲各国的民族独立解放运动，我们都必须给以积极的支持。在这一方针的指引下，中国政府坚决支持埃及和伊拉克、黎巴嫩等阿拉伯国家反对帝国主义和扩张主义的斗争，大力支援阿尔及利亚和南非等非洲国家人民反对殖民主义和种族主义的斗争。毛主席说："我们要支持各国人民反对帝国主义的战争。我们如果不支持，就会犯错误，就不是共产党员。"[①]

到 1955 年亚非会议在万隆召开时，同中国建交的国家只有 23 个，非洲还是空白。参加万隆会议的非洲国家有埃及、埃塞俄比亚、黄金海岸（今加纳）、利比里亚、利比亚和苏丹。会议期间，周总理宴请和会见了这些来自非洲的代表。

周总理曾经说：我有两个终生的朋友，一个是西哈努克亲王，另一个就是纳赛尔总统。周总理与纳赛尔总统是在 1955 年万隆会议期间认识的，两人一见如故，结成了亲密的朋友，共同为亚非会议的成功发挥了重要作用。

1956 年，中国同埃及建交。当时，中国与整个非洲的贸易额只有 1200万美元。纳赛尔总统在运河战争获胜之后，在非洲和阿拉伯国家的民众中声

---

① 中华人民共和国外交部、中共中央文献研究室编《毛泽东外交文选》，中央文献出版社，世界知识出版社，1994，第 531 页。

望非常高。他积极鼓励和支持阿拉伯国家、非洲国家与中国交往，是值得中国永远感激的一位阿拉伯领导人和非洲领导人。1958 年，中国和摩洛哥建交，1959 年和苏丹建交，再加上阿尔及利亚，中国在北非的外交局面就打开了。

中国为阿尔及利亚的民族独立战争提供了直接的援助，并在 1958 年同阿尔及利亚临时政府建立了外交关系。一直到现在，中阿都是以 1958 年作为两国建交的年份，而不是以 1962 年阿尔及利亚正式独立时间作为建交之年。中阿之间一直保持着特别友好的关系。

1959 年，中国和几内亚建交，这是中国首次与撒哈拉以南非洲国家建交，意义重大、深远。

1960 年 9 月 10 日至 15 日，几内亚总统塞古·杜尔对中国进行访问，成为第一位访问中国的非洲国家元首。

毛主席和周恩来是那个时期非洲人最熟悉的中国领导人，在纳米比亚至今仍有毛泽东主席中学，而阿尔及利亚前些年曾经向毛泽东主席和周恩来总理追授了阿尔及利亚独立勋章。毛、周二位领导人的后代代领了勋章。

20世纪60年代

1960 年，一批非洲国家取得了民族独立，其他非洲国家也正在开展民族独立解放运动。中国支持安哥拉、几内亚比绍、莫桑比克、津巴布韦、纳米比亚等国争取民族独立的运动和武装斗争，支持南非人民反对白人种族主义的斗争，并提供了力所能及的帮助，也因此奠定了中国与这些国家发展友好关系的基础。

1960 年，中国先后与加纳、马里、索马里建交。1961 年，中国与刚果（金）建交。1962 年，中国与乌干达建交。

此外，中国在这一时期先后与几内亚、加纳、马里、坦桑尼亚等非洲国家签署了友好条约和经济技术合作协议，加强了彼此之间在政治上和经济上的互助合作关系。这一时期，影响最大的外交事件是周恩来在亚非 14 国之行中对 10 个非洲国家的正式访问，其中包括两个尚未与之建交的非洲国家。

1963 年 4 月，中国派出援阿尔及利亚医疗队。随后几年，中国还向多个非洲国家派出了医疗队。

1963 年 12 月 14 日至 1964 年 2 月 4 日，周恩来总理在副总理兼外交部部长陈毅的陪同下，应邀访问了阿拉伯联合共和国、阿尔及利亚、摩洛哥、突尼斯、加纳、马里、几内亚、苏丹、埃塞俄比亚和索马里共 10 个非洲国家（其间在 1964 年 1 月 1 日至 8 日去南欧访问了阿尔巴尼亚）。当时，突尼斯和埃塞俄比亚与中国尚未建交。周总理离开非洲后，还访问了缅甸、巴基斯坦和锡兰（今斯里兰卡）3 个亚洲国家，史称周总理亚非 14 国之行。

周恩来总理在这次访问非洲期间，宣示了当时中国对非外交政策的五项原则。

1. 支持非洲和阿拉伯各国人民反对帝国主义和新老殖民主义、争取和维护民族独立的斗争。

2. 支持非洲和阿拉伯各国政府奉行和平中立的不结盟政策。

3. 支持非洲和阿拉伯各国人民用自己选择的方式实现团结和统一的愿望。

4. 支持非洲和阿拉伯国家通过和平协商解决彼此之间的争端。

5. 主张非洲和阿拉伯国家的主权应当得到一切其他国家的尊重，反对来自任何方面的侵犯和干涉。

周恩来总理还在加纳提出了中国对非援助八项原则。

周总理访问非洲期间，中国和肯尼亚、布隆迪和突尼斯建交。

1965 年 3 月 30 日至 4 月 2 日，周恩来总理访问阿尔及利亚、埃及。6 月 4 日至 8 日，周恩来总理访问坦桑尼亚；6 月 19 日至 30 日，周恩来总理访问埃及。到 1965 年底，中国还先后和刚果（布）、坦桑尼亚、中非、赞比亚、贝宁和毛里塔尼亚建交。同时，中国对非洲积极开展援助。1965 年至 1969 年期间，中国对非援助总额就高达 2 亿美元，主要用于诸如坦桑尼亚、赞比亚以及几内亚等国的建设。1967 年，中国决定援建全长 1860.5 公里的坦赞铁路，中国政府提供无息贷款 9.88 亿元人民币。坦赞铁路由中国专家勘测设计，坦、赞两国政府组织施工。

到 1969 年底，同中国建交的国家已达 50 个。

20世纪70年代

20 世纪 70 年代，影响最大的事件是 1971 年 10 月恢复了中华人民共和国在联合国的合法席位。在那之前，中国先后与赤道几内亚、埃塞俄比亚、尼日利亚、喀麦隆、塞拉利昂建交。此前与中国断交的两个国家突尼斯和布隆迪也已与中国恢复了外交关系。1971 年 10 月联合国第 26 届大会前，与中国建交的国家为 63 个。

在 1971 年 10 月的联合国第 26 届大会上，23 个国家提案恢复中华人民共和国在联合国的合法席位，其中一半为非洲国家。在投票中，新中国得到包括非洲 26 票在内的 76 票支持，成功恢复了新中国在联合国的合法席位。

新中国恢复联合国席位和安理会常任理事国席位后，国际地位大大提升，建交速度加快，先后和卢旺达、塞内加尔、毛里求斯、多哥、马达加斯加、乍得、几内亚比绍、加蓬、尼日尔、冈比亚、博茨瓦纳、莫桑比克、圣多美和普林西比、科摩罗、佛得角、塞舌尔、利比里亚、利比亚、吉布提建交，此前在 1966 年与中国中断外交关系的加纳，也在 1972 年 2 月与中国复交。到 1979 年底，同中国建交的国家已达 120 个，中国的朋友遍及五大洲，国际地位空前提高。

1965 年，中国和乌干达政府签订协议，承诺 5 年内向乌干达政府提供 430 万英镑的长期无息贷款，用于建设水稻农场、茶园、纺织厂、轮胎厂、造纸厂、钢铁厂、商店，以及国家运动场等项目。1973 年，乌干达总统阿明在中国援助的奇奔巴农场工地召开驻乌所有外交使节会议。他对这些外国使节说："你们看中国专家住的是工棚，亲自参加劳动，你们的专家住的是城市高楼大厦，工作上是指手画脚，实际上你们是拿我们的多，给我们的少。你们看中国人是怎么干的。"①

1974 年 2 月，毛泽东主席在会见赞比亚总统卡翁达时，第一次正式对外阐明了"三个世界"理论，该理论成为这一时期中国对非援助的总指导。第三世界是广大发展中国家，它们受压迫最深，反对压迫、谋求解放和发展的要求最强烈，是反帝、反殖、反霸的主要力量。

1974 年 4 月，时任中共中央副主席、国务院副总理、中央军委副主席兼总参谋长邓小平率领中国代表团出席联合国第六次特别会议，阐述了中国对世界局势和建立国际经济新秩序的主张，受到与会各国的热烈欢迎。

整个 70 年代，中国与 25 个非洲国家建交，并对许多非洲国家进行了无偿经济援助。1976 年，坦赞铁路历时 6 年建成通车。中国在 6 年中先后派出 5 万工程技术人员参与建设坦赞铁路，共有 70 人牺牲。1977 年，中国援建的可容纳 3 万观众的索马里标志性建筑"摩加迪沙体育场"竣工。

20世纪80年代

20 世纪 80 年代，中国正处于改革开放初期。中国政府对非洲国家政府的无偿援助仍维持一定额度，卫生援助增加，大半非洲国家都有了中国医疗队。中国对非援助方式开始发生变化，这也加速了中国和非洲国家开展经济技术合作的步伐。

1982 年 12 月 20 日至 1983 年 1 月 17 日，时任中国国务院总理赵紫阳访问埃及、阿尔及利亚、摩洛哥、几内亚、加蓬、扎伊尔［现刚果（金）］、刚果（布）、赞比亚、津巴布韦和肯尼亚等非洲 11 国。访问期间，赵紫阳宣布了中国与非洲国家开展经济技术合作的四项原则。中非双方经济技术合作进入新阶段。中非经济技术合作四项原则如下。

1. 中国同非洲国家进行经济技术合作，遵循团结友好、平等互利的原则，尊重对方的主权，不干涉对方的内政，不附带任何政治条件，不要求任

---

① 宋微、尹浩然：《谁才是真心实意的对非援助者?》，《历史评论》2022 年第 1 期。

何特权。

2. 中国同非洲国家进行经济技术合作，从双方的实际需要和可能条件出发，发挥各自的长处和潜力，力求投资少、工期短、收效快，并能取得良好的经济效益。

3. 中国同非洲国家进行经济技术合作，方式可以多种多样，因地制宜，包括提供技术服务、培训技术和管理人员、进行科学技术交流、承建工程、合作生产、合资经营等。中国方面对所承担的合作项目负责守约、保质、重义。中国方面派出的专家和技术人员，不要求特殊的待遇。

4. 中国同非洲国家进行经济技术合作，目的在于取长补短，互相帮助，以利于增强双方自力更生的能力和促进各自民族经济的发展。

整个 20 世纪 80 年代，中国在非洲的劳务合作和承包工程营业额达 25 亿多美元。中非年均贸易额也发展到约 10 亿美元。

1986 年 3 月 17 日至 27 日，时任中国国家主席李先念访问埃及、索马里、马达加斯加。这是中国国家主席首访非洲。

1986 年 7 月 26 日，时任中国国务院总理赵紫阳应邀对突尼斯进行正式访问。

1989 年 12 月 18 日至 23 日，时任中国国家主席杨尚昆访问埃及。

此外，中国在 80 年代分别同津巴布韦、安哥拉、科特迪瓦和莱索托建交。

20世纪90年代

1991 年 7 月 2 日至 6 日，时任中国国务院总理李鹏访问埃及。

1992 年 6 月 29 日至 7 月 11 日，时任中国国家主席杨尚昆对摩洛哥、突尼斯和科特迪瓦进行国事访问。

杨尚昆在科特迪瓦访问时阐述了在新形势下中国同非洲国家关系的六项原则。

1. 中国支持非洲各国为维护国家主权、民族独立、反对外来干涉和发展经济所作的各种努力。

2. 中国尊重非洲各国根据自己国情选择政治制度和发展道路。

3. 中国支持非洲国家加强团结合作，联合自强，通过和平协商解决国与国之间的争端。

4. 中国支持非洲统一组织为谋求非洲大陆的和平稳定和发展以及实现经济一体化所作的努力。

5. 中国支持非洲国家作为国际社会平等的成员，积极参与国际事务和为建立公正合理的国际政治、经济新秩序而进行的努力。

6. 中国愿意在互相尊重主权和领土完整、互不侵犯、互不干涉内政、平等互利、和平共处五项原则的基础上，发展同非洲各国的友好往来和形式多样的经济合作。

1995 年 7 月 19 日至 8 月 4 日，时任中国国务院副总理朱镕基访问坦桑尼亚、毛里求斯、津巴布韦、博茨瓦纳、纳米比亚、赞比亚。朱镕基指出，为扩大中国同非洲国家间的经济合作规模，提高援助项目的经济和社会效益，今后中国希望把援助重点放在受援国有需要、又有资源的中、小型生产项目和社会福利项目上；政府积极鼓励和推动双方企业通过合资、合作经营，在两国经贸合作中发挥更大的作用；采取由政府贷款，银行提供优惠贷款等方式，尽可能调动和利用多种渠道的资金发展经贸合作；以承包、劳务等多种办法，进一步扩大合作领域的合作，以期谋求共同发展。

1995 年 10 月 3 日至 5 日，时任中国国务院总理李鹏访问摩洛哥。

1996 年 5 月 8 日至 22 日，时任中国国家主席江泽民对肯尼亚、埃塞俄比亚、埃及、马里、纳米比亚和津巴布韦进行国事访问。

在埃塞俄比亚访问期间，江主席应邀在非洲统一组织总部发表了题为《为中非友好创立新的历史丰碑》的主旨演讲。关于中非经贸合作关系，江主席宣布："中国坚定不移地支持非洲国家发展经济的努力，继续提供力所能及、不附加任何政治条件的政府援助；双方积极配合，通过合资、合作等方式振兴中国提供的传统援助项目；鼓励双方企业间的合作，特别要推动有一定实力的中国企业、公司到非洲开展不同规模、领域广泛、形式多样的互利合作，在合作中坚持守约、保质、重义等原则；拓宽贸易渠道，增加从非洲的进口，以促进中非贸易均衡、迅速发展。"①

1999 年 1 月 23 日至 2 月 4 日，时任中国国家副主席胡锦涛访问马达加斯加、加纳、科特迪瓦、南非。

1999 年 11 月 15 日至 25 日，中国全国人大常委会委员长李鹏访问毛里求斯、南非、肯尼亚。

中国在 20 世纪 90 年代分别同纳米比亚、厄立特里亚和南非建交。中国曾在 1994 年与莱索托复交（双方 1990 年断交）、1996 年与尼日尔复交（双方 1992 年断交）、1993 年与利比里亚复交（双方 1989 年断交）、1998 年与中非共和国复交（双方 1991 年断交）、1998 年与几内亚比绍复交（双方 1990 年断交）。

21世纪初

2000 年 10 月 10 日至 12 日，中非合作论坛第一届部长级会议在北京隆重举行。时任中国国家主席江泽民、国务院总理朱镕基、国家副主席胡锦涛，以及多哥总统埃亚德马、阿尔及利亚总统布特弗利卡、赞比亚总统奇卢巴、坦桑尼亚总统姆卡帕、非洲统一组织秘书长萨利姆分别出席开幕式和闭幕式。44 个非洲国家的 80 余名部长、17 个国际机构和非洲地区组织的代表，以及部分非洲企业界人士应邀与会。会议通过了《中非合作论坛北京宣言》和《中非经济和社会发展合作纲领》，为中国与非洲国家在 21 世纪发展长期稳定、平等互利的新型伙伴关系确定了方向。

2000 年，中非贸易额首次突破 100 亿美元大关。

2001 年，中国加入世界贸易组织。

2001～2009 年这一时期，中国经济快速发展，在 2009 年成为非洲最大

---

① 中共中央文献研究室编《江泽民论有中国特色社会主义（专题摘编）》，中央文献出版社，2002，第 552 页。

贸易伙伴，并维持至今。中国对非政策调整为"坚持传统友好，推动中非关系新发展；坚持互助互利，促进中非共同繁荣；坚持密切合作，维护发展中国家权益"。这是时任中国国家主席胡锦涛 2004 年访非时提出的。

2000 年 4 月 24 日至 27 日，时任中国国家主席江泽民访问南非。

2001 年 1 月 17 日至 20 日，时任中国国家副主席胡锦涛访问乌干达。

2002 年 4 月 13 日至 18 日，时任中国国家主席江泽民对利比亚、尼日利亚和突尼斯进行国事访问。

2002 年 4 月 19 日至 26 日，时任中国国务院总理朱镕基访问埃及和肯尼亚。

2002 年 8 月 25 日至 9 月 6 日，时任中国国务院总理朱镕基对阿尔及利亚、摩洛哥、喀麦隆进行了正式访问，对南非进行了工作访问。

2004 年 1 月 29 日至 2 月 4 日，时任中国国家主席胡锦涛对埃及、加蓬和阿尔及利亚进行国事访问。

2005 年，中非贸易额达到 397.4 亿美元，比 2000 年翻了两番。

2006 年 1 月 12 日，中国政府发表了《中国对非洲政策文件》，这是中国首次以政策文件的方式全面阐述对非政策。中国倡导建立和发展政治上平等互信、经济上合作共赢、文化上交流互鉴的中非新型战略伙伴关系，得到了非洲国家的积极响应。

2006 年 4 月 24 日至 29 日，时任中国国家主席胡锦涛对摩洛哥、尼日利亚和肯尼亚进行国事访问。

2006 年 6 月 17 日至 24 日，时任中国国务院总理温家宝访问埃及、加纳、刚果（布）、安哥拉、南非、坦桑尼亚和乌干达。

2006 年 11 月，中非合作论坛北京峰会举行。这是中非关系史上规模最大、级别最高、与会非洲国家领导人最多的外事活动。与会人员包括来自非洲 48 个国家的 35 位元首、6 位政府首脑、1 位副总统和 6 位高级代表，200 多位部长，以及联合国、非盟等 24 个国际及地区组织的代表，共计 5000 余人。值得注意的是，中方还邀请了 5 个当时与中国没有外交关系的非洲国家的官员出席。会上通过了《中非合作论坛北京峰会宣言》和《中非合作论坛——北京行动计划（2007—2009 年）》，对今后中非关系发展具有重要指导意义。

2007 年 1 月 30 日至 2 月 10 日，时任中国国家主席胡锦涛对喀麦隆、利比里亚、苏丹、赞比亚、纳米比亚、南非、莫桑比克、塞舌尔进行国事访问。

2009 年 2 月 12 日至 17 日，时任中国国家主席胡锦涛对马里、塞内加尔、坦桑尼亚、毛里求斯进行国事访问。

在 2009 年中国成为非洲最大贸易伙伴后，非洲对华期望值上升，中方承诺将在力所能及的范围内继续增加对非援助、减免非洲国家债务、扩大对非贸易和投资。

在这一时期，2003 年中国与利比里亚复交（双方 1997 年断交）、2005 年中国与塞内加尔复交（双方 1996 年断交）、2006 年中国与乍得复交（双方 1997 年断交）。2007 年，中国与马拉维建交。2011 年，中国与新成立的国家南苏丹建交。

2013年至2022年

习近平于 2013 年 3 月当选中国国家主席后，先后四次访问非洲，包括 2013 年 3 月到访坦桑尼亚、南非和刚果（布）；2015 年 12 月到访津巴布韦和南非；2016 年 1 月到访埃及；2018 年 7 月到访塞内加尔、卢旺达、南非和毛里求斯（过境访问），共对 8 个非洲国家进行了访问（其中访问南非 3 次）。

习近平在首次以中国国家主席身份出访时来到坦桑尼亚，阐述了真实亲诚对非政策理念，提出了正确义利观，并将中非关系概括为"中非命运共同体"。

2015 年，习近平主席再访非洲时，中国发表了第二份《中国对非洲政策文件》。这个文件旨在宣示中国对非政策的目标及措施，规划今后一段时期双方在各领域的合作，推动中非关系长期稳定发展、互利合作不断迈上新的台阶。

中国是世界上最大的发展中国家，追求和平发展，奉行独立自主的和平外交政策，愿在和平共处五项原则基础上，同所有国家发展友好关系。非洲是发展中国家最集中的大陆，是实现世界和平与发展的一支重要力量。新形势下中非传统友好关系面临新的发展机遇。真诚友好、平等互利、团结合作、共同发展是中非交往与合作的原则，也是中非关系长盛不衰的动力。

2014年是周恩来总理访问非洲50周年，2014年5月4日至11日，中国国务院总理李克强首访非洲，对埃塞俄比亚、尼日利亚、安哥拉、肯尼亚进行正式访问。访问期间，李克强还访问了非盟总部，并首次在中国援建的非盟会议中心里发表演讲，提出新时期的中非合作框架。

2017年10月，习近平总书记在中共十九大报告中明确提出中国将加大对外援助力度，"促进缩小南北发展差距"。为此，中国加大了对非洲的官员培训力度、增加了来华奖学金名额、加强了政党交流，但是在此过程中只进行经验分享，绝不输出模式，非洲国家可根据实际情况自主选择中国的发展经验以借鉴，中国"不会要求别国'复制'中国的做法"。

2018年9月3日至4日，以"合作共赢，携手构建更加紧密的中非命运共同体"为主题的中非合作论坛北京峰会成功举行。40位非洲国家元首、10位政府元首，1位副国家元首以及非盟委员会主席在北京共商中非合作发展大计。

2016年3月17日，中国与冈比亚复交（双方1995年断交）。2016年12月26日，中国与圣多美和普林西比复交（双方1997年断交）。至此，非洲54个国家中仅斯威士兰没有和中国建立外交关系。

除了元首外交和政府首脑外交，中国也积极开展议会外交。全国人大常委会委员长栗战书于2018年5月9日至18日，对埃塞俄比亚、莫桑比克和纳米比亚进行访问。全国政协主席汪洋在2018年6月11日至19日对刚果（布）、乌干达、肯尼亚进行访问。

自1992年起，中国外交部部长年度首访均安排在非洲，这已成为中国的外交惯例，一直延续至今。

新冠疫情期间的中非"云外交"

新冠疫情时期，作为大国外交的特殊安排，"云外交"成为一种新的外交方式，包括云视频多边会议、双边会议、元首视频会晤、元首电话会晤、致贺电贺信等。

屏屏相见，美美与共。在中非团结抗疫特别峰会云视频会议上，习近平主席提出"继续向非洲国家提供物资援助、派遣医疗专家组""加快中非友好医院建设和中非对口医院合作"等一系列援非抗疫举措，让非洲国家感受到兄弟无远的中国情谊，也让国际社会感受到团结抗疫的中国担当。通过一次次"云外交"，一架架运载着应急抗疫物资的航班从中国起飞，为全球战"疫"注入中国力量。马里卫生领域专家卡利卢·迪亚拉表示，在马里确诊首例新冠肺炎病例之前，中国捐助的第一批抗疫物资就已抵达，这对马里这样一个公共卫生医疗系统非常脆弱的非洲内陆国家至关重要。

习近平主席多次在"云外交"中表达了中方秉持"人类命运共同体"理念，愿同各国分享疫情防控的有益做法、开展药物和疫苗联合研发的意愿，并承诺将向出现疫情扩散的国家提供力所能及的援助。在同加纳总统阿库福-阿多互致的贺电中，习近平主席指出，新冠疫情发生以来，中方同包括加纳在内的非洲国家守望相助，共同抗击疫情，展现了中非患难与共的兄弟情谊。①

2021年11月29日，习近平主席以云端致辞方式，出席中非合作论坛第八届部长级会议开幕式，并发表题为《同舟共济，继往开来，携手构建新时代中非命运共同体》的主旨演讲。根据在会议之前由中非双方共同制订的《中非合作2035年愿景》，作为愿景首个三年规划，中国将同非洲国家密切配合，共同实施"九项工程"。习近平主席说："我相信，在中非双

---

① 《习近平同加纳总统阿库福-阿多互致贺电》，《经济日报》2020年7月6日，第1版。

方共同努力下，这次中非合作论坛会议一定能够取得圆满成功，凝聚起中非27亿人民的磅礴力量，推动构建高水平中非命运共同体。"①

　　以"云"为帆，破浪前行。习近平主席在一次次"云外交"中，为全球携手抗击疫情、世界经济稳步复苏、人类建设美好未来贡献中国智慧、中国力量、中国方案，让世界看到了中国作为一个负责任大国的担当。

---

① 习近平：《习近平谈治国理政》（第四卷），外文出版社，2022，第449页。

共情抗疫篇

在华非洲人同心抗疫

金 浩

作者简介：

金浩，1997 年中国汇凯集团有限公司派驻科特迪瓦首席代表，毛里塔尼亚华人商会常务副会长，西非中国和平统一促进会副秘书长，《西非华声》杂志主编，世界百家姓总会常务副会长，湖北非洲商会副会长，中国侨联海外委员，湖北省侨联海外委员，江苏省侨联海外委员，贵州省侨联海外委员，荆州市政协委员，荆州市侨界青年联合会会长。

2020 年 2 月 10 日，中国外交部发言人耿爽主持网上例行记者会时表示，在抗击新冠疫情的关键时刻，非洲朋友给予中方的有力支持，展现了中非患难与共的兄弟情谊。当时，在武汉的埃塞俄比亚学生联合会发表支持中国、支持武汉的公开倡议书，一些在华非洲留学生主动"请战"前往救治一线或赴火车站等地担任志愿者。经过这次疫情的洗礼，中非人民的友好情谊更加深厚，中非命运共同体更加牢固。

本文讲述的是十几个感动中非双方的在华非洲人和中国民众同心抗击新冠疫情的故事。

贝宁人莱东翰申请加入抗疫队伍

"我郑重向医院提出申请，要求加入医院组织的春节期间抗击新型冠状病毒的应急队伍，学习白求恩精神，同时志愿坚守在抗击病毒的第一线，为赢得抗击病毒战斗的胜利，保卫中国人民群众的生命健康安全，贡献自己的一份力量！"2020年1月29日上午，一封中英双语的"请战书"被送到江西南昌进贤县人民医院副院长周国进手中，递交这份"请战书"的是来自非洲贝宁的留学生莱东翰。

莱东翰在南昌大学临床系毕业后，又考取了苏州大学硕士研究生。2019年1月，莱东翰来到进贤县人民医院实习。实习期间，副院长周国进把莱东翰接到自己家中过中国春节。3个月的实习期结束后，莱东翰依依不舍离开进贤，回到苏州继续上学。

2020年一放寒假，莱东翰又到南昌过春节。但新冠疫情让他"留"在了进贤。莱东翰看到同事们纷纷请战去疫情防控一线，也毫不犹豫地写下了"请战书"。"在这么紧张严峻的时刻，需要大量的医护人员在抗击病毒的第一线。我来中国留学已经有8年了，中国对于我来说，就是我的第二个家乡。"莱东翰说，作为一名骨科的医学研究生，他深知自己所肩负的责任。"我要为中国人民服务。为武汉加油！为中国加油！"①

科特迪瓦留学生为抗疫捐款

东北财经大学有128位非洲留学生。他们来自30多个非洲国家。疫情暴发时，共有42名非洲留学生留在校内。他们都希望尽自己的力量支持中国抗击疫情。2020年2月22日，阿卡杰、扎娅等非洲留学生代表来到大连市慈善总会，捐款19930元人民币，同时还送来了一封信，信中写道："我们是中非使者，在这关键时刻，不论宗教、文化、国籍，我们都应该扮演积极的角色，支援中国政府，支援武汉和湖北人民。我们应该感谢中国政府，特别是奋战在一线的医护人员，感谢他们为抗击疫情做出的巨大牺牲和不懈

---

① 《非洲留学生的抗"疫"请战书：为中国人民服务》，中新网，2020年1月29日，https://www.chinanews.com.cn/sh/2020/01-29/9072802.shtml，最后访问日期：2023年9月15日。

努力！"

阿卡杰是科特迪瓦人，他和其他 8 位科特迪瓦同学一起捐赠了 2300 元人民币。扎娅是东北财经大学唯一一名乍得籍学生，此次疫情中，她捐款500 元人民币。

除了捐款，非洲留学生们还纷纷通过各类社交网络平台写下祝福，表达对武汉和中国的支持和声援。"我们为你祈祷。在这个艰难时刻，我们和你在一起。"乌干达留学生阿蒙写道。"众志成城，我们定能取得胜利。"喀麦隆留学生尼古拉斯说。

非洲留学生群体还积极加入学校留学生防疫志愿者团队，帮忙做翻译，为留学生同学分发口罩等防疫物资，共同传递战"疫"的正能量。

安哥拉人秦朋和用专业技术抗疫

秦朋和是安哥拉人。他 2014 年来到中国，成为浙江师范大学生物技术专业的一名留学生。毕业后，他成为深圳华大基因公司"火眼"实验室技术团队的一员。2020 年 2 月起，华大基因公司"火眼"实验室的所有技术人员齐心协力、加班加点检测送来的核酸样本，为抗疫立下了卓越功勋。

秦朋和说："我经常向母亲介绍中国采取的各种抗疫举措，告诉她我在中国很安全，中国一定会战胜疫情。中国政府决策果断，民众积极配合，迅速有效遏制住了疫情。"[1]

"2020 年 5 月，我又回到了非洲。当时，我是随我们的'火眼'实验室技术团队来到非洲国家加蓬的。我们仅用了 1 个月左右的时间搭建起实验室。整个实验室每天可以检测 1 万份核酸样本。"秦朋和说，"我们团队的 9位成员来自不同国家，但大家像兄弟般相处融洽。我虽然来自非洲，但因为能讲一口流利的汉语，引起了很多当地人的好奇。他们都问我是不是在中国

---

① 《在携手抗疫中深化中非友谊》，《人民日报》2020 年 8 月 31 日，第 17 版。

长大的，也很羡慕我能有机会参与如此重要的任务。"①

华大公司还在秦朋和的祖国安哥拉建立了 5 个"火眼"实验室，安哥拉也因此成为拥有"火眼"实验室最多的非洲国家。秦朋和说："我有幸参与其中，感到无比自豪。我的家人也都以我为荣。希望早日战胜疫情，到时我就能回到家乡拥抱我的母亲了。"②

"钢铁侠"志愿者服务队

新冠疫情在武汉出现后，中国地质大学（武汉）的贝宁籍博士生大明和 22 位非洲留学生组成志愿者服务队——"钢铁侠"，以保障校内约 400 位外国留学生的生活和防疫物资需求。"钢铁侠"志愿者服务队的成员来自贝宁、尼日利亚、坦桑尼亚等 13 个非洲国家。

"钢铁侠"志愿者服务队发起人大明说："我在武汉已经生活了 6 年，武汉就是我的家乡，如果我的家'生病'了，我一个人回去，又怎么能开心得起来？"当时他发现，学校老师们也放弃回家过年，留了下来，在宿舍楼来回穿梭，安排留校学生的各项事宜。所以他决定和老师们一起保护共同的"家"。

"钢铁侠"志愿者服务队的马达加斯加籍国际学生宋多喜，专门为武汉改编了一首抗疫歌曲《武汉，你并不孤单》，以表达对武汉的支持。他说，中国用自己的行动向全世界诠释团结抗疫的力量。

2020 年 4 月底，大明与学校国际教育学院近 20 位外籍志愿者，用了不到 10 天的时间，翻译了两本手册——《方舱庇护医院建设运营手册》和《新冠应急医院建设运营手册》，将当时中国的抗疫经验告诉世界。

津巴布韦留学生在广西当志愿者

由于新冠疫情的蔓延，大量医护人员主动加入抗疫队伍，中国人民齐心

---

① 《在携手抗疫中深化中非友谊》，《人民日报》2020 年 8 月 31 日，第 17 版。
② 《在携手抗疫中深化中非友谊》，《人民日报》2020 年 8 月 31 日，第 17 版。

抗疫的凝聚力，令广西财经大学的非洲留学生蒙亚深受感动。蒙亚是津巴布韦人。他决定留在中国当一名志愿者，在春节期间和铁路工作者一起参与抗疫，尽自己所能，防止疫情蔓延。于是，他在广西玉林火车站干起了消毒工，给车站里里外外消毒。

蒙亚说："为控制疫情，中国采取了超常规的有力措施。我从中国媒体上了解到预防新型冠状病毒的方法。中国政府和普通民众都在齐心协力应对疫情，并且得到国际社会的认可和支持。疫情信息透明和防治方法科学，这让我有理由相信，中国有能力战胜这次疫情。"①

蒙亚在参与疫情防控的同时，还与中国铁路南宁局集团公司玉林车务段的员工李峪钊一起，联手创作了一首与抗疫有关的歌。蒙亚与李峪钊在一次说唱音乐会上相识，经过几次交流与外出演出，共同的爱好和相同的音乐理念，使两人结下深厚的友谊。起初，两人只能靠翻译软件来维持日常交流，李峪钊随身携带英文词典，英语口语能力不断提高，与蒙亚之间的沟通也不再是障碍。李峪钊还邀请蒙亚到家里一起过春节。蒙亚说："我们想用歌曲的方式支持武汉，鼓舞正在与疫情战斗的民众。"②

"洋雷锋"志愿者米莱

津巴布韦小伙米莱在浙江科技学院学习不到 3 年，但能说一口流利的汉语。他特别热心公益活动，被他的中国朋友称作"洋雷锋"。"2017 年，我来杭州上大学，加入了学校公益组织'雷锋连'，陆续参加了许多公益活动。"米莱对中国朋友给他的称呼颇为自豪。

米莱通过媒体注意到，远在千里之外的广西玉林，有一位名叫蒙亚的津巴布韦老乡在那做志愿者。在报道中，那位平日里的业余说唱歌手蒙

---

① 《爱心不分国界！这位非洲小哥在玉林火车站参与抗疫成网红》，澎湃，2020 年 2 月 5 日，https：//www.thepaper.cn/newsDetail_forward_5795629，最后访问日期：2023 年 5 月 26 日。
② 《爱心不分国界！这位非洲小哥在玉林火车站参与抗疫成网红》，澎湃，2020 年 2 月 5 日，https：//www.thepaper.cn/newsDetail_forward_5795629，最后访问日期：2023 年 5 月 26 日。

亚，穿起了防护服，背上了消毒喷洒壶，与同伴一起在玉林火车站里工作。米莱说："蒙亚是我的学习榜样。其实在防疫期间，所有中国人都在以自己的方式参与其中，社区大爷大妈都在坚持，我也一定行！"很快，米莱也成为杭州火车站春运服务的志愿者，与同事们一起服务社会，同心抗疫。

目前，米莱仍在做志愿服务。由他参与创建的"留下带路"公益服务平台已召集近百个国家的志愿者。"这个平台旨在帮助有志公益事业的外国在华留学生更好更快地融入中国。"

米莱在参与志愿服务的同时，还用英语撰文，向在各个岗位奋勇抗疫的中国民众表达敬意，并且驳斥网上那些抹黑中国抗疫的不实言论。之后，他又积极参与学校疫情期间留学生管理和协调工作。

尼日利亚的欧莱德既当志愿者又献血

戴上口罩，穿上防护服，套上红马甲，手持额温枪——欧莱德的志愿者工作开始了。作为南京市栖霞区马群街道蛇盘社区的一名社区防疫志愿者，欧莱德和他的同事负责在小区出入口为来往居民测温，为从其他地区返回小区的外籍居民登记信息。

2020年2月，欧莱德主动报名成为一名社区防疫志愿者。他说："一开始，居民们看到我还会露出惊讶的神色，后来，他们经常对我竖起大拇指，有时还会用南京话和我打招呼。虽然我们都戴着口罩，但我始终能感受到来自社区居民的善意。我的志愿者工作持续到3月。有一天，我听同事说，由于疫情等原因导致献血人数骤减，血站库存告急。我立即报名参加献血。"[1]

欧莱德表示，"疫情防控期间，中国实行迅速、有力的抗疫举措，中国人民众志成城、积极配合，有效遏制住疫情的蔓延，为全球抗疫作出了重要贡献。新冠疫情在全球蔓延，我的祖国尼日利亚也受到疫情冲击。我通过媒体了解到，

---

① 《在携手抗疫中深化中非友谊》，《人民日报》2020年8月31日，第17版。

中国政府向尼日利亚捐赠抗疫物资，尤其对弱势群体提供帮助。来自中国的帮助和支持非常珍贵，我相信，尼中两国携手一定能够战胜疫情。毕业后，我希望有机会进入中国的制药企业，利用我在中国所学为非中合作抗疫贡献力量"①。

喀麦隆人彼得做心理辅导志愿者

在中国学习生活 3 年后，彼得于 2019 年年底正式成为湖北工业大学国际学院的一名辅导员。不久，31 岁的彼得与 500 多名国际学生一起在武汉度过了艰难的抗疫时光。

新冠疫情在武汉出现后，彼得主动申请协助学校开展防疫工作，成为一名校园防疫志愿者。彼得和两名中国老师一起承担着国际学生宿舍片区的消杀任务。每天早上 9 时，他们身穿学校提供的工作服，背起重达 25 公斤的喷药桶，逐层喷洒消毒液。"消毒液的味道很浓，一趟走下来，不仅腰酸腿疼，就连嗅觉都要失灵了。"彼得说。

除了消毒工作，彼得还当上了在校留学生的"心理辅导员"。彼得回忆说，疫情防控中，有时他一天会接到 20~30 个求助电话，"我会尽己所能帮他们解决困难，为他们树立战胜疫情的信心"。每次与学生通电话，他都会详细介绍武汉等地为战胜疫情做出的各种努力，不厌其烦地提醒学生们少出门、少聚集，房间勤通风，出门戴口罩。在彼得的影响下，一些留学生纷纷申请成为志愿者，协助他开展工作。来自孟加拉国的宋一和安图放弃回国计划，主动留下帮助彼得采购生活物资、参与校园夜间巡逻。

当时，彼得还向远在喀麦隆的朋友们分享中国的抗疫经验，并为家乡筹措防疫物资。

尼日利亚人穆斯塔法

6 年之间，长春中医药大学临床医学专业的尼日利亚籍学生穆斯塔法经

---

① 《在携手抗疫中深化中非友谊》，《人民日报》2020 年 8 月 31 日，第 17 版。

历了两次疫情：一次是 2014 年西非埃博拉疫情，他目睹了人间疾苦，立志学医；另一次是新冠疫情，他在中国学医并亲身参加抗疫。

穆斯塔法本打算利用这个寒假完成在医院的实习，再去短途旅行，但新冠疫情打乱了他的计划，让他不得不转入忙碌的战"疫"时期。疫情发生后，学校每天为大家测量体温，对宿舍楼进行消毒，免费为留学生发放口罩。作为班长，穆斯塔法承担起了许多工作，例如，统计大家需要的食品和生活用品，集中在网上下单，集中配送。有的留学生对疫情产生了恐慌，他又当起了"心理医生"。每天，他都会查看疫情数据。他说："我更关注治愈的病例数据，这让人看到希望。"穆斯塔法还鼓励同学们在宿舍看电影、看书、学厨艺，利用假期为自己"充电"。

为了让大家更好配合疫情防控，穆斯塔法和同学们一起拍摄了防疫小视频。他们将为留学生制作的提高防疫意识、做好防疫措施的中英文双语视频作品发到抖音等社交媒体，广受关注和好评。当然，他也挂念远在尼日利亚的家人和朋友，不时把有价值的防疫视频分享给他们。"中国和非洲在联手抗击疫情，我和家人们都有信心。"

突尼斯人爱德为中国抗疫点赞

2020 年 2 月上旬，浙江师范大学非洲研究院非洲教育与社会发展专业的突尼斯籍博士研究生爱德见证了中国抗疫的努力，有感而发写了一篇题为《爱国主义在中国》的文章。

文章说，中国人民在许多方面都表现出了团结一致的精神。中国采取了很多强有力的措施，努力与世界上其他国家合作。

文章中说，中国政府最关心的是人的生命。中国政府只有一个使命，就是服务和保护好在华民众，不管他们是中国人还是外国人，同时要抗击疫情，保护好世界上其他地区。

爱德告诉非洲同胞："亲爱的读者，你明白了吗？中国崛起和繁荣的真正秘诀是什么？不仅在于国力，或者说是经济、技术和工业的发展，更在于中国政府和人民之间伟大的契约精神和相互理解，这使得政府与人民之间的全面合作没有障碍。中国值得我们学习的地方有很多，而这次是关于爱国主义的！"①

非洲留学生在东北抗疫

沈阳师范大学曾收到一封特别的感谢信，写信的人是来自非洲布隆迪的留学生钱博文。他在信中写道："新冠疫情防控期间，中国的万众一心，中国人的团结、温暖和爱，学校对留学生的关心和照顾……每一天都深深地感动着我。在此，我要对中国说，有您的照顾、关心和保护，我们一定能够在这里安安全全、安安心心地生活。"②

来自赞比亚的留学生穆磊磊就读于辽宁石油化工大学。疫情期间，他建立了中非交流微信群，为学校和非洲留学生搭建了"不见面"的沟通平台。学校通过微信群持续发布了新冠疫情防控知识，呼吁留学生减少外出、自觉保持社交距离、在外地的学生留在原地防疫。

非洲留学生们纷纷积极响应，配合防疫工作。来自苏丹的秦文杰因去看望朋友而被隔离在沈阳市沈河区永环社区，他便主动要求加入社区志愿者队伍，每天在小区门口站岗执勤，成为社区疫情防控工作中一道独特的风景线。辽宁工程技术大学的尼日利亚留学生温和加入志愿者队伍，承担起在校国际学生的体温测量和留学生公寓消毒消杀工作。他说："在困难时期，学校时刻惦记、关心我们，让我们备感温暖。与中国老师一起抗击疫情，我每天都被鼓励和信心所包围，感到非常快乐！"③

---

① 《浙师大非洲留学生写长文为中国抗疫点赞加油》，浙江新闻，2020 年 2 月 11 日，https：//zj. zjol. com. cn/news. html？ id＝1385270，最后访问日期：2023 年 5 月 26 日。

② 《非洲留学生讲述中国高校抗疫故事》，新浪网，2020 年 6 月 17 日，https：//news. sina. com. cn/o/2020－06－17／doc－iircuyvi8950240. shtml，最后访问日期：2023 年 5 月 26 日。

③ 《非洲留学生讲述中国高校抗疫故事》，新浪网，2020 年 6 月 17 日，https：//news. sina. com. cn/o/2020－06－17／doc－iircuyvi8950240. shtml，最后访问日期：2023 年 5 月 26 日。

非洲留学生记录武汉抗疫实情

2020 年 2 月底，来自非洲厄立特里亚的留学生和诺和其他 8 位外国留学生、教师共同记录了疫情期间的所见所闻所思，讲述中国抗击疫情的故事。

34 岁的和诺在 2011 年来到中南财经政法大学金融学院攻读硕士学位，毕业后回到自己国家的大学任教。2017 年，他再次来到中南财经政法大学，攻读博士学位。

"我与武汉紧密相连。武汉见证了我的成长。我的很多朋友都在武汉。"和诺表示，"武汉是我的第二故乡。故乡的疫情让我很牵挂，我要尽力做点事。"

后来，和诺和华中师范大学的其他 8 位留学生、教师以细腻的情感，讲述非洲留学生、社区工作者、医护人员的抗疫故事，真实还原了疫情期间自己和武汉人民的抗疫生活。

塞拉利昂姑娘玛丽亚用歌声助力抗疫

塞拉利昂歌手玛丽亚 2004 年来到中国，并为中非网友所熟悉。她曾经当选为世界小姐非洲区冠军，参加过星光大道总决赛，是中非爱心大使，2008 年汶川地震时，玛丽亚是第一个进入四川灾区的外籍志愿者。

"武汉关闭离汉通道时，我在北京。面对疫情，我没有感到害怕。"玛利亚坚定地说，"2008 年汶川大地震时，作为最早到达汶川灾区的外国志愿者之一，我和中国救援队负重跋涉 5 个多小时到达灾区，陪伴和帮助灾区的孩子们，和他们做游戏，给他们讲故事。中国人经常说'在一起'、'不放弃'。我相信没有什么困难能击倒中国人民。"[1]

2020 年，她再次成为志愿者，手臂上戴着"志愿者"袖章，这次是抗

---

[1] 《非洲青年的在华抗疫故事》，搜狐网，2020 年 5 月 21 日，https://www.sohu.com/a/396807936_565998，最后访问日期：2023 年 5 月 26 日。

疫。有了在汶川做志愿者的经历，玛丽亚更有信心为疫情防控竭尽所能。她在北京朝阳区一社区入口协助社区为居民检查证件、测量体温，经常一站就是 2~3 个小时。

玛丽亚有《谢谢你中国》专辑和《一带一路》MV 等作品。面对疫情，她通过创作和参与《加油中国》《让世界充满爱》音乐视频的拍摄，用音乐传播同心抗疫的理念和信心。

"我十几岁就来到中国。中国成就了我。我当然要为中国做些力所能及的事。"疫情防控期间，玛丽亚还联络了几十位驻华使节夫人共同为中华慈善总会捐款抗疫。

南非医生辛成乐传播中国防疫经验

"我是温州培养出来的医生，是这座城市成就了现在的我。"从南非来到中国已经 9 年的布雷特·林德尔·辛格医生，中文名叫辛成乐，就职于温州医科大学附属第二医院。他表示，疫情期间医务人员都在努力工作，"在病房里，我们穿着防护服，戴着口罩、护目镜，无论中国医生还是外国医生，一工作就是 5~6 个小时。一线医护人员用努力和智慧，创造了救治新冠肺炎患者的奇迹"。

辛成乐在社交平台有 20 多万粉丝，被温州市选为"海外传播官"。辛成乐说："我最想做的就是更真实、准确地传播中国的抗疫经验和做法，驳斥那些虚假消息。从南非卫生部到南非最大的脸书博主，最近都在联系我讲述中国的抗疫故事。我要用亲身经历告诉他们，'中国应对得很好，温州应对得很好'。"①

辛成乐还和同伴们打造了一个名为"医带医路"的网上医疗互助平台，专门为有在华学习经历的外国医务工作者提供服务，让更多外国民众了解和

---

① 《团结互助 传承中非友好（患难见真情 共同抗疫情）》，中国网，2020 年 6 月 4 日，http://news.china.com.cn/live/2020-06/04/content_838620.htm，最后访问日期：2023 年 5 月 26 日。

学习中国医疗经验。同时，他也拍摄了抗疫预防知识、心理舒缓的系列宣传视频，利用自己在社交平台上近 20 万粉丝的人气，宣传防疫知识，介绍中国及温州抗击疫情的经验做法。

"中国是一个有大爱的国家，我在中国很温暖，我用行动爱中国。"辛成乐将继续推介中国，让世界了解中国。

毛里求斯医生苏玛

温州和平国际医院的医生苏玛来自毛里求斯。新冠疫情暴发后，苏玛与同为医务工作者的丈夫——来自巴基斯坦的豪孟德，主动加入医院志愿团队，在浙江温州一处高速出口防控检查点进行防疫筛查。

"无论是我的医学专业背景，还是我在中国 10 年的生活经历，都告诉我疫情来临时，要尽可能为中国人民服务，"讲到这，苏玛颇为动情，"疫情期间，每一位奋战在一线的工作人员、志愿者都十分辛苦。"

在苏玛看来，中国如此迅速地防控疫情，不仅保护了中国，也保护了全世界。2020 年 9 月 8 日，全国抗击新冠疫情表彰大会在北京人民大会堂举行，苏玛受邀参加。她表示："'抗疫英雄'有许多值得我学习的地方，他们的牺牲和贡献值得所有人铭记于心。"①

为了向毛里求斯人介绍在中国学到的疫情防控知识，苏玛决定在社交媒体上发布自制的小视频，视频获得了大量网友点赞支持。当得知毛里求斯急需各类防疫物资时，苏玛向所在的医院求助，并在医院帮助下在整个温州市进行了募捐。苏玛说："中国人民的热情、友善和包容，让我感觉自己当初的选择是非常明智的。"苏玛的专业和奉献精神在中国被点赞，毛里求斯主流媒体也都报道了她的事迹。

---

① 《非洲医生谈中国抗疫：牺牲和贡献值得所有人铭记于心》，中新网，2020 年 9 月 8 日，https://www.chinanews.com/sh/2020/09-08/9286130.shtml，最后访问日期：2023 年 5 月 26 日。

非洲留学生：武汉抗疫见证伟大奇迹

2021年4月8日，中国非洲研究院举办的第四届中国讲坛在武汉举行，来自武汉高校的非洲留学生在讲坛上分享了自己的抗疫经历和故事。

莫桑比克籍国际学生莫德，在疫情期间创作了"武汉加油""湖北加油""同舟共济""天佑中华"等多件篆刻作品。他说，要用艺术表达在华非洲留学生对中国的坚定支持。

坦桑尼亚籍国际学生麦梦楠说，疫情期间，从始至终都有敬爱的中国老师、无数勇敢的中国人和自己在一起，自己对中国很有信心，中国的疫情防控经验值得全世界学习。

"亲历武汉的抗疫过程，是见证伟大奇迹的过程。"中南财经政法大学厄立特里亚籍国际学生和诺说，新冠疫情是全世界共同的挑战，目前非洲众多国家面临艰巨的抗疫任务，中国武汉所取得的抗疫经验与成就，为非洲提供了有益借鉴。

加蓬留学生周埃乐用传媒支持抗疫

加蓬人周埃乐于2008年来到中国留学，如今在四达时代做主持人和配音演员。

四达时代是一家在非洲从事数字电视运营的传媒集团。新冠疫情暴发后，四达时代开播防疫新闻，新增节目内容，开通空中课堂，筹划电视购物，上线新冠肺炎自测系统，免费播出百余频道等。周埃乐和所有四达人团结一心，竭尽所能，共同战"疫"。

往年，周埃乐会在3月回非洲休假。但他没想到，新冠疫情发展如此之快，一时无法回非洲看望亲友了，好在家人都很放心，周埃乐也一直没有担心过。周埃乐来中国很多年了，了解中国的社会和文化，知道中国人非常有责任心，所以相信中国政府会把事情处理好。周埃乐对公司也持有这样的信心。

曾有一段时间，周埃乐非常担心非洲，担心自己的国家。周埃乐能想象得到，在非洲，防范疫情是多么困难。四达公司针对非洲疫情做了很多事情，每个人的工作都在围绕非洲抗疫进行，他们还拍摄了 30 集防疫知识小视频。此外，四达公司帮助非洲 1 万个村庄接入了数字电视信号，让这些村庄能看到这些视频和电视节目。

周埃乐原本负责的美妆节目，改成了教大家做口罩，包括选择布料、缝制等。很多非洲女性无法出门，经常买不到口罩，这个节目至少教会她们怎么通过自制口罩保护自己和孩子。

周埃乐还录制了一首致敬抗疫医护人员的歌曲，来表达感恩之情。

非洲朋友有话说

来自非洲的奥拉伊沃拉·维克托·奥若，见证了中国政府在应对疫情时展现出的中国力量和中国速度。他说，令人印象深刻的是，中国在 10 天时间内建成了可收治 1000 名患者的火神山医院。奥若感慨地表示，中国为阻止疫情在国内外的蔓延所作的努力非常大，值得称赞。作为一个负责任大国，中国向世界分享了与抗击新冠疫情相关的专业知识和经验。

中国地质大学（武汉）贝宁籍留学生大明认为，包括非洲学生在内的留学生们要学习中国人民钢铁般的意志，积极投身抗疫战斗。他说，中国是一个安全的、非常负责任的国家，不管是疫情期间的物资保障，还是新冠疫苗接种，中国从来没有把外国留学生当"外人"，始终把他们的生命安全放在首位。在他看来，中国已经成为自己的第二故乡，他要和中国人民患难与共。

中国地质大学坦桑尼亚籍留学生麦梦楠有一个深爱她的丈夫和两个可爱的宝贝，当丈夫因担心她的安危劝说她回国、不要当志愿者时，麦梦楠安慰丈夫不要担心，说自己相信中国，愿与中国共克时艰。她说，疫情无国界，希望全世界携手抗击疫情，让世界重回往日的宁静与美好。

非洲人民与中国人民在一起

姚丽红

作者简介：

姚丽红，安哥拉中国和平统一促进会会长。

2013 年，习近平在当选中国国家主席后的首次出访就选择了非洲，并在坦桑尼亚尼雷尔国际会议中心向坦桑尼亚和非洲介绍中国对非洲政策。在题为《永远做可靠朋友和真诚伙伴》的演讲中，习近平强调，"非洲人民也给了中国人民大力支持和无私帮助"①。2020 年初，中国出现了新冠疫情，许多非洲国家纷纷以各种方式，向中国表示同情、支持和帮助。

非盟发表特别公报支持中国

2020 年 2 月，非盟第 26 届部长理事会发表特别公报称，本着非盟成员国与中国之间强有力的战略伙伴关系，并鉴于双方兄弟般的历史纽带与合作，非盟成员国外长集体宣布同中国政府和人民站在一起，支持中方抗击新冠疫情的努力，对中方应对疫情的能力充满信心，呼吁世界各国同中方同舟共济，加强合作，共同应对疫情带来的影响。

非盟委员会副主席夸蒂表示："我代表非盟委员会主席，代表整个非盟

---

① 习近平：《习近平谈治国理政》，外文出版社，2014，第 304 页。

委员会，代表非洲，全力支持中国抗击新冠肺炎疫情。我们对中国建造医院的速度印象深刻，我们相信，中国必将战胜此次疫情。加油中国！"[1]

另外，西非国家经济共同体（西共体）委员会主席布鲁致函中国驻尼日利亚大使兼驻西共体大使，代表西共体就抗击新型冠状病毒肺炎疫情向中国政府和人民表达慰问支持。布鲁表示，中国正在采取一系列坚决果断的措施防控疫情，包括积极监测、早期诊断、追踪密切接触者、建设新医疗设施及向疫区提供医疗支持等，西共体高度赞赏中国为遏制疫情所做的一切，坚定支持中国政府和人民的抗疫努力，相信中国一定能够早日战胜疫情。

南非的慰问和支持

南非充分理解并高度赞赏中国政府和人民高效抗击疫情的不懈努力，感谢中方对南非在华留学生和公民的关心照顾。当时在中国约有 3000 名南非留学生，没有一个人感染新冠病毒。

南非执政党非国大及其执政联盟盟友南非共产党连续发表声明，高度赞赏中方的抗疫担当，支持中国抗击新冠疫情的努力。中国在创纪录的极短时间内建成专门的收治医院，再次展现了中国有足够能力应对新冠疫情，也体现了中国领导人的远见卓识，更坚定了非国大对中方取得抗疫胜利的信心。

南非卫生部部长穆凯兹多次发表声明，充分肯定中国政府抗击疫情所作努力，表示中方果断采取防控举措取得了积极成效，强调南非政府不建议对中国采取旅行和贸易限制措施。南非外交部、贸工部、税务海关总署等部门负责人也纷纷表达对中方抗疫果断举措和成效的敬佩，愿与中方携手努力，共同抗击疫情。开普敦市长致函中方表示诚挚慰问和坚定支持，衷心祝愿中国早日战胜疫情。

南非西开普大学、开普敦大学和约翰内斯堡大学、比勒陀利亚大学、斯

---

[1] 《相信中国必将胜利！非洲官员赞赏中国应对肺炎疫情的努力》，央视网，2020 年 2 月 08日，http://m.news.cctv.com/2020/02/08/ARTIxk6DpewxXqpViOuJ6Jqo200208.shtml，最后访问日期：2023 年 5 月 26 日。

坦陵布什大学、德班理工大学等南非各高校以公开信等各种方式肯定和支持中国抗击疫情。开普敦各中文学校家长和同学以及西开普大学孔子学院、开普敦大学孔子学院和开普数学科技学院孔子课堂等学校的老师们雪中送炭，共同捐款购买的医疗物资（1680 个 N95 医用口罩，32500 医用口罩）已由中国国航运往武汉。约翰内斯堡大学孔子学院、开普敦大学孔子学院、德班理工大学孔子学院等各孔子学院和孔子课堂及大、中小学师生还自发组织起来，录制视频，表达心声。

2020 年 2 月 24 日，南非标准银行集团（标行）在约翰内斯堡总部举行捐款交接仪式，向中国驻南非使馆转交了 75 万兰特善款，支持中国抗击新冠疫情。

2020 年 3 月 1 日，南非太阳国际集团西北省太阳城捐资支持中国抗击疫情，4 日，南非太阳国际集团旗下比勒陀利亚时代广场举行捐款交接仪式，向中国驻南非大使馆转交善款。作为当地地标性建筑的时代广场在其场内所有大型电子屏幕上均打上"时代广场坚定支持中国抗击疫情""中国加油！"等标语。

塞拉利昂和中国心心相印

2020 年 1 月 31 日，塞拉利昂总统比奥向习近平主席致函，代表塞政府和人民对中方因新冠疫情遭受损失致以同情和慰问，表示塞方将同中国政府和人民团结一致，坚信中国能够早日战胜疫情。塞拉利昂总统夫人法蒂玛感谢中方长期以来对塞各领域尤其是医疗卫生领域发展的宝贵支持，表示塞方不会忘记塞暴发埃博拉疫情期间中方在第一时间紧急驰援的情谊。法蒂玛说，塞方对新冠疫情给中方造成的损失表示同情和慰问，塞方虽无力为中方提供援助，但将与中国人民紧密团结在一起，坚定支持中方为防控疫情所作努力。塞方完全相信中方将很快战胜这场疫情，恢复正常工作和生活。

2020 年 2 月 27 日，塞拉利昂-中国友好联合会（以下简称塞中友联）主席奥尼克·金以及塞部分媒体、学生代表拜访中国驻塞拉利昂大使胡张良，对中方遭受新冠疫情致以诚挚慰问，表示塞人民感谢中方在塞暴发埃博拉疫情期间率先驰援的珍贵情谊，将始终与中国人民站在一起，坚信伟大的中国政府和人民一定能够很快战胜此次疫情，塞中友联将继续为塞中友好贡献力量。金和学生代表共同向胡大使赠送塞多所中小学校学生声援中方抗疫的照片和留言。塞中友联创始人玛利亚·卡尔格博还通过塞中友联向中方捐款。

2020年3月5日，塞拉利昂议会举行声援中国抗击新冠疫情活动。塞议会在正式议程中专门通过一项议案，决定声援中国抗击疫情，并向中国全国人民代表大会颁赠声援证书，并由邦杜议长、议会政府事务领袖图尼斯和反对党领袖巴共同向胡大使转交。邦杜议长表示，塞议会愿代表塞全体人民声援中国抗击疫情。

2020年3月6日，塞拉利昂中国基金会主席卡马拉、塞大会党青年团书记班古拉分别拜访驻塞拉利昂大使胡张良和使馆政务参赞王新民，向中方致声援证书。班古拉表示塞中友谊经受时间考验，塞人民无论什么情况下都将同中国朋友心心相印，坚信中方一定能早日摆脱疫情影响。

2020年3月10日，塞拉利昂留华学生联谊会主席贾沃博以及该会创始人、首任主席塞布瑞和现任副主席托马斯拜访驻塞拉利昂大使胡张良，代表联谊会全体成员对中方遭受新冠疫情表达深切同情和慰问，高度赞赏中方及时有效的抗疫举措，由衷感谢中国政府和有关方面对塞在华留学生的关照和帮助。贾沃博等人表示，包括他们在内的许多留华返塞学生早已将中国视为第二故乡，他们始终密切关注疫情发展形势并真心为中国祈福。疫情发生以来，联谊会一直积极同塞在华留学生们联系，安抚其情绪，引导其配合中方的防疫措施。令人感激的是，中方在自身抗疫面临巨大压力的情况下，仍然很好地照顾了包括塞留华学生在内的外国在华公民。塞中友谊深厚，两国命运紧密相连，在塞有困难时最能指望得上的就是中国，塞人民真心企盼中国早日摆脱疫情影响，也完全相信中国将很快取得抗疫胜利。联谊会今后将继续发挥自身优势，架好"桥梁"，推动塞中民间友好发展。

2020年3月20日，塞拉利昂议会记者团主席科罗马、秘书长图雷代表塞议会记者团全体成员对中方抗击新冠疫情表示坚定支持，高度赞赏中方抗疫所取得的积极成效和为全球疫情防控付出的巨大努力及牺牲。科一行由衷感谢中方在自身仍面临压力的情况下坚持为包括塞在内的多个国家提供抗疫物资支持，并向胡大使赠送了声援中方抗疫的证书。

赤道几内亚捐款200万美元

2020 年 2 月 4 日，赤道几内亚总统奥比昂主持召开部长理事会并决定，赤几政府向中国政府捐款 200 万美元，以支持中国抗击新冠疫情。

赤几政府在宣布捐款决定时特别强调，赤几独立 51 年来，中国始终同赤几站在一起。正是同中国的友谊与合作，才使赤几能够克服困难，取得今日的发展成就。

赤几政府发言人恩塞在会后举行的新闻发布会上说："中国是赤几的战略伙伴，两国始终患难与共，赤几对中国发生的疫情决不能袖手旁观。"[1]

赤道几内亚人口约有 130 万，独立后经济曾长期困难，1991 年开始开发石油后，经济才出现转机，但是由于近年受国际原油价格下跌影响，经济连续负增长，外汇储备大幅减少，财政困难。在此情况下，赤几仍然拿出200 万美元帮助中国对抗疫情，实属不易。

中国驻赤几大使亓玫于 2 月 5 日在赤几政府官网发表题为《患难见真情，中国必将赢得疫情防控最终胜利》的署名文章表示，这笔捐款是中赤几友谊和南南合作的又一见证，"我们对此深表感谢，铭记在心"。

科摩罗中国友好协会捐款100欧元

2020 年 2 月 10 日，一家科摩罗媒体在推特上发布消息称，科中友好协

---

① 《赤几向中国捐助 200 万美元支持抗击疫情》，中华人民共和国商务部，2020 年 2 月 5 日，http://gq.mofcom.gov.cn/article/gzdt/202002/20200202933999.shtml，最后访问日期：2023 年 5 月 26 日。

会向中方捐助了 100 欧元以抗击疫情。科中友好协会主席表示，我们知道中国有能力有办法，但是科摩罗友协还是希望通过这种方式，向中国人民表达来自科摩罗人民的关心。①

这个信息传到中国时，中国网友纷纷表示："我怎么有深受感动的感觉？感谢科摩罗，千里送鹅毛，礼轻情意重！"有网友跟贴："想起了汶川大地震时捐了 4 万块钱的莫桑比克。"

是的，100 欧元，不是 100 万欧元。但是，这个消息和赤道几内亚捐赠 200 万美元一样，让全体中国人感动不已。科摩罗是世界最不发达国家之一，任何金额的捐款都是对中国人民深重情谊的体现。

坦桑尼亚拟派医生赴华抗疫

在中国人民奋力抗击新冠疫情的重要关头，坦桑尼亚时任总统马古富力、总理马贾利瓦、执政党革命党总书记巴希鲁等坦方领导人，均向中方发来慰问信。马古富力总统表示，无论身处顺境逆境，坦桑尼亚都会紧紧地同中国站在一起。只要中方有需要，坦愿随时派遣医务人员奔赴武汉，同中国人民一道抗疫。

坦桑尼亚代表在世卫组织第 146 届执行委员会会议代表非洲发言时，高度肯定中国为疫情防控所作的巨大努力。坦多名医护人员给中国驻坦桑尼亚大使馆写信，主动请缨作为志愿者赴华参与救治工作，希望贡献自己的一份力量。

坦桑尼亚政府发言人哈桑·阿巴斯表示，中国不仅在疫情防控方面，还在信息共享方面采取了有效措施，这是值得肯定的。面对如此具有破坏力的疾病，需要共同努力来控制。

---

① 《非洲岛国捐助 100 欧，支持中国抗击疫情，两国官员持两纸币合影！》，新浪网，2020 年 2 月 12 日，https://cj.sina.com.cn/articles/view/7276780335/1b1badb2f00100lrbv，最后访问日期：2023 年 5 月 26 日。

布隆迪：中国，要坚强！

当中国疫情防控形势严峻之时，布隆迪时任总统恩库伦齐扎和时任执政党总书记恩达伊施米耶分别向习近平主席发去慰问电表示声援。

在中国抗疫取得阶段性成果后，在布外交部举行的驻布外国使节防疫情况通报会上，时任外长尼比吉拉邀请与会使节起立鼓掌，祝贺中国抗疫取得的阶段性成就。布隆迪政府发表公报强调，病毒没有国界、疫情不分种族，只有开展国际合作，才能战胜疫情。

在中国广东省，南方医科大学的留学生瑞迪来自非洲国家布隆迪。时年28岁的瑞迪在广州生活已近5年。新冠疫情来袭时，南方医科大学停了课，身边的不少外国留学生回到了自己的国家，但他选择了坚守。他说："当你真的把这里当作自己的家园时，就不觉得需要离开了。"在广东赴湖北抗疫的医护队伍中，有瑞迪的师长，他们的勇敢前行，带给他创作的灵感。为此，瑞迪创作了英文单曲 *Be Strong*（《要坚强》），为赴武汉的广东医护人员加油。"你要记住，你不是孤身一人在作战，只要你需要，我们一直都在你身边。"这是歌词，也是瑞迪的心声。

突尼斯向中国捐赠10万只口罩

新冠疫情发生以来，突尼斯政府、政党、智库和媒体等纷纷表示，支持中国政府采取的防控举措，相信中国将很快战胜疫情。2020年1月29日，突尼斯总统赛义德致信习近平主席，向中国人民致以诚挚慰问。2月12日，突尼斯总理沙海德专程赴中国驻突尼斯大使馆，向汪文斌大使表示突尼斯政府和人民对中国政府和人民抗击新冠疫情的慰问和支持。

2月1日，突代理卫生部部长贝希赫在接受突通讯社采访时，称赞中方防控疫情反应迅速，对中外人士一视同仁，全力保障其安全和健康。突方对此表示感谢。2 月 6 日，突教育部部长萨勒姆向汪文斌大使表示，中方疫情防控工作卓有成效，相信中国很快将战胜这场疫情。

突尼斯各界友人相继向中国大使馆表达慰问，有的还向中方捐赠口罩等物资。

2 月 17 日，突尼斯非中合作与发展投资协会为支持中国抗击新冠肺炎，向武汉捐赠 10 万只口罩，中国驻突大使汪文斌、非中合作与发展投资协会会长齐德等见证有关物资交接启运。齐德表示，作为长期在华工作生活的企业家，他视中国为第二故乡，中国人民既是合作伙伴也是兄弟朋友，在抗击疫情的特殊时刻向中国人民提供支持义不容辞。

尼日利亚：真朋友，双手紧握

2020 年 2 月 2 日，尼日利亚总统布哈里在其个人社交媒体账户上向中国政府和人民防控疫情的模范行动致以敬意。他还通过总统发言人、媒体和宣传事务高级特别助理谢胡发表声明，坚定支持中国抗击新冠疫情。

声明说，布哈里总统向习近平主席和中国人民致以良好祝愿。他认为中国为疫情防控所作努力，以及就此同国际机构和其他国家密切沟通协作，堪称典范。布哈里表示，"中国一直以来向尼日利亚和非洲提供了非同寻常的支持，近年来尤其如此。面对疫情暴发，尼日利亚政府和人民同中国坚定地站在一起。我们相信，通过各种努力，打赢疫情防控阻击战只是时间问题"①。

3 月 20 日，中国驻尼日利亚大使周平剑写下一篇《真朋友，双手紧握（大使随笔）》，文中写道，"根据尼日利亚文化传统，用双手握住对方的手，表示同甘共苦。对真朋友就要用双手紧握。前些天，一位朋友专程来使馆送慰问信。临走前，对方坚持要再留下一个信封，里面装着她个人为中国

---

① 《尼日利亚总统布哈里坚定支持中国抗击疫情》，人民网，2020 年 2 月 3 日，http：//world. people. com. cn/n1/2020/0203/c1002-31567922. html，最后访问日期：2023 年 5 月 26 日。

抗击疫情捐助的现金。这次抗疫，她，还有许许多多的尼日利亚朋友，让我学到了这样一句尼日利亚名谚：'真朋友，用双手紧握'"①。

加纳向武汉捐赠1万只 N95口罩

2020 年 2 月 5 日，加纳大阿克拉省省长伊斯梅尔·阿谢蒂代表加纳政府，紧急向湖北武汉捐赠 1 万只 N95 口罩。捐赠仪式在中国驻加纳大使馆举行。阿谢蒂省长说："物资虽然有限，但代表了我们的一片心意，祝愿中国政府和人民早日战胜疫情。"

中国驻加纳大使王世廷表示："加纳并不富裕，但你们尽己所能，迅速采购，努力捐赠，令我们十分感动。慈善不是以金钱的多少来衡量的，大爱更不能以贫富划线。对于一个贫苦之家的 1 元钱，甚至比富有之家的 100 万都要珍贵，因为你们往往是倾其所有。"②

塞内加尔总统致慰问电

新冠疫情在中国发生后，塞内加尔总统萨勒向习近平主席致慰问电，向中国人民表示慰问和支持。2020 年 2 月 10 日，塞内加尔老留华学生协会主席塞克一行拜会驻塞大使张迅，递交关于支持中国抗击新冠疫情的慰问信，表示深信中国政府和勇敢的中国人民有能力战胜疫情以及未来一切挑战，坚决支持中方为防控疫情付出的努力。还有一些塞内加尔商人为中国捐资捐物。

阿尔及利亚万里驰援武汉

中阿两国是好兄弟、好朋友、好伙伴，两国历来守望相助，共克时艰。

---

① 周平剑：《真朋友，双手紧握》，《人民日报》2020 年 3 月 20 日，第 3 版。
② 《为了帮助中国"抗疫"，这些非洲国家真的尽力了！这些捐赠显得格外珍贵》，"国防时报排头兵"百家号，2020 年 2 月 15 日，https://baijiahao.baidu.com/s? id = 16585914433093 66526&wfr = spider&for = pc，最后访问日期：2023 年 5 月 26 日。

新冠疫情发生后，阿尔及利亚是最早向中国提供紧急医疗物资援助的国家之一。2020 年 2 月 2 日阿尔及利亚航空一架包机飞抵武汉，运来了 50 万只医用外科口罩、30 万副医用手套和 3 万副医用护目镜等紧急医疗物资，以驰援疫情下的武汉人民。

刚果（布）捐赠1万只口罩给中国

2020 年 2 月 18 日，为表达对友好城市苏州抗击新冠疫情的支持，刚果（布）第二大城市黑角市政府决定向苏州捐赠 1 万只医用口罩，物资交接仪式在黑角市政府举行，黑角市市长康铎、中国驻刚果（布）使馆代表俞雄飞，以及中国援刚医疗队队长王健等出席。康铎市长表示，目前中国全力以赴地抗击新冠疫情，刚果（布）人民对此感同身受，愿意向友好的中国人民提供支持和帮助。

乍得人捐款支持中国抗疫

2020 年 2 月初，中油国际（乍得）有限公司的职员阿里在电视上看到中国发生了新冠疫情，便向中国红十字总会捐款 100 万中非法郎（约合 11600 元人民币），表达自己对中国人民的支持。他说："在我心里，中国也是我的祖国，因为我在那里学习、成长，使我得以成为乍得石油行业的一名优秀员工。中国是我的第二故乡。"

阿里曾于 2008 年赴北京留学，2015 年回到乍得，凭借学习到的专业知识和个人能力，回国后在中油国际（乍得）有限公司拥有一份不错的工作。

贝宁商人捐薪助力中国抗疫

2020 年 2 月 18 日，中纺公司西非代表、贝宁纺织公司前副总经理米佩·森普利斯向中国捐赠 1000 美元，这是他一个月的工资。森普利斯表示，中国是一个伟大的国家，一定能够战胜此次疫情，自己的捐赠虽然只是微小的帮助，但他愿意通过这种方式，表达贝宁人民对中国人民的支持和友情。

肯尼亚医生要求去中国参加抗疫

2020 年 3 月 16 日，中国驻肯尼亚大使吴鹏应约会见肯尼亚外长奥马莫、卫生部部长卡格维。奥马莫、卡格维向吴大使表示，祝贺中方在疫情防控方面取得的阶段性成果，感谢中方为包括非洲在内的全世界遏制疫情提供的宝贵支持。

吴鹏大使曾对媒体表示，在中国暴发疫情之初，有些肯尼亚的医务工组者、年轻的医学生主动跟中国大使馆联系，要求去中国支援抗击疫情，令人感动。

旅非侨界驰援祖国抗疫

丁延钰

作者简介：

丁延钰，高级工程师，博茨瓦纳山东商会暨齐鲁同乡会会长，博茨瓦纳华侨华人总商会副会长，博茨瓦纳中国和平统一促进会副会长，博茨瓦纳华人慈善基金会副会长，世界百家姓总会丁氏委员会主席。山东济宁人，同济大学工学学士，1998 年被泰安国际公司派往博茨瓦纳，成立博茨瓦纳千里马投资有限公司并担任董事长兼总经理，2001 年至今担任博为集团董事长兼总经理。

中共中央总书记、国家主席、中央军委主席习近平曾说："华侨一个最重要的特点就是爱国、爱乡、爱自己的家人。这就是中国人、中国文化、中国人的精神、中国心。中国的改革开放，中国的发展建设跟我们有这么一大批心系桑梓、心系祖国的华侨是分不开的。"①

2020 年初，新冠疫情在中国出现的消息传到非洲，旅非侨界立即展开大规模捐赠活动，驰援武汉，驰援湖北，驰援祖国，抗击新冠疫情。当时，非洲侨界向武汉、湖北、家乡和祖（籍）国其他省市的捐款捐物多达数十

---

① 《晋皖赣籍侨胞："倍受鼓舞、催人奋进，为实现中华民族伟大复兴贡献侨界力量"》，中华全国归国华侨联合会，2020 年 10 月 18 日，http://www.chinaql.org/n1/2020/1018/c419643-31895983.html，最后访问日期：2023 年 5 月 26 日。

笔，参与捐赠的华侨多达数万人。这是非洲侨界自抗战胜利以来最大规模的捐赠活动。

感动国人的口罩航班

2020 年春节期间，正是国内抗击新冠疫情最紧张的时候，也是最缺口罩等抗疫物资的时候，海外广大华侨华人快速反应，向祖（籍）国捐赠了大批口罩和其他医疗物资，其中有一架"口罩航班"感动了无数国人，成为侨胞爱国的代表事件。

2 月 3 日，从肯尼亚首都内罗毕飞往广州的南航 CZ634 客运航班，由于侨胞捐赠的物资太多，货舱装不完，机长和空姐们紧急将客舱前舱清空，将捐助给国内的口罩全部堆放在客舱，运送回国。有人留字为证：

这是客机，不是货机

谁见过客机座位堆放货物？

这架神奇的口罩航班

视频传遍全世界

引无数国人泪目

全球华人都为之点赞

肯尼亚中华总商会会长卓武介绍说，南方航空为侨胞捐赠的物资提供了免费运输服务，神奇的"口罩航班"前舱堆满了口罩，当时甚至连机长空姐都充当了搬运工，一起把货物放进了客舱，并全部用胶纸固定在座位上。

正是由于肯尼亚拥有不少敢于作为和有担当的侨团和华商，以及许许多多优秀的侨胞，他们才能在祖国需要的时候一呼百应，捐款捐物。个别华商老板甚至提着装现金的包包在街上一家药店一家药店地买口罩，并捐给中国或当地社会。

尽管这几年肯尼亚华侨华人也不容易，但大家踊跃捐款，募集了近百万元人民币的捐款，充分表达了对祖国抗疫的支持。

博茨瓦纳

新冠疫情在博茨瓦纳暴发后，博茨瓦纳华人慈善基金会首先发出倡议，在博茨瓦纳华侨华人总商会和哈博罗内华助中心的号召下，全体会员积极捐款。当地的侨资企业和华侨华人等捐款十分踊跃，421家公司和个人累计向当地政府捐助513万多普拉。博茨瓦纳中资企业协会在会长姚纪国先生的号召下向博茨瓦纳政府捐助500万普拉用于抗击新冠疫情，彰显了国企的担当和胸怀。

博茨瓦纳佛朗西华人商会在会长翁永标号召带领下，积极募捐支持当地政府抗击病毒疫情，分二次向抗疫基金捐款合计66.1万普拉，另外向市政府捐助了420床棉被，价值约10万普拉。在国家封锁期间，商会还向东北警局，市卫生局，市政府等部门捐赠了6000只口罩。

个人方面，胡中文会长还向博政府捐赠了3万副医用手套、2万只医用口罩、1万件医用防护服，总价值将近755000普拉，除此之外，他还向博茨瓦纳政府新冠病毒防疫基金直接捐助255000普拉。

非洲华侨周报社社长、博茨瓦纳中国和平统一促进会暨博茨瓦纳华人慈善基金会会长、中非民间交流与合作促进会会长南庚戌，还以公司和个人名义向博茨瓦纳政府捐赠价值约160万普拉的抗疫物资，同时，通过陕西省、河北省、天津市、四川省、江西省侨联和统战部，向中国这些地方的省属医院，以及河北驻意大利汉语教学组捐赠防护服、护目镜等物品，总价值58万余元人民币。

关爱家乡方面，当祖籍湖北武汉发生新冠疫情时，博茨瓦纳华侨华人总商会会长、哈博罗内华助中心主任胡中文，动员十多位湖北籍侨胞向湖北省累计捐款38万多普拉；博茨瓦纳中国和平统一促进会、华人慈善基金会在各位理事的共同努力下，积极捐款捐物，并通过湖北省慈善总会向湖北两家医院捐款，总额为122710元人民币。

在得知山东暴发新冠疫情后，博茨瓦纳山东商会第一时间发起募捐，短短两天有 40 多家理事单位积极捐款，集得善款 15 万普拉并及时转交到了山东红十字会，这是山东省收到的第一笔海外抗疫捐款。

博茨瓦纳中华福建同乡会在陈建飞会长的号召带领下，向福建省两家医院捐赠了两批抗疫物资。物资和运输费用总额达 30 多万普拉。

博茨瓦纳华人妇女协会、博茨瓦纳江西同乡会、南部非洲东北商会、博茨瓦纳东方商贸协会、博茨瓦纳马翁华侨华人商会等华侨社团和旅博侨胞都以各种方式捐款捐物，为抗疫作出了积极的贡献。

据不完全统计，疫情发生以来在博中资企业、侨企以及华侨华人总共捐赠 1000 多万普拉和大批防疫物资用于防疫。此举彰显了旅博侨胞在大疫面前团结奉献，共同抗疫的坚定决心。

南 非

南非华侨华人数量较多，侨团也多，因而捐赠多。以下是南非侨胞支持中国抗疫的部分事例。

仅在 2020 年 2 月中旬，南非著名侨领、南非洲粤港澳总商会会长吴少康就已向广东、湖南和福建等省捐助了多批重要物资。在 2 月初，首批捐助的物品就有 1200 件医用防护隔离衣、10000 只医用口罩。2 月 14 日，吴少康又通过广东省慈善总会，向江门市红十字会捐赠医用 N95 口罩 6300 只、医用口罩 3700 只、医用防护服 500 套、红外线体温枪 20 支等价值 18 万多人民币的医疗物资。其中很多防护用品是在印度尼西亚采购后，经过新加坡、中国香港等地转运，才最终抵达中国内地。

截至 2020 年 2 月，据不完全统计，吴少康、朱丽丽伉俪已捐赠包括 N95 在内的医用口罩达 92800 只，防护服 1200 套，红外线测温枪 315 支。

在吴少康的带头下，包括常务副会长伍伟波在内的粤港澳总商会多名主要成员，也放弃休息时间，捐款出力，积极加入慈善献爱心的行动中。

南非-广州商贸文化交流协会会长陈玉玲，曾亲自打包 1.2 万只医用口罩，派专人直接护送到中国国内，分发给广东省第二人民医院、惠州市侨联和茂名市侨联。她说，当祖国需要的时候，自己责无旁贷。

年逾七旬的陈玉玲女士不辞辛劳，几乎每天驾车穿梭在约堡的大街小巷，奔波于多家药房和医疗器械生产厂家之间，多方寻觅医防用品的踪影。此外，她还为中国抗疫筹集了第二批防护物资，其中包括约 2 万只医用口罩、一批防护服以及测温仪等用品。据悉，在她的积极牵线协助下，南非其他侨团的捐赠物资也陆续运抵中国疫区。

在陈玉玲会长的感召下，商会的秦均照先生也捐赠了 2 万只医用口罩，紧急发送到湖北汉口医院，随后还捐了 2 万只口罩到广州市慈善机构。

南非顺德商会会长卢伟亮表示，听闻祖国疫情之后，顺德商会迅速动员起来。"我们拿着现金，哪里有货就赶到哪里买。"该商会向中国运送了三批捐赠物资，其中有 7 万多只医用口罩（包括韩国产医用口罩）和 9900双医护手套。这些物资通过物流转运，顺利发到了广东佛山等地的医疗机构。

南非华星艺术团团长黄晶晶披露，当中国多地发生新冠疫情后，艺术团内从上到下积极奉献爱心，包括多名少儿演员在内，大家都毫不犹豫捐出春节期间的全部演出收入，用于购买南非市场紧俏的上万个医用口罩，并发往国内，以实际行动支持祖国抗疫。

在获悉祖国发生新冠疫情后，南非客家联谊会会长温耀滨立即行动起来，向广东省慈善机构发送了 3M 品牌 N95 的 1860s 型专业医用口罩 10500只、手术医用口罩 6000 只。

南非紫荆会会长赖小雯女士向中国华侨公益基金会捐款 2 万兰特，表达自己对中国抗击疫情的医护人员的敬意。

南非顺德联谊会会长潘国境、常务副会长区有根奔走多方，在极短的时间内筹集了多箱口罩和防护服发往湖北疫区，受到了各方称赞。南非顺德联谊会捐赠的 2 万多只 N95 外科口罩、100 多支测温仪、200 套多防护服等，相继送达了佛山、顺德、中山市有关部门，以及顺德乐从医院。区有根还以个人名义捐赠 N95 口罩 1050 只，医用外科口罩 13900 只，以及测温仪 36个，并发送给广东省广州市、佛山市、南海市的当地社区和学校。

在祖国最需要的时候，南非其他老侨社团也不遑多让——创会历史悠久的南非侨团-杜省中华工会（TCA），以及德高望重的爱国侨领李铿发先生各自捐赠 2 万兰特，用于购买医疗物资。南非联卫会所则捐赠了 200 套防护服给佛山市和中山市有关部门。

在约堡经营"昇辉中餐厅"的陈小倩女士，也以个人名义购买了 2000 多只医用口罩发往自己的家乡——广东顺德。

2020 年 2 月 22 日凌晨 4 点左右，来自南非华侨华人捐赠的防护物资随南非约翰内斯堡至深圳的国航航班飞抵深圳。这批物资主要来自南非广州商贸文化交流协会和南非佛山总商会，共计近 5 万只口罩，占据了飞机的两个货柜。这些防护物资被捐赠给广东省医疗、卫生和新闻一线的工作人员。据悉，南非佛山总商会已经前后共捐助四批防护物资，包括近 7.5 万只口罩、近万副医用手套等。

华俭宏是南非华侨专门委托护送捐赠物资的护送人。从约翰内斯堡飞到深圳需要 13 个小时左右的飞行时间，华俭宏已经来回飞了几趟，只为亲手将这些物资交到国内一线医护人员手中。这些物资凝聚了南非侨胞们的心血。他说："在两个星期不到的时间里，我已经送了两批捐赠防护物资到广东，南非的侨胞们放下手中的工作，花费了很大的精力到处寻找口罩、防护服、护目镜等抗疫物资。"①

2020 年 1 月 31 日，南非湖南商会会长黄波经多日努力，完成了 10 万只医用口罩的筹备。为了能早日争取到飞机舱位，商会把 300 多箱口罩压缩成了 57 件。

安哥拉

2020 年 1 月下旬，安哥拉江苏商会、安哥拉福建总商会、安哥拉安徽

① 《及时！南非华侨捐赠的近 5 万只口罩凌晨抵深》，"深圳卫视"百家号，2020 年 2 月 22 日，https：//baijiahao. baidu. com/s？id = 1659236953142356805，最后访问日期：2023 年 9 月 15 日。

商会、安哥拉川渝总商会等侨团先后发出捐款捐物倡议书，以支持湖北的抗疫。许多在安哥拉的侨胞参与其中，捐款数字不断攀升。除上述侨团外，健邦大药房还联系志愿者联盟为回国侨胞和前往中国的任何国籍的旅客提供了3000只医用口罩，并为中国前来安哥拉务工的同胞（疫区优先）分发了500只N95医用口罩。与此同时，健邦大药房刘涯林捐赠了20箱口罩，罗安达华商联合会捐赠了1.5万只3M口罩，中国机电捐赠了500只N95口罩，安哥拉安徽商会捐赠了10万只医用外科口罩，王超捐赠了4000只口罩，这些物资由中国外运股份有限公司安哥拉分公司无偿提供国际运输运送到国内。

一方有难，八方支援。安哥拉江苏总商会呼吁会员和同胞防控新冠疫情"从我做起"，为祖国打赢这场战争尽到应尽的本分。在会长黄跃权的带领下，安哥拉江苏总商会的会员纷纷慷慨解囊。黄跃权得知家乡南通市公安干警主动担负起"战疫情、护安全、保稳定"等职责后，决定将募集的部分善款（25万元）定向捐赠给南通市公安局。

2020年1月31日，安哥拉福建总商会共收到120位福建同乡的捐款74786人民币和480万5千宽扎（当地货币）。安哥拉福建总商会会长王传斌说："我们积极响应福建省侨联号召，凝聚商会力量，为帮助疫区尽快渡过难关出一份力，助力祖（籍）国抗击疫情。"

坦桑尼亚

为支持中国抗击疫情和帮助侨胞，坦桑尼亚中国和平统一促进会、坦桑尼亚中华总商会、坦桑尼亚华侨华人互助中心，以及所有旅坦侨胞做了很多工作。2020年初，新冠疫情在中国发生后，坦桑尼亚侨界在第一时间筹集了善款约5000万坦先令，先后购得24万只医用口罩和30万副医用手套，并将它们发回中国。这些善举表达了坦桑尼亚全体华侨华人"守望相助，众志成城；同舟共济，抗击疫情"的家国情怀。

2020年2月24日，坦桑尼亚河南商会募集的10万元人民币由中国华文教育基金会转交河南罗山县人民医院和潢川县人民医院，用于当地两家医院的疫情防控工作。

赞比亚

2020年1月28日，赞比亚中国和平统一促进会在第一时间发起倡议。会长李铁亲自部署筹集资金。执行会长车建军具体落实采购抗疫物资，并在第一时间向武汉第四医院捐赠了从韩国采购的750套重症病房使用的医用防护服，价值232500元人民币。

中国有色集团多方筹集了5000只防疫口罩，价值约10万元人民币，紧急驰援在武汉的赞比亚留学生。赞比亚川渝同乡会会长许琼组织同乡会会员，通过四川侨联向四川省捐赠了价值近10万元人民币的抗疫物资。在刘丹瀚会长、陈文荣誉会长和尹道彬秘书长的组织下，赞比亚浙江商会会员捐赠了价值约41万元人民币的医疗物资，并将它们通过航空运抵祖国抗疫一线。

赞比亚睦朋得野生蜂蜜公司张展平董事长，为持续奋战在一线的国内医护人员送去3000瓶原生态非洲野生蜂蜜。他说自己身处远方，无法参加前线抗疫战斗，只能用这种方式让医护人员增强免疫力，补充营养。

塞舌尔

2020年2月20日，塞舌尔华人联合会（简称华联会）主席罗伯特就中国抗击新冠疫情向中国驻塞使馆致慰问信。广大在塞侨胞心系祖国，在中国疫情严峻之时慷慨解囊，积极相助。塞中商务贸易促进会周金华会长个人，为自己的家乡湖北捐赠了500万元人民币。据称，这笔抗疫捐款是非洲侨界最大的单笔捐赠。

周金华是湖北省大冶市金牛镇贺桥村人，20年前跨出国门，在非洲国家塞舌尔经营烟草生意。目前，他是海外湖北社团合作联盟联席主席、湖北省华创会侨商服务中心理事、塞中商务贸易促进会会长。新冠疫情在湖北暴发后，家乡的抗疫工作一直牵动着周金华和他家人的心。"我人在国外，无法奔赴抗疫一线，希望捐助的这些钱，能为家乡的疫情防控工作尽点力。"周金华表示，塞舌尔物资匮乏，难以采购、运输相关物资，自己只能通过捐款表达心意。

多年以来，周金华一直心系家乡，这已经不是他第一次为家乡湖北慷慨解囊。2019 年，周金华和另一位朋友各出资 50 万元，在贺桥村建起贺桥幸福院，村里老人可以免费到那里休闲娱乐，70 岁以上老人还可免费享用午餐。不仅如此，每次村里修路修桥，他都会捐款。

摩洛哥

2020 年 1 月，摩洛哥华人商会全体会员在名誉会长李勇、现任会长严钦兴，以及各位副会长带领下，积极捐款和筹集医疗物资。他们将筹集到的 18 万只医用口罩捐赠给辽宁省红十字总会，将 18.7 万只医用口罩捐赠给温州医科大学教育发展基金会。此外，他们还向湖北省红十字会捐赠了医用口罩 6.6 万只、防护服 2600 套、加强版防护服 1000 套、护目镜 800 件、一次性手套 40000 双、医用一次性帽子 7.6 万件等。

1 月 31 日，摩洛哥中资企业协会、中国海外工程有限责任公司和摩中友好旅行社等向国内捐赠了 3 万多只口罩和护目镜等医疗物资。

尼日利亚

2020 年 1 月 28 日，尼日利亚中国总商会发出了"众志成城，驰援武汉——尼日利亚中国总商会倡议书"。当天晚上就收到来自企业、机构和个人的捐赠 200 余次。

2 月 21 日，中国驻拉各斯总领事储茂明会见了向国内抗击新冠疫情踊跃捐款捐物的中资企业和华侨华人代表。当地侨界共向国内捐款 1.47 亿奈拉（约合 279 万元人民币）和 64 万元人民币，捐赠口罩 81 万只、防护服 1 万多件。

布隆迪

2020 年初，布隆迪中资机构联谊会捐款 2840 万布郎助力中国抗疫。布隆迪华商郑延隆在了解到自己的家乡河南濮阳疫情形势严峻后，立即筹集了一批符合标准的口罩等医疗物资，并克服物流困难，迅速寄到了濮阳市红十字会。他说："'苟利国家生死以，岂因祸福避趋之'，虽然布隆迪条件有限，但我们有一分热，就要发一分光。相信国内外同胞齐心协力，定将取得这场抗疫战争的胜利。"

埃　及

新冠疫情在中国发生后，埃及华商积极响应中国侨联的号召，通过湖北省侨联、中国华侨公益基金会、武汉红十字会向抗疫一线的机构踊跃捐款。截至 2020 年 2 月 9 日，埃及华商共捐款 66522 元人民币。此前的 2 月 4 日，旅埃侨胞捐赠的一批医用抗疫物资，搭载四川航空 3U8392 航班从埃及起飞，运往中国支援抗疫。

中国助力非洲抗疫

严义祥

作者简介：

严义祥，刚果（金）中国和平统一促进会会长。

2020 年 6 月 17 日，由中国和非洲联盟轮值主席国南非、中非合作论坛共同主席国塞内加尔共同发起的"中非团结抗疫特别峰会"以视频方式举行。中国国家主席习近平主持了峰会。南非总统拉马福萨、塞内加尔总统萨勒和埃及总统塞西、刚果（金）总统齐塞克迪、阿尔及利亚总统特本、加蓬总统邦戈、肯尼亚总统肯雅塔、马里总统凯塔、尼日尔总统伊素福、尼日利亚总统布哈里、卢旺达总统卡加梅、津巴布韦总统姆南加古瓦、埃塞俄比亚总理阿比以及非盟委员会主席法基出席。

习近平主席在峰会上发表了题为《团结抗疫 共克时艰》的主旨讲话。他说："面对疫情，中国和非洲相互声援、并肩战斗。在中国抗疫最艰难的时刻，非洲送来宝贵支持，我们铭记于心。非洲疫情暴发后，中国率先驰援，同非洲人民坚定站在一起。""中方将继续全力支持非方抗疫行动，抓紧落实我在世界卫生大会开幕式上宣布的举措，继续向非洲国家提供物资援助、派遣医疗专家组、协助非方来华采购抗疫物资。"①

峰会发表了《中非团结抗疫特别峰会联合声明》，表示"非洲国家赞赏中方大力驰援非洲抗击疫情，积极致力于推进中非团结抗疫，高度赞赏中方在第73届世界卫生大会上宣布支持发展中国家抗疫的新举措。中方重申积极落实有关倡议和举措，助力非洲提升疾病防控和可持续发展能力，加快推进非洲疾控中心总部建设。中方承诺新冠疫苗研发完成并投入使用后，将作为全球公共产品，为实现疫苗在发展中国家特别是在非洲国家的可及性和可担负性作出贡献"②。

中国最先向非洲捐赠抗疫物资

世界卫生组织及其伙伴合作发表的相关报告认为，非洲国家在这场疫情中面临特殊的障碍，原因是非洲国家的脆弱人口占比很高、保障措施有限，且医护人员极度缺乏。毫无疑问，非洲抗疫离不开世界的支持与帮助。中国始终站在驰援非洲的最前线，正如不少非洲国家政要和非洲国家驻华大使指出的那样，最先向非洲捐赠抗疫物资的国家也正是中国。

为了向非洲捐赠和提供抗疫物资，中国政府、中国企业界和中国民间都发挥了重要作用。在这方面，中国政府和中国企业等再次向世人展示了什么是"中国速度"。来自中国的援助，甚至比不少非洲国家领导人预期的还早了许多，而且数量也超出了预估。

2020年4月6日，运送中国政府援助非洲18国医疗物资的包机在加纳首都阿克拉科托卡国际机场缓缓降落。这批物资快速转运分送至加纳、尼日利亚、塞内加尔、加蓬、塞拉利昂、布基纳法索等18个中西非国家。

---

① 《习近平在中非团结抗疫特别峰会上的主旨讲话（全文）》，中华人民共和国中央人民政府，2020年6月17日，https：//www.gov.cn/xinwen/2020-06/17/content_5520086.htm，最后访问日期：2023年5月26日。
② 《中非团结抗疫特别峰会联合声明（全文）》，中华人民共和国中央人民政府，2020年6月18日，https：//www.gov.cn/xinwen/2020-06/18/content_5520093.htm，最后访问日期：2023年5月26日。

4 月 14 日，中国援助南非医疗物资交接仪式在约翰内斯堡奥坦博国际机场举行。南非国际关系与合作部部长娜莱迪·潘多尔和南非卫生部部长兹韦利·穆凯兹出席并致谢。南非执政党非国大当天发表声明，热烈欢迎和诚挚感谢中国政府和人民援助的抗疫物资。这些人道主义援助将帮助南非更有力应对新冠疫情，拯救生命。

4 月 15 日，中国政府捐赠刚果（布）抗击新冠疫情物资运抵刚首都布拉柴维尔。

4 月 22 日，塞内加尔卫生和社会行动部部长阿卜杜拉耶·迪乌夫·萨尔从中国驻塞内加尔大使馆接收了中国援塞第二批抗疫物资。同月 21 日，塞拉利昂收到了中国捐赠的新一批抗疫物资，包括呼吸机、医用口罩和手套等。

4 月 23 日，中国政府援助非洲 12 个国家的抗疫物资转运仪式在埃塞俄比亚首都亚的斯亚贝巴博莱国际机场举行。此批中国政府援助物资包括防护服、护目镜、体温检测仪、口罩等，被陆续转运至安哥拉、喀麦隆、中非、乍得、吉布提、莱索托、马达加斯加、纳米比亚、尼日尔、卢旺达、索马里和坦桑尼亚。这是 2020 年 4 月之后中国政府第二批集中运送的援助非洲国家医疗物资。

6 月至 7 月，中国政府援助非洲各国的抗疫医疗物资陆续运抵目的地。应非洲第一夫人联合会的请求，习近平主席夫人彭丽媛教授以中国政府的名义向非洲 53 国各捐赠了一批医疗物资，这些物资由非洲国家第一夫人领导或指定的公益组织接收。

除了这四批面向非洲所有国家的中国援助，中国政府还根据某些非洲国家的特别情况提供援助。中共中央对外联络部向部分非洲国家的政党提供了捐赠。与非洲国家相关省市结为友好省市的中国各省向非洲提供了定向捐赠。与非洲国家地方政府有联系的其他中国地方政府也定向进行了一些捐赠。

多哥卫生部部长米吉亚瓦盛赞中国疫情防控取得的成就和在抗疫国际合作中发挥的重要作用，对中国政府在关键时刻紧急驰援多哥表示衷心感谢。

他表示，中方援助的医疗物资将缓解多方在物资方面的压力，为多方抗击疫情提供了有力支持。

非盟主席穆萨·法基·马哈马特表示："这些至关重要的物资将增强非洲疾病预防控制中心的战略库存，以协助成员国进行防疫战斗。"①

中非分享抗疫经验

2020年1月，中国就与世界卫生组织和各国卫生部门分享了新冠病毒检测数据。2020年3月23日，中国外交部发言人耿爽在外交部例行记者会上表示，中方高度关注非洲疫情形势，积极向非洲国家和非盟提供包括检测试剂、医用防护品等各类物资援助，部分物资已经运抵。中方还组织专家同非方举行抗疫经验交流视频会议，动员援非医疗队积极参与所在国抗疫行动。很多中国企业、民间机构，以及旅非侨胞也自发向非方提供援助。②

3月18日，中国同非洲国家就新冠疫情防控举行了专家视频会议，24个非洲国家和非洲疾控中心的近300名官员和专家通过网络参加会议。会议持续了三个半小时，取得了良好效果。中方专家在会上详细介绍了疫情发展的趋势、特点，以及中方在疫情防控和临床治疗等方面的经验，并细致解答了非方提出的近50个相关问题。

3月26日，中国同西亚北非地区国家相关人士举行视频会议，分享交流中国的新冠疫情防控经验，共有18个西亚北非地区国家的卫生专家和政府官员与会。

4月27日，中国同非洲国家举行"中非连线、携手抗疫"系列专家视

---

① 《中国站在驰援非洲战疫最前线（国际论道）》，"人民网"百家号，2020年5月11日，https：//baijiahao. baidu. com/s? id = 1666365360281308935&wfr = spider&for = pc，最后访问日期：2023年5月26日。

② 《外交部：中方将继续加大对非洲国家抗疫行动的支持力度》，南昌新闻网，2020年3月24日，https：//www. ncnews. com. cn/xwzx/gjxw/202003/t20200324_1559019. html，最后访问日期：2023年5月26日。

频交流会首次会议，双方重点围绕新冠疫情防控策略进行了交流。22 个非洲国家的政府官员、医疗专家约 200 人通过网络与会。

6 月 10 日，中国同非洲国家举行"中非连线、携手抗疫"系列专家视频交流会第四次会议，双方围绕新冠肺炎病毒科研进展、方舱医院建设与使用、边境口岸检疫等问题进行了交流。会议由中国外交部非洲司和卫健委国际司共同主办，中国驻非使领馆提供协助。18 个非洲国家官员、医疗专家约 100 人在线与会。

这样的疫情防控经验分享会议前后举办了六期，许多非洲国家的卫生部官员表示，中国高效的疫情防控举措有效遏制了新冠疫情蔓延，是值得非洲学习的。非方与会官员和专家普遍认为，这些会议及时、专业、有效。他们高度评价中方抗击疫情取得的显著成效和为维护全球公共卫生安全作出的重要贡献，强调中方的经验和做法具有重要借鉴意义，为非洲国家做好疫情防控工作树立了标杆和榜样。非方愿意继续同中方加强合作，携手赢得这场抗疫斗争的胜利。

当时，中国援非洲医疗队约有 1000 位队员，分别在非洲几十个国家提供卫生援助。新冠疫情来袭时，他们向非洲提供了重要的医疗支持。面对疫情，中国援非医疗队在做好自身防护的同时，坚持开展接诊任务，奋战在救死扶伤第一线。在非洲抗疫期间，中国医疗队成为当地抗疫的中坚力量。他们所在的医院，多数是中国援建的友好医院，这些医院由于基础设施和条件比较好，往往成为新冠疫情定点治疗医院。

中国医疗队及其成员还译制新冠疫情诊疗方案、开展专业培训、协助当地医院和卫生部门制定抗疫措施、帮助改造重症监护病房、积极捐款捐物……非洲地区新冠疫情暴发后，中国医疗队开展抗疫培训近 400 场，及时为当地数万名医护人员提供了指导。

常驻非洲的 46 支中国医疗队坚守岗位，积极助力当地抗击疫情，以实际行动诠释"不畏艰苦、甘于奉献、救死扶伤、大爱无疆"的中国医疗队精神，获得了非洲各界的广泛赞誉，为共同打造"中非卫生健康共同体"迈出了更坚实的步伐。

中国援非医疗队长期以来辛勤付出，以实际行动诠释了中非命运共同体深刻内涵。阿尔及利亚《晚报》刊文表示，非中卫生合作历史悠久，半个多世纪以来，中国派遣医疗队、协助建设医疗卫生设施和友好医院、捐赠医疗设备和药品等，为非洲医疗卫生事业作出了重大贡献，这表明"中国始终与非洲在一起"。

中国医疗专家组驰援非洲

在非洲受到疫情袭击之初，世界卫生组织就曾发出警告：在新冠疫情全球大流行的第一年，如果遏制措施失败，非洲或将有多达 19 万人死于该病毒。联合国秘书长古特雷斯呼吁各方，继续支持"全球新冠疫情人道主义应对计划"，为全球最脆弱的人群提供必要保护。世卫组织"非常关注近 1000 名非洲卫生工作者感染新冠疫情的事。我们知道，大多数非洲国家已严重缺乏卫生保健工作者"。非洲还存在医疗物资和医疗人员紧缺问题：每 10 万人中只有不到 1 张重症监护床和 1 台呼吸机。

4 月 16 日，中国向埃塞俄比亚和布基纳法索分别派遣抗疫医疗专家组，4 月 30 日，中国分别向吉布提和科特迪瓦派遣抗疫医疗专家组。5 月 11 日，中国外交部例行记者会宣布：为支持非洲国家应对新冠疫情，中国政府决定向津巴布韦、刚果（金）和阿尔及利亚三国派遣抗疫医疗专家组。

赤道几内亚曾在中国需要援助的时候，慷慨捐赠了 200 万美元，中国也在赤道几内亚需要援助的时候，派去了抗疫医疗专家组，提供专业帮助。中方专家组同赤几总理奥巴马、卫生与社会福利国务部长恩圭马、外长奥约诺等进行了会见会谈，走访了赤几岛屿和大陆两个地区，在政策和技术层面均深入一线了解情况，与各方进行了富有成果的交流，相关工作得到了赤几新冠病毒应对与监测委员会大力支持。专家组针对赤几实际情况编写了赤几抗疫《十问十答》和《国家建议书》，这些经验为赤几抗疫工作助了一臂之力。

2020 年 6 月 8 日，赤道几内亚政府在马拉博国际机场为中国政府抗疫医疗专家组举行欢送仪式。赤几外交与合作部国务秘书恩圭马代表赤几政府，对中方专家组万里驰援赤几并进行辛勤工作表示诚挚谢意。他说，在两国元首关心支持下，中方专家组两周来密集开展工作，同赤几政府相关部门、新冠病毒应对与监测委员会及其 15 个分委会进行了多场交流讨论，走访了赤几岛屿和大陆地区多家医院、实验室，给赤几抗击疫情的困难时期带来曙光。相信两国会在此基础上继续加强抗疫合作，赤几在中方帮助下一定能早日战胜疫情。

中国驻赤道几内亚大使亓玫表示，中赤几传统友好，今年又恰逢两国建交 50 周年。面对疫情，两国始终并肩作战，通过各种形式相互支持。此次专家组到访是中方积极构建人类卫生健康共同体的又一实践，也生动体现了两国全面合作伙伴关系的丰富内涵。中方专家组在赤几期间做了大量工作，取得了丰硕成果，得到赤几政府、专家、媒体和民众的一致好评。两周时间虽然有限，但中赤几友谊长存。中方愿同赤几方继续深化医疗卫生合作，携手抗击疫情。

中国疫苗助力非洲抗疫

习近平主席曾在中非团结抗疫特别峰会上宣布：中国将把新冠疫苗作为全球公共卫生产品。新冠疫苗研发完成并投入使用后，愿率先惠及非洲国家。

中国言必信、行必果，非洲各国收到的首批新冠疫苗，基本上都来自中国。在世界向非洲提供的疫苗中，中国提供的数量最多。

由于疫苗产能不足，某些国家奉行"疫苗民族主义"，大量囤积疫苗，导致一段时期全球范围疫苗分配严重不公，因此中国对非洲的支持也更加难能可贵。

"隧道尽头的光芒"——津巴布韦总统姆南加古瓦这样评价中国疫苗。纳米比亚总统根哥布表示，发达国家只顾自己，却把非洲人民抛诸脑后。中国切实秉持南南合作精神，向纳米比亚和非洲捐赠疫苗，实乃雪中送炭。纳方将铭记中方的慷慨义举。赤道几内亚副总统曼格则表示，在面临困难时，"只有中国把我们放在心上，伸出援手"。

塞内加尔总统萨勒、赤道几内亚总统奥比昂、加蓬总统邦戈、塞舌尔总统拉姆卡拉旺等非洲国家元首还带头接种中国疫苗，为中国疫苗的安全性和有效性投下了信任票。

安哥拉卫生部部长卢图库塔表示，中国是首个向安哥拉提供疫苗援助的国家。有了中国疫苗就有了抗疫"新武器"。埃塞俄比亚外交部国务部长伯图坎称赞道，中国朋友为非洲送来了"及时雨"。①

---

① 《中国疫苗为非洲送来"及时雨"》，《经济日报》2021年4月10日，第4版。

非洲侨界支持驻在国抗疫

王 鑫

作者简介：

王鑫，冈比亚和平统一促进会会长，冈中友好协会副会长，冈比亚中非贸易协会会长，冈比亚阳光集团董事长，冈比亚共和国保税区总经理，中非民间交流与合作促进会理事，世界百家姓总会冈比亚分会会长。

"中非命运共同体"是习近平主席对中非关系的高度概括。对此，在非洲54个国家生活的上百万的华侨华人感受和体会颇为深刻。当新冠疫情在非洲暴发后，旅非侨界在力所能及的情况下，向非洲当地社会捐赠了超过1亿美元的善款和物资，帮助非洲控制疫情蔓延。非洲抗疫取得的积极成效，其中就有非洲华侨华人的一份贡献。中国外交部发言人耿爽就曾表示，"（非洲发生疫情时）在非侨胞也自发向非方提供援助"。以下是在非侨胞援助驻在国抗疫的部分事例。

刚果（布）

习近平主席在访问刚果共和国［简称刚果（布）］时，曾与刚果（布）总统一起为中刚友好医院剪彩，这所中国援建的医院也是中国援刚果（布）医疗队的工作医院，在抗击新冠疫情中发挥着重要作用。在中国驻刚果（布）大使馆领导下，在华侨华人商会、中华商会的组织下，当地华侨华人和华商企业纷纷向刚果（布）伸出援助之手，助力抗疫。

2020 年 2 月 20 日，刚果（布）中华商会向中刚友好医院和黑角卢旺基里医院（该医院有中国医疗队的分队）捐赠一批抗疫急需的医疗物资，包括一次性医用防护服、无菌橡胶医用手套、护目镜、医用 FFP2 口罩、红外线感应体温计、一次性口罩等，以备不时之需。

4 月 29 日，刚果（布）华侨华人商会分别向布拉柴维尔市刚果（布）宪兵总局和警察总局捐赠抗疫及生活物资，每个单位获赠的物资包括大米 100 包，土豆 100 包，食用油 200 桶，面条 100 箱，口罩 1000 只。

5 月 5 日，刚果（布）华商农业公司董事长李辉和天成国际公司总经理徐峰向刚果（布）政府捐赠一批抗疫生活物资、农业机械、医用口罩等，总价值约 1.1 亿非洲法郎。在随后 1 个多月内，刚果（布）华商农业公司又将三批捐赠物资陆续移交给刚果（布）政府和团结基金，包括 2000 只医用口罩、20 吨鱼类产品和 50 吨木薯粉，总价值约 1.4 亿非洲法郎。

6 月 2 日下午，刚果（布）远东木业有限公司向刚果（布）林业经济部捐赠 5 万个口罩。部长罗莎莉·马东多女士代表刚果人民表示衷心的感谢，刚果人民不会忘记中国朋友雪中送炭的情谊，中刚两国守望相助，定能早日战胜疫情。

6 月 12 日，刚果（布）中华商会向黑角和奎卢两省政府捐赠了一批抗疫生活物资。捐赠仪式在黑角省政府举行。这次捐赠物资主要有大米、面粉、意大利面、食用油、食盐、沙丁鱼、饮用水、肥皂和口罩等，总重量约 24 吨。

6 月 18 日，刚果（布）中华商会向刚果（布）第一防务军区捐赠了一批抗疫生活物资。捐赠仪式在位于黑角市的军区司令部举行。军区司令奥朗松戈将军等高级军官出席。这批捐赠物资主要包括大米、意大利面、食用油、食盐、沙丁鱼、肉类罐头、冷冻肉类和鱼类食品等，总重量约 6.3 吨。

6 月 24 日上午，刚果（布）中华商会向刚果（布）援助基金会捐赠了 7 吨抗疫生活物资。捐赠仪式在该基金会黑角分会举行。此次捐赠的物资主要是大米、意大利面、奶粉、食用油、盐、沙丁鱼、肥皂和口罩等，总重量约 7 吨。

7 月 13 日，天成国际公司继续向刚果（布）农牧渔业部捐赠医用口罩 2000 只，刚果（布）农牧渔业部部长兼国务部长亨利·琼博代表刚政府表示衷心感谢，并称中刚友谊长存，困难时不忘相助，刚果人民一定会打赢防疫战。

在刚果（布）中资企业协会的积极倡导下，各会员单位向刚方捐赠了各类抗疫物资，其中口罩有 45000 只，一次性医用手套有 1800 双。

南　非

南非是习近平以中国国家主席身份多次访问过的非洲国家，也是非洲华侨华人人数最多的国家。目前，南非生活着约 30 万华侨华人。南非暴发新冠疫情后，当地华侨华人向南非各地捐赠了数百批抗疫物资。

2020 年初，南非侨胞仅用 8 天时间就募集到超过 230 万元人民币的资金，采购了大批抗疫物资，捐给当地有需要的部门。

3 月 20 日，中国驻南非大使馆举行捐款交接仪式，在南中资企业和华侨华人向南非政府转交 300 万兰特善款和新冠病毒检测试剂盒，以支持南非抗击疫情。

3 月 23 日晚，南非总统拉马福萨发表全国讲话宣布，为遏制疫情的迅速蔓延，从当地时间 3 月 26 日午夜开始，南非在全国范围内实施为期 21 天的封控。在此期间，所有人除非必要不得外出。同月 24 日至 25 日，南非警民合作中心主任李新铸和同事谢宇航分别向南非豪登省的 142 个警察局赠送了口罩。

4 月至 5 月，南非粤港澳总商会会长、世界百家姓总会名誉会长吴少康向位于约翰内斯堡南部的南兰德公立医院等多家当地机构捐赠多批口罩。在封城前一天，吴少康先到当地警察局捐赠口罩，然后回公司向全体员工派发口罩、消毒酒精等抗疫物资，以及生活用品，以保证员工健康平安。此后半年中，吴少康又分多批次向华人社团和当地社会，包括金山大学等捐赠了数十万只口罩和其他抗疫医疗物资，以及生活用品。

5月12日，非洲上海总商会、南非-中国跨境电商协会联合非国大进步商业论坛，在约翰内斯堡举行"万人食品包爱心捐赠"仪式，向当地贫困社区捐赠了价值近80万兰特的食品包。

同在5月，南非北开普省中资企业、北开普省华人警民中心和当地侨界，也将总额为259万兰特的抗疫物资和善款捐赠给省长办公室。其中包括北开普华人警民中心牵头筹集的总额为22万兰特的善款和抗疫物资，龙源南非可再生能源有限公司向北省政府捐赠的50万兰特抗疫资金，以及向龙源德阿风电项目附近地方政府、卫生防疫部门和贫困社区定向捐赠的总额为187万兰特的抗疫物资和善款。

安哥拉

2020年4月8日，在安哥拉的中资企业海山集团、奥德工业园、中国路桥和青建国际等，向安哥拉本戈省政府捐赠了总价值1500万宽扎的防疫物资和生活用品，包括消毒液、口罩、床垫，以及米、面、食油等。

4月14日，安哥拉南隆达省绍里木市的侨胞，用10辆皮卡车满载捐赠物资驶进了南隆达省卫生厅，这批捐赠物资是价值260多万宽扎的口罩、水、肥皂、玉米粉、意大利面、食用油、大米等生活物资，用于助力当地一同抗击疫情。这些物资是当地30余名华侨华人共同捐赠的。

4月16日，安哥拉中资企业福盈安哥拉塑料制品有限公司（福盈塑料）向安哥拉北宽扎省卢卡拉市政府捐赠了防疫和生活物资。

4月21日，安哥拉华商、广德集团执行董事赵彬开着载有50箱鸡蛋、1吨木薯粉、10袋大米、10箱意大利面的货车，来到安哥拉罗安达省卡夸科市政府，并将这些捐赠物资交给相关官员。

4月24日，华为（安哥拉）公司向安哥拉疫情防控部门协调委员会捐赠抗疫物资。

4月30日，安哥拉中资企业商会和中国总商会等中资企业和侨团向安哥拉内政部捐赠抗疫物资，其中包括口罩、喷壶、肥皂、消毒水、小型运水车等防疫物资，以及大米、玉米粉、食用油等基本生活物资。安哥拉福建总商会、江苏商会、安徽商会、河南商会、罗安达华商联合会、陕西省国际经济合作安哥拉促进会、中华妇女联合会等在安侨团共同参与了这次捐赠。

5月15日，中国电子进出口有限公司安哥拉分公司向安内政部捐赠抗疫物资。

5月18日，经过安哥拉侨胞的联系和协助，583万只一次性防护口罩从浙江温州抵达安哥拉罗安达机场，为当地抗疫助力。

5月19日，安哥拉江苏总商会倡议，中国城和江洲农业共同捐赠了一批抗疫物资给卡夸科市的安方某军事基地。

乌干达

2020年2月，新冠疫情已经在世界一些地方蔓延开来。此时，73位旅乌华侨华人组成的志愿者队伍开始在当地机场服务返乌侨胞，帮助侨胞登记信息和跟进居家隔离。

3月21日，乌干达确诊第一例新冠肺炎患者，乌干达政府和社会各界采取了积极的预防和控制措施。华人社会也积极帮助当地社会抗疫。乌干达中国社团联合会协调各侨团向乌方捐助逾25万只口罩，以及测温枪、护目镜等物资。皇牌粮食机械向乌方捐赠了30吨玉米面等物资。张氏集团及辽沈工业园区企业向乌方捐款9800万乌先令。阳光地带集团向乌方捐款3万美元。天唐集团向乌方捐助了车辆和医疗物资。穆科诺地区中资企业筹集逾6万美元善款，用于采购供乌方抗疫的车辆、医疗物资等。

在乌中资企业也迅速行动起来，支持乌方抗疫。中国建筑、中国土木、中铁三局、中铁七局、中铁十八局、重庆外建、中国武夷、江西中煤等，向乌方捐赠了抗菌床垫和蚊帐、毛毯等抗疫物资和生活用品。华为公司向乌方捐赠了远程医疗会议视频系统，帮助乌卫生部在线召开抗疫会议。中交、中海油、中水对外、特变电工、中航国际工程、湖南路桥等，向乌方捐赠了口罩、防护服等医疗物资，以及床垫、蚊帐等生活用品。

4月24日，乌干达中国社团联合会在乌干达总理府举办了捐赠仪式，13家会员单位联合向乌方捐赠76000只口罩、800件防护服、40把额温枪等抗疫物资，总价值约4.46亿乌先令。乌总理鲁贡达、总理事务部部长兼乌国家应对新冠疫情基金会主席奥库鲁特表示，乌中是全面合作伙伴，也是守望相助的好朋友、好伙伴。感谢旅乌华侨华人慷慨解囊，为乌政府和人民抗疫提供大力支持，这充分彰显了两国关系的丰富内涵，特别是两国密切友好的兄弟情谊和深厚的人文交流基础。

毛里塔尼亚

2020年3月31日，中国驻毛里塔尼亚大使张建国与毛卫生部部长哈米德共同主持中国援毛友谊医院维修项目与援毛国家医院传染病专科门诊楼项目交接仪式。这两所医院被用于抗击新冠疫情。

4月15日，毛里塔尼亚中资企业及华侨社团向毛里塔尼亚捐赠了一批抗击新冠疫情物资。此次捐赠活动是在中国驻毛里塔尼亚大使馆的大力支持下组织的。驻毛塔32家中资企业和机构，以及近200名华侨华人踊跃捐赠，共捐赠各类医疗器械42件、其他物资570箱，总重约6.1吨。毛塔方在答谢致辞中表示："中国是第一个向毛塔抗疫伸出援手的国家，中国企业、华侨社团也是以最快行动为毛塔捐款捐物的社团。中国企业反应速度之快，动员能力之强，急我们之所急，我们对此予以高度赞赏。"[①]

5月10日，中国驻毛里塔尼亚大使馆和当地中资企业、华侨社团向毛里塔尼亚捐赠抗疫的斋月食品物资6.6吨，此次捐赠活动是由中国驻毛里塔尼亚大使馆、32家中资企业和机构，以及近200名华侨华人共同

---

① 《毛里塔尼亚政府：中国是第一个向毛塔防疫伸出援手的国家》，"中国经济网"百家号，2020 年 4 月 16 日，https://baijiahao.baidu.com/s? id = 1664110938143283646&wfr = spider&for = pc，最后访问日期：2023 年 5 月 26 日。

组织的。

中国政府和中国民间，以及在毛塔的中资企业、华侨社团共向毛塔方捐赠了至少 18 批援助物资。毛塔方领导人表示，这充分体现了两国人民的友好情谊。毛塔卫生部部长哈米德表示，患难见真情，毛塔疫情日益严峻，中方多次向毛塔方捐赠抗疫物资，这是雪中送炭，是双方传统友谊的又一例证，我代表毛塔政府向中国政府和人民表示衷心感谢。毛塔方将继续同中方加强合作，共渡难关，争取早日取得抗疫胜利。

塞内加尔

塞内加尔妇幼医院是一所中国援建的医院，在 2020 年 3 月初被塞内加尔卫生部确定为新冠肺炎定点收治医院。江苏省建集团援塞项目组积极配合塞内加尔卫生部，很快便完成了医院内部设施的调整及隔离区域改造。

塞内加尔总统萨勒表示："塞方感谢中方对塞防疫工作的大力支持。中方为我们援建并升级改造了医院，千里迢迢送来防疫物资；在塞中资企业、华侨华人为当地慷慨捐助……我们将永远铭记在心。"塞内加尔《太阳报》在报道中称："在抗击疫情的关键时刻，中国企业及时改建医院，充分体现了塞中两国人民之间的深厚情谊。"①

截至 2020 年 3 月底，已有 59 名新冠肺炎确诊患者在该院接受治疗，其中 10 余名患者很快就治愈出院。凯瑟琳是丁恩·格雅负责救治的病人之一。当年 2 月底，她从英国返回后不久就开始发烧，被确诊为新冠肺炎后在第一时间被妇幼医院收治。从开始时的担忧，到后来即将痊愈出院，凯瑟琳充满感慨地说："没想到医院条件这么好！感谢中国为我们援建了这么好的医院，培训了这么好的医护人员。希望塞内加尔能有更多这样的医院！"塞内

---

① 《综述：中国援塞医疗队和中资企业积极帮助塞内加尔抗击新冠疫情》，新华社，2020 年 4 月 27 日，https://baijiahao.baidu.com/s?id=1665120750087467733&wfr=spider&for=pc，最后访问日期：2023 年 5 月 26 日。

加尔妇幼医院外方院长玛莫·法玛说："妇幼医院在塞内加尔抗击疫情过程中发挥了重要作用。"

博茨瓦纳

2020 年 5 月 26 日上午，博茨瓦纳里程集团向博政府抗击新冠疫情捐赠仪式在总统办公室楼前草坪举行。此次里程集团携手复星基金会共向博茨瓦纳抗疫基金会捐赠了价值约 160 万博茨瓦纳普拉的个人防护用品和新冠肺炎测试剂。

博茨瓦纳副总统斯伦伯·措格瓦内，博茨瓦纳酋长院主席、博中友好协会主席普索·哈博罗内等博方数位政府官员出席活动。副总统斯伦伯·措格瓦内在捐赠仪式上致辞。他表示，对于里程集团的无私捐赠，他感到特别感动和感激。这些捐助恰逢其时，并将为博茨瓦纳的抗疫发挥重要作用。他表示，病毒无国界，面对全球性的流行疾病需要所有人的共同努力。

里程集团董事长南庚戌先生在捐赠仪式上致辞表示，在博华侨华人社团一直都是热爱和平、乐善好施的团体。在疫情面前，旅博华侨华人将与博茨瓦纳人民携手努力，共渡难关。据悉，当时博茨瓦纳的 2000 名侨胞共捐出 1000 万普拉，包括博茨瓦纳山东商会捐赠的 150 多万普拉，以支持博茨瓦纳抗疫。

阿尔及利亚

2020 年 2 月 25 日，阿尔及利亚卫生部部长阿卜德拉马内·本·布兹德宣布，阿尔及利亚已经在本国确诊首例新冠病毒肺炎病例。患者是一名意大利人，于 2 月 17 日抵达阿尔及利亚。

3 月 27 日，中国建筑集团向阿尔及利亚捐赠的医疗物资搭专机抵达阿尔及尔国际机场。该批物资包括 50 万只医用外科口罩、5 万只 N95 口罩、10 台 ICU 呼吸机、2000 套医用防护服、2000 个隔离面罩和 600 双医用一次性手套，总价值 323.7 万元人民币。这些物资当即全部交付给阿尔及利亚卫生部指定的医疗物资中心。

4 月 1 日，中国铁路建设集团向阿尔及利亚捐赠 100 台呼吸机，以助力该国早日战胜新冠疫情。

3 月 29 日，阿尔及利亚中华总商会向阿红星月会捐赠的医疗物资，在辗转几国后陆续抵达阿尔及利亚，其中包括 26 万只一次性医用口罩、2 万支检测试剂盒，350 把额温枪。据悉，阿尔及利亚中华总商会共向阿方提供约 2131 万第纳尔的抗疫捐助。

摩洛哥

摩洛哥因新冠疫情进行封控之后，摩洛哥华人商会名誉会长李勇和会长严钦兴便组织骨干力量上街，为当地困难民众派发口罩。副会长蔡洁带领会员协助当地侨胞和中资企业采购物资抗疫。其他副会长和理事会会员分工合作，联系国内相关部门采购抗疫紧缺用品，并将其在第一时间发往摩洛哥。

2020 年 3 月 23 日，满载摩中友谊和期望并搭载 5000 份新冠病毒检测试剂，以及其他医疗防护用品的摩洛哥皇家航空货机，顺利抵达摩洛哥最大城市卡萨布兰卡。这些新冠病毒检测试剂和医疗用品很快被发往摩洛哥相关部门，以解当时新冠病毒检测试剂不足和医疗防护紧缺的燃眉之急。

此次捐赠是由摩洛哥华人商会和中资企业协会及摩洛哥华人华侨工商业联合会联合发起的，中国驻摩洛哥大使馆协助联系中国华大基因，多方齐心协力、密切配合，确保了捐赠的顺利高效完成。摩洛哥外交部有关负责人表示，感谢在摩中资企业和华侨华人的捐赠，这是摩中两国人民深厚友谊的又一例证。

赞比亚

2020 年 3 月 25 日至 4 月 2 日，中凯国际赞比亚公司向赞比亚防灾减灾委员会、财政部、中央省委、卢萨卡省委、国民服务队累计捐赠了 6500 升酒精消毒液。

4 月 1 日，赞比亚华侨华人总会铜带省分会向基特韦市政府捐赠了一次性医用口罩 800 只、N95 口罩 60 只、免洗消毒液 50 桶。

4 月 4 日，中国海南赞比亚有限公司向卢萨卡市政府捐赠 JIK 消毒液 120 瓶、肩背喷雾器 30 个。

4 月 7 日，赞比亚华侨华人总会向当地媒体《赞比亚时报》和《每日邮报》捐赠 1 万只口罩、1000 副手套和 100 瓶消毒水。

4 月 8 日，南部非洲九江同乡会向穆钦加省捐赠医用病床 4 张、不锈钢担架车 4 套、急救担架车 1 套、轮椅 4 台、血氧仪 20 个、吸痰器 4 套。

佛得角

2020 年 3 月 20 日，佛得角出现首例新冠肺炎确诊病例。患者系 62 岁英国公民。3 月 28 日，佛得角总统丰塞卡宣布，佛得角进入国家紧急状态，佛得角从预防转为抗疫。

佛得角华人协会向旅佛华侨华人发出募捐倡议书，得到了广大侨胞的积极响应。大家纷纷慷慨解囊。佛得角华人协会将募捐到的善款一部分用于购买大米、食用油等食品，通过与普拉亚市政府、旧城市政府、圣多明戈市政府等合作分发给贫困社区家庭。同时，佛得角华人协会还与当地多个学生青年社团组织合作，向多个贫困社区、学校捐赠防疫物资和食品。

5 月 11 日，佛得角中资机构协会向佛得角国家应急基金捐款，以支持佛政府抗击疫情。捐赠仪式在佛政府办公大楼举行。佛得角副总理兼财政部部长科雷亚致函杜小丛大使，代表佛得角政府感谢中方长期以来对佛得角建设发展作出的重要贡献，尤其是新冠疫情期间为佛方抗疫提供的宝贵支持。

贝 宁

新冠疫情蔓延到贝宁后，在贝宁的华侨华人心系贝宁民众，很快就组织了"山水虽异，中贝齐心，同舟共济，抗击疫情"募捐活动，共筹得善款880万西非法郎，并将其捐给贝宁卫生部。

2020年4月15日，贝宁华侨华人会会长史亚娟代表该会向贝卫生部捐款880万西非法郎。此举得到了贝宁政府和人民的肯定。贝宁卫生部专门发函，感谢华侨华人会在贝宁危难之际做出的善举。贝宁外交部部长也由衷地表示：真正的朋友是危难之际伸出援手的朋友！

6月26日，贝宁卫生部举办驻贝宁中资企业抗击新冠疫情捐赠仪式。中石油尼贝管道公司、贝宁中国经贸中心、云南建投贝宁分公司、湖南路桥、中成贝宁糖业股份有限公司、中铁五局贝宁分公司、粤垦国际（贝宁）有限公司、中铁十四局集团贝宁分公司、中国地质工程集团贝宁分公司等，向贝宁卫生部捐款捐物，以支持贝宁抗疫。

马达加斯加

马达加斯加华商总会会长蔡国伟介绍，在马达加斯加暴发疫情之初，当地华侨华人就组织了3场捐赠活动，向马方政府和医院捐赠了超过3亿阿里亚里的现金，以及大米、食用油、口罩、肥皂等物资，其中仅大米一项就超过了37.5吨。

华商蔡国伟的公司天球集团在马达加斯加设有三家商场、两个手套厂，共有当地雇员2000余人。他说："虽然工厂和商场都已经停工一月有余，但员工们仍按时拿到了工资和生活补贴，我们还给每个员工发放了安心包，里面有口罩和连花清瘟胶囊。"①

---

① 《非洲华侨华人捐款捐物助"第二故乡"抗疫》，中国网，2020年4月28日，http://sl.china.com.cn/2020/0428/84375.shtml，最后访问日期：2023年5月26日。

纳米比亚

2020 年 5 月 6 日，中国驻纳米比亚大使馆和侨团联合向纳米比亚卡万戈东省石户鲁村的 230 户村民捐赠粮食。卡万戈东省省长瓦库度姆致辞感谢中方的慷慨捐赠。他说，中国是纳米比亚最真挚的朋友和兄弟。纳米比亚人永远铭记中国人民为纳米比亚独立作出的贡献。特别感谢中国驻纳米比亚大使馆和卡万戈东省侨领为当地民众雪中送炭。

6 月，纳米比亚西北部华商们积极响应中国驻纳米比亚大使馆"关爱纳米比亚就是关爱自己"的号召，向受疫情影响的纳方弱势群体捐赠了 1410 个"爱心粮食包"、300 条棉被，还向部分城市的警察局捐赠抗疫物资，总价值 38.675 万纳元。

肯尼亚

在中国抗疫的过程中，中医药发挥了重要作用。2020 年 5 月 5 日，肯尼亚中华总商会会长卓武拜访了肯尼亚国家药监局主席。他专程带去了一件特殊的礼物——连花清瘟胶囊。卓武希望把中医药介绍到肯尼亚，以帮助更多人战胜病毒，早日康复。他详细介绍了连花清瘟胶囊的功效，还分享了中国使用中医药抗击疫情的相关经验，引起了对方极大的兴趣。后应肯方邀请，卓武准备了更多关于中医药的资料，并将其译成英文供肯方参考。

此外，卓武和商会同事还筹集了 10 万多只口罩、240 多把额温枪、1000 余套防护服、500 多升消毒液、300 多升医用酒精等抗疫物资，无偿捐赠给当地政府和民众。

冈比亚

在冈比亚疫情暴发之始，冈比亚中国和平统一促进会向冈比亚受疫情影响较重的地区进行了多次物资捐赠，包括口罩、消毒液、消毒皂，以及米、面、食油等抗疫物品和生活必需品，还向当地孤儿院进行了慰问和物资捐赠，总价值约合 80 万达拉西。此外，西洋渔业等华人企业社团也多次向当地进行了捐助。总之，旅冈侨界为抗疫作出了应有的贡献，得到了当地政府和人民的肯定。

中　非

2020 年 5 月 28 日，中非共和国华侨华人联合会、中国（中非）矿业协会联合向中非共和国政府人道主义行动、民族团结与和解部捐赠一批卫生防疫物资。此次募捐活动共筹得善款 180 万中非法郎，用于采购 80 个水桶、263 个脸盆、200 箱肥皂，以帮助当地民众抗击新冠疫情。何雅仙会长表示，在新冠疫情期间，中非华侨华人将与中非兄弟共同抗击疫情。

中非团结抗疫　侨界共克时艰

王剑华

作者简介：

王剑华，埃塞俄比亚爱菲诊断中心董事长，爱菲控股埃塞俄比亚丝路医院董事长。1996 年毕业于浙江医科大学杭州分校（现杭州师范大学医学院），曾就职于杭州市第一人民医院桐庐分院外科、泌尿外科。2006 年 11 月至 2007 年 11 月，为响应中国共青团中央和商务部号召，王剑华参加中国青年志愿者海外服务团，被派驻埃塞俄比亚南部城市阿尔巴门奇医院作为全科医生服务 1 年。2008 年，他辞职回到埃塞俄比亚首都亚的斯亚贝巴，创建埃塞俄比亚第一家专业诊断中心，2017 年开始筹备丝路医院，2019 年 11 月 5 日开业，医院在 2020 年成为埃塞俄比亚卫生部指定的定点新冠治疗医院。

新冠疫情是百年不遇的人类大灾难，非洲华侨华人在抗击疫情的过程中，作出了卓越的贡献。

驰援祖（籍）国抗疫

2020 年初，新冠疫情开始在中国一些地方出现，中国的危急情况牵动着非洲华侨华人的心。他们纷纷发出捐赠倡议，筹募善款和物资，尽己所能助力祖（籍）国的疫情防控。"聚沙成塔，心怀大爱，为家乡做点事理所应当。"侨胞们

277

都希望为战胜疫情贡献微薄之力。"武汉加油！湖北加油！中国加油！"这是当时非洲侨胞满满的关切和牵挂。

"祖国有难，岂能袖手旁观。"塞舌尔湖北籍侨胞周金华向家乡捐款 500 万元人民币抗疫，博茨瓦纳山东商会的捐款是山东省收到的第一批海外捐款……一箱箱来自非洲的抗疫医疗物资被发往武汉、湖北和中国各地。肯尼亚中华总商会等侨团组织的"口罩航班"从肯尼亚飞往广州，感动无数国人。

爱菲医院（丝路医院）是埃塞俄比亚首家华人投资的私营医院，初期投资 1600 万美金，2017 年动工，2019 年 11 月 5 日正式运营，是一家集急诊、急救、普通门诊、手术中心、重症病监护中心、诊断中心，以及康复理疗中心为一体的综合性医院，下设神经外科、神经内科、普通内科、普通外科、骨伤科、心脏科、呼吸科等 15 个主要科室。在获悉中国暴发新冠疫情后，这家医院立即从自用的储备医疗物资中捐出一批发往中国。

2020 年 2 月 23 日，习近平主席在统筹推进新冠疫情防控和经济社会发展工作部署会议上的重要讲话中，对海外侨胞在抗击疫情斗争中所发挥的作用给予了充分肯定。他说："社会各界和港澳台同胞、海外侨胞纷纷捐款捐物，展现了同舟共济的深厚情怀。""向港澳台同胞、海外侨胞，表示衷心的感谢！"①

2020 年 4 月 16 日，中共中央统战部副部长、国务院侨务办公室主任许又声关于侨胞抗疫的文章《和衷共济战疫情 四海同心克时艰》发表在《求是》杂志上，文称"据不完全统计，截至 3 月 11 日，全国统战系统参与或协助办理海外侨胞捐款和捐赠各类防疫物资，折合人民币逾 20 亿元，生动诠释了海外侨胞情系桑梓的大爱情怀，展现了中华民族众志成城的伟大力量"②。

非洲侨界驰援祖国抗疫行动，是抗战以来的旅非侨胞最大规模的爱国行动，谱写了在非中华儿女勠力同心、共克时艰的新篇章。事实再次证明，海外侨胞始终是中华民族伟大复兴的重要力量。

---

① 《向世界讲好中国抗击疫情故事》，求是网，2020 年 3 月 19 日，http://www.qstheory.cn/dukan/hqwg/2020-03/19/c_1125733380.htm，最后访问日期：2023 年 5 月 26 日。

② 《一场海外中华儿女的爱心大接力》，求是网，2020 年 4 月 23 日，http://www.qstheory.cn/laigao/ycjx/2020-04/23/c_1125894626.htm，最后访问日期：2023 年 5 月 26 日。

讲好团结抗疫故事

非洲国家的华文媒体通过报纸、网络、社交媒体平台、电台和微信等平台积极发声，及时介绍有关新冠病毒的科学研究成果和中国防疫抗疫的举措、进展和成效，介绍中国人民同舟共济、守望相助、共克时艰的抗疫事迹，介绍非洲侨界驰援祖国抗击疫情的爱心故事，介绍非洲国家政府、政要、友华团体和非洲广大民众对中国抗疫的支援和支持。

针对某些国家的政客、媒体等借疫情进行政治操弄，如对中国污名化，还有发表涉及海外侨胞的歧视性言论等行径，非洲华侨华人和留学生群体纷纷采取行动予以批驳和纠正，例如举办新闻发布会和交流会等，向当地民众和社会说明中国国内的疫情状况和防控措施，以化解负面舆论和不实传闻。海外侨团和侨领也利用自己的影响力，或与非洲各界有影响力的人士一起，阐述事实，澄清是非。

还有很多侨胞通过倡议书、请愿、抗议等方式为中国正名，要求停止将病毒政治化。2020 年 6 月 12 日，严凡高等 50 位旅非侨胞公开发表了《就人类卫生健康共同体构建致海外华侨华人公开信》，指出"新冠抗疫战争的一方是全人类，另一方是新冠病毒，必须团结一致，构建人类卫生健康共同体才能战胜新冠病毒""坚决反对和抵制歪曲事实、消极抗疫并将抗击疫情政治化、污名化的做法"。2021 年 4 月 14 日，非洲侨领牵头组织了"110 国 180 位侨领声援亚裔反歧视抗议活动"，针对美国、加拿大、澳大利亚等西方国家的歧视华裔和亚裔现象表示抗议，并支持纽约等城市举行的各种形式的"反歧视"抗议活动，呼吁全球亚裔共同维护种族平等。

埃塞俄比亚爱菲医院用实际行动践行了中非团结抗疫。2020 年 3 月 13 日，埃塞俄比亚确诊了首例新冠病毒感染患者，2 周后卫生部就指定埃塞俄比亚爱菲医院为新冠定点治疗医院，除了呼吸科，其他科室全部停业。中方院长率领多国医护人员救治确诊患者，救治的患者包括当地人、外国人、国际组织职员等。每一位在那接受过治疗并且康复的患者，都会讲述这家医院和中非团结抗疫的故事。

自觉延返非洲

2020 年春节，不少华侨华人回中国过年，其中多数人是计划 2 月初过完春节假期再返回非洲。当时非洲尚未发现新冠病毒确诊病例，但有些非洲民众对从中国返回非洲的人有所担忧，于是，许多非洲国家侨团发出了延期返回非洲的倡议。对此，那些还在中国的侨胞们纷纷予以响应和支持。他们不顾个人得失，毅然延了返非时间。对有些侨胞而言，延迟返非就意味着经济方面的损失，因为非洲这边的房租、雇员工资、保安费等在没有经营收入的情况仍要支出，而且每延迟一天，就要增加一天的损失。

佛得角华人协会还与回国过春节的侨胞单独联系，劝说他们延迟返非，继续留在中国国内，并且得到了多数相关侨胞的支持和配合。

纳米比亚时代广场等 7 个商业地产是华商经营的。作为业主方的华商董事会作出决定，凡响应延返非洲的侨胞租户，将被减免租金。此举惠及侨胞商家约 600 人。

返非时主动隔离

许多非洲侨团热情服务返非侨胞，帮助他们或是落实居家隔离，或是有条件地组织集体隔离。佛得角卫生部派人到佛得角华人协会，要求佛得角华人协会协助从中国来佛人员登记并居家隔离 14 天。为此，佛得角华人协会积极与来佛华侨华人联系。华侨华人们都能积极配合，自觉遵守居家隔离规定。

纳米比亚北部翁丹瓜镇的华商马艳，在 2020 年春节过后，按原计划乘航班回到纳米比亚。她本来是打算坐长途客车回到 700 公里之外的北部，票也提前订好了，但考虑到在长途汽车站佩戴口罩可能会给当地乘客造成困扰，从而引起当地人对华侨华人的反感抵触情绪，不戴口罩又是对当地社会的不负责任，马艳从大局着眼，毅然决然地退掉了汽车票，通知家人从 700 公里之外的北部开着皮卡车到纳米比亚首都来接机。而这一往一返长途跋涉需要两天的时间。

由于是单排皮卡车，马艳感觉如果坐驾驶室也可能会影响家人，于是让家人临时买了一条毛毯铺在车后斗，自己躺在里面完成 7 个多小时的车程。皮卡车的车斗不足 3 平方米的空间，坐不能坐，站不能站，外加纳米比亚室外温度高达 36 度左右，马艳就这样没有任何遮挡，在太阳底下"烤"着回到北部。到家时她身上的衣服都已经被汗水湿透了，平时白净的脸上已经被强烈的紫外线炙烤通红。

马艳表示："华商应该是有担当的，身为华商不能让纳米比亚人民对我们中国人产生抵触和厌恶情绪，这就是大国侨胞的责任与担当。"她的这一理念得到了纳米比亚和平统一促进会名誉会长曹淑华女士的肯定和表扬，曹会长把这个故事告诉更多华商：我们华侨华人应该休戚与共，戚邻友好，自强不息，为国争光。

接受抗疫培训

中国援非军医专家组、扎根非洲几十个国家的援非医疗队和在非洲的中资医院、华人医生等，在非洲抗疫培训方面发挥了主力军作用，非洲侨胞也通过医疗队等获得了抗疫知识和技能。

埃塞俄比亚爱菲医院的医护团队主动与国内抗疫一线的专家联系，了解新冠病毒的传播特点和防控知识，学会后就开始培训指导包括侨胞在内的当地有关人员。

中国驰援非洲 17 国的多支医疗专家组，除了调研和指导各国卫生部门防疫外，也应中国在这些国家的使领馆请求，为当地中资企业和侨胞开展培训和指导。

中国涉侨部门协调有关医疗专家，以远程视频会议方式向非洲侨胞提供培训指导。2020 年 3 月 16 日，坦桑尼亚首例新冠肺炎患者确诊后，坦桑尼亚浙江商会会长夏赵春联系到了浙江侨联，请国内知名专家潘林艳医生与华助中心组建了"华助中心专家 2 号诊室"，由时任坦桑尼亚华助中心秘书长易志凌主持，在隐私保密的情况下，为患有感染新冠肺炎的同胞提供线上治疗服务。

支持非洲抗击新冠疫情

2020 年 2 月 14 日，埃及发现首例新冠肺炎确诊病例，这也是非洲首例新冠肺炎确诊病例。此后 1 个月，新冠疫情蔓延至 30 多个非洲国家。3 个月后，非洲 54 个国家全部出现新冠疫情。随着新冠疫情在非洲的快速蔓延，非洲侨胞再次行动起来，积极投入"第二故乡"抗疫战场，展现了大国侨民的良好形象。

2020 年初，埃塞俄比亚爱菲医院除了全力抗击新冠，治疗确诊患者，服务侨胞和当地居民，还向周边社区的环卫工人开展"迎新年 献爱心"捐赠活动，108 位环卫工人获赠了食用油和鸡蛋等物品。医院此举不仅为默默奉献、奋斗在一线的环卫工人送去了一份关心和温暖，同时还宣传了卫生工作在疫情期间的重要性。

在非洲疫情持续的两年多时间里，旅非侨界向当地展开的捐赠次数多、捐款金额大、捐赠物资数量多。比如博茨瓦纳的十多个侨团，累计向当地捐赠超过 700 万元人民币；埃塞俄比亚华坚集团向非洲 8 国捐赠 108 万只口罩和7000 套防护服。类似的事例数不胜数，举不胜举。

帮助中国留学生

中国在许多非洲国家都有留学生。他们人数虽然不多，但他们在外的生活和医疗条件不比国内。在疫情冲击下，相比当地华商和中资企业员工，他们的抗疫物资和条件十分匮乏，需要得到帮助。

为保障在非中国留学生的健康安全，中国驻外使领馆和中资企业、华侨华人等纷纷伸出援手，努力帮助他们解燃眉之急，展现了祖国母亲强大的"暖实力"，更坚定了中国人在海外携手打赢疫情阻击战的信心。

中国驻埃及大使馆、驻亚历山大总领馆每日跟踪当地所有中国学生的健康状况，专门召开了在埃留学生疫情防控视频会，介绍埃及政府疫情防控的主要举措，了解留学生在学习生活中遇到的实际困难。"温暖送在急处，解忧落在实处。"鉴于旅埃中国留学生中来自国内欠发达省区、经济困难学生比例较高，中国驻埃及大使馆协调在埃中资企业、商会和侨领，采取"划片包干"的帮扶方式，与在埃及 8 所高校就读的全部 1010 名中国留学生"结对子"，有针对性地帮扶贫困和其他有需要的留学生，以帮助他们渡过难关。旅埃学子教育基金会和埃及石材协会等捐赠设立了"抗疫特别助学金"，用于资助100 名贫困留学生。

疫情发生后，中国驻南非使领馆全天候跟进了解在南留学生的情况和诉求，及时提供疫情防控等信息，力争解决他们的实际困难。中国驻南非使领馆还将馆员自购的部分防疫物资制作成"健康包"，分发给在南中国留学生，同时动员、协调当地中资企业和侨团商会，落实好后期留学生的防疫物资供应。此外，中国驻南非使领馆邀请国内医学专家、当地援非医疗队与包括留学生在内的华侨华人举办视频会议，将科学、专业的防疫知识介绍给他们，并与交换生国内派出高校一道，通过互联网与学生保持联络，密切关注同学们的健康状况和学习生活情况。

2020 年 3 月中旬，阿尔及利亚宣布了学校停课等一系列管控措施。留学生宿舍区人员往来频繁，且宿舍对面的新冠肺炎定点医院收治患者不断增多，这让中方同学及其远在中国的家人深感不安。为了妥善解决这个问题，中国驻阿尔及利亚大使馆迅速协调两家中资企业，在公司驻地免费为 23 名中国留学生提供食宿。公司营地就这样成了这些同学临时的"家"。当这些同学乘车来到公司营地，迎接他们的不仅有久违的中餐和整洁的房间，还有热情的公司工作人员。同学们领取了口罩、体温计等防疫物品，并遵照公司疫情防控规定，在营地专门区域接受了 14 天的隔离观察。在阿尔及尔第二大学留学的对外经济贸易大学交换生韩旭表示："我们并不孤单，因为祖国就在身后！十分感谢社会各界对留学生群体的关爱与帮助，同学们都真切感受到了祖国母亲的强大和温暖。我们将不辜负期待各界期待，在做好防护的同时努力完成学业，早日以实际行动报答祖国恩情。"①

2020 年 3 月 13 日，苏丹卫生部宣布首例新冠肺炎确诊病例。当时有170 多名中国留学生在苏丹留学，其中不少在后来面临生活困难。6 家在苏丹的中资企业闻知后响应中国驻苏丹大使馆的倡议，于 5 月上旬捐款帮扶了24 名生活困难的中国留学生，并把关心落到实处，将温暖送到心底。6 月15 日，中国驻苏丹大使馆向 170 多名留学生发放了宁夏回族自治区政府捐赠的医用口罩等防疫物资，"细理游子绪，菰米似故乡"，防疫物资上印着宁夏回族自治区政府对海外求学游子的嘱托。8 月 15 日，中国驻苏丹使馆又向近 200 名在苏中国留学生发放了装有防疫物资的"健康包"。

"不息求索，不负韶华。""健康包"承载着中国大使馆的深沉关爱，寄托着祖国的殷切期望。"祖国母亲永远是海外游子的坚强后盾！"经此一"疫"，相信广大留学生更能体会到这句话的分量。

非洲侨界防控新冠机制建设

在非洲抗疫期间，中国驻非洲国家的大使馆成为当地涉华人员的抗疫总指挥部。为此，各个使领馆组织专家培训，指导侨团抗疫，调配抗疫资源，慰问确诊患者。非洲各国侨团也在大使馆的指导下，应疫情防控需求，创造性地建立了相关防控机制。以下是几个相关事例。

设立相关抗疫基金

安哥拉中国总商会会长许宁介绍，商会自 2020 年 4 月成立"抗击新冠疫情基金"以来，多次向当地政府、青年社区收容所、流浪人员安置中心、

① 《祖国永远是海外游子的坚强后盾——社会各界努力保障在非洲同胞安全健康》，《经济日报》2020 年 4 月 14 日，第 2 版。

孤儿院、医院等捐赠物资。不仅如此，商会还与安哥拉孤儿院签订了定点帮扶协议，每逢节假日都会给孩子们送去食品、玩具和生活用品。

据赞比亚中国和平统一促进会会长李铁和执行会长车建军介绍，该促进会牵头设立了"华侨华人医疗抗疫互助基金"，统一调配资源，共同抗击疫情，还出资建设了一所隔离用的健康中心。

成立新冠确诊应急小组

博茨瓦纳中国和平统一促进会暨华人慈善基金会联合各侨团和机构，发起并成立了"博茨瓦纳华侨华人新冠确诊应急小组"。博茨瓦纳中国和平统一促进会暨华人慈善基金会会长南庚戌介绍，应急小组尽己所能为新冠确诊侨胞提供力所能及的协助，包括但不限于资金、人员、车辆等。按计划，"博茨瓦纳华侨华人新冠确诊应急小组"主要工作包括：协助侨胞联系博疫情防控及医疗机构，尽快为确诊侨胞提供医疗服务；协助解决确诊侨胞就医过程中存在的语言沟通问题；帮助侨胞进行防疫物资协调及中医药配发工作；协助确诊侨胞与中国大使馆、中国援博医疗队进行沟通和交流；关注并推动侨胞疫苗接种等其他相关应急事宜。

成立抗疫应急委员会

安哥拉福建总商会成立了抗击疫情应急委员会，下设联络组、物资组、采购组、宣传组、应急组、返乡组六个专门工作组。委员会统一指挥协调疫情防控工作，团结在安闽籍乡亲，共同预防和应对新冠疫情，保障生命健康安全，降低疫情给他们工作和生活造成的冲击。

建立联勤保障机制

疫情发生后，坦桑尼亚中华总商会、坦桑尼亚华助中心发布《共克时艰特别公告》。在粮油储备方面，华助中心与坦桑三家华人超市、华商大米厂、面粉厂、食用油厂、蔬菜供应商、家禽肉类海鲜供应商召开网络会议，希望并建议各供应商在做好防疫措施的同时，加大对华侨华人的市场供应，确保同胞隔离期间的生活供应保障，尽量做到不加价。大米厂承诺储备200

吨大米专门供应华侨华人。蔬菜供应商承诺扩大蔬菜种植面积，以确保华侨华人的新鲜蔬菜供应。在救援方面，华助中心与华远卫士联合，准备救护车，随时待命。防疫物资方面，华助中心开通抗疫物资捐赠通道，长期接受捐赠，并向有困难的同胞发放防疫物资。

在中国驻埃塞俄比亚大使馆的协调下，中建公司协助爱菲医院将其地下一层改建为隔离病房，并紧急调配3000套防护服、3000套隔离衣和19000只N95口罩给爱菲医院，还有许多中资企业为医院捐赠了大量物资。在当地华侨华人的共同努力下，爱菲医院被打造成为一座特殊的"抗疫堡垒"。

建设隔离场所

新冠疫情在赞比亚出现后不久，赞比亚中国和平统一促进会、"华侨华人医疗抗疫互助基金"共同投资的健康中心在卢萨卡市建成投用。健康中心有7间独立卫生间单人房、2套公用卫生间房、5套两室一厅住房，共有21个房间供患者使用，配套有公用厨房、餐厅、多功能厅、医疗办公室、公共卫生间，并备有微波炉，太阳能热水器齐全。同时，健康中心还准备了备用发电机和用于焚烧医疗废弃物的焚烧炉，以及制氧机、呼吸机、心电监控仪等十几台医用设备，防护服、隔离服等医疗物资和部分新冠病毒的治疗药品。这个健康中心对所有在赞比亚的华侨华人开放。

安哥拉江苏总商会筹集了5000万宽扎善款，建设了一个隔离中心。中心共分两个区，一个是常规隔离区，另一个是疑似病例隔离区，中心拥有独立院子，前面安装有大门。常规隔离区有23间房间、23个床位，拥有独立的卫生间、空调等设施，卫生安全，可以满足新冠肺炎患者隔离使用；疑似病例隔离区有4个房间。

2020年3月20日，埃塞俄比亚爱菲医院建成隔离病房区。同月27日，埃塞俄比亚卫生部联系医院，希望爱菲医院分担救治任务。这也可以理解，因为这所刚建好的医院是当地设施最好的医院。院方表示，如果真的需要的话，可以把整个医院拿出来，这是医院的责任。同月 30 日，爱菲医院正式成为埃塞俄比亚的新冠肺炎治疗定点医院，仅开放发热门诊，用于收治疑似病例和确诊患者。

坚持科学防疫

旅非侨胞的微信群成为了解疫情、预防新冠病毒和确诊患者救治的指导平台。疫情期间，非洲侨胞高度自律，并在相关方面做出表率。在当地民众还没戴口罩的那段时间，华侨华人是最早戴口罩的群体。在非洲各国还未出台隔离政策时，返回非洲的侨胞就主动居家隔离 14 天。他们遵规守纪，积极配合当地防疫举措，出门戴口罩，自觉保持社交距离，是当地遵守防疫规定的"模范生"。

2020 年初，旅非华商大多在当地政府决定"封城"之前，就主动取消聚会，尽量减少外出，努力做好防护。侨团和华商还主动取消春节系列商贸促销和庆祝活动，以减少人员聚集。许多华商在政府指令发出前就主动停止营业，经营超市的华商按政府要求维持营业，服务民众，并主动为员工和顾客提供口罩、消毒洗手液等，非洲大部分城市的华人社区在第一轮疫情中"零感染"，得到了当地政府和民众的高度赞扬。

捐赠防疫物资

"使馆在身边，祖国在身后。"中国驻非洲 53 个国家的大使馆，基本上都向当地侨胞赠送了 1~3 批"健康包"，到 2021 年春节时又赠送"春节包"。

纳米比亚出现疫情后，当地防疫物资紧缺，政府要求前往公共场所人员一律佩戴口罩，中国驻纳大使馆紧急协调各方资源，筹集了 6 万多只口罩和其他必要防疫物资，克服断航等困难将抗疫物资辗转运抵纳米比亚，还将2400 份"健康包"发放给每一位旅纳侨胞。

2020 年 6 月 24 日，中国驻刚果（布）大使馆向布拉柴维尔华侨华人商会、妇女儿童爱心会捐赠口罩等防疫物资，助力在刚中国侨胞更好开展防疫工作，并向商会赠送粽子，表达端午节的节日慰问。此前，中国驻刚果（布）大使馆已向黑角中华商会赠送过粽子及口罩。

中华海外联谊会和中国各省涉侨部门向非洲侨胞驰援多批抗疫急需医疗物资。2020 年 7 月，中华海外联谊会通过中国驻肯尼亚使馆向在肯侨胞捐赠了一批一次性口罩和手套。7 月 23 日，中国驻坦桑尼亚大使馆和中华海外联谊会助侨防疫物资发放仪式在使馆举行，中国驻坦桑尼亚大使王克、达累斯萨拉姆华助中心主任朱金峰等 20 余名在坦侨领和侨团代表出席。

中国致公党是具有侨海特色的参政党。该党以"致公爱心包"形式为肯尼亚和南非等非洲国家的侨胞提供了两批防护物资和预防物品。2020 年 5 月 13 日，首批"致公爱心包"空运送达内罗毕，包括 1 万只口罩、1000 盒连花清瘟胶囊、1000 盒板蓝根颗粒和 100 封慰问信。东部非洲中国总商会暨中国和平统一促进会组织人手将这批物资分包为 100 份，分发给肯尼亚和东非其他国家的侨领，以更好地帮助广大侨胞抗击新冠疫情。6 月 10 日，第二批"致公爱心包"运抵内罗毕，包括 1 万只口罩、1600 盒连花清瘟胶囊、1200 盒板蓝根颗粒和 100 封慰问信。东部非洲中国总商会暨和统会把这些"致公爱心包"分发给肯尼亚 15 家华人社团的 200 多位侨领、在肯的老华侨华人代表，以及肯尼亚华人学校、各孔子学院的中方老师代表，让他们每人可以随时将物资提供给附近有需要的侨胞，同时也通过快递分发给居住在蒙巴萨、基苏木和纳库鲁等地的华侨华人。

全力救治确诊新冠的侨胞

2020 年 4 月前三周，埃塞俄比亚爱菲医院的医疗团队打赢了抗击新冠的第一仗，20 位医生分为两组，每天 4 个班次轮岗，全力救治确诊患者，践行"健康所系、性命相托"信念。下班后，医生们统一住在附近的宾馆里，暂不回家。到 20 日，爱菲医院收治的 3 位确诊患者中有 2 位康复出院，分别为埃塞俄比亚当地人和国际组织工作人员；收治的 42 例疑似病例情况良好。21 日，医院里的一位中国人由疑似病例转为新冠确诊患者，院长王剑华带领医护人员迅速将病人转移到了隔离病房。

5 月 16 日，中国驻坦桑尼亚使馆公使衔参赞徐晨代表大使馆慰问在坦确诊感染新冠肺炎的 16 位中国公民。徐公参表示，使馆和全体在坦同胞十分关心患病同胞的健康。使馆会同华助中心想方设法协调坦优势医疗资源，在检测、隔离、住院治疗等方面提供了尽可能的协助和便利。侨团商会、中资企业和援坦医疗队团结一心、互帮互助，涌现出许多感人事迹。

为助力刚果（布）华侨华人抗击新冠疫情，在中国驻刚果（布）大使馆的大力推动和支持下，2020 年 7 月，刚果（布）华侨华人商会发出倡议，呼吁在刚中国同胞共同筹建新冠肺炎收治病房，用于救治感染新冠肺炎的中国同胞。作为布拉柴维尔当时规模最大的华人医疗机构，周建名大夫诊所被选定为收治病房。在刚中资企业、华侨华人对倡议予以热烈响应，并纷纷捐款捐物，仅用 1 个月时间就让病房具备了接诊新冠患者的条件。

为了避免华侨华人家庭出现交叉感染，在南非约翰内斯堡西罗町唐人街上，南非华人警民合作中心等侨团建立了一处新冠肺炎确诊患者隔离点。2021 年 1 月 1 日，该免费隔离点被启用，一些华人轻症患者在这里隔离治疗。他们每人都有一个单独的房间。屋内生活设施齐备，食品、中药、防疫物资等都是免费供应，还有中医提供远程问诊服务。

当疫情来袭，非洲华侨华人同心并力、团结互助，通过设立轻症患者隔离点、发放防疫物资等方式为同胞们筑起安全防线。

帮助困难侨胞回国

新冠疫情期间，许多国家的航班停飞，造成一些在非洲的同胞滞留数月不能返回中国。他们中有来非洲探亲的，有来非洲旅游的，有出差的，有工作合同到期要回国的，有因病需要回国治疗的。这些群体在疫情期间特别困难，希望早日回国。

坦桑尼亚华助中心积极协助中国驻坦桑尼亚大使馆，在 7 月 4 日和 7 月 18 日以商业包机方式，帮助确有困难的同胞 540 人（包含 13 名婴儿，1 名孕妇）顺利回国。起行当日，坦桑尼亚侨领朱金峰、冯振宇、易志凌等一干志愿者，一起到机场为回国人员送行，并帮助归国同胞办理登机手续、行李托运，他们一路陪同，直至航班顺利起飞。

类似坦桑尼亚这样的包机行动也在非洲各国同时进行。从 2020 年 6 月至 9 月底，那些特别困难、急需回国的同胞基本上都回到了中国。

帮助困难侨胞

2020 年 4 月，坦桑尼亚侨团发起倡议，帮助一户喻姓遇难家庭。150 多位华商积极响应，共捐款 3700 万坦先令，每位华商平均捐款近 1000 元人民币。另有一位不愿留名的爱心人士通过华助中心捐款 700 万坦先令用于为喻姓家庭料理后事，这笔善款折合人民币有 13 万多元。他们的义举体现了海外侨胞的大爱。

2020 年 7 月，博茨瓦纳两名山东籍华商遭受火灾，所有财产在一夜之间化为灰烬，博茨瓦纳山东商会发起"大火无情乡亲有爱"的捐助活动，乡亲们踊跃捐助，共捐款超过 14 万普拉。商会及时将捐款转交到遭灾者手中，解了他们的燃眉之急，增强了他们战胜困难的信心和勇气。非洲侨胞具有团结互助的优良传统，类似帮助困难侨胞的爱心故事还有许多，数不胜数。

春苗行动

2021 年，中国政府实施了"春苗行动"计划。这是中国政府为生活工作在 180 个国家的数百万名中国同胞推出的接种新冠肺炎疫苗计划，根据计划，中国政府将积极协助和争取为海外同胞接种国产或外国疫苗。该举措体现了中国政府对广大海外侨胞、留学生和中资机构工作人员的关心和关爱。

2021年3月，"春苗行动"接种活动在埃塞俄比亚首都亚的斯亚贝巴爱菲医院启动。2022年2月27日，"春苗行动"加强针接种活动也在该医院举行，驻埃塞俄比亚大使赵志远亲赴现场慰问接种疫苗的中国公民。

赵大使表示，新冠疫情发生以来，党和政府时刻牵挂着在埃塞俄比亚的中国公民的健康安全。继2021年3月18日"春苗行动"正式启动后，使馆会同埃塞俄比亚中国商会启动新冠疫苗加强针接种工作，旨在帮助大家进一步加强疫情防护。同时，中国政府还请大家在接种疫苗后，继续遵守各项防疫要求，做好个人防护，密切关注安全形势，加强安全防范。

到5月13日，埃塞"春苗行动"总体完成。执行这项行动的中国援埃塞俄比亚第22批医疗队因成绩突出，受到了中国驻埃塞俄比亚大使馆的表彰。埃塞俄比亚中国商会为每个队员颁发了荣誉证书。埃塞俄比亚中国河南商会为医疗队赠送了锦旗。埃塞俄比亚中国商会王赫秘书长表示，感谢祖国的"春苗行动"计划，服务惠及海外华人。

命运共同体篇

我所理解的中非命运共同体

南庚戌

作者简介：

南庚戌，非洲华文传媒集团董事长，环球广域传媒集团董事长。目前他还兼任南京大学华智研究中心研究员、中非民间交流与合作促进会会长、非洲中国文化与艺术交流协会执行主席、博茨瓦纳中国和平统一促进会暨博茨瓦纳华人慈善基金会前主席、博茨瓦纳中国友好协会执行主席、中国海外交流协会理事、中华海外联谊会理事、中国侨联委员、中国侨联青委会副会长、中国华侨国际文化促进会副会长、中国和平统一促进会理事等职。南庚戌曾作为非洲华侨华人代表出席第十一届全国政协会议。南庚戌在非洲大陆致力发展传媒、文化教育等事业，为中非文化互通、民心相通及非洲侨社的和谐发展、增进中非人民的传统友谊发挥了积极的作用。

南庚戌在经营自己企业的同时还从事华人社团工作，多年来积极参与非洲及中国慈善公益活动，推动旅非华侨华人融入当地社会。他是中非国际电影节、中非野生动植物保护论坛等活动发起人，公司环球广域传媒集团还发起和主办了中非农业合作与发展高峰会、中非教育合作与发展高峰会、中非公共外交论坛、中非摄影大赛等大型活动，旨在促进中非民间交流，加强中非人民的理解和对话。

"中非命运共同体"及其内涵备受非洲各界，以及旅非侨胞的关注。

要理解"中非从一开始就是命运共同体"这个观点，可以简要了解一下非洲近代史和中非外交史。进入大航海时代后，非洲逐渐沦为欧洲国家的殖民地，二战刚结束时，非洲几乎没有多少独立国家，也就埃塞俄比亚、利比里亚和埃及算是 3 个名义上的独立国家。其中埃及是在 1952 年纳赛尔领导反帝制革命武装斗争成功后才获得真正独立。1956 年埃及和中国建交，成为非洲第一个和中国建交的国家，也是阿拉伯国家中第一个和中国建交的国家。所以中埃关系一直友好，也很特殊。

中国在非洲援建了坦赞铁路。中非之间互帮互助互信，共同应对发展难题。1971 年，非洲的 26 票在帮助新中国恢复联合国合法席位时起了重要作用。到 1976 年，当时已独立的 48 个非洲国家中有 41 个与中国建交。并且，非洲国家是最早承认中国市场经济地位的，还给予了中国宝贵的国际支持。而中国在联合国这个场合也一直在大力维护非洲国家的利益。

进入 21 世纪，中非合作论坛成立，中非经贸合作持续发展，双边贸易额快速提升，2000 年突破 100 亿美元，到 2004 年中非贸易即超过美非贸易，到 2009 年中非贸易超过欧非贸易，达 910.7 亿美元，中国成为非洲第一大贸易伙伴国。从那时到现在，中国一直是非洲的第一大贸易合作伙伴。

新世纪非洲提出了《非洲发展新伙伴计划》。中国于 2006 年发表了第一份对非政策文件，2015 年发表了第二份。自 2013 年习近平主席提出"一带一路"倡议以来，中非合作效率更高、领域更加宽广。中非合作进入了"深耕细作"、密切合作的新时期。中非之间正在形成更加紧密的命运共同体。

2017 年 4 月 24 日，习近平主席致信祝贺中国—南非高级别人文交流机制首次会议时强调，实现中华民族伟大复兴的中国梦和非洲《2063 年议程》描绘的非洲梦高度契合。中方愿同包括南非在内的非洲国家一道，携手开创中非合作共赢、共同发展的新时代。

中非的梦想高度契合。中国的"两个一百年"奋斗目标和非洲提出的旨在实现非洲和平繁荣的《2063 年议程》都是复兴之梦。中非为实现各自梦想所奉行的传统价值精神高度契合。中国与非洲都奉行集体主义价值观，相信团结合作的集体力量。中国拥有的资本、先进技术与管理经验，正是非洲发展之需。非洲拥有的大量投资机会、巨大的市场、丰富的自然资源，正是中国发展的机遇。

习近平主席的中国梦是中华民族伟大复兴，并通过两个百年奋斗历程来实现，因此他能够理解非洲人的非洲梦，愿意中国梦和非洲梦彼此联结。2013年3月25日，习近平主席在坦桑尼亚尼雷尔国际会议中心发表题为《永远做可靠朋友和真诚伙伴》的演讲时表示，中国的发展离不开世界、离不开非洲，世界和非洲的繁荣稳定也需要中国。中非虽然远隔重洋，但我们的心是相通的。联结我们的不仅是深厚的传统友谊、密切的利益纽带，还有我们各自的梦想。中非人民要加强团结合作、加强相互支持和帮助，努力实现我们各自的梦想。我们还要同国际社会一道，推动实现持久和平、共同繁荣的世界梦，为人类和平与发展的崇高事业作出新的更大的贡献！

2015年1月31日，第24届非洲联盟（非盟）首脑会议在埃塞俄比亚首都亚的斯亚贝巴的非盟总部举办，会议通过了非洲2063年发展规划及其第一个十年发展计划。2015年6月14日，非盟通过《2063年议程》，这是非洲第一个百年战略规划。它和中国的两个百年奋斗目标有异曲同工之处。

《2063年议程》体现了非洲国家和人民注重发展、期待繁荣、追求幸福的美好愿望，为充满生机和活力的非洲描绘出了一幅宏伟的蓝图，值得非洲人民为将它变成现实而孜孜奋斗，也必将引领非洲步入发展快车道。正如非盟委员会主席祖马所说："除了前进和爬坡，非洲别无选择。"非洲2063年发展规划将在促进非洲经济多元化和工业化、促进技能培养和商业环境变革、释放青年创造力和能量、加大农业和农产品加工转型、实现非洲粮食自给等方面设立多个项目。

在促进非洲互联互通领域，第24届非洲联盟首脑会议通过的决议显示，将启动西非经济共同体共同对外关税经济委员会，积极促进由东南非共同市场、东非共同体和南部非洲发展共同体发起的三方自由贸易区的成立，以实现2017年建成非洲大陆最大自由贸易区的目标。会议还决定于2017年前建立单一的非洲空中交通市场，以加强非洲空中交通市场的统一管理，推动上述市场的自由化和开放，促进当地人员交流和经济发展。

在非洲和平与安全事务方面，非盟和平与安全理事会决定授权包括尼日利亚在内的多个非洲国家成立一支 7500 人的多国部队，以打击"博科圣地"日益猖獗的恐怖行为。对此，尼日利亚及四个邻国贝宁、喀麦隆、乍得和尼日尔已同意派兵参加多国部队。时任联合国秘书长潘基文在非盟总部对非盟部署多国部队打击极端组织"博科圣地"的决定表示欢迎。

此外，为抵制国际刑事法院对非洲国家领导人的不合理指控，推动非洲人以非洲方式解决非洲问题，第 24 届非洲联盟首脑会议还决定成立一个特别基金，并召开资源筹集专门大会，以资助非洲人权法院的各类活动。来自非洲研究中心的研究员大卫·赫依勒表示，国际刑事法院忽略西方国家在阿富汗、伊拉克等国家侵犯人权的行径，对多位非洲国家领导人进行不公平的指控，这是对非洲国家主权赤裸裸的干涉。

在通过《2063 年议程》后，非盟又于 2015 年 6 月通过了该议程下的第一个十年实施计划，这也是 50 年间计划中的一部分。第一个十年实施计划明确了非洲发展的重点领域，以及希望实现的成果和目标，并特别列出了一些能有效惠及非洲人民的"旗舰项目"。这些旗舰项目包括：建设一体化高铁网络，连接非洲所有国家首都和主要商业中心城市；建设非洲电子大学；制定大宗商品战略；设立包括非洲各国领导人、商界精英、公民社会参加的年度论坛机制；建立非洲大陆自贸区；颁发非洲统一护照，实现非洲大陆内部的人员自由流动；建设刚果英戈大坝；建成泛非电子网络；实施非洲外太空计划；建设统一的非洲空中运输市场；到 2020 年实现非洲大陆的彻底和平，结束各国间的战争和内战冲突，以及加强非洲金融机构建设等。

《2063 年议程》是非洲梦的内容载体，但在落实上是非常需要中国和其他国家的支持的。第一个《2063 年议程》十年规划中的刚果英戈大坝高铁、非洲机场互联网络和泛非电子网络，甚至外太空计划等项目，中国肯定能够提供支持，这些也是中国的优势。此外，第 24 届非洲联盟首脑会议决定支持建立非洲疾控中心，而今，通过中非合作的方式，非洲的首个疾控中心终于落成。

与非洲《2063 年议程》相似的一个国际议程是联合国 2030 年可持续发

展议程，它是 2015 年在联合国大会第 70 届会议上通过的，2016 年 1 月 1 日正式启动。该议程呼吁各国采取行动，为今后 15 年实现 17 项可持续发展目标而努力。

这些议程的范围广泛，涉及可持续发展的三个层面：社会、经济和环境，以及与和平、正义和高效机构相关的重要方面。该议程还确认调动执行手段，包括财政资源、技术开发和转让以及能力建设，强调伙伴关系的作用至关重要。

联合国 2030 年可持续发展议程的目标涉及发达国家和发展中国家人民的需求，并强调不会落下任何一个人。时任联合国秘书长潘基文指出："这 17 项可持续发展目标是人类的共同愿景，也是世界各国领导人与各国人民之间达成的社会契约。它们既是一份造福人类和地球的行动清单，也是谋求取得成功的一幅蓝图。"

任何人只要看到这 17 个目标中的第一个就会愿意支持，"目标 1. 在全世界消除一切形式的贫困"。联合国 193 个会员国一致通过了这个倡议。2020 年，中国已提前 10 年实现了联合国 2030 年可持续发展议程的脱贫目标。联合国对中国的脱贫成果赞不绝口，因为全球 8 亿人口脱贫的任务被中国完成了 10%。

但是，关于联合国这些事关人类未来的共同发展目标，如果非洲没实现就不可能完成。因此，有必要携手构建更加紧密的"中非命运共同体"，将中非共建"一带一路"、联合国 2030 年可持续发展议程和非盟《2063 年议程》，以及非洲各国各自的发展战略结合起来。2015 年，习近平主席在中非合作论坛约翰内斯堡峰会上提出，中非双方"积极探讨'一带一路'倡议与非洲经济一体化和实现可持续发展的对接"，这为非洲指明了发展方向。2018 年 3 月，国务委员兼外交部部长王毅表示，中国将推动"一带一路"与联合国 2030 可持续发展议程、非盟《2063 年议程》相对接，与非洲各国发展战略相对接，让中非合作插上"一带一路"的强劲翅膀。

"一带一路"虽然是中国提出的，但它又是属于世界的，尤其与非洲关系密切。"一带一路"奉行的共商共建共享原则，以及所秉持的中非之间政策沟通、贸易畅通、设施联通、资金融通、民心相通理念，使中非合作更加深入，进而推动中非建立更加紧密的命运共同体。

2019 年 2 月 11 日，卢旺达在"今日基加利新闻社"网站发表的题为《"中非命运共同体"正在形成》的文章称，中非合作的代表们正在不遗余力地帮助双方落实旨在构建更加紧密中非关系的议程。中非命运共同体的最新举动是举行中非实施和平安全行动对话会。此次对话会于 2 月 6 日在埃塞俄比亚首都亚的斯亚贝巴举行。非方代表在发言中盛赞中非合作论坛北京峰会的历史意义，特别是中方提出的加强中非和平安全合作系列新举措，高度评价了中国长期以来为维护非洲和平稳定所作努力。非洲希望加强同中方在联合国安理会的沟通协调，同时加强共建"一带一路"同非盟《2063 年议程》对接。

获得"七一勋章"的中国资深外交官、非洲问题专家刘贵今认为，中非首先应该做利益共同体。中非密切相关，所以要进一步发展中非之间互利共赢的合作。但与此同时，中非还需要在其他领域开展合作，如文化交流、人员交往、环境保护等。在国际事务中，中非之间也要进一步开展密切合作。他说："实际上，如果'中非命运共同体'构筑好了，还可以为实现'人类命运共同体'树立一个典范。"①

"中非命运共同体"是实现"人类命运共同体"的一部分。中非产能合作是中非经贸合作和中非共建"一带一路"的重要部分。2015 年 12 月 3 日，习近平主席在比勒陀利亚会见时任非洲联盟委员会主席祖马时指出，中方高度重视发展同非盟的关系，支持非盟在非洲发展、一体化进程、国际和地区事务中发挥重要作用。双方要增进政治互信，完善对话机制，打造战略伙伴关系；以产能合作为抓手，促进中非发展战略对接，支持非洲优先破解基础设施滞后和人才不足两大发展瓶颈；加强疾病防控、人文等领域交流，打造中非合作新亮点。习近平主席还用非洲和中国的谚语来阐述产能合作的价值：

---

① 《中非命运共同体：从"休戚与共"到"更加紧密"》，中新网，2018 年 9 月 6 日，http://www.chinanews.com.cn/gn/2018/09-16/8619969.shtml，最后访问日期：2023 年 9 月 15 日。

"非洲有句谚语,'一根原木盖不起一幢房屋'。中国也有句古话,'孤举者难起,众行者易趋'。亚非国家加强互利合作,能产生'一加一大于二'的积极效应。"①

"一带一路"倡议提出不久,非洲国家就做出了非常积极的响应。非洲本身是一个开放、包容的大平台,现在非洲又成为'一带一路'的重要组成部分。"我们的发展愿景和'一带一路'倡议正好是相符的。"南非农村发展与土地改革部副部长坎蒂斯·玛舍枸·达拉米妮在 2018 年接受采访时指出,"'一带一路'倡议与非洲国家自身减贫、发展目标相契合。非盟制定了《2063 年议程》长远规划,为实现减贫和发展目标,非洲国家都需要开展包括港口、高速公路、机场等在内的基础设施建设"②。

"中非关系为什么好?中非友谊为什么深?关键在于中非双方缔造了历久弥坚的中非友好合作精神。"2021 年 11 月 29 日,习近平主席在北京以视频方式出席中非合作论坛第八届部长级会议开幕式并发表主旨演讲。他总结了中非交往的光辉历程和历史经验,概括提炼出了"中非友好合作精神"。

1991 年以来,中国外交一直坚持一个优良传统,那就是外长每年首访都要去非洲,以此开启全年的对外交往。这一实际行动体现了中国对非洲的高度重视,体现了中国与非洲的传统友谊,体现了中国对非洲发展振兴的坚定支持,体现了中国永远站在发展中国家一边这一重要外交原则。非洲国家也期待中国朋友的到来。中非双方需要通过"面对面"沟通,以共克时艰、共促合作、共谋未来。这是"中非友好合作精神"的一个生动体现。

2021 年 1 月 4 日至 9 日,时任中国国务委员兼外长王毅应邀访问了尼日利亚、刚果(金)、博茨瓦纳、坦桑尼亚和塞舌尔五国。王毅表示,一路上,我们受到非洲朋友热烈欢迎,分别同五国领导人和外长进行会见会谈,在新形势下落实中非领导人重要共识,就继承弘扬中非传统友谊、提升政治互信、携手抗击疫情、加快重大合作项目复工复产、推进共建"一带一

---

① 习近平:《论坚持推动构建人类命运共同体》,中央文献出版社,2018,第 219 页。
② 《中国"一带一路"倡议与非洲发展目标相契合》,《中国新闻周刊》2018 年第 34 期。

路"、加强国际地区事务协调达成广泛共识，并签署了一系列合作协议，达到了深化友谊、增进互信、促进合作、凝聚共识的目的。王毅说，在疫情常态化形势下，维护经济运行、保障就业民生日显重要。中方在非洲的 1100 多个"一带一路"合作项目坚持运行，近 10 万名中国技术和工程人员坚守岗位。一批铁路、公路和电站项目克服疫情影响陆续复工开工，为当地经济社会发展作出重要贡献。王毅同非方领导人和外长一致认为，要科学统筹疫情防控和复工复产，努力恢复中非经贸往来水平，保障产业链供应链畅通，支持非洲国家稳经济、促就业、保民生。

面对新的机遇与挑战，中非合作论坛第八届部长级会议如期举行，体现了中非双方的相互信任与支持，以及共同回答时代课题、因应世界变局的决心和担当。中非友好源远流长、历久弥坚、牢不可破。双方应并肩携手，深化传统友谊、推进务实合作、维护共同利益，为推动构建"人类命运共同体"树立时代榜样。

2021 年 11 月 29 日至 30 日，中非合作论坛第八届部长级会议在塞内加尔首都达喀尔举行。会议通过了《中非合作 2035 年愿景》（以下简称"《愿景》"）。《愿景》是中非双方首次共同制订的中长期务实合作规划，为双方未来合作确定了主体框架，凸显了论坛及其系列举措的前瞻性、系统性和延续性。《愿景》精准对接中非各自发展规划，确保中非双方"心往一处想、劲往一处使"；《愿景》着眼长远，全方位勾勒未来中非合作新目标、新举措；《愿景》坚持"顺应时势、开放包容"的中非友好合作精神，在巩固夯实传统合作领域基础上，不断回应新需要、拓展新领域。总的来说，《愿景》对中非双方都具有重大意义。

《愿景》指出，综合考虑双方各自发展历史、背景和特点，结合中国 2035 年远景目标、联合国 2030 年可持续发展议程、非盟《2063 年议程》及非洲各国发展战略，中非双方共同制定《中非合作 2035 年愿景》。

《愿景》与中国 2035 年远景目标相对接。展望 2035 年，中国将形成对外开放新格局，参与国际经济合作和竞争新优势明显增强。非洲是中国形成对外开放新格局的重要组成部分。从市场容量来看，非洲正经历快速经济增长和城镇化，市场容量极速扩大；中国是拥有 14 亿人口的统一大市场，中非扩大合作潜力巨大。从经济互补性上说，中国是最大的发展中国家，非洲是发展中国家最密集的大陆，中非合作共赢的蛋糕可以做得更大。

《愿景》与联合国 2030 年可持续发展议程相对接。2030 年可持续发展议程于 2016 年 1 月 1 日正式启动，是人类的共同愿景，也是世界各国领导人与各国人民之间达成的社会契约。它们既是一份造福人类和地球的行动清单，也是谋求取得成功的一幅蓝图。2030 年可持续发展议程反映了非洲各国的普遍心声，是国际开展对非合作最大的共识。《愿景》在减贫、实现包容性经济增长、应对气候变化、保护生态环境等诸多方面与 2030 年可持续发展议程对接，充分体现了中非合作践行的是真正的多边主义，不是搞"另起炉灶"的排他性合作。

《愿景》与非盟《2063 年议程》相对接。在非洲各层次的发展努力中，非盟《2063 年议程》代表了整个非洲大陆层次的总体努力。它是当前非洲本土制定的、关于非洲包容性增长与可持续发展的共同战略框架。《2063 年议程》提出了七大愿景、20 个具体目标及相应的行动战略，同时分析了具体挑战、成功要素及实现议程的保障举措。《2063 年议程》提出的旗舰项目，如建立非洲大陆自贸区、建设统一的非洲空中运输市场等，在《愿景》中均有体现。《愿景》指出，中国积极参与非洲大陆自贸区（AfCFTA）建设。中非基础设施领域合作升级，利用多种合作模式，支持非洲铁路、公路、航运、港口、航空和通信网络发展。

纵观《愿景》全文，其提出了许多新内容、新方向。有些内容以前提到过，《愿景》增加了新内涵、新要求。例如，在《中非合作论坛——北京行动计划（2019—2021 年）》中，关于中非数字合作的内容还只局限在基础设施合作框架内。《愿景》将数字合作作为中非共同构建经济增长新格局的重要抓手提出。《愿景》将中非共同应对气候变化上升为共同打造绿色发展新模式，实现中非生态共建，这凸显了中非双方对绿色发展的新认识，也与中国的新发展理念相契合。《愿景》强调中非融资合作的可持续性，尤其重视发挥非洲大陆及各次区域融资机制的自主性。《愿景》强调利用各类资源做好对非洲融资合作，支持非洲中小企业发展，加强与非洲开发银行、非洲进出口银行、中部非洲开发银行、东南非贸易发展银行及西非开发银行等多边金融机构合作，成为非洲重要的可持续发展融资伙伴。《愿景》明确指出，完善非洲制造业体系，培育"非洲制造"品牌，融入国际产业链供应链，凸显中非合作的重大战略经济价值。从上可见，《愿景》从中非合作的实际需要出发，顺应时势，着眼未来，规划中非未来合作。

《愿景》对于中非双方来说都具有重要意义。一是有助于中非双方聚焦合作机遇，有的放矢。《愿景》聚焦中非合作机遇，尤其是着眼未来合作的新机遇，如数字经济、清洁能源合作、蓝色经济等，这些领域将迎来前所未有的发展可能。二是有利于为中非恢复经济注入强大动能。《愿景》扩大经贸合作的举措，有助于双方战胜疫情并实现经济可持续增长。三是有利于中非相向而行，构建更加紧密的命运共同体。《愿景》所有目标的实现都立足于中非共同努力。拥有愿景和目标后，接下来就是一个又一个三年行动计划，推动愿景变为现实，使"中非命运共同体"行稳致远。

中非共同努力达成的《中非合作2035年愿景》，将以3年为时间节拍，持续推进多个三年规划。

《中非合作2035年愿景》可以说是"中非命运共同体" 2.0版。中国对非合作重信守诺，从不开"空头支票"，中国迄今已在非洲修建了超过6000公里的铁路、6000公里的公路、近20个港口、80多个大型电力设施，援建了130多个医疗设施、45个体育馆和170多所学校，向非洲48国派遣医疗队队员2.1万人次，诊治非洲患者约2.2亿人次。因此《中非合作2035年愿景》得到了非洲国家的积极认可，愿意共同落实第一个三年规划。相信"中非命运共同体"一定能够造福中非人民。

当今世界正在经历百年未有之大变局。人类面临公共卫生、经济贸易、环境气候等一系列全球性挑战，进一步凸显了世界各国的命运紧密相连。同时，新一轮全球科技和产业变革给国际社会深化合作带来了契机。随着中非双方进入各自发展的新阶段，双方经济互补优势将更加明显，中非合作正迎来提质升级的新时代，并为构建"中非命运共同体"助力。

携手共建人类卫生健康共同体

王宏伟

作者简介:

王宏伟,马达加斯加华商总会常务副会长,马达加斯加中资企业协会名誉会长,世界百家姓总会顾问。祖籍山东,中共党员,在黑龙江省商务厅工作期间派驻马达加斯加,曾任马达加斯加中资企业协会会长,在马达加斯加投资创办多个企业。

中国向非洲派遣首批医疗队

1962 年 7 月,阿尔及利亚独立。1962 年 12 月,阿尔及利亚政府向中国请求派出医疗队。当时中国民众缺医少药的情况尚未解决,但就是在这般困难的情形下,中国政府仍然接受了阿尔及利亚政府的请求。

1963 年 1 月,中方回函阿方同意派遣医疗队赴阿工作。同年 3 月,中国卫生考察团赴阿考察。4 月,中国第一批援阿医疗队前往阿尔及利亚,并在阿西部的塞伊达市开始工作。这支医疗队也是中国向非洲派遣的第一批医疗队。这个医疗队由 24 名医护人员组成。他们大部分来自湖北,其他来自北京、上海、天津、江苏、辽宁、吉林和湖南等地。

按中阿两国达成的合作协议,中国援阿尔及利亚医疗队在阿援助时间为

6 个月，但这支救死扶伤的中国医疗队在当地发挥了重要作用，在阿方政府的强烈挽留下，第一批中国医疗队的服务时间一再延长，到后来连续在阿工作了两年半。对于医疗人员来说，两年半已经是他们外派的极限，不能再延长了，但阿方希望与中方继续合作。于是中方采用轮换模式，召回第一批援阿尔及利亚医疗队，同时派出第二批援阿尔及利亚医疗队。

中国援阿尔及利亚医疗队以精湛的技术和热情周到的服务，为保障阿尔及利亚人民的健康和社会稳定作出了贡献，受到了阿尔及利亚政府和人民的热烈欢迎和喜爱。中国医疗队的事迹迅速传遍整个非洲乃至全球，其他国家也开始请求中国向其派出医疗队。

1964 年，桑给巴尔（后来与坦噶尼喀合并成坦桑尼亚）也向中国请求派出医疗队。1965 年，周恩来访问桑给巴尔时会见援桑给巴尔医疗队队员，周恩来说："中国医疗队迟早要走的，我们要培训当地医务人员，给当地人民留下一支永远不走的医疗队。"[1] 从周恩来总理的讲话中不难知道，在向阿尔及利亚和桑给巴尔派出中国医疗队时，谁都没有想到中非之间的这种合作会持续到现在。

后来，根据援阿尔及利亚医疗队和援桑给巴尔医疗队的成功实践，中国政府总结出一套对外医疗卫生合作和援助制度。这套制度主要面向非洲，也面向其他第三世界国家。于是，一支又一支中国医疗队被派赴非洲，20 世纪 60 年代即有 10 个国家受援，其中两支在南也门和北也门，到 70 年代末已增至 33 个国家受援，到 2023 年，中国已累计向 76 个国家和地区派出援助医疗队，其中大部分是在非洲地区。

中国医疗队现已遍及非洲

非洲华侨周报副总编辑、世界百家姓总会秘书长严凡高表示，"中国卫生援外行动是国际关系史上最伟大、最无私的国际主义援助行动，没有之

---

[1]《51 年中国医疗队在非洲》，《光明日报》2014 年 8 月 24 日，第 5 版。

一。这种援助行动覆盖面广，而今几乎包括所有非洲国家"。

中国先后向 50 多个非洲国家和地区派遣过医疗队，累计有 2.5 万多名医务工作者先后援非。目前，常驻非洲的 46 支中国医疗队仍然在那里工作。

当然，目前不是所有非洲国家都有中国医疗队，索马里、利比亚、南非、尼日利亚、埃及、毛里求斯等国没有，其中索马里等国曾经有过来自中国的医疗队。此外，中国还向非洲之外的许多国家派去了医疗队。

60 年来，一代又一代中国援非/援外医疗队员全心全意为发展中国家人民，特别是非洲人民服务，他们成为健康和友谊的使者，赢得了受援国政府和人民的信赖与爱戴，增进了中国人民与广大发展中国家人民之间的传统友谊。

中国医生创造生命奇迹

2017 年 10 月 25 日，在中国援建的中几友好医院里，中国医疗队正在进行几内亚全国首例开胸手术。接受手术的病人凯塔患有巨大肺囊肿，由于几内亚国内无法完成开胸手术，以往这样的患者都只能前往法国或者摩洛哥进行治疗。凯塔一家非常贫困，根本支付不起出国治疗的费用，因而延误了病情。来到中国医疗队检查时，凯塔的肺囊肿已有排球大小，压迫到了心脏，立刻手术切除是他活下来的唯一机会。在几内亚手术器械不完备，药物极其缺乏，电力供应也不稳定的情况下，中国医疗队面临的手术风险极大。人命关天！中国医疗队毅然接受了挑战。经过 20 天的准备，手术开始了，可开胸后没过几分钟，意外就出现了。"唰"的一下，手术室一片漆黑，停电了！这时候千万不能碰到大血管，一旦大出血后果不堪设想。"赶快用手机照明！"黑暗中，主治医师王洋果断下达命令。助手们赶忙打开手机手电筒，黑暗中亮起了应急的灯光。王洋深吸一口气，借助光亮继续操作。"手术刀""止血钳""血压读数"……王洋顶住压力，冷静高效地实施着手术并向助手下达各项指令。他小心地将肺囊肿从右肺剥离下来并完整切除。从早晨 8 时到晚上 6 时，手术圆满成功，困扰凯塔十多年的病痛终于被成功解除。这是在几内亚实施的首例开胸手术。当地医护人员向中国医生伸出大拇指，称赞他们是"创造奇迹的人"。

2019 年 9 月 4 日正午，马达加斯加东海岸的瓦图曼镇被骄阳炙烤着。一位因流产引发疾患的年轻妇女前来当地中国医疗队就诊：她没有血压、脉搏 150~160 次/分、呼吸 40 次/分、体温高达 40 摄氏度。患者气息奄奄，但双眼仍然流露出对生命的渴望。"此前一周，患者的流产手术由当地一位曾在手术室打扫过卫生并退休多年的清洁工操作。"患者家属告诉中国医生。在麻醉及手术术前风险评估都是最高分的情况下，具有多次援外经验的妇产科主任医师王琪、外科医生王建华，以及麻醉医生李海山意见一致：立即抢救，不能放弃这个年轻妇女的生命！患者被立即送入手术室，经开腹后恶臭立刻弥散整个手术间——人工流产导致患者子宫穿孔破裂，胎儿大部分残体流入腹腔并继发感染，残体已与肠管紧密粘连，结肠断裂，术前待确诊的肛门外 15 厘米赘生物居然是外翻的结肠远端。最终，历时 5 个多小时的手术顺利完成，患者各项体征逐渐恢复正常。中国医生从死亡线上又抢回来一条生命！

首批中国援博茨瓦纳妇产科医生何明至今对当年的一个病例记忆犹新。她曾收治过一名妊娠高血压综合征孕妇。当时这位患者怀着双胞胎，情况危急。何明把产妇和胎儿从死亡线上拉了回来。为感谢中国医生，那名母亲给两个孩子起了中文名字"博爱华"和"博友华"。

当然，这三个故事只是中国医疗队在几内亚、马达加斯加和博茨瓦纳救死扶伤的缩影，只是援非中国医疗队的日常工作的一幕。医学源于人性的善良，医生的初心是治病救人。在不同的受援国，类似动人、感人的故事几乎每天都在上演。

党和国家领导人的关怀

中国援外医疗队受到了党和国家历届领导人的高度重视和亲切关怀，还多次受到中外领导人的接见。中国领导人出访时，也经常看望在外辛勤工作的中国医疗队及其队员，向他们表示亲切慰问，并给予充分肯定和鼓励。

2013 年 3 月，习近平主席在访问刚果（布）期间，看望了中国援刚果（布）医疗队，并首次总结出"不畏艰苦，甘于奉献，救死扶伤，大爱无疆"的中国医疗队精神，充分肯定了援外医疗队工作成绩。

2013 年是中国援外医疗队派遣 50 周年。2013 年 8 月 16 日，习近平总书记在人民大会堂会见全国援外医疗工作先进集体和先进个人代表并发表重要讲话。他指出，卫生援外工作是我国外交工作的重要内容，援外医疗工作是一项艰苦而光荣的任务。长期以来，一代又一代援外医疗队队员牢记党和祖国的重托，发扬国际人道主义精神，以精湛的医术和高尚的医德，全心全意为受援国人民服务，促进了受援国医疗卫生事业发展和人民健康水平提高，以实际行动铸就了"不畏艰苦、甘于奉献、救死扶伤、大爱无疆"的中国医疗队精神，展示了中国人民热爱和平、珍视生命的良好形象，加深了中国人民同广大发展中国家人民的友谊，为推进人类和平与发展的崇高事业作出了贡献，他们不仅是医疗卫生战线学习的榜样，也是全国各行各业学习的榜样。[①]

习近平总书记要求大家继续努力，完成好党和祖国赋予的光荣使命。有关部门和地方要加强组织领导，完善有关政策，提高援外医疗队员待遇，切实解决援外医疗工作中的实际困难和问题，不断开创卫生援外工作新局面。

中国对非洲医疗援助形式多样

（一）卫生培训

据悉，中国医疗队已经累计为非洲受援国培训初、中级医务人员 3000 多人，临床医护人员数万人次，为非洲受援国建立起数支具有一定规模的医

---

① 《习近平会见全国援外医疗工作先进集体和先进个人代表》，《人民日报》2013 年 8 月 17 日，第 1 版。

疗队伍。此外，自 2003 年起，中国每年举办数十期卫生领域的援外人力资源培训班，邀请数百名发展中国家的医疗卫生人员来华培训。近年来培训内容包括疟疾、艾滋病、结核病、血吸虫病、丝虫病等传染病防治、卫生服务管理、传统医学、针灸推拿、保健技术、临床手术和护理技术等。

（二）援建医院及相关设施

2006 年 11 月，中国宣布为非洲援建 30 所医院，并提供 3 亿元人民币无偿援款帮助非洲防治疟疾。其后又多次增加援建医院数量，累计为非洲援建医院和医疗服务中心超过 100 所。

中国援建的非洲疾控中心总部（一期）是中国向非洲援建医院的最大单体项目，该项目 2015 年由非盟提出，2018 年中非合作论坛北京峰会就此达成合作意向，2019 年签约，2021 年动工，2023 年 1 月竣工。该项目位于埃塞俄比亚首都亚的斯亚贝巴，有设施完备的紧急手术中心、数据中心、实验室等。

（三）赴非巡诊

2010 年起，中国派遣短期医疗专家组飞赴也门、博茨瓦纳、阿尔及利亚等非洲国家进行巡诊，为当地民众开展"光明行"白内障复明手术，产生了良好效果和强烈反响，受到了当地政府和民众的热情欢迎和高度评价。

在非洲、东南亚、中北美以及加勒比地区的 30 多个国家，中国先后开展了 44 次"光明行"活动，免费为万余名白内障患者进行白内障复明手术，同时派遣眼科医疗专家组，开展学术交流、示范手术、带教培训等形式的活动。中国还帮助毛里塔尼亚、乍得等国建立了眼科中心，以提升当地的眼科诊疗水平。

（四）"爱心行"活动

2015 年 12 月，由时任广东省人民医院院长庄建带队，广东省人民医院 10 名心脏病专家组成医疗队启程飞赴加纳，为当地医院示范和传授心脏手术技巧。5天内，医疗队共做了 10 例手术，手术 100% 成功，创下"非洲纪录"。此举开启了中国在加纳的"爱心行"活动。

（五）对口医院合作

为落实 2020 年 6 月中非团结抗疫特别峰会倡议、响应建立中非对口医院合作机制的要求，中国与非洲国家相关医院积极建立对口合作关系，通过远程交流、人才培养和重点专科建设等方式，不断提升非方医院的综合能力。

（六）重大疫情事件卫生援助

2014 年非洲暴发埃博拉疫情，2020 年新冠疫情蔓延到非洲。这两起重大突发公共卫生事件受到中非双方领导人的高度重视。对此，中非双方通过双边和多边平台合作，特事特办，专项拨款，展开专项援非行动。例如，为应对埃博拉疫情，中国对包括塞拉利昂、利比里亚、几内亚三国在内的有关非洲国家，实施了紧急人道主义援助。

中国对非洲医疗援助广受好评和表彰

截至 2023 年，中国援外医疗队先后为 71 个国家累计诊治患者约 2.9 亿人次。一方面，他们积极奉献，甘于付出。在中国卫生援外的 60 年间，约有半数中国医疗队队员，即上万队员患过疟疾，共有 51 位队员殉职。另一方面，他们救死扶伤，广受好评，经常受到中国中央和地方有关部门、中国驻外使领馆，以及受援国和国际组织等方面的赞扬和表彰。

2003 年，在中国援非医疗队派遣 40 周年之际，中国卫生部、外交部、商务部联合表彰了近 5 年援外医疗工作中涌现出的第 19 期援阿尔及利亚医疗队塞义达组、第 19 期援桑给巴尔医疗队桑岛组等 30 个先进集体，以及陈升恒、徐长珍、肖汉生等 100 名先进个人。

2013 年，在中国援非医疗队派遣 50 周年之际，中国国家卫生计生委、人力资源社会保障部联合表彰了全国援外医疗工作中涌现出的第 24 批援桑给巴尔医疗队等 30 个先进集体，以及金文伟等 59 名先进个人。

2015 年 2 月 27 日，中国援非医疗队被评为感动中国 2014 年度人物。广东省举办评选"最美援外医疗队员"活动，并进行相应表彰。

中国驻博茨瓦纳大使王雪峰曾经表示，一批又一批中国医务工作者用精湛的医术帮助当地民众去除疾病，甚至重获生命，成为中博医疗卫生领域合作的一块"金字招牌"。"他们为中国医生和护士争了光，为博茨瓦纳人民造了福，为中博友谊立了功"。

2021 年 12 月 7 日，中国（江西）第 25 批援突尼斯医疗队荣获突尼斯卫生部、中国驻突尼斯大使馆的表彰。

2021 年 12 月 9 日，在中国援助博茨瓦纳医疗队 40 周年纪念活动上，博方卫生与健康部部长迪科洛蒂表示，中国医疗队为博茨瓦纳民众提供了优质医疗服务，帮助博加强了医学学科建设，改善了博方的卫生体系，赢得了博茨瓦纳政府和人民的高度赞扬。

博茨瓦纳公主玛丽娜医院院长霍帕曼说："中国医疗队不仅带来了高水平的医疗技术和专业知识，还通过临床教学和学术讲座培训了大量当地医务人员，大大缓解了人才短缺问题，特别是在外科、麻醉科和重症监护领域。"[1]

坦桑尼亚桑给巴尔副总统伊迪说："有时候桑给巴尔的病人专门要找中国医生看病，因为中国医生医术精准，对病人专注。桑给巴尔的患者们对中国医生有一种依赖感。"[2]

"中国医疗队是一群出色的国际主义专家。"坦桑尼亚姆希比利医院首席医官木塔西瓦说，"他们赢得了许许多多坦桑尼亚人的衷心爱戴。他们在

---

① 《通讯：很多病人重新看到了希望——中国援博茨瓦纳医疗队的 40 年》，新浪网，2021 年 12 月 11 日，https://finance.sina.com.cn/jjxw/2021-12-11/doc-ikyakumx3515776.shtml，最后访问日期：2023 年 5 月 26 日。

② 《穿白大褂的中国天使——我国援外医疗队派遣 50 周年》，中国政府网，2013 年 8 月 16 日，https://www.gov.cn/jrzg/2013-08/16/content_2467836.htm，最后访问日期：2023 年 5 月 26 日。

人道主义方面对我们的援助超越了其他所有国家。"①

非洲受援国卫生官员常常讲着一句相同的话："中国医疗队使我们的医务人员提高了医学理论水平，为我们培养了一批批不走的医疗队。我们感谢全体中国医生。"

利比里亚总统和副总统曾向中方发感谢信表示，十分感谢中国政府通过派遣医疗队所给予的帮助，谨代表利比里亚人民并以个人的名义，向队员们表示感谢。你们为提高利比里亚医疗服务水平而起的模范表率作用值得赞赏。

援马达加斯加医疗队队员钟良亭曾经在马援助工作了 12 年，他把最好的青春年华奉献给了援外医疗事业。由于高尚的医德、精湛的医术和对中马友谊的突出贡献，他在 2012 年被马达加斯加总统授予"大将军"勋章。

2008 年，时逢中国向毛里塔尼亚派遣医疗队 40 周年，毛里塔尼亚总统向第 27 批中国医疗队全体队员分别授予了骑士勋章、一级和二级荣誉勋章，这是毛塔领导人首次向中国医疗队全体队员授勋，该批次医疗队员实质上是代表 40 年来所有批次的中国医疗队员，获得毛塔政府和人民对中国医疗队的高度赞扬和充分肯定。

60 年来，中国援非医疗队约有 2000 人获得受援国总统颁发的勋章。非洲国家的勋章有很多种类，纪念勋章和感谢信差不多，完成援外任务就发，有些类似于中国的共和国勋章这样最高荣誉勋章，有个别队员获得。

联合国和世界卫生组织，以及其他医学类国际组织的官员和代表，也曾在某些特定场合谈及中国援外/援非医疗队，并且对其赞许有加。

中国对非洲医疗援助特点

医疗对外援助，是中国和发展中国家之间开展时间最长、涉及国家最

---

① 《穿白大褂的中国天使——我国援外医疗队派遣 50 周年》，中国政府网，2013 年 8 月 16 日，https://www.gov.cn/jrzg/2013-08/16/content_2467836.htm，最后访问日期：2023 年 5 月 26 日。

多、成效最为显著的合作项目。60 年来，中国援外医疗队甘于奉献，有助于中国与广大发展中国家民心相通、民意相融，在构建人类命运共同体的过程中，传承着"大爱无疆"的人文情怀。

相对西方的医疗援助体系，中国对非洲医疗援助有着自己鲜明的特点，主要表现为以人道主义精神为指引，不附带任何条件、政府主导、注重理性与双赢。

第一，不附带任何政治条件。中国医疗援非的最大特点是"不附带任何政治条件"，"不强加意识、价值观和发展模式到其他国家特别是非洲国家"。中国医疗援非是基于人道主义精神，而非利益驱使。因此，与西方借助卫生援助推行民主、自由、人权等价值观不同，中国对非洲医疗援助更多的是从道义出发，重视国际道义和伦理规范在中非关系中的重要地位和作用，坚持平等互利的援助，将人道主义关怀视为对非洲医疗援助的主要动因。

第二，政府主导。尽管近年来参与医疗援助的主体越来越多元，但在中国对非洲医疗援助中，政府始终处于主导地位。对非洲医疗援助项目绝大多数处于官方层面，很多活动都是以卫生健康委员会、商务部和外交部为主体的机构直接参与。

第三，注重双赢。中国卫生对非援助是一个很重要的交流合作机制，惠泽中非双方，中非同时受益。比如说，医疗队员中配备的中医通过中医疗法或中西医结合疗法，治疗了很多病人，建立了非洲人对中医的信任，弘扬了中国传统文化，扩大了中国文化的国际传播能力。

中国对非医疗援助与"人类命运共同体"

中国为什么要向非洲提供卫生援助？为什么要派这么多医疗队去非洲？因为在卫生健康上，人类已经命运与共了。

2020 年 5 月 18 日，习近平主席在第 73 届世界卫生大会视频会议开幕式上，发表了题为《团结合作战胜疫情 共同构建人类卫生健康共同体》的致辞。他说，人类正在经历第二次世界大战结束以来最严重的全球公共卫生突发事件。病毒没有国界，疫病不分种族。中国呼吁国际社会加大对世卫组织的政治支持和资金投入，调动全球资源，打赢疫情阻击战。发展中国家特别是非洲国家公共卫生体系薄弱，帮助他们筑牢防线是国际抗疫斗争重中之重。

习近平主席强调，"我们应该向非洲国家提供更多物资、技术、人力支持。中国已向50多个非洲国家和非盟交付了大量医疗援助物资，专门派出了5个医疗专家组。在过去70年中，中国派往非洲的医疗队为两亿多人次非洲人民提供了医疗服务。目前，常驻非洲的46支中国医疗队正在投入当地的抗疫行动"①。

习近平主席呼吁："让我们携起手来，共同佑护各国人民生命和健康，共同佑护人类共同的地球家园，共同构建人类卫生健康共同体！"②

2021年5月21日，习近平主席在全球健康峰会上发表了题为《携手共建人类卫生健康共同体》的讲话。他说："一年多来，疫情起伏反复，病毒频繁变异，百年来最严重的传染病大流行仍在肆虐。早日战胜疫情、恢复经济增长，是国际社会的首要任务。""面对传染病大流行，我们要秉持人类卫生健康共同体理念，团结合作、共克时艰。"③

有非洲华文媒体认为，中国援非医疗队展现了中华民族博大的情怀、国际主义精神和人道主义精神，是构建"人类卫生健康命运共同体"的伟大实践。

---

① 《习近平在第73届世界卫生大会视频会议开幕式上的致辞（全文）》，中华人民共和国中央人民政府，2020年5月18日，https：//www.gov.cn/xinwen/2020 - 05/18/content _ 5512708. htm，最后访问日期：2023年5月26日。
② 《习近平在第73届世界卫生大会视频会议开幕式上的致辞（全文）》，中华人民共和国中央人民政府，2020年5月18日，https：//www.gov.cn/xinwen/2020 - 05/18/content _ 5512708. htm，最后访问日期：2023年5月26日。
③ 《习近平在全球健康峰会上的讲话（全文）》，中华人民共和国中央人民政府，2021年5月21日，https：//www.gov.cn/xinwen/2021 - 05/21/content _ 5610214. htm，最后访问日期：2023年5月26日。

念民之所忧　行民之所盼

黄跃权

作者简介：

黄跃权，非洲旭日集团董事长，南通世界通商总会常务副会长、纳米比亚中国工商联合总会荣誉会长，安哥拉江苏总商会荣誉会长，安中商会副会长，中非友好协会理事，世界百家姓总会执行会长。

2021年12月31日，中国国家主席习近平通过中国中央广播电视总台和互联网，发表了2022年新年贺词。其中说到"民之所忧，我必念之；民之所盼，我必行之"，再次让无数人动容。作为旅居海外数十载的华侨，我也深为国家和民族能有这样一位心系国运昌盛、民生社稷福祉的领袖而感到莫大荣幸。

改革开放让中国富起来

我是中国改革开放的获益者，也是改革开放的力行者。1968年，我出生在江苏南通的一个普通农民家庭，因家境贫穷，我初中未毕业就开始帮着养家糊口，在东北图们做过木工，在洛阳贩过蕾丝，在沈阳摆过地摊，也曾在中俄边境做家纺产品换钢材的生意。得益于改革开放好政策，南通发展成为中国的家纺产品之乡。1997年6月，随着中国企业"走出

316

去"的大潮，我怀揣 1000 美金，带着一货柜家纺产品，来到了南非的约翰内斯堡，后来又去了纳米比亚和安哥拉经商。历经多年打拼，我的企业已成为南部非洲侨界和当地商界有影响的企业之一。我本人也被当地侨胞推选为纳米比亚华商会副会长和名誉会长、安哥拉江苏总商会创会会长和荣誉会长、中非民间交流与合作促进会常务理事、安中商会副会长、世界百家姓总会执行会长。我由衷感到，这一路走来，是中国的改革开放政策成就了我。

习近平总书记指出，建立中国共产党、成立中华人民共和国、推进改革开放和中国特色社会主义事业，是五四运动以来我国发生的三大历史性事件，是近代以来实现中华民族伟大复兴的三大里程碑。实现中华民族伟大复兴，是中华民族近代以来最伟大的梦想。近代以来，中国人民一直在为实现这个伟大梦想而接续奋斗，中华民族终于挺直了脊梁、屹立于世界的东方。

中华文明源远流长，中国人民勤劳智慧。中华民族为人类发展和进步作出了卓越贡献。但是，鸦片战争之后，面对西方列强的环伺宰割，面对封建王朝的残暴统治，山河破碎，生灵涂炭，中华民族面临日益严重的生存危机，中国人民陷入水深火热之中，遭受了前所未有的苦难。为了挽救民族危亡，摆脱落后挨打的命运，无数仁人志士艰辛探索，无数劳苦大众奋起抗争，从"师夷长技以制夷"到维新变法，再到辛亥革命，无一例外都因为没有一个无产阶级政党的正确领导而惨遭失败。[①]

1921 年，中国共产党诞生了，深刻改变了近代以来中华民族发展的方向和进程，深刻改变了中国人民和中华民族的前途和命运，深刻改变了世界发展的趋势和格局。有了中国共产党的坚强领导，中国人民就有了自己的旗帜、有了自己的主心骨，中华民族就找到了实现伟大复兴的光明道路。100 年后的中国共产党，拥有 9000 多万名党员，成为世界第一大政党。

---

① 《实现中华民族伟大复兴的三大里程碑》，《河南日报》2020 年 7 月 2 日，第 7 版。

中国共产党人将为中国人民谋幸福、为中华民族谋复兴确立为自己的初心和使命，团结带领全国人民前赴后继、浴血奋战，打败入侵的日本法西斯，打败国民党反动派，推翻帝国主义、封建主义、官僚资本主义统治，完成了新民主主义革命，成立了中华人民共和国，废除了西方列强用武力强加给中国的所有不平等条约，从此，中国人民站起来了。

1978年，在党和国家面临何去何从的重大历史关头，中国共产党作出了实行改革开放的历史性决策，带领中国人民开辟了具有世界意义的崭新的人类发展道路，大力解放和发展生产力，要在古老的东方大地上全面建成小康社会，亿万人民将过上梦寐以求的全面小康生活。

推进改革开放和中国特色社会主义事业，之所以是近代以来实现中华民族伟大复兴的重要里程碑，是因为推进改革开放、建设中国特色社会主义事业，开辟了中华民族走向伟大复兴的正确道路，使得中华民族比历史上任何时期都更接近中华民族伟大复兴的目标。近代以来的中华民族发展史充分证明，没有共产党，没有改革开放、没有中国特色社会主义，中华民族复兴之路既艰险又漫长；有了共产党，有了改革开放、有了中国特色社会主义，中国发展就走上了快车道，中国人民就会过上全面小康的好日子，中华民族必将迎来实现伟大复兴的光明前景。

在2021年中国共产党成立100周年庆祝大会上，习近平代表全党全国人民向世界庄严宣告，中国全面建成了小康社会，兑现了党和政府郑重承诺的第一个百年奋斗目标，正在朝着第二个百年奋斗目标昂首阔步迈进（到2049年中国将建成富强、民主、文明、和谐、美丽的社会主义现代化强国），中国人民从此强起来了。

作为中国改革开放的亲历者、参与者和世界第二大经济体的国民和海外侨民，回首改革开放40多年以来中国经济和国力翻天覆地的变化，我不禁心潮澎湃，感到无比自豪。据统计，2022年中国国内生产总值（GDP）突破了120万亿元人民币。这是何等了不起的成就！全国各族人民和海外侨胞为之欢欣鼓舞，世界为之惊叹瞩目。

力促中非经贸合作

在 2009 年 10 月 1 日和 2019 年 10 月 1 日，我分别受邀赴京参加新中国成立 60 周年、70 周年国庆系列庆典。在参加国庆 70 周年庆典期间，我和来自世界各国的侨领们兴致勃勃地参观了中国改革开放和现代化建设的成果，亲身体验了天安门广场盛大庆祝活动和焰火晚会。在感谢党和国家给予我们海外侨胞崇高荣誉的同时，我对习近平主席有关继续坚持改革开放的论述有了更深的感触和体会。

多年来我们非洲华侨华人积极响应祖国的号召，抓住中非合作论坛和"一带一路"带来的机遇，身处南部非洲创业，依法合规经营，努力融入当地社会，不断发展壮大自己，为中非经贸合作和民间交流作出了应有的贡献。

我在纳米比亚的投资源于一次赴安哥拉考察。当时我驾车一路向北，在纳米比亚与安哥拉交界的一个名叫"奥希坎戈"的村落，看到当地村民在一棵大树下自发形成的一个地摊小市场里，售卖着各种各样的木雕工艺、陶瓷器皿、衣裙布料。我问村民："在大树下摆摊做买卖，雨季时就没法进行，为什么不盖房子呢？我可以出资盖房。"经过与当地政府的沟通，我最后建成了一条长约 200 米的商业街，以经营家纺产品为主。

2006 年，我在当地投资盖起了一座 2 万平方米的中纳商业城，有 40 个大型商铺；2008 年，我又盖起一座占地 8 万平方米的"龙城"，有 140 个商铺，我还在那里投资兴办一个家纺工厂——非洲羚羊纺织品公司，家纺厂的产品还可以出口创汇。我投资的太阳广场大酒店已成为纳米比亚贺劳纳非迪市的地标建筑。2015 年，我在纳米比亚北部城镇翁丹瓜建设的太阳商业广场落成，然后又在首都温得和克投资建了一座"中国城"。这些在纳米比亚的投资项目为该国居民提供了数千个就业机会。

虽然我在纳米比亚成立了多个投资项目，但随着我在安哥拉投资兴建的中国城落成，我的商业重心开始转向安哥拉。安哥拉中国城经过 6~7 年的发展，现在已为当地提供了近 5000 个就业岗位，成为安哥拉代表性商业地产项目。除了华商外，被安哥拉中国城吸引来的商人还来自美国、印度、巴基斯坦、越南、日本、黎巴嫩、土耳其等国家，中国城的建立丰富了当地市场，促进当地经济发展。我可以自豪地说，安哥拉中国城已经发展成中安经贸合作、文化交流、民间友好往来的平台，成为一张代表中国形象的亮丽名片。

得益于中非合作论坛和"一带一路"倡议，我看好非洲、投资非洲、扎根非洲，我和非洲各地的华侨华人一样，以实际行动推进中非经贸合作发展。非洲需要什么，我们就投资什么。目前，我正在非洲兴建第二个大型商贸城和工业园区。

外交为民理念

改革开放带给海外侨胞的是外交理念的转变，"外交为民"理念取代了"外交为国"理念，正如习近平主席所言，"家是最小国，国是最大家"，没有千千万万的家庭幸福美满，就没有国家繁荣发展。

在南非经商的第四年，我经历过一起绑架事件。那是在 2001 年 12 月 30 日，我自己驾车去送货的时候，被两名持枪匪徒抢劫和绑架，第一次试图逃脱时被恼羞成怒的绑匪毒打。几天后，我趁绑匪疏于看管时再次逃脱，经树林走出几公里遇到两位当地居民，他们帮忙叫来了警察，我在警察帮助下安全回到家中。

南非警方公布的数据显示，在南非每年发生 100 多万起犯罪，每年有约 2 万多人被谋杀。南非华侨华人几乎都遇到过犯罪事件，每年有数百位华侨华人被抢劫，2004 年有 22 位华侨华人被杀。

在此背景下，中国政府向南非派出了 40~50 位领事保护官员，还派遣了两位警务联络官，指导南非华侨华人成立了南非华侨华人警民合作中心，群防群治。经过十年的努力，在南非的华侨华人被抢劫、被杀害的案件大幅减少。

　　"中国领事"APP让海外同胞一键直达中国驻外使领馆，实现"掌上办""零跑腿"，"全天候"在线办理海外中国公民的旅行证件和领保服务。中国外交部的领事保护热线电话"12308热线"全年每天都是24小时守候，一年要受理50多万个求助来电，处理领事保护与协助案件超过6万起。

　　时任中国国务院国务委员兼外交部部长王毅表示，为民服务、为民解忧，是中国外交工作的应尽之责。中国外交将继续秉持以人民为中心的宗旨，做广大老百姓的贴心人，做海外同胞利益的守护人。外交部打造"智慧领事平台"，推出更多"指尖"上服务项目，完善数字化、全天候领事服务；构建"海外平安中国体系"，强化海外安全风险预警，指导境外企业加强安防建设，为海外同胞提供更有效、更及时的安全保障。

　　2020年，突如其来的新冠疫情，阻断了海外侨胞的回家之路，威胁着同胞的生命和健康。大灾面前必有大爱。中国共产党和中国政府始终牵挂每一位海外同胞的生命安全和身体健康。中国外交部和驻外使领馆紧急动员，全体外交人员精锐尽出，日夜奋战在抗疫一线，在全球范围开展了领保专项行动。中国驻世界各国外交官深入当地疫区慰问，向100多个国家的500多万侨胞发放了"健康包""春节包"，为所有不幸染疫的侨胞及时进行了当地救治。中国政府用行动告诉海外侨胞：外交为民，一个也不能少；疫情不退，外交官也不会退。

　　面对疫情的严峻挑战，中国驻安哥拉大使馆龚韬大使率领其外交官团队，全力组织华人社区抗击疫情，多次代表中国政府与安卫生防疫部门交涉，千方百计保障在安中国公民、侨民的防疫安全。在安哥拉中国城首例新冠确诊患者应急处置、"春苗行动"和其他防疫行动中，尽管医疗资源极为有限，防疫抗疫压力沉重，在中国驻安哥拉大使馆和华商组织共同努力下，在安方的积极配合下，中国的抗疫行动都取得了较好的效果。值得赞叹的是，在首例华人同胞新冠确诊后，华人社区安哥拉中国城在使馆的组织下自行进行卫生封锁，从流调、全面检测、排查到解除对安哥拉中国城卫生封锁仅花费四天时间。在"春苗行动"中，疫苗抵安不到十天时间就全面顺利实施接种。这充分体现了中国驻安使馆践行"外交为民"的宗旨，竭诚尽力关心呵护在安中国公民、侨民的生命健康安全。

"春苗行动"是 2021 年中国外交部推出的领事保护计划，内容是积极协助和争取为海外同胞接种疫苗，在具备条件的国家设立国产疫苗地区接种点，为周边国家有需要的同胞提供服务。在计划的实行上，中国向很多国家捐赠了疫苗，各国均表示愿意将当地中国公民、侨民纳入国民接种疫苗计划，有些国家批准中国援非医生直接为中国公民接种疫苗。

中国外交部还积极落实习近平主席提出的健康码国际互认倡议，推出了中国版的国际旅行健康证明电子文件，在充分保护个人隐私前提下，实现核酸检测和疫苗接种等信息的相互验证，助力安全有序的人员交往。

大国侨民的责任

2007 年 2 月，时任国家主席胡锦涛访问南非时，会见华侨华人代表，嘱咐大家"要与当地社会和谐相处，在力所能及的范围内多做深得民心的好事实事"。当月，我即出资牵头发起成立了纳米比亚华人爱心基金会，为当地学校和医院捐资捐物，10 年来累计捐赠约 2000 万元人民币。

2014 年，时任纳米比亚总理根哥布应时任中国国务院总理李克强邀请访华并出席博鳌亚洲论坛年会。李克强总理在三亚举行仪式欢迎根哥布。根哥布此前曾多次访华：1991 年以总理身份访华；2006 年随波汉巴总统出席中非合作论坛北京峰会；2011 年以贸工部长身份随同波汉巴总统访华。根哥布于 2014 年 12 月当选纳总统，2018 年 3 月和 9 月，根哥布以总统身份两次访华。

根哥布在 2014 年访华时曾专程到南通访问。当时，我曾陪同根哥布看望在南通大学医学院留学的纳米比亚学生，他们是在我的资助下来华学医的。根哥布看到纳米比亚留学生们学习进步、生活愉快，感到很欣慰。这项公益助学活动是在 2010 年中纳建交 20 周年庆祝活动前启动的，此后每年都有数名纳米比亚青年学生来到南通学医。我在纳米比亚就医时发现当地医院缺医少药，医生是当地受人尊敬的职业，收入也很高，但是医学院的学费很高，一般学生支付不起。因此我决定每年资助几名纳米比亚学生到中国学习医学。

2013 年 11 月 5 日，纳米比亚华人爱心基金会通过江苏省海外交流协会教育基金会捐资 1200 万人民币，定向资助 30 名纳米比亚留学生到南通大学医学院学习。

我希望被资助的学生回国后，能把学到的知识本领造福于纳米比亚人民。同时，也让更多的纳米比亚人了解南通，了解中国。我们的慈善行为，也改善了我们在非洲的经营环境，提升了我们的社会地位。

我们的助学实践促进了中纳更多教育合作。南通职业大学与纳米比亚高等教育部，以及学生助学基金会合作，从 2016 年起每年有 40 多名纳学生到南通参加三年制学习，学习包括建筑工程、物联网、环境工程技术、机械制造和自动化专业等纳米比亚需要的专业。该项目被列为纳米比亚"总统振兴计划"和"江苏外国留学生优才计划"。南通职业大学在 2018 级纳米比亚留学生开学典礼的同一天，还召开了"服务'一带一路'、推进产教融合"国际研讨会，南通职业大学南部非洲职业教育合作研究中心也同时揭牌。

2018 年 3 月 28 日至 4 月 3 日，应习近平主席的邀请，纳米比亚总统根哥布对中国进行国事访问。访问期间，两国元首一致决定，建立中纳全面战略合作伙伴关系。"当你踏上非洲这片土地，就会看到很多中国公司的投资项目，他们帮助非洲国家修建公路、铁路、机场和港口。"根哥布说："中国在非洲建工业园，开展技术转让，为当地创造就业，增加当地产品附加值，有什么理由不欢迎这样的国家？"[①]

2018 年 4 月 2 日，纳米比亚总统根哥布再次访问江苏。他希望加强纳中两国职业教育合作，为此专门访问了南京科技职业学院。在学院图书馆里，一套海水淡化设备吸引了哥根布总统的目光，这套设备可以通过太阳

---

① 《聚焦中非"十大合作计划"——工业化合作成果丰硕》，《人民日报》2018 年 8 月 24 日，第 1 版。

能、风力发电对海水进行即时淡化处理，淡化出的海水达到直饮用标准。后来，中纳双方洽谈海水淡化合作，准备在纳米比亚建设日处理万吨海水淡化的装置。

根哥布总统对南京科技职业学院在高技术技能人才培养方面的做法非常认可，对培养学生的模式也特别感兴趣，对学生参与的实训环节，以及他们熟练的技能、相应的产品都饶有兴致，希望跟江苏的职业教育开展紧密合作。

在非洲人眼中，中国是一个东方大国、文明大国和负责任大国。中国的良好国家形象和民族形象与非洲侨胞的个体形象密不可分。我们身处中非交往交流交融的最前沿，是非洲民众认知中国、认知中华民族最直观、最鲜活的"第一印象"，有责任构建和谐侨社、树立大国侨民形象，为新时代中国和中华民族形象的塑造添光加彩。

创办非洲华侨周报安哥拉分社

2018年5月2日，《非洲华侨周报》暨《人民日报海外版》非洲周刊安哥拉版首发式在安哥拉首都罗安达成功举行。中国驻安哥拉大使崔爱民、《非洲华侨周报》总社长南庚戌和侨界代表数十人出席了活动。我出任《非洲华侨周报》安哥拉分社社长。4年多来，《非洲华侨周报》安哥拉分社坚持脚踏实地，不断开拓进取，牢记初心，认准方向，努力让该报发挥好信息传播、舆论引导、沟通交流和文化传承的作用。

办一份中文报纸是我若干年前就有的想法，经过多方评估，我选择了和《非洲华侨周报》合作，以安哥拉分社方式运作。《非洲华侨周报》是《人民日报》海外版非洲周刊，人民日报海外版的一手新闻可以让安哥拉华商了解中国正在发生的新闻事件，同时又可以将安哥拉和南部非洲的华商故事通过人民日报海外版和中新网、中国侨网传播给中国和世界的受众。

中国驻安哥拉大使崔爱民代表使馆向《非洲华侨周报》在安发行表示热烈祝贺。崔爱民表示，中国是安哥拉第一大贸易伙伴。安哥拉已成为中国在非洲第二大贸易伙伴和主要投融资合作伙伴。在此过程中，一大批中国企业和侨胞来到安哥拉，付出艰辛努力，为安哥拉的发展和中安友好合作作出了积极贡献。但由于缺乏资讯，大家在当地的工作和生活多有不便，为此，非常期待更多的华文媒体在这里落地生根。崔爱民表示，《非洲华侨周报》是非洲地区一份有影响力的综合性中文报纸，在安哥拉成立分社并正式发行，是旅安侨胞的一件大事，将为大家及时了解国内新闻资讯和政策信息、掌握驻在国和周边国家社会经济形势和经贸情况等发挥积极作用。

《非洲华侨周报》安哥拉分社坚持以服务华侨华人为宗旨，发挥反映侨意、沟通侨情、凝聚侨心的作用，关注并积极参与侨社的各项活动，关注安哥拉政策、法令的调整，为广大华侨华人提供及时、准确的信息，成为旅安侨胞的精神家园和创业发展帮手，同时构筑友谊桥梁，增进中安两国友好，弘扬"真实亲诚"的中非合作理念和中安友好合作的主旋律，积极传播中国文化，增进两国人民之间的了解。

旅居海外的华侨华人应当为中非双方民间交流作出贡献，并且弘扬爱国传统，为树立新时代中国新形象尽力。要在所在国依法合规地发展自己的事业。得益于"一带一路"倡议，海外华侨华人的营商环境不断改善，使华人能更好地融入当地市场，进而间接为华侨华人提供了更优渥的生活质量。在此前提下，旅非华侨有责任秉承服务非洲、合作共赢的经营理念，在使自己的事业发展时，也让所在国民众一同受益。相信在"一带一路"的引领下，非洲华侨华人能给所在国基层民众提供更多的就业机会，不断促进当地经济发展和城市建设，进而改善和提高当地的民生水平。

中非团结抗疫

2020 年，新冠疫情发生，我和安哥拉江苏总商会立即号召商会成员，以及当地海外侨胞为武汉抗击疫情进行捐款。所募善款用于设立疫情防控资金，捐赠给祖国和家乡，为祖国和家乡抗击新冠疫情贡献自己的一份力量。2020 年 2 月 26 日，"汇集侨力　共抗疫情"安哥拉江苏总商会疫情防控资金定向捐赠仪式在南通市公安局举行。在捐赠仪式上，安哥拉江苏总商会向南通市公安局捐赠疫情防控资金 25 万元，以支持和保障公安机关抗击疫情工作。家乡公安干警担负起战疫情、护安全、保稳定各项职责使命，始终做到疫情不散、警察不退，商会决定将募集的部分善款定向捐赠给南通市公安局。

安哥拉江苏总商会有会员单位 120 多家，从事的行业涉及许多方面，以建筑、贸易、制造业为主。我曾担任会长，后改任荣誉会长。商会的工作主要是引导会员单位入乡随俗、遵纪守法、积极融入当地社会，协助他们与当地政府的相关部门沟通交流，帮助他们解决创业和发展过程中碰到的困难和问题。安哥拉江苏总商会还协助安哥拉政府、安哥拉社团与江苏省政府和江苏企业交流沟通，把江苏省改革开放的成功经验介绍给当地企业参考借鉴，使安哥拉在经济发展中尽量少走弯路。

安哥拉发生疫情后，江苏省委统战部和侨联组织江苏省中医院的防疫专家率先在安哥拉开展云端防疫知识讲座、远程指导抗疫，提供药品、防护口罩赴安支援同胞抗疫，并积极协调航班帮助因疫情受困在安的老弱病残孕幼侨胞及时返回中国。患难见真情，冷暖心自知。经历了海外风风雨雨的华侨华人深刻体会到，强大的祖国是我们最大的靠山，是抚慰温暖我们的最大爱心，是鼓舞激励我们不断奋进的不竭动力。

中国医疗队精神

迟成峰

作者简介：

迟成峰，刚果（布）华人华侨商会秘书长，中国驻刚果（布）大使馆领事志愿者。1973 年生，山东烟台人，毕业于齐鲁工业大学，中共党员，2007 年到刚果（布）从事建筑行业，2009 年成立非亚旅行社，服务刚果（布）、科特迪瓦、埃塞俄比亚、刚果（金）、肯尼亚、马里等国家的侨胞。

习近平提出"中国医疗队精神"

2013 年 3 月 29 日，习近平主席和夫人彭丽媛应邀对刚果（布）进行国事访问。3 月 30 日，习近平主席和夫人彭丽媛在刚果（布）总统萨苏和夫人安托瓦内特的陪同下来到中国援建的中刚友好医院，两国元首为医院竣工剪彩，并按照当地传统，将剪下的彩条互相给对方戴上。

剪彩仪式后，两国元首一同进入医院大厅，在医院工作的 21 名来自天津的中国医疗队队员欣喜地迎候习近平主席。习近平主席同大家一一握手，亲切询问他们工作生活情况。

习近平主席发表了重要讲话。他深情地对中国医疗队员们说："你们不远万里来到刚果，用精湛医术和高尚的医德，为刚果人民提供很好的医疗服务，得到刚果政府和人民的称赞，为祖国赢得了荣誉。我代表党和人民感谢你们，你们辛苦了！"①

习近平主席指出，援非医疗工作是一项艰巨而又光荣的任务，迄今已有50年历史。非洲很多地方环境恶劣，条件艰苦，疾病肆虐，缺医少药。中国医疗队员不畏艰难，以饱满的工作热情，帮助当地群众解除病痛，为增进中非友谊作出了重要贡献，无愧于白衣天使和友好使者称号。祖国人民始终没有忘记你们的默默奉献，近年来，有关部门努力改善援非医疗队工作和生活条件。②

习近平主席强调，50年来，中国医疗队不仅在为非洲人民服务方面作出了突出成绩，为祖国和人民赢得了无上荣誉，而且用自己的实际行动造就了一种崇高的中国医疗队精神，这就是不畏艰苦、甘于奉献、救死扶伤、大爱无疆。中国医疗队精神不仅是激励一代又一代医疗队员不懈奋斗的强大精神动力，也是我们民族精神的生动写照。希望你们增强责任感和使命感，继续发扬中国医疗队精神，继续发扬国际主义和人道主义精神，为帮助非洲改善医疗条件，促进中刚、中非友好作出新的更大贡献。祝大家身体健康、工作顺利、生活愉快。③

萨苏总统表示，中国医疗队员用奉献精神和高超医术，造福当地人民。刚果人民感谢中国。中国医疗队队员表示一定不负重托，克服困难，努力工作，为祖国增光，为中非友谊添砖加瓦。

---

① 《习近平为中刚友好医院竣工剪彩并出席图书馆启用仪式》，中华人民共和国中央人民政府，2013 年 3 月 31 日，https：//www.gov.cn/guowuyuan/2013-03-31/content_2584845.htm，最后访问日期：2023 年 5 月 26 日。

② 《习近平为中刚友好医院竣工剪彩并出席图书馆启用仪式》，中华人民共和国中央人民政府，2013 年 3 月 31 日，https：//www.gov.cn/guowuyuan/2013-03-31/content_2584845.htm，最后访问日期：2023 年 5 月 26 日。

③ 中《习近平为中刚友好医院竣工剪彩并出席图书馆启用仪式》，中华人民共和国中央人民政府，2013 年 3 月 31 日，https：//www.gov.cn/guowuyuan/2013-03-31/content_2584845.htm，最后访问日期：2023 年 5 月 26 日。

中国援非医疗队传承白求恩精神

1962 年，阿尔及利亚独立之后不久，就向中国提出派遣中国医疗队援助阿尔及利亚的请求。1963 年，中国派出了新中国成立后的第一支援外医疗队，24 名医护人员来到非洲，在阿尔及利亚西部的塞义达市工作。中阿两国起初约定的是服务半年，但是，这支救死扶伤的中国医疗队，以其奉献精神和专业水平，迅速赢得了阿尔及利亚民众的心。在阿尔及利亚政府和民众的强烈挽留下，中国医疗队的服务时间一再延长，最后在阿尔及利亚整整工作了两年半时间。

1963 年底，周恩来总理访问非洲，来到阿尔及利亚，会见了援助阿尔及利亚医疗队成员。第一批援阿尔及利亚医疗队副队长陈海峰说："在阿尔及利亚援外医疗的日子里，我们很荣幸与周恩来总理有了亲密接触的机会。他叮嘱我们要'学习发扬白求恩精神'，'更好地工作，把阿尔及利亚人民的健康当作中国人民的健康一样对待'。"①

"白求恩精神"即为国际主义精神、利他精神和专业精神，毛泽东在文章中说："一个人能力有大小，但只要有这点精神（白求恩精神），就是一个高尚的人，一个纯粹的人，一个有道德的人，一个脱离了低级趣味的人，一个有益于人民的人。"这篇文章在新中国成立后被选为中学教材，白求恩也因此成为中国家喻户晓的国际主义和人道主义代表人物。

中国医疗队精神

习近平主席概括提炼的中国医疗队精神"不畏艰苦、甘于奉献、救死扶伤、大爱无疆"，正是国际主义精神、人道主义理念和专业精神的具体体现。核心词"大爱无疆"是一句中国成语，可以理解为人道主义这个伟大

---

① 《51 年中国医疗队在非洲》，《光明日报》2014 年 8 月 24 日，第 5 版。

的爱没有国界，而"救死扶伤"这个中国成语的含义是赞扬医务人员的专业精神。

习主席还用"不畏艰苦、甘于奉献"来称赞中国医疗队，是因为中国医疗队成员远离家人，前去条件艰苦的非洲工作和奉献，有的甚至在那里牺牲了自己的生命。这种"不畏艰苦、甘于奉献"的精神，对于中方其他援外工作人员，以及国内各行各业的人来说，也是值得学习的。

2013 年是中国向非洲派遣医疗队 50 周年。中国医疗队及其事迹不仅感动了非洲，也感动了中国。2015 年初，中国中央电视台评选"2014 年感动中国人物"时，中国援非医疗队作为一个人物群体当选。

至今，中国向 50 多个非洲国家和地区派遣过医疗队，共有 2.5 万多名医务工作者先后援非。现在非洲仍有 46 支中国医疗队，有约 1000 名队员在非洲国家从事医疗援助工作。

第一批中国援赤道几内亚医疗队的故事

1971 年，中国和刚建交不久的赤道几内亚达成协议，向赤几派遣一支医疗队。这个任务交给了广东省。当时，广东省人民医院儿科主任通知医生刘梅珍："你去出个远差，下周出发，这几天准备一下。"刘梅珍问："新疆还是西藏？"这两个地方是她对"出差远方"的想象极限。但是答案是："赤道几内亚，在非洲。"这是一个刘医生从未听过的国家，非洲当然知道，在地球仪上的另一边。

"那时候是不讲条件的。"如果当时采用"志愿制"，刘梅珍肯定不会报名的，因为那会她的两个孩子都还小，一个 8 岁，一个 4 岁，都需要母亲照顾。另外就是担心在非洲出现意外。一时刘梅珍止不住地流泪，她爱自己的孩子和自己的家，担心自己会因牵挂太多而无法胜任这份"差事"。

最后，刘梅珍还是成为第一批中国援助赤道几内亚医疗队的 12 名成员之一。1971 年 10 月 26 日，刘梅珍随医疗队先到北京简短学习外语，然后从北京飞往上海，从上海飞往印度，从印度转飞沙特阿拉伯，再从沙特飞到巴黎，前后用了一周时间才抵达赤道几内亚首都马拉博。

工作的艰苦超出了队员们的想象。"不是缺医少药，而是无医无药。"刘梅珍负责赤道几内亚巴塔地区总医院的儿科，病房的病床上通常都只有一张席子，患儿们主要是疟疾与营养不良。儿科病房里只有3个针头，5个注射器。由于条件非常简陋，这些针头和注射器不得不高温消毒后反复使用。

当时工作非常繁忙。刘梅珍的诊室内外总是挤满了人。她平均每天都要接诊100多个患儿，晚上也随时有家长带着发烧的孩子来叩门求诊。遇到这种情况，无论多晚，她都会开门接诊。

轮休的时候，队员们也不能闲着。稍微有一点空闲，他们就努力学习西班牙语。脱下白大褂，他们要自己采购、做饭、打扫卫生，要自己种菜、做衣服。

1973年12月，第一批医疗队完成使命归国。因接替的队员家中有事，刘梅珍又延期了半年。回来后，小儿子抱怨她不在家照顾自己，赌气两个星期没理她，这让她非常难过。但刘梅珍觉得，能回来就好。她说"当年，我们都是抱着牺牲的决心去的。"

用生命诠释"大爱无疆"

不是每一个援非中国医疗队队员都能够平安回到中国。从1975年至今，共有50位中国援非医疗队队员殉职非洲。他们用自己的热血和生命，诠释了"大爱无疆"。他们的事迹和牺牲，是"不畏艰苦、甘于奉献、救死扶伤、大爱无疆"的中国医疗队精神的生动体现，并且激励着一代又一代援非中国医疗队队员为中非卫生合作贡献智慧和力量。

1974年3月，梅庚年率领中国首批援埃塞俄比亚医疗队来到该国季马市巡回诊疗，他走遍当地乡间田舍，不考虑个人得失，一心救死扶伤，攻克了多个疑难杂症，在当地有口皆碑。1975年8月11日，梅庚年不幸殉职，年仅51岁，被葬在季马市。埃塞俄比亚政府为梅庚年举行了隆重的追悼会和葬礼，季马市人民分别用中文、英文、阿姆哈拉文树立了3块大理石墓碑来纪念他。

梅庚年殉职后，中国援埃塞俄比亚医疗队一直秉承烈士遗志，持续为两国医疗卫生合作贡献力量。从 1974 年至今，中国先后派出了 22 批医疗队、400 多名医务工作者援助埃塞俄比亚。中国医疗队员共接当地病患多达 200 万人次。此外，中国还先后在埃塞俄比亚开展了"光明行"和"微笑儿童"慈善项目，免费为当地民众进行白内障和唇腭裂修复手术。

1978 年，中国援赤道几内亚医疗队员何贤杰医生殉职。何贤杰医生是中国第 6 批援赤道几内亚医疗队队员，来自中国的海南岛。1978 年 3 月，在即将结束赤几两年援外工作之际，何贤杰医生因紧张工作而突发脑溢血，不幸以身殉职，享年 42 岁。赤道几内亚政府为他举行了隆重的安葬仪式，时任总统马西埃和夫人亲自为墓地培土。在当地工作的中国医疗队队员每年都会来到巴塔市郊区的何贤杰墓地缅怀前辈。"援非英雄把生命捐献在了异国他乡，他们是民族的脊梁，是祖国的骄傲。他们用甘于奉献、大爱无疆的精神赢得了中非两国人民的爱戴，为伟大祖国赢得了荣誉。"中国第 31 批援赤道几内亚医疗队队长陈光卫说，"我们受祖国的委托，有幸参加援外医疗工作，我们必将不辱使命，为国争光，用过硬的技术和优良的作风，在各自的岗位上，不畏艰苦、甘于奉献，学习先辈的精神，圆满完成援外医疗任务，为伟大的祖国交上一份满意的答卷。"

2001 年，中国援厄立特里亚第 2 批医疗队队员唐秀荣殉职。唐秀荣在 1993 年曾作为翻译随中国医疗队在赞比亚工作两年。2001 年，她再次作为翻译，随中国援厄立特里亚第 2 批医疗队踏上非洲大地。当年 12 月 4 日，她在为医疗队办事途中遭遇车祸，因伤势过重牺牲。在她的葬礼上，不仅厄立特里亚总统伊萨亚斯和十多位部长前来吊唁，时任中国驻厄立特里亚大使蔡革、中资企业和华侨华人，以及厄特方医院的医务人员，上千名当地普通民众也自发为其送行。蔡革大使表示，唐秀荣用宝贵生命践行了"随时准备为党和人民牺牲一切"的初心和誓言。

2002 年 12 月 26 日，中国第 10 批援助博茨瓦纳医疗队队员颜硕颖和郑小虹同时殉职，她们是在当年 7 月来到非洲的。她们殉职后，没有葬在博茨瓦纳。她们的遗体在火化后，以骨灰的形式被送回中国安葬。当时正在博茨瓦纳访问的中国外交部部长唐家璇请人向她们的家人转达慰问，中国驻博大使林迪夫和当地华侨华人，以及当地社会各界人士参加了遗体告别仪式。林大使还专程赶到机场，为她们的骨灰送行。

用中国医生的名字给孩子取名

为了对中国医生表达感激，许多非洲患者会用中国医生的名字为自己的孩子取名。

2000年，中国援赤道几内亚医疗队队员林霞为一名巴塔市的妇女治疗不孕症，帮助该女子成功怀孕并生下一个女孩。后来，这位赤道几内亚妇女就为自己的女儿取名为"安德斯金·林霞"。

中国第16批援塞内加尔医疗队队长张茂狮说，医疗队会利用周末走入塞内加尔各社区进行义诊。有一次义诊的时候，一名妇女带着她的孩子来，激动地握着中国医生的手说，她的孩子已经长大成人，小时候是中国医生救了这个孩子，因此她给孩子起名叫"中国"。

第1批援几内亚医疗队队员许政刚介绍说，"记得当地很多父母给自己的新生儿取名为'中国'。他们会流着喜悦的泪水感谢中国医生，甚至下跪感谢中国医生的救命之恩。我们作为祖国派出的国际战士，无不引以为荣"。

中国医生荣获马达加斯加"大将军"勋章

1984年，甘肃医生钟良亭自愿申请参加了中国第五批援马达加斯加医疗队。

工作期满回到国内后，他仍然忘不了贫困而又朴实的马达加斯加民众，于1988年再次主动请缨，参加了甘肃省第7批援外医疗队。

1996年，钟良亭作为第11批援马医疗队队长，第三次前往马达加斯加，为当地群众解除病痛。这一次，正遇上该国总统选举。一天晚上，总统候选人拉齐拉卡得病了，请中国医生为他诊治。钟良亭带领两名医生，冒雨前往 40 多公里的拉齐拉卡住地为他看病。又经过 4 次治疗，拉齐拉卡不仅身体康复了，还在这次选举中获胜。那一阵子，钟良亭每两周就会带着中国同事去总统府为拉齐拉卡总统和他夫人做体检和治疗。

钟良亭先后三次作为中国医疗队队员赴马达加斯加，为保障马达加斯加人民的健康，以及维系和巩固中马两国友谊作出了突出贡献。中国驻马达加斯加大使称赞他为"民间大使"。马达加斯加总统曾 4 次授予钟良亭国家级勋章，其中的"大将军"勋章是钟良亭在马达加斯加获得的最高勋章，也是中国人获得的唯一一枚"大将军"勋章。

一再奔赴非洲

中国医疗队队员援非一般是两年一期，杭州师范大学附属医院（杭州市第二人民医院）放射科的主任医师金文伟先后四次参加中国医疗队，在非洲工作过 8 年。他说："身处那种难以想象的环境，慢慢地你就有了一种使命感。当看到那么贫困的人，用那种全然信赖的眼神求助于你，你会突然感受到自己的价值所在。在这个世界上，没有谁是不可或缺的，可对他们来说，仿佛真不能缺了你。第一次援助 4 年，我回国前，太多人来挽留，'请你一定要回来！'我应了，就得回去。"

自 2001 年起，河南省三门峡市中心医院普外科主任医师仵民宪先后参加了中国援厄立特里亚医疗队、赞比亚医疗队和埃塞俄比亚医疗队，在非洲工作、生活了整整十年。他将自己的经历全部记录下来，出版了一本书，内容包括：4 次车祸的惊险逃生；艾滋病多次擦肩而过；疟疾"打摆子"不时发作；非洲屋脊的恶劣环境；救死扶伤的无私奉献；异国他乡的孤独与思念；辛勤工作的快乐和荣誉；当然还有非洲的异域风光和民俗乐趣……

张妍玲，山西医科大学第二医院呼吸与重症科主任医师，已经 4 次参加中国援非/援外医疗队工作，曾先后成功地抢救因糖尿病酮症酸中毒已昏迷了 3 天的患者、重症伤寒肠道大出血休克患者、脑疟昏迷患者、重症心衰患者、肝硬化腹水患者等 216 名。

精湛卓越的医术

1974 年 12 月初，阿尔及利亚一位意外断手的病人被送到了中国医疗队。骨科医生杨炳生等几位中国医生勇敢地承担了这个几乎不可能完成的手术。"断面比较整齐，但是下边的动脉、静脉、神经、肌腱很难分辨，也没有仪器来核实……"杨炳生回忆说。在极其简陋的条件下，这例手术取得成功堪称奇迹。就连时任阿尔及利亚总统府顾问的特黑斯·杰夫利都为此发来贺电，向中国医疗队表示感谢和祝贺。术后，这位阿尔及利亚小伙子的手恢复良好，后来他还喜欢上了打中国的"国球"乒乓球。

2004 年的一天，在中国江苏省为桑给巴尔援建的眼科中心里，中国医生正在小心翼翼地为一个完成白内障手术的非洲老大妈拆除纱布。当纱布一圈圈松开，大家的心里却越来越紧了。待老大妈终于睁开了双眼，她一把搂住中国女医生陈舒的脖子，惊喜地说："我又能看见天上的星星了！谢谢中国医生！"

2008 年 11 月 20 日上午，在马拉维姆祖祖医院，西安交大一附院的贾宗良教授正在为一位 80 岁高龄的老妪做手术。经过 4 个小时的紧张手术后，贾教授及其团队成功为老妪切除重达 4 公斤的腹膜后肿瘤。这种手术在当地很少见，手术难度大、风险高。当地医护人员和病人家属对此高度称赞。

这些只是中国医疗队在非洲完成的数千例著名手术的其中几例。

神奇疗效的中医

赤道几内亚人习惯用头顶着物品出行，颈椎病常见。中国第 31 批援赤道几内亚医疗队员、中山市中医院骨科医生张振山运用"棍点理筋正骨疗法"，用一根木棍为当地老太太埃瓦娜治疗脖子疼痛，10 多分钟就立竿见影。随即就有 7 个"非洲徒弟"登门求教。

在许多非洲国家，中国医生曾用针灸治愈过饱受"幻肢痛"的截肢军人，还通过电针、艾灸、火罐、按摩和中成药等手段治愈过当地各类患者。中医的银针被当地人称为"神针"，而且备受欢迎。中国医疗队的一位针灸科医生曾一天最多接诊了140位患者！

尼日尔曾向中国医疗队提出开办针灸训练班的请求，希望给他们的医护人员传授针灸技术。中国第1、第5批援尼日尔医疗队队员王登旗介绍说："应尼日尔卫生部的要求，我们给当地医生办了两期针灸训练班。学员们勤学苦练，高兴地说，'我们也能用银针来为尼日尔民众治病了。我们一定要让中国的针灸疗法在尼日尔开花结果'！"

作为医疗队里唯一的中医，苏州市中医院针灸科主任中医师——47岁的欧阳八四在桑岛居民眼里相当神秘。欧阳八四到桑岛接诊的第一位当地人，是一个严重的面神经麻痹患者——口眼歪斜、味觉缺失、流眼泪、流口水。结果欧阳八四用几根长长细细亮亮的银针，在患者的脸和脖子上左扎扎，右戳戳，一星期后患者不流口水了，歪斜的口角、眼角也有些能动了，两星期后彻底康复。

这可把从没见过针灸的桑岛居民给震惊了，他们纷纷找欧阳八四看病，都知道这位中国"神医"不开药不开刀，在身上扎几根针就能把病治好，就像变魔术一样。一次，有位腰椎间盘突出的患者到中国医疗队找欧阳八四看病，他右侧下肢剧烈疼痛，走路受到影响，坐卧也不舒服，服用了多种药物，效果都不明显。欧阳八四在患者腰部和下肢进行针灸后，病人的疼痛顿时消失，还能下地走路。第二天来复诊时，他告诉欧阳八四，昨天终于睡了个踏实觉。经过10次针灸，患者也基本康复了。"中国神针，OK！"欧阳的助手，一个纯粹的黑人小伙干脆跟着欧阳学起了中文。

抗疟神药青蒿素

从中医药中发掘而来的复方青蒿素抗疟药品，是中非医药卫生合作最耀眼的亮点。自20世纪90年代起，中国人将青蒿素带到了非洲，已经挽救了

4000 万非洲人的生命。现在，青蒿素已经成为非洲和世界许多地方治疗疟疾的首选药物。

科摩罗卫生部部长穆萨·马胡马表示，感谢中国医疗卫生人员！得益于中国医疗卫生人员的帮助，科摩罗正在逐渐消除疟疾。他说，广州中医药大学青蒿素抗疟团队在科摩罗实施了复方青蒿素快速清除疟疾项目，该国 3 个主要岛屿中的 2 个岛屿已经完全消除疟疾。相关工作仍在继续。"过去，疟疾一直折磨着科摩罗人，现在这一疾病将远离我们。"马胡马说，这一项目还将促进经济社会发展，"过去我们 90% 的卫生支出都是花在治疗疟疾上面，现在这一数字连 10% 都不到"。

塞内加尔卫生部长埃娃·塞克表示，中方向塞方捐赠的几批抗疟药物，有力支持了塞内加尔的国家抗疟项目。这些抗疟药物是复合成分青蒿素类抗疟药，受到了世界卫生组织的推荐。"我们真切地认为这些抗疟药很重要，希望能够继续用它为塞内加尔人民造福。"

多年来，中国还为非洲援建了 30 个抗疟中心，并派巡回防治专家为非方医务人员进行培训指导。

助力非洲抗疫

2014 年，几内亚、利比里亚和塞拉利昂三个西非国家埃博拉疫情变得非常严重。为此，中国先后派出 16 批临床和公共卫生专家组赶赴疫情国，累计派出各类人员共计 27 个团组，超过 1200 名中国医护人员和公共卫生专家前往西非疫区。同时，中国还先后提供了 4 轮总价值 7.5 亿元人民币的紧急援助。中国派出的医疗队伍，以及提供的医疗物资，为西非最终战胜疫情发挥了重要作用。中国全力帮助非洲抗击埃博拉疫情，与非洲人民共渡难关。在那个炎热而紧张的夏天，"中国医生"与西非人民始终并肩奋战，不仅赢得了埃博拉阻击战的胜利，更使彼此成为最亲密的朋友。2020 年，新冠疫情在非洲出现后，中国援非医疗队也发挥了重要作用。

中国医疗队后继有人

1985 年，中国援中非医疗队队员程纪中在中非因公殉职，时年 17 岁的儿子程军经历了丧父之痛后立志学医，并于次年考上了医学院，5 年后成为一名脑外科医生。2000 年，程军继承父亲遗志，毅然参加了援外医疗队，成为第 9 批援中非医疗队队员。

程军并不是唯一追寻父亲足迹的中国援外医疗队队员。同样受着父亲感召的黄玫是中国第 15、第 18 批援马达加斯加医疗队队员，其父亲曾在马达加斯加从事过 4 年的援外医疗工作。因此，医疗队去了一批，又回来一批，但后继队员如有根之水源源不断。

中国第 24 批援马里医疗队总队长宋柏杉表示，在他们这支医疗队里有 3 次参加援非医疗事业的医生，也有父女两代人援非。中国援非医疗队延续着中非之间的传统友谊，并在中非合作的大背景下继续前行。

葬于埃塞俄比亚季马市巴吉村的梅庚年医生，是中国援非医疗队第一位殉职的队员。1974 年 3 月，梅庚年率领中国首批援埃塞俄比亚医疗队来到季马市巡回诊疗，帮助很多村民恢复了健康，深受当地村民爱戴。梅庚年于 1975 年 8 月 11 日不幸殉职，季马市巴吉村的村民提供了墓地，分别用中文、英文、阿姆哈拉文树立了 3 块大理石墓碑来纪念他。村民泽乌迪几十年来一直义务守护着梅庚年的陵墓。泽乌迪去世之后，其女儿又义无反顾地继承了这一义举。每年清明节都有中国人来到梅庚年陵墓前凭吊，2018 年，中国政府为巴吉村修建了一条公路，这条公路被命名为"梅庚年路"。

1991 年第 7 批援埃塞俄比亚医疗队的队长正是梅庚年医生的学生。2021 年中国援埃塞俄比亚第 22 批医疗队队员姚庆东医生介绍说，自己的岳父曾在 1991 年担任中国第 7 批援埃塞俄比亚医疗队队长，他在家里多次说起要传承梅庚年医生的国际主义精神和人道主义信念。受岳父的影响，姚庆东也加入了中国援非医疗队，来到了埃塞俄比亚。

在非洲感受"人类命运共同体"理念

杨彦涛

作者简介：

杨彦涛，布基纳法索中华总商会会长，布基纳法索中国和平统一促进会会长，尼日利亚华商联合会名誉会长，坦桑尼亚浙江商会名誉会长，邯郸市侨联海外顾问。

2013 年 3 月 22 日至 30 日，习近平在当选中国国家主席后开始了他的首次出访，先后访问了俄罗斯、坦桑尼亚、南非以及刚果（布）。

俄罗斯是习近平主席此行访问的第一个国家。2013 年 3 月 23 日，习主席在莫斯科国际关系学院发表题为《顺应时代前进潮流　促进世界和平发展》的演讲时，首次向世界提出"人类命运共同体"理念和全球价值观。他说："这个世界越来越成为你中有我、我中有你的命运共同体，和平、发展、合作、共赢成为时代潮流。"[①] 从这个表述可以看出，中国的外交政策是有连续性的，和平与发展是命运共同体的基础，应该在这个基础上实现合作共赢。

坦桑尼亚是习近平主席此行访问的第一个非洲国家。2013 年 3 月 25 日，习近平主席在坦桑尼亚议会发表了题为《永远做可靠朋友和真诚伙伴》的演讲，

[①] 《国家主席习近平在莫斯科国际关系学院的演讲（全文）》，中华人民共和国中央人民政府，2013 年 3 月 24 日，https://www.gov.cn/ldhd/2013-03/24/content_2360829.htm? eqid=a8257b8d00060dc300000003645a0fbf，最后访问日期：2023 年 5 月 26 日。

阐述中国政府的非洲政策。习主席指出："这段历史告诉我们，中非从来都是命运共同体，共同的历史遭遇、共同的发展任务、共同的战略利益把我们紧紧联系在一起。"① 习主席在这里提出的"中非从来都是命运共同体"，既是他对中非关系的高度概括，也是他对中非关系的高度赞赏。

"人类命运共同体"主张相互尊重、平等协商，以对话协商形式化解争端和分歧，对话而不对抗、结伴而不结盟，强调国与国之间地位的平等性，注重维护弱国、小国的权利，坚持多边主义，开创大国之间、大国与小国之间交往新路，希望以这个方式建设一个持久和平的世界。

随着"人类命运共同体"概念的广泛传播，这一理念在国际社会得到了越来越多的认可，并且先后被写入联合国决议、联合国安理会决议、联合国人权理事会决议等相关国际文件之中。2017年2月10日，联合国社会发展委员会第55届会议协商一致通过"非洲发展新伙伴关系的社会层面"决议，"构建人类命运共同体"理念首次被写入联合国决议中。

对于中国提出的"人类命运共同体"和"中非命运共同体"理念，无论是非洲领导人，还是非洲普通民众，都纷纷予以充分认同和高度评价。他们认为这种理念对维护世界和平具有积极作用，意义重大而深远，非常契合非洲和世界的现实需要和未来发展。

"中非命运共同体"理念已经在中非双方的历史和现实得到了验证，并将在未来继续得到验证。就像习近平主席所说的那样："中非人民在反殖反帝、争取民族独立和解放的斗争中，在发展振兴的道路上，相互支持、真诚合作，结下了同呼吸、共命运、心连心的兄弟情谊。""共同的历史遭遇、共同的发展任务、共同的战略利益把我们紧紧联系在一起。我们都把对方的发展视为自己的机遇，都在积极通过加强合作促进共同发展繁荣。"②

南非总统拉马福萨表示："习主席提出构建人类命运共同体的理念，这

---

① 《永远做可靠朋友和真诚伙伴——习近平在坦桑尼亚尼雷尔国际会议中心的演讲（全文）》，中国共产党新闻网，2013年3月25日，http://theory.people.com.cn/n/2013/0326/c136457-20914243.html，最后访问日期：2023年5月26日。

② 习近平：《习近平谈治国理政》，外文出版社，2014，第304~305页。

着眼于未来，非常具有前瞻性。"吉布提总统盖莱更是赞不绝口："我觉得人类命运共同体是一个天才的想法，这对于世界来说是一种革新，它致力于在欧洲、亚洲、非洲人民之间营造和谐（氛围）。"加纳总统阿库福-阿多表示："习近平主席倡导的人类命运共同体理念，我们十分赞同。虽然我们来自不同国家不同种族，但是，既然我们同住在一个星球上，我们就应该团结一致，这样才能共筑美好的未来。"

塞内加尔总统外交顾问邓巴·巴表示："一带一路"项目在基础设施领域为非洲未来的发展提供新的动力，双方的合作是互利的，且愈发丰富。塞中、非中的命运共同体将因"一带一路"合作的延伸而更加牢固。

由此可见，包括非洲政要在内的非洲各界人士，不仅非常认同"中非命运共同体"和"人类命运共同体"理念，以及"一带一路"倡议，而且相信它们能增进中非友谊与合作，进而推动非洲的经济发展和社会进步。同时，他们也相信这种理念和倡议有利于人类和世界的现在和未来。

自从"中非命运共同体"和"人类命运共同体"理念，以及"一带一路"倡议提出之后，中非友好合作关系在原有基础上又有了更大、更好的发展，至今仍然保持着良好的发展势头。中国自己的实际行动，践行"中非命运共同体"和"人类命运共同体"理念，以及"一带一路"倡议，而且非常重视非洲。例如，习近平担任中共中央总书记和中国国家主席后，至2021年，已经四次赴非洲访问，分别访问过坦桑尼亚、南非、刚果（布）、津巴布韦、埃及、塞内加尔、卢旺达、毛里求斯。习主席非常尊重非洲国家，称非洲国家是兄弟国家，经常在不同场合会见非洲国家领导人。中国外交部部长也将自己每年的第一次出访安排在非洲。非洲国家也从中受益。非洲社会各界也从中受到了鼓舞。这些行动使他们对中非合作的前景和非洲的未来更加看好，对"人类命运共同体"和"中非命运共同体"理念也更加充满信心。

2015年，主题为"中非携手并进：合作共赢、共同发展"的中非合作论坛约翰内斯堡峰会举行。这是中非合作论坛第一次在非洲大陆举办的峰会。习近平主席和南非总统祖马共同主持了峰会。习主席在峰会开幕式上发表了题为《开启中非合作共赢、共同发展的新时代》的致辞，并作总结讲话。习近平主席表示："中非历来是命运共同体。共同的历史遭遇、共同的奋斗历程，让中非人民结下了深厚的友谊。""中非友好历久弥坚、永葆活力，其根本原因就在于双方始终坚持平等相待、真诚友好、合作共赢、共同发展。中非永远是好朋友、好伙伴、好兄弟。"① 峰会通过的《中非合作论坛约翰内斯堡峰会宣言》表示，"支持加强南南合作，坚信中非合作是南南合作的典范"。中国致力于支持非洲实施《2063 年议程》及其第一个十年规划和"非洲发展新伙伴计划"，认为"上述规划对非洲谋求和平、稳定、一体化、增长和发展十分必要"。

2018 年 9 月，中非合作论坛北京峰会举行。这次峰会的主题为"合作共赢，携手构建更加紧密的中非命运共同体"。习近平主席在峰会开幕式上所作的题为《携手共命运 同心促发展》的主旨讲话中表示："中国是世界上最大的发展中国家，非洲是发展中国家最集中的大陆，中非早已结成休戚与共的命运共同体。我们愿同非洲人民心往一处想、劲往一处使，共筑更加紧密的中非命运共同体，为推动构建人类命运共同体树立典范。"②

2018 年中非合作论坛北京峰会协商一致通过了《关于构建更加紧密的中非命运共同体的北京宣言》，表示"基于共同历史遭遇、发展任务和政治诉求，中非人民同呼吸、共命运，结下深厚友谊。一致承诺，加强集体对话，增进传统友谊，深化务实合作，携手打造更加紧密的中非命运共同体。""非洲是'一带一路'历史和自然延伸，是重要参与方。中非共建'一带一路'将为非洲发展提供更多资源和手段，拓展更广阔的市场和空间，提供更多元化的发展前景"③。

① 习近平：《论坚持推动构建人类命运共同体》，中央文献出版社，2018，第 295~296 页。
② 《习近平在 2018 年中非合作论坛北京峰会开幕式上的主旨讲话（全文）》，中华人民共和国中央人民政府，2018 年 9 月 3 日，https：//www.gov.cn/xinwen/2018-09/03/content_5318979.htm，最后访问日期：2023 年 5 月 26 日。
③ 《关于构建更加紧密的中非命运共同体的北京宣言（全文）》，中华人民共和国中央人民政府，2018 年 9 月 5 日，https：//www.gov.cn/xinwen/2018-09/05/content_5319301.htm，最后访问日期：2023 年 5 月 26 日。

对于中非合作论坛北京峰会及其取得的成果，包括习近平主席在会上的讲话等，与会的非洲国家领导人纷纷予以充分肯定和积极评价。津巴布韦总统姆南加古瓦提出："2018年中非合作论坛北京峰会是有史以来规模最大的，几乎所有非洲国家的元首或首脑都来了。这表明非洲各国领导人已经意识到了这才是非洲发展的必由之路。重要的是我们现在明确了要走向何方，我们正在一步步地走向全球化的愿景。在这个愿景里，每一个国家都应该占有一席之地，都能为世界作出贡献，这是我们努力的目标。"南非总统拉马福萨表示，中非合作论坛北京峰会是一个里程碑，中非关系已经进入了黄金时代，深化合作互利共赢，梦想正在变为现实。摩洛哥首相欧斯曼尼宣称，习近平主席这次历史性的讲话，宣告中非关系进入了新时代。

有些非洲国家领导人还从双边角度谈及自己国家与中国的关系及其发展前景。埃塞俄比亚总理阿比表示："在我们的发展过程中，中国一直是十分重要的战略伙伴。"纳米比亚总统根哥布说："中国一直是纳米比亚的'全天候'朋友。中国尊重我们，我们相互尊重，中国不像其他国家那样，我们的交流是平等的。"布隆迪总统恩库伦齐扎也说："中布关系是忠诚的，互信的，是以互相尊重为前提的共赢关系，这样的双边关系是非常难得的。"

如今，中非传统友好关系不仅基础扎实，而且仍在继续前行和深化。非洲大陆处处都留下了中非友好合作的痕迹，例如，双方合作建成或是在建的公路、铁路、港口、农田、医院、大坝，等等。这表明中非双方正在以实际行动努力构建"中非命运共同体"。独立民调组织"非洲晴雨表"调查显示，63%的非洲人将中国在非洲日益增长的存在视为"积极"或"相当积极"。

非洲侨界也是"人类命运共同体"和"中非命运共同体"的助推者，并在践行着相关理念，为此作出了自己的贡献。他们不仅在中非经贸合作、人文交流等方面发挥着独特和重要的作用，当中国和非洲发生自然灾害和病毒疫情时，也不忘慷慨解囊，奉献爱心，负起应有的责任，表现出应有的担当。

新冠疫情暴发后，莫桑比克华侨华人在第一时间捐款100多万元人民币，以支持中国抗疫。南非重庆商会在唐红会长带领下，在南非当地紧急寻找生产口罩的工厂，在采购到 50 万只医用口罩后，将其从速发往重庆。为了支援中国抗疫，非洲侨界甚至创造了"口罩航班"佳话。2020 年 2 月 3 日，一架从肯尼亚首都内罗毕起飞的中国南方航空公司 CZ634 航班载满医疗物资飞往广州。在航班座位上的不是乘客，而是放满了肯尼亚中华总商会、肯尼亚江苏商会等捐赠的 5000 多箱口罩和防护服等支援祖国抗疫的物资。

当新冠疫情袭击非洲时，那里的侨胞也将当地社区居民视为自己的兄弟姐妹，向他们和驻在国政府等有关方面捐赠了许多资金和物资，或是采取其他方式，支持非洲国家抗疫。他们有的直接捐钱，有的根据当地的需要捐赠粮食。有的华商企业因为疫情封控停工，但仍然继续给员工支付工资。无论是非洲华侨周报等当地华文媒体，还是非洲当地主流媒体，对于非洲侨胞的这些善意之举均有报道。

2020 年 5 月 18 日，习近平出席了第 73 届世界卫生大会视频会议，并在开幕式上发表了题为《团结合作战胜疫情共同构建人类卫生健康共同体》的演讲。一些非洲侨胞在聆听这个演讲后深有感触。同年 6 月，于洋、南庚戌、吴少康、严凡高、朱金峰和冯振宇等 50 位旅非侨领，联名发表了《就人类卫生健康共同体构建致海外华侨华人公开信》，提出"团结所有华人社团，守望相助。华人社区之间包括老侨和新侨，华人和华裔，中资企业和公派人员、留学生、劳务机构、滞留游客和探亲者等临时访问人员，信息共享，相互鼓励，相互帮助"。呼吁华侨华人"理解并尊重文化差异，不信谣，不传谣。在华人社区内部，在华人社区和其他族群社区之间，以及在中国和驻在国之间，因抗疫发生误解时，积极发挥桥梁作用消除误解。积极对接驻在国当地政府和媒体，为防疫工作营造良好氛围，理性而善意地维护中国国家形象和华人形象"。

其他内容篇

非洲人读《习近平谈治国理政》

谢燕申

作者简介：

  谢燕申，毕业于南京艺术学院，曾任江苏歌剧舞剧院乐团第一小提琴手及独奏演员，1989 年去多哥首都洛美教授小提琴，并从事非洲传统文化艺术的研究与收藏工作。现任多哥中国和平统一促进会会长，多哥华侨华人联谊会会长，几内亚湾非洲国际艺术博物馆馆长，多哥博物馆协会顾问。

  《习近平谈治国理政》一书在海外"圈粉"无数，有人将它一读再读，有人写下连篇笔记，还有人把它比作一扇窗户，甚至有非洲国家将这本书发给所有官员，人手一册要求学习。在非洲政界、学界和媒体界等，阅读过《习近平谈治国理政》一书和习近平的其他著述，并对其予以高度评价的数不胜数。

  非洲国家希望从中国的成功中汲取智慧，同为发展中国家的中国，对非洲国家谋求发展之心感同身受，乐于分享经验。中非治国理政经验交流，正成为双方合作的新亮点，如渐入佳境的协奏曲，汇入南南合作的主旋律，激荡起广泛的世界回响。

  肯尼亚总统肯雅塔在读了《习近平谈治国理政》斯瓦希里语版本之后表示："我受益很多。"

  2018 年 7 月 21 日，中国国家主席习近平在达喀尔同塞内加尔总统萨勒举行会谈。塞内加尔总统萨勒对习近平主席说："我很喜欢中国哲学，年轻时读过毛泽东主席著作和孔子著作，从中汲取了许多有益智慧。现在，我又从您这里学到了更多治国理政思想。"

2018 年 7 月，习近平主席访非期间，南非总统拉马福萨主动同习近平主席探讨执政党基层组织建设经验，并恳切邀请中国派代表到南非交流。卢旺达总统卡加梅对中国反腐、扶贫经验格外关注。

南非执政党非国大副总书记杜阿尔特表示，《习近平谈治国理政》集中记录了习近平提出的一系列重大治国理念和执政方略，全面系统回答了关于中国发展的重大理论和现实问题。她说，书中所阐述的中国坚持走和平发展道路的发展战略和外交政策对南非政府有重要借鉴意义，中国要把自己的机遇转变为世界的机遇，在与世界各国良性互动、互利共赢中开拓前进。南非也要与周边国家紧密合作，共同发展。

南非前总统府部长帕哈德说，习近平在书中详细阐述了政党、政府及人民群众之间的关系，多次强调改善民生、创新社会治理、加强法治权威等，这些都让人印象深刻。

"这本书太抢手了！"摩洛哥全国自由人士联盟政治局委员费拉里来到中国时得到一本法文版《习近平谈治国理政》，他说，"这本书介绍了习近平总书记的重要思想和中国发展的宝贵经验，我在摩洛哥时就久闻大名"。

毛里求斯社会主义战斗运动党青年书记胡雷拉姆说，可以在沉甸甸的著作里感受习近平总书记的治国理政思想。

加蓬前驻华大使艾玛纽艾尔·姆巴-阿洛在中国工作时曾见过习主席，在他的印象里，习主席非常开朗，平易近人。姆巴在认真研读《习近平谈治国理政》一书后，在加蓬最大的纸媒《团结报》上发表了书评。他说，习主席是一位杰出的政治家，有着广阔的视野。习主席深化改革的决心令人钦佩，关于中国梦的思想将把中国带到国际舞台更为重要的位置。

2018 年 7 月，中国共产党与世界政党高层对话会非洲专题会在坦桑尼亚举行，非洲近 40 个国家约 40 个政党和政治组织的近百名领导人与会。作为了解中国道路的重要著作,《习近平谈治国理政》成为参会政要炙手可热的案头读物。

利比里亚民主变革联盟主席莫卢感佩于中国共产党以人民为中心的发展思想。他认为,以人民为中心,道理看似简单,但是知易行难,这也正是中国共产党的伟大之处,非常值得非洲国家的政党学习。

肯尼亚执政党朱比利党总书记、肯尼亚不管部部长拉斐尔·图朱从 2018 年 6 月开始学中文,当年 9 月获得一本《习近平谈治国理政》。一年后,图朱表示:"我们从中国共产党的治国理政实践中认识到,要实现国家富强、民族团结和社会稳定,必须依靠一个强大的执政党,包括朱比利党在内的非洲各国执政党应该认真学习中国共产党全面从严治党经验。"图朱表示,朱比利党正努力加强与中国共产党的交流。该党计划成立党校,并派遣党员到中国学习中国共产党的治国理政经验。

此外,图朱对中国精准扶贫的成果和经验印象深刻。他说,非洲国家要实现脱贫目标,需要向中国学习经验,并且结合本国自身的条件制定扶贫政策。

刚果(布)总统萨苏曾多次访华,仅深圳就去过三次,见证了这座城市从渔村到现代化都市的华丽转身。如今,刚果(布)希望通过特区建设推进经济多元化,摆脱对石油的重度依赖,借鉴中国改革开放经验的刚果(布)黑角经济特区已在建设之中。

非洲大学学者安德鲁·恩多洛认为:"中国的经济特区模式最适合南非学习,因为中国当时依靠经济特区解决了发展中遇到的棘手问题,比如贫困与失业,这也正是南非目前面临的难题。"

南非人文科学研究理事会学者埃普丽尔表示,《习近平谈治国理政》对南非、非洲和世界都有重要借鉴意义。非洲国家应学习习近平在书中阐述的建立一个符合自己社会结构特点的发展战略。

南非金山大学国际关系学副教授、著名中国问题专家加斯·谢尔顿是南非最先阅读《习近平谈治国理政》英文版的人之一。他在短时间内一口气读完这本书,并认真做了笔记。之后,他总是不遗余力地向同行和学生推荐这本书，并告诫学生，西方媒体很多时候描述的不是真实的中国，要真正了解中国，最好去读《习近平谈治国理政》。

"这本书打开了了解中国的一扇窗户，可以帮助各国人民更好地读懂中国。"他进一步解释说，"这本书展现的是真实的中国，从中可以了解中国的追求、梦想和雄心壮志，它为人们了解中国的现在和未来架起了一座重要的桥梁。"

谢尔顿曾多次访问中国，撰写文章向南非人民介绍中国，并发起了"中国与非洲研究项目"。谢尔顿一直在思考中国取得巨大成就的原因，阅读完《习近平谈治国理政》后，他认为自己找到了答案。他说，习近平主席引用中国先哲的话说"治大国如烹小鲜"，这是很形象的说法，但要达到这个境界，必须要有高超的治国之道，而且要从中国实际出发。他说，中国领导人治国之道的核心是坚持走符合中国国情的发展道路，不盲目效仿西方，不受国际风云变幻左右，"这一点非常重要"。

谢尔顿指出，这本著作纠正了西方媒体对中国的误解，帮助读者了解一个真正的中国。他认为，习近平书中提到的中国梦与非洲和平稳定发展的战略是一致的。他说，《习近平谈治国理政》将使每一个希望了解中国改革与发展的读者受益匪浅。

埃及艾因夏姆斯大学中文系教授纳赛尔·阿卜杜·阿勒觉得《习近平谈治国理政》（第二卷）收录的习近平主席讲话极具划时代的世界意义，鲜明地提出全球治理的中国主张，其典型就是习主席在世界经济论坛 2017 年年会开幕式上的主旨演讲。2017 年年初，正值全球化与反全球化势力博弈激烈之时，习近平主席坚定地举起全球化大旗，反对保护主义，突出强调人类命运共同体意识，如一针强心剂、一颗定心丸。他的这一判断，也持续影响埃及人对世界的认知——在高度相互依存的这个时代，必须丢掉冷战思维，学会与曾经的敌人共处。正是出于相同理念，埃及近两年不遗余力地推动中东区域经济合作。

作为一位中文系教授，纳赛尔·阿卜杜·阿勒认为，从教学角度看，《习近平谈治国理政》是不可多得的经典中文教材。习近平主席的一系列重要讲话、文章、访谈等，形成了独具个性的风格，言简意赅，深入浅出，话题广泛，涵盖经济、政治、军事等多个领域。阿勒教授开设了《习近平谈治国理政》导读课程，主要面向研究生，他要求学生读中文原本。每学期下来，学生普遍反映收获很大。

2015 年 9 月 17 日，南非人文科学研究理事会在南非行政首都比勒陀利亚举办了《习近平谈治国理政》书评会。2017 年 12 月 5 日至 7 日，南非人文科学理事会和南非独立传媒集团合作举办了"习近平新时代中国特色社会主义思想研讨会暨《习近平谈治国理政》（第二卷）书评会"。研讨会的主题为"以人民为中心"和"建设美好中国、美好南非、美好非洲"。此次研讨会共吸引了约 500 名南非政府、学界、媒体界等人士参加。与会者畅所欲言，发表了自己对此书的看法和评价。

"这本书的价值超越了黄金。"南非公职和行政事务部部长费丝·穆坦比对《习近平谈治国理政》（第二卷）赞不绝口，"习近平新时代中国特色社会主义思想睿智深邃，不仅为中国也为世界勾勒出了未来发展轨迹，对南非及其执政党非国大均具有重要借鉴意义"。"人们会情不自禁被这本书中迸发的思想与观点所感染，当面对问题与挑战时，普通人只能叹息，而习主席则将之视为国家与社会的机遇。"

穆坦比认为，通过这本书，世界能够加深对中国哲学以及中国政府内政外交的认识，"我们将认真研读，从中汲取智慧和经验。"

穆坦比表示："我们从这本书中学到的一个重要经验就是，领导力来源于以人民为中心的发展思想。这与我在南非公职部倡议的'人民优先'有着相似的含义。"她引用书中的话说："人民对美好生活的向往，就是我们的奋斗目标。人世间的一切幸福都需要靠辛勤的劳动来创造。"①

穆坦比认为，尽管中国获得了巨大的力量和成就，但是中国依旧着力解决社会发展中的不足之处。习主席书中"以人民为中心"发展思想非常能够引起共鸣，指引行动。她非常欣赏书中的这句话："人民是历史的创造

---

① 习近平：《习近平谈治国理政》，外文出版社，2014，第 4 页。

者，群众是真正的英雄。人民群众是我们力量的源泉。"①

南非国民议会事务主席塞德里克·弗罗里克表示："中国共产党十九大刚刚结束，这是我们伟大的朋友和兄弟政党的里程碑。当前世界经济、政治都在变化之中，在这一背景下，我们更加需要决定性的领导力与国际协作。《习近平谈治国理政》（第二卷）对于中国共产党和中国人民，对于世界其他发展中国家都大有裨益。"

"这本书中的思想对于南非和非洲都非常有帮助，我们可以从习主席的思想中获得力量。"弗罗里克表示，这本书展示了中国外交政策的宽阔视野。中国正在承担更大的国际责任，开展更加活跃的外交行动。

南非人文科学理事会研究员亚兹妮·艾波尔在会上展示了她精心制作的演示文稿。她在文稿中反复提到一个问题：中国为什么成功？她表示，关于中国发展的答案就在这本书中。习近平新时代中国特色社会主义思想强调推动构建人类命运共同体，实现公平公正、共享繁荣、可持续发展。这一思想将为全球治理体系作出巨大贡献，因为其基本原则适用于国际社会，例如"以人民为中心"的发展思想、依法治国、社会主义核心价值观、人与自然和谐相处、人类命运共同体等。她说"这一思想是高效可行的，中国正在变得更加强大和繁荣，中国梦正在成为现实。"

艾波尔表示，"这本书提供了实践证明行之有效的真理，书中的思想将引领中国的发展。书中思想是一个国家繁荣发展必需之物，这本书是所有政党的一本卓越指南"。此外，艾波尔对"空谈误国，实干兴邦"深表赞同，认为南非可以从书中借鉴许多治国理政思想，例如进行南非特色的改革，不能盲目照搬照套西方经验。

南非金山大学教授、中国问题专家加斯·谢尔顿表示，他在3年前便认真阅读了《习近平谈治国理政》，并对中国和中国的发展有了更加深入的认识。他当时还将这本书介绍给了身边的朋友和学生。他表示，《习近平谈治国理政》（第二卷）出版，让他感到由衷的兴奋，书中展现了中国人民在中

① 习近平：《习近平谈治国理政》，外文出版社，2014，第5页。

国共产党带领下，开创未来、富国强民的宏伟图景。他盛赞道，这本书为全世界再一次带来了中国智慧与中国方案。最让他感到印象深刻的是"一带一路"倡议，他表示，"一带一路"将掀起下一个全球化浪潮，建立起一座通往合作与繁荣的桥梁，构建人类命运共同体。他说："这本书是了解中国的必读书，建议所有人都认真研读。"

南非独立传媒董事会执行主席伊克巴尔·瑟维认为，习近平主席是"当今罕见的思想家"。习近平新时代中国特色社会主义思想是毛泽东思想和邓小平理论传承和发展的结晶，是当代中国的马克思主义，不仅为实现中国梦和推进中国特色大国外交提供了基本方略和准则，也为迷茫失序的当今世界提供了思想引领，指明了新航向，为世界和平发展与繁荣贡献了中国智慧和中国方案，"具有普遍指导意义"。

"《习近平谈治国理政》阐释了'中国梦'和'世界梦'的关系，使我们更好地了解了中国人民追求睦邻友好和世界大同的理想，可以称得上是送给世界的一份大礼。"非洲华侨周报社社长南庚戌认为，"从字里行间我感受到习近平主席简明坦诚、风趣幽默的论述风格，但更重要的是看到了一个努力为人民创造幸福生活的高尚的人。这正是当今世界需要的领导人。"

"《习近平谈治国理政》不仅仅是关于治国理政，更重要的是，它代表了一整套的可以用于建立持久秩序的思想体系。世界需要思想体系，以灵活应对各国和世界面临的挑战。"世界百家姓总会秘书长严凡高说，"近年来，中国的实力上升了，在国际舞台上展现出了大国领导力。中国对非洲的援助、投资等为非洲的发展作出了重大贡献，这些让非洲读者更加迫切地想了解中国。非洲一直在寻找出路，现在将目光聚焦到中国经验和中国道路上。正是出于这种目的，非洲人如饥似渴地希望了解和学习中国。"

津巴布韦前教育部长费琼是一位华裔教育家。她表示："习近平主席关于发展的论述，不仅适用于中国，也给包括津巴布韦在内的许多非洲国家以启迪。"近年来，年逾古稀的费琼将精力投入到非中关系研究中，并于2015年出版新著《津巴布韦向东看》。

"习近平主席说，世界上没有放之四海而皆准的发展模式，各方应该尊重世界文明多样性和发展模式多样化。中国将继续坚定支持非洲国家探索适合本国国情的发展道路。这给我留下深刻印象。"费琼表示，每个国家都有独特的历史和现实，任何一种发展模式都不可能包治百病。对非洲国家来说，尤其应该思考、探索自己的发展道路。作为一名教育家，费琼始终认为，人的知识、想法和理念是影响一国发展道路的最重要因素。她建议非洲的政策制定者都来阅读《习近平谈治国理政》这本书，了解习近平主席的理念和价值观，从中国的发展轨迹中获得启发。她说，非洲国家应该学习中国的艰苦奋斗精神，走好自己的发展之路。"我相信，非洲梦的实现也不会遥远。"

《习近平谈治国理政》曾在非洲多个国家展销，2016年1月19日，在中国国家主席习近平即将到访埃及之际，以《习近平谈治国理政》为主推书的中国主题图书展销周在埃及开罗开幕。展出图书还包括《中国震撼》《三体》等，内容涵盖中国的政治、经济、文化等各个方面，且多为阿文版，力求使更多埃及读者感知中国历史文化，了解当代中国现状与未来发展道路。

2017年9月8日至10日，南非图书展在约翰内斯堡举行。在中国展台，《习近平谈治国理政》各语种版本放置在最显眼的位置。这是《习近平谈治国理政》一书再一次在南非展出，往来的读者、出版商络绎不绝。中国和非洲的经贸合作日益升温，商人、官员、公司职员、老师、学生等读者群都希望阅读到原汁原味、讲述真实中国的图书。"我喜欢这本书，这是更好了解中国的必读书。""从这本书，我们能够更好地了解中国的过去、现在和未来，这本书展示了中国的领导力。""读过这本书，我更爱中国了。"南非读者们纷纷在网上留言，为《习近平谈治国理政》点赞。

《习近平谈治国理政》（第二卷）收录了习近平在2014年8月18日至2017年9月29日期间的99篇重要著作，全书17个专题，涵盖了习近平新时代中国特色社会主义思想的发展脉络和主要内容，充分展现了习近平和中国共产党为推动构建人类命运共同体、促进人类和平与发展事业贡献的中国智慧和中国方案。它一面世便成为全球畅销书，中英文版发行后，三个月内全球发行量即突破 1000 万册。非洲大部分国家的读者阅读英文版，北非国家的读者阅读阿拉伯语版本，西部非洲国家基本上阅读法语版，肯尼亚则获得斯瓦希里语的编译出版权，斯瓦希里语是非洲主要语言，在东非和南部非洲有大量使用者。

2020 年夏天，《习近平谈治国理政》（第三卷）中英文版在毛里求斯学生书店上架销售，英文版在南非最大图书连锁店上架销售，并在南非最大的网上书店同步销售。还有埃及等非洲国家也启动了第三卷的销售。

2020 年 9 月 28 日，由北京周报非洲分社主办、环球广域传媒集团和南非独立传媒集团承办的《习近平谈治国理政》（第三卷）发行仪式和读书会在南非开普敦举行。

南部非洲中国与非洲研究所研究员克莱顿·哈兹韦内说："非洲需要发展，最关键是需要良政。习近平主席和中国的治国理政思想经验对于非洲有非常大的启迪意义。"

南非金砖智库理事会主席阿里·希塔斯是《习近平谈治国理政》（第二卷）的第一批"幸运读者"。"这是最通俗易懂、最接近实际的一本必读佳作，"希塔斯说，"通过阅读第一卷和第二卷，我对中国有了更深入的了解，对中国坚持走有自己特色的社会主义道路有了更深刻的体会。"

希塔斯长期研究中国，阅读了大量有关中国的书籍。他说，阅读《习近平谈治国理政》第一、第二卷后，给他印象最深的是习近平对中国人民的深厚感情。"人民至上，是习近平新时代中国特色社会主义思想的精髓。这说明中国共产党始终坚持以人民为中心，为人民谋福祉，这才是中国共产党的力量源泉。"

希塔斯曾多次访问中国。他说，通过在中国的亲身经历，他感受到，习近平的许多治国理念扎根于中国的土壤，与中国国情密切相关，反映了人民的心声，所以得到人民的广泛支持和拥护。

南非议员亚当斯表示，他对《习近平谈治国理政》（第三卷）以人为本的中心思想印象深刻。这凸显了中国政府和领导人的责任心，以及对人民的关怀之心，这点值得学习借鉴。

《开普时报》主编姆占西对中国近几年取得的发展成就表达了惊叹。他表示，《习近平谈治国理政》（第三卷）详细地介绍了中国政府的扶贫工作，在过去几十年里，中国让 8 亿多人口成功脱贫，并正在全民脱贫的道路上继续前行。他认为这个成就令人叹为观止。

除了《习近平谈治国理政》，包括政要在内的非洲读者还特别喜欢习近平的另外一本著作《摆脱贫困》。《摆脱贫困》是习近平30 年前在福建贫困地区宁德担任地委书记时的文章汇编。

2017 年 6 月，中非减贫发展高端对话会暨智库论坛在非盟总部召开，主题为"摆脱贫困、共同发展"，引起了不少非洲国家的官员、学者和媒体人士对《摆脱贫困》英法文版的热烈反响。

2018 年，几内亚总统孔戴表示，他年轻的时候就从毛泽东的著作中汲取革命精神，最近他阅读了习主席的《摆脱贫困》。"我非常喜欢这本书，这是了解中国的一本解码书，我很赞同习主席在这本书里阐述的观点，这些经验对于中国发展是非常重要的，对于非洲发展更有许多启迪。"

"我们从中国减贫巨大成就中学到的第一堂课，就是自力更生。"非洲联盟委员会主席法基对中国的辉煌成就给予高度评价，"在反殖民主义的时代，中国和非洲一样都很贫穷，中国也一直都是非洲的好伙伴。""我们需要投资，需要合作共赢的伙伴关系，非中经济合作是一个很好的选择。"

2021 年 3 月 29 日至 4 月 8 日，由中共中央宣传部指导中央广播电视总台摄制的八集专题纪录片《摆脱贫困》（法语版）在布隆迪国家电视台播出。这是该片完整法语版首次在海外播出。纪录片紧扣习近平总书记关于扶贫工作的重要论述，讲述党的十八大以来，现行标准下近 1 亿农村贫困人口全部脱贫，832 个贫困县全部摘帽的故事。此片在布隆迪当地民众中引起热烈反响。

布隆迪国家电视台台长恩达伊泽耶感谢中央广播电视总台授权布方播出此片，他表示，让百姓解决温饱问题、摆脱绝对贫困，这是中国已经实现的目标，也是布当前最紧要的任务。恩达伊施米耶总统和布政府正在带领布全体人民为实现"人人有所食，人人有所蓄"的目标而奋斗。

习近平扶贫理念对南非扶贫事业的启示

姒　海

作者简介：

姒海，中国侨联海外委员，南部非洲上海工商联谊总会名誉会长，南非好望角发展智库成员，已发表多篇中非合作的研究文章，对非洲华侨华人的安全和利益保护课题有长期的关注和研究。祖籍上海，华东理工大学自动化系学士学位，从事煤化工企业自动控制系统设计工作，1992 年移民南非，1996 年自主创业，成立多家贸易公司，曾在南非参选议员。

消除贫困是全球发展中国家共同面临的重要课题。以南非为例，当前南非的社会状况是大约一半（49.2%）的成年人口生活在贫困线以下。根据南非生活条件调查 2014/15 年的报告，46.1% 的南非男性生活在贫困上限值（The upper-band poverty line，UBPL）以下，有 52.2% 的妇女生活在贫困上限值以下。成人贫困人口最多的省份是林波波省（67.5%）、东开普省（67.3%）、夸祖鲁-纳塔尔省（60.7%）和西北省（59.6%），这四个省份均有超过一半的人口生活在贫困中。无论采取何种衡量标准分析，一个广泛的共识是，40%~50% 的南非人可以归类为贫困人口。经历了漫长的种族隔离制度，高度不平等的资源投放导致了高度差异化的贫困现状，许多历史遗留因素使得南非减贫事业面临着巨大困难和挑战。

2020 年底中国脱贫攻坚战取得了全面胜利。在祝贺中国扶贫事业取得巨大成就的同时，全世界关注扶贫事业的人们也在思考一个问题：中国是如何取得这一伟大成就的？在研究中国扶贫经验的过程中，习近平扶贫理念成了理解、学习和领悟中国扶贫事业发展的一把钥匙。作为长期旅居南非的华人，我们对南非和非洲的社会和经济发展高度关注，研读习近平主席对中国扶贫工作的系列论述，对照南非和非洲其他国家在扶贫减贫事业上的发展现状，可以得到广泛的思想启发，继而有助于产生丰硕的理论成果。

坚持执政党的领导，为脱贫攻坚提供坚强政治和组织保证

非洲大陆自 20 世纪 90 年代初掀起多党制浪潮以来，绝大多数非洲国家已接受西方式的多党选举体制。以根本法的形式规定实行多党制和定期选举、政党为争取选票而竞争成为非洲各国普遍接受的制度模式。事实上即便是多党体制，许多非洲国家始终有一个政党主导国家权力，长期占据执政地位，稳定控制议会多数席位。但基于多党选举体制，为了维持政治上的主导地位，执政党往往把精力更多投入各类选举和形象工程建设，对减贫事业这类长期的发展目标缺乏执行能力，发展成果也往往乏善可陈。执政党在由革命者转换到统治者的过程中也逐渐滋生滥用权力和贪污腐败等一系列问题。

自成立之日起就一直以"穷困人民的代表"为宗旨的南非非国大党，在执政后实行带有重商主义色彩的"新自由主义经济政策"，导致了南非贫富两极分化严重的现实局面，招致了广泛的争议。虽然黑人中产阶层得以增长，但更多黑人的经济状况相比种族隔离政府时期却没有得到改善，他们依然挣扎在贫困线上。南非的政局境况是碎片化日益明显，经济发展滑坡，社会保障乏力，贫困人口日增，这对执政党的思想路线和组织建设都构成了严峻的挑战。

学习习近平扶贫理念，特别是关于扶贫攻坚事业的系列论述，可以看到习近平总书记一以贯之地强调切实加强中国共产党的领导和基层党组织的建设，落实执政党和政府的主体扶贫责任。"我们强化中央统筹、省负总责、

市县抓落实的工作机制，构建五级书记抓扶贫、全党动员促攻坚的局面。我们执行脱贫攻坚一把手负责制，中西部 22 个省份党政主要负责同志向中央签署脱贫攻坚责任书、立下'军令状'，脱贫攻坚期内保持贫困县党政正职稳定……鲜红的党旗始终在脱贫攻坚主战场上高高飘扬。"[①]

包括南非学者在内的许多外国研究人员，对通过加强执政党的领导来促进减贫事业不以为然。其实，南非执政党非国大的组织结构也是从基层的选区、市、省到中央的形式，和南非的国家政权体系相吻合，这与中国的政体相比有许多相似的结构，学习中国的党建经验不能说没有客观基础。

学习借鉴中国扶贫攻坚经验，关键在于把坚持党的领导，为脱贫攻坚提供坚强政治和组织保证这条宝贵经验融会贯通，这样才能抓好以村党组织为核心的村级组织配套建设，把基层党组织建设成为带领群众脱贫致富的坚强战斗堡垒。集中精锐力量投向脱贫攻坚主战场，选派驻村工作队、第一书记和驻村干部，乡镇干部，以及数百万村干部一道奋战在扶贫一线等，让扶贫队伍的组织和建设能力发挥出来。这是扶贫事业中一个很重要的思想成果，值得借鉴。

始终坚持强化社会合力

形成减贫工作社会合力是南非政府念兹在兹的一件事情。南非政府的《贫困和不平等报告》(*The Poverty and Inequality*，PIR) 对贫困人群，以及政府、司法机构、非政府组织和公民社区这样纵向的减贫机构的作用和功能都作出了广泛的定义，但实际的操作结果却不尽人意。调研分析得出的结论是，不同政府部门之间的角色和责任混淆使合作治理贫困的前景很不理想。国家机构缺乏对个人，特别是穷人和被边缘化群体的有效治理。除非政党系统、群众参与机制、行政管理机制、司法和政府机构能够受到问责措施的有效鞭策，否则民主改革不一定能帮助穷人。同样，宏观经济改革也不一定能

[①] 习近平：《习近平谈治国理政》（第四卷），外文出版社，2022，第 133~134 页。

帮助穷人，市场机制需要通过更完善的制度设计来保障穷人的权益。

有关的部门消耗了大量国家和省级预算。南非政府委托院校和智库机构，对其在教育和培训、卫生健康、艾滋病和其他传染病防治、社会保障和犯罪预防等多个领域的政策和措施的有效性进行评估，得到的结论是：政府的有关部门消耗了大量国家和省级预算，还享受了来自海外的发展援助，然而贫困人群——农村人尤其是女性和年轻人，要么根本没有接受服务，要么只接受了严重不足的服务。这些部门显然需要重新确定优先级和分配方案。尽管相关部门都制定了相关政策方向，但实施极不完整。在许多情况下，强大的特权阶级阻碍了资源的分配，贫困人群只获得预算的一小部分。

相比之下，习近平主席一贯强调要调动各方力量，加快形成全社会参与的大扶贫格局。脱贫致富不仅仅是贫困地区的事，也是全社会的事。要更加广泛、更加有效地动员和凝聚各方面力量。要强化东西部扶贫协作。近些年来，中央和国家机关各部门、人民团体等承担定点扶贫任务的单位，围绕扶贫做了不少事情，为扶贫开发作出了重要贡献。要研究借鉴其他国家成功做法，创新我国慈善事业制度，动员全社会力量广泛参与扶贫事业，鼓励支持各类企业、社会组织、个人参与脱贫攻坚。

南非执政党和政府已经意识到通过社会合力来贯彻、实施减贫政策的重要性。要想成功实施减轻贫困和不平等的目标，就要保障现有机构的有效性和公平运作。

坚持精准扶贫方略，用发展的办法消除贫困根源

南非政府一直在研究减少贫困和不平等的综合战略。主流的研究观点认为，减贫的综合战略应该包括将经济增长与社会发展联系起来、资产再分配、市场改革、空间开发和体制改革这五个主要方面。南非政府的《贫困和不平等报告》讨论稿认为，根据贫困的多维性，反贫困框架要锚定在九个支柱上：①创造经济机会。旨在确保贫困家庭有机会通过工作或自学获得更高的就业收入。②人力资本投资。将贫困人群所需的医疗保健、教育和培

训服务融入经济和政治进程。③收入保障。为最弱势群体提供社会保障，主要是提供社会补助金，确保贫困家庭不会因为残疾、年龄和疾病陷入贫困。④基本服务和其他非金融转移。这也被称为社会工资，包括向弱势群体提供住房补贴，提供水、电和卫生等最低基本生活服务。⑤改善医疗保健。确保贫困儿童健康成长，提供优质服务和有效的疾病预防和治疗护理，确保疾病或残疾不会使贫困家庭陷入深度贫困。⑥资产的可获得性，尤其是住房、土地和资本，包括公共基础设施资产。既要改善经济和社会保障，又要提供长远的经济活动参与机会。⑦社会包容和社会资本举措。确保更加包容和融合的社会，基于跨阶级和种族的社会融合，加强社会资本参与。特别是为穷人扩大他们的网络，确保他们拥有获取信息的能力。⑧环境可持续性。需要建立有助于保护穷人且健康的经济机会生态系统、扭转环境退化趋势和促进生态改善。⑨善治。直接干预信息的提供，促进参与性、减贫政策和健全的宏观经济管理。巩固法治。确保公共资金合理使用，鼓励共享经济增长，促进有效和高效的公共服务。

总体而言，南非的减贫理论更侧重于建立社会保障机制。但这种输血式扶贫的思路近十年来越来越面临不可持续的问题。一方面，由于近年来经济增长放缓、失业和通货膨胀等原因，申请社会补助金的人口和家庭在持续上升，政府财政相当紧张；另一方面，补助金未能培养出贫困家庭主动脱贫能力，不具有长期可持续减贫效应。

中国的扶贫方略是精准扶贫。习近平总书记始终强调，脱贫攻坚，贵在精准，重在精准。坚持对扶贫对象实行精细化管理、对扶贫资源实行精确化配置、对扶贫对象实行精准化扶持，建立全国建档立卡信息系统，确保扶贫资源真正用在扶贫对象上、真正用在贫困地区。坚持开发式扶贫方针，坚持把发展作为解决贫困的根本途径，改善发展条件，增强发展能力，实现由"输血式"扶贫向"造血式"帮扶转变，让发展成为消除贫困最有效的办法、创造幸福生活最稳定的途径。①

---

① 习近平：《习近平谈治国理政》，外文出版社，2022，第135页。

具体而言，中国的精准扶贫方案是，建立全国建档立卡信息系统，摸清贫困人口数量，确定合理的脱贫目标，即到 2020 年，稳定实现农村贫困人口不愁吃、不愁穿，义务教育、基本医疗和住房有保障。实现贫困地区农民人均可支配收入增长幅度高于全国平均水平，基本公共服务主要领域指标接近全国平均水平。实施"五个一批"工程，对不同情况，不同原因的贫困人口分门别类，精确脱贫。这些宝贵经验都是值得南非和非洲国家学习借鉴的。

精准扶贫是中国方案对世界扶贫事业的重要贡献。联合国秘书长古特雷斯表示，精准扶贫是帮助贫困人口、实现 2030 年可持续发展议程设定的宏伟目标的唯一途径，中国的经验可以为其他发展中国家提供有益借鉴。

携手消除贫困，共建"人类命运共同体"

进入 21 世纪以来，国际减贫合作目标从"千年发展目标"迈进到"2030 年可持续发展目标"。联合国社会发展研究院（United Nations Research Institute for Social Development UNRISD）的《反对贫困和不平等报告》分析了反贫困领域普遍存在的几个迷思。第一，注重贫困人群匮乏状况的应对，忽略对导致贫困根本原因的探究，所以无法遵循相应的因果顺序进行治理，出台的政策往往治标不治本。第二，陷于反贫困政策可以单兵突进的思维定式，脱离经济社会的整体发展制订反贫困政策，结果，分散的社会政策往往导致与减少贫困目标相反的后果。第三，反贫困事业是花钱的，不具有生产性。这种思维将贫困人口视为一种需要采取区别政策的"剩余"群体，而没有看到，他们的能力成长与宏观社会层面的健康发展有密切联系。

2011 年，南非政府推出了《国家发展规划愿景 2030》，该计划对减贫和不平等问题提出了多项举措，包括：引入积极的劳动力市场政策和增加就业的激励措施，特别是对于年轻人和相对低技能的人；加强初级卫生保健服务，扩大以地区为基础的健康计划；扩大福利服务和公共就业计划，使国家能够服务并支持贫困社区；推出营养计划和措施帮助贫困孕妇和儿童；提高表现不佳的学校和教育与培训学院的教育质量；推广混合住房战略等紧凑的城市发展计划，以帮助人们进入公共空间和设施；投资公共交通，为低收入家庭提供流动便利性，等等。

2020 年南非发布的《国家发展规划 2015—2020 年报告》对减贫现状是这样描述的：流行病和社会危机使贫困再次呈上升趋势，不平等现象非常持久，并且随着时间的推移保持不变。史无前例的新冠疫情大流行削弱了弱势群体，并有可能使其陷入人道主义危机。在经济疲软情况下失业率创新高，黑人妇女和青年是最大的受害人群。健康不平等在公共和私人卫生服务之间非常明显。最贫困家庭的社会工资过低、空间不平等的挑战依然存在。这些情况助长了社会分歧、犯罪和高风险行业。因此，政府部门在社会保障领域仍然需要加强认识、制订合理有效的减贫方针、确保政策的有序落实。

在全球贫困状况依然严峻、一些国家贫富分化加剧的背景下，中国提前 10 年实现联合国 2030 年可持续发展议程减贫目标，赢得国际社会的广泛赞誉。随着包括减贫惠农工程在内的"九项工程"的提出，向贫困、不平等和不发达宣战已成为中非合作论坛下阶段合作的目标。习近平扶贫理念对南非和非洲国家扶贫事业启示深远。在中非合作论坛机制框架下，中南、中非之间必将加强扶贫和治国理政经验交流，以推动经济合作和社会发展，实现各国共同繁荣。

新时代与精神的力量

陈克辉

作者简介：

陈克辉，中国侨联海外委员，莱索托中国和平统一促进会会长，莱索托华人警民合作中心主任，世界百家姓总会副会长兼陈氏委员会主席。

2013 年 3 月 17 日，习近平在十二届全国人民代表大会第一次会议上当选中华人民共和国国家主席后，他在讲话中指出，"实现中国梦必须弘扬中国精神。这就是以爱国主义为核心的民族精神，以改革创新为核心的时代精神。这种精神是凝心聚力的兴国之魂、强国之魂。爱国主义始终是把中华民族坚强团结在一起的精神力量，改革创新始终是鞭策我们在改革开放中与时俱进的精神力量。全国各族人民一定要弘扬伟大的民族精神和时代精神，不断增强团结一心的精神纽带、自强不息的精神动力，永远朝气蓬勃迈向未来"[1]。

5000 多年灿烂文明，170 多年不屈抗争，70 多年高歌行进，是什么给了中华民族取之不尽的动力？是什么给了我们国家绝处逢生的支撑？从大禹治水、愚公移山到全民抗战、抗击新冠疫情，各种精神力量汇聚成强大的中

---

① 《习近平在第十二届全国人民代表大会第一次会议上的讲话（2013 年 3 月 17 日）》，中国共产党新闻网：2013 年 3 月 18 日，http：//cpc. people. com. cn/n/2013/0318/c64094-20819130. html？zh=xzhxp，最后访问日期：2023 年 5 月 26 日。

国精神力量。

人无精神则不立，国无精神则不强。习近平主席说过，"精神是一个民族赖以长久生存的灵魂，唯有精神上达到一定的高度，这个民族才能在历史的洪流中屹立不倒、奋勇向前"①。习近平重视精神力量，近十年来，习近平主席阐述了 30 多种"中国精神"。

中国医疗队精神

2013 年，习近平主席在访问刚果（布）期间，首次提出了中国医疗队精神。

2013 年 3 月 30 日，在刚果（布）出席中刚友好医院竣工剪彩仪式时，习近平主席看望援刚的中国医疗队员，并与在医院工作的 21 名来自天津的中国医疗队队员一一握手，亲切询问他们的工作生活情况。

习近平主席深情地对中国医疗队员们说："你们不远万里来到刚果，用精湛的医术和高尚的医德，为刚果人民提供很好的医疗服务，得到刚果政府和人民的称赞，为祖国赢得了荣誉。我代表党和人民感谢你们，你们辛苦了！"②

习近平主席指出："援非医疗工作是一项艰巨而又光荣的任务，迄今已有 50 年历史。非洲很多地方环境恶劣，条件艰苦，疾病肆虐，缺医少药。中国医疗队员不畏艰难，以饱满的工作热情，帮助当地群众解除病痛，为增进中非友谊作出了重要贡献，无愧于白衣天使和友好使者称号。祖国人民始终没有忘记你们的默默奉献，近年来，有关部门努力改善援非医疗队工作和生活条件。"③

---

① 习近平：《习近平谈治国理政》（第二卷），外文出版社，2017，第 47~48 页。
② 《习近平为中刚友好医院竣工剪彩并出席图书馆启用仪式》，中华人民共和国中央人民政府，2013 年 3 月 31 日，https://www.gov.cn/guowuyuan/2013-03/31/content_2584845.htm，最后访问日期：2023 年 5 月 26 日。
③ 《习近平为中刚友好医院竣工剪彩并出席图书馆启用仪式》，中华人民共和国中央人民政府，2013 年 3 月 31 日，https://www.gov.cn/guowuyuan/2013-03/31/content_2584845.htm，最后访问日期：2023 年 5 月 26 日。

习近平主席强调："50 年来，中国医疗队不仅在为非洲人民服务方面作出了突出成绩，为祖国和人民赢得了无上荣誉，而且用自己的实际行动造就了一种崇高的中国医疗队精神，这就是不畏艰苦、甘于奉献、救死扶伤、大爱无疆。中国医疗队精神不仅是激励一代又一代医疗队员不懈奋斗的强大精神动力，也是我们民族精神的生动写照。希望你们增强责任感和使命感，继续发扬中国医疗队精神，继续发扬国际主义和人道主义精神，为帮助非洲改善医疗条件，促进中刚、中非友好作出新的更大贡献。祝大家身体健康、工作顺利、生活愉快。"①

当时，刚果（布）总统萨苏总统也在现场。他表示，中国医疗队员用奉献精神和高超医术，造福当地人民。刚果人民感谢中国。

伟大抗疫精神

新冠疫情是百年来全球发生的最严重的传染病大流行，是新中国成立以来中国遭遇的传播速度最快、感染范围最广、防控难度最大的重大突发公共卫生事件。

2020 年 9 月 8 日，全国抗击新冠疫情表彰大会在北京人民大会堂隆重举行。习近平总书记在大会上表示："在这场同严重疫情的殊死较量中，中国人民和中华民族以敢于斗争、敢于胜利的大无畏气概，铸就了生命至上、举国同心、舍生忘死、尊重科学、命运与共的伟大抗疫精神。"②

习近平总书记强调，同困难作斗争，是物质的角力，也是精神的对垒。伟大抗疫精神，同中华民族长期形成的特质禀赋和文化基因一脉相

---

① 《习近平为中刚友好医院竣工剪彩并出席图书馆启用仪式》，中华人民共和国中央人民政府，2013 年 3 月 31 日，https：//www.gov.cn/guowuyuan/2013-03/31/content_2584845.htm，最后访问日期：2023 年 5 月 26 日。

② 《习近平：在全国抗击新冠肺炎疫情表彰大会上的讲话》，中华人民共和国中央人民政府，2020 年 10 月 15 日，https：//www.gov.cn/xinwen/2020-10/15/content_5551552.htm，最后访问日期：2023 年 5 月 26 日。

承，是爱国主义、集体主义、社会主义精神的传承和发展，是中国精神的生动诠释，丰富了民族精神和时代精神的内涵。我们要在全社会大力弘扬伟大抗疫精神，使之转化为全面建设社会主义现代化国家、实现中华民族伟大复兴的强大力量。[①]

爱人利物之谓仁。回顾抗疫历程，中国人民深厚的仁爱传统和中国共产党人以人民为中心的价值追求得以集中体现。正如习近平总书记所说："为了保护人民生命安全，我们什么都可以豁得出来！"[②] 面对空前的疫情，超过 14 亿人口的大国，不遗漏一个感染者，不放弃每一位病患者，费用全部由国家承担，水不停，电不停，暖不停，通信不停，物资供应不断。

从耄耋院士到"90 后""00 后"，医无私，兵无畏，民齐心。中国人民风雨同舟、众志成城，构筑起疫情防控的坚固防线。一方有难，八方支援。"天使白""橄榄绿""守护蓝""志愿红"迅速集结。医护人员火速驰援、日夜奋战，部队官兵奋勇当先，广大科研人员奋力攻关，数百万快递员冒疫奔忙，环卫工人起早贪黑，新闻工作者深入一线，千千万万志愿者和普通人默默奉献……中国人民绘就了团结就是力量的时代画卷！

在这场没有先例可循的大考中，我们交上了令人赞叹的"中国答卷"。一步步异常艰辛的挺进，辉映着这场伟大斗争艰苦卓绝的历程。中华民族历史上经历过很多磨难，但从来没有被压垮过，而是愈挫愈勇，不断在磨难中成长、从磨难中奋起。

"我们秉承'天下一家'的理念，不仅对中国人民生命安全和身体健康负责，也对全球公共卫生事业尽责。"[③] 共克时艰，中国以行动诠释了为世界谋大同、推动构建人类命运共同体的大国担当。

---

① 《习近平：在全国抗击新冠肺炎疫情表彰大会上的讲话》，中华人民共和国中央人民政府，2020 年 10 月 15 日，https://www.gov.cn/xinwen/2020-10/15/content_5551552.htm，最后访问日期：2023 年 5 月 26 日。

② 习近平：《习近平谈治国理政》（第四卷），外文出版社，2022，第 99 页。

③ 习近平：《习近平谈治国理政》（第四卷），外文出版社，2022，第 100 页。

中华民族精神

中华民族精神是伟大创造精神、伟大奋斗精神、伟大团结精神、伟大梦想精神。

2018 年 3 月 20 日，习近平总书记在十三届全国人大一次会议上指出，中国人民是具有伟大创造精神的人民，中国人民是具有伟大奋斗精神的人民，中国人民是具有伟大团结精神的人民，中国人民是具有伟大梦想精神的人民。[①] 习近平总书记说："中国人民在长期奋斗中培育、继承、发展起来的伟大民族精神，为中国发展和人类文明进步提供了强大精神动力。"[②]

在几千年历史长河中，中国人民始终辛勤劳作、发明创造。今天，中国人民的创造精神正在前所未有地迸发出来，推动中国日新月异向前发展，大踏步走在世界前列，创造出一个又一个人间奇迹！

在几千年历史长河中，中国人民始终革故鼎新、自强不息。中国人民自古就明白，世界上没有坐享其成的好事，要幸福就要奋斗。今天，中国人民拥有的一切，凝聚着中国人的聪明才智，浸透着中国人的辛勤汗水，蕴涵着中国人的巨大牺牲。只要中国人民始终发扬这种伟大奋斗精神，就一定能达到创造人民更加美好生活的宏伟目标！

在几千年历史长河中，中国人民始终团结一心、同舟共济。中国取得的令世人瞩目的发展成就，更是全国各族人民同心同德、同心同向努力的结果。中国人民从亲身经历中深刻认识到，团结就是力量，团结才能前进，一个四分五裂的国家不可能发展进步，只有 14 亿多中国人民始终发扬这种伟大团结精神，才能够形成勇往直前、无坚不摧的强大力量！

在几千年历史长河中，中国人民始终心怀梦想、不懈追求。中国人民相信，山再高，往上攀，总能登顶；路再长，走下去，定能到达。今天，中国

---

① 新华社中央新闻采访中心编《直通两会 2018（视频书）》，人民出版社，2018，第 95 页。

② 中共中央党史和文献研究院编《十九大以来重要文献选编》（上），中央文献出版社，2019，第 387 页。

人民比历史上任何时期都更接近、更有信心和能力实现中华民族伟大复兴。

在抚今追昔之中，在继往开来之时，习近平主席以激昂的语调、饱满的情感，讲述我们的伟大民族精神，让人心潮澎湃、热血沸腾，更让人触摸到其中深沉的意蕴、丰厚的内涵。我们迎来了从站起来、富起来到强起来的伟大飞跃，中华民族前所未有地接近民族复兴的伟大梦想。

忆往昔，峥嵘岁月稠。思未来，扬帆但信风。我们的民族精神，必将在复兴征程上不断发扬光大，在实现中国梦的道路上如天行健、如地势坤。

革命精神

习近平总书记曾经表示："不忘初心，牢记使命，就不要忘记我们是共产党人，我们是革命者，不要丧失了革命精神。昨天的成功并不代表着今后能够永远成功，过去的辉煌并不意味着未来可以永远辉煌。"[①] 时代是出卷人，我们是答卷人，人民是阅卷人。要实现党和国家兴旺发达、长治久安，全党同志必须保持革命精神、革命斗志，勇于把我们党领导人民进行了100多年的伟大社会革命继续推进下去，决不能因为胜利而骄傲，决不能因为成就而懈怠，决不能因为困难而退缩，努力使中国特色社会主义展现更加强大、更有说服力的真理力量。

根据我个人的理解，革命精神包括建党精神、红船精神、井冈山精神、革命老区精神、长征精神、遵义会议精神、延安精神、抗战精神、西柏坡精神，等等。

建党精神。2021年7月1日，庆祝中国共产党成立100周年大会在北京天安门广场隆重举行。习近平总书记用32字概括伟大建党精神：坚持真理、坚守理想，践行初心、担当使命，不怕牺牲、英勇斗争，对党忠诚、不负人民。这32字，凝结着百年奋斗的伟大品格。世界上没有哪个政党像中国共

---

① 《以时不我待只争朝夕的精神投入工作　开创新时代中国特色社会主义事业新局面》，《人民日报》2018年1月6日，第1版。

产党这样，遭遇过如此多的艰难险阻，经历过如此多的生死考验，付出过如此多的惨烈牺牲。100 多年来，一代又一代中国共产党人顽强拼搏、不懈奋斗，涌现了一大批视死如归的革命烈士、一大批顽强奋斗的英雄人物、一大批忘我奉献的先进模范。中国共产党历经百年而风华正茂，饱经磨难而生生不息，凭的是革命加拼命的强大精神，凭的是敢于斗争、敢于胜利的强大精神。这些宝贵的精神财富跨越时空、历久弥新，深深融入我们党、国家、民族、人民的血脉之中。

红船精神。2005 年 6 月 21 日，习近平发表了《弘扬"红船精神"走在时代前列》一文，首次提出并阐释了"红船精神"。文中写道，红船是走在时代前列的象征，"红船精神"充分体现了走在时代前列的精神。开天辟地、敢为人先的首创精神，坚定理想、百折不挠的奋斗精神，立党为公、忠诚为民的奉献精神，是中国革命精神之源，也是"红船精神"的深刻内涵。[①]

井冈山精神。2016 年 2 月 1 日至 3 日，习近平总书记在江西看望慰问广大干部群众时指出，"井冈山是中国革命的摇篮。井冈山时期留给我们最为宝贵的财富，就是跨越时空的井冈山精神。今天，我们要结合新的时代条件，坚持坚定执着追理想、实事求是闯新路、艰苦奋斗攻难关、依靠群众求胜利，让井冈山精神放射出新的时代光芒"[②]。

苏区精神。2011 年 11 月 4 日，习近平在纪念中央革命根据地创建暨中华苏维埃共和国成立 80 周年座谈会上的讲话中表示，在革命根据地的创建和发展中，在建立红色政权、探索革命道路的实践中，无数革命先辈用鲜血和生命铸就了以坚定信念、求真务实、一心为民、清正廉洁、艰苦奋斗、争创一流、无私奉献等为主要内涵的苏区精神。[③] 这一精神既蕴涵了中国共产党人革命精神的共性，又显示了苏区时期的特色和个性，是中国共产党人政治本色和精神特质的集中体现，是中华民族精神新的升华，也是我们今天正

---

① 习近平：《弘构"红船精神"走在时代前列》，《光明日报》2005 年 6 月 21 日，第 A3 版。
② 冯俊：《百年大党与中国之治》，人民出版社，2021，第 17 页。
③ 陈燕楠主编《中共党史研究》，人民出版社，2014，第 206 页。

在建设的社会主义核心价值体系的重要来源。

长征精神。2016 年 10 月 21 日，习近平总书记在纪念红军长征胜利 80 周年大会上的讲话中强调，"伟大长征精神，就是把全国人民和中华民族的根本利益看得高于一切，坚定革命的理想和信念，坚信正义事业必然胜利的精神；就是为了救国救民，不怕任何艰难险阻，不惜付出一切牺牲的精神；就是坚持独立自主、实事求是，一切从实际出发的精神；就是顾全大局、严守纪律、紧密团结的精神；就是紧紧依靠人民群众，同人民群众生死相依、患难与共、艰苦奋斗的精神。伟大长征精神，是中国共产党人及其领导的人民军队革命风范的生动反映，是中华民族自强不息的民族品格的集中展示，是以爱国主义为核心的民族精神的最高体现"①。

遵义会议精神。2015 年 6 月 16 日，习近平总书记在贵州参观遵义会议会址和遵义会议陈列馆时表示，遵义会议作为我们党历史上一次具有伟大转折意义的重要会议，在把马克思主义基本原理同中国具体实际相结合、坚持走独立自主道路、坚定正确的政治路线和政策策略、建设坚强成熟的中央领导集体等方面，留下宝贵经验和重要启示。我们要运用好遵义会议历史经验，让遵义会议精神永放光芒。②

延安精神。2015 年 2 月 13 日至 16 日，习近平总书记在陕西考察时指出，老一辈革命家和老一代共产党人在延安时期留下的优良传统和作风，培育形成的延安精神，是我们党的宝贵精神财富。今天，全面从严治党要继续从延安精神中汲取力量。要把抓理想信念贯穿始终，提高辩证思维、系统思维能力，保持党同人民群众的血肉联系，始终为党和人民事业艰苦奋斗、不懈奋斗。③

抗战精神。2014 年 9 月 3 日，习近平总书记在纪念中国人民抗日战争暨世界反法西斯战争胜利 69 周年座谈会上的讲话中说道，在中国人民抗日战争的壮阔进程中，形成了伟大的抗战精神，中国人民向世界展示了天下兴

①　习近平：《在纪念红军长征胜利和周年大会上的讲话》，人民出版社，2016，第 8~9 页。
②　冯俊：《百年大党与中国之治》，人民出版社，2021，第 102 页。
③　冯俊：《百年大党与中国之治》，人民出版社，2021，第 17 页。

亡、匹夫有责的爱国情怀，视死如归、宁死不屈的民族气节，不畏强暴、血战到底的英雄气概，百折不挠、坚忍不拔的必胜信念。伟大的抗战精神，是中国人民弥足珍贵的精神财富，永远是激励中国人民克服一切艰难险阻、为实现中华民族伟大复兴而奋斗的强大精神动力。①

西柏坡精神。2013 年 7 月 11 日至 12 日，习近平总书记在河北省调研指导党的群众路线教育实践活动时指出，"毛泽东同志当年在西柏坡提出"两个务必"，包含着对我国几千年历史治乱规律的深刻借鉴，包含着对我们党艰苦卓绝奋斗历程的深刻总结，包含着对胜利了的政党永葆先进性和纯洁性、对即将诞生的人民政权实现长治久安的深刻忧思，包含着对我们党坚持全心全意为人民服务根本宗旨的深刻认识，思想意义和历史意义十分深远。全党同志要不断学习领会"两个务必"的深邃思想，始终做到谦虚谨慎、艰苦奋斗、实事求是、一心为民，继续把人民对我们党的"考试"、把我们党正在经受和将要经受各种考验的"考试"考好，使我们的党永远不变质、我们的红色江山永远不变色"②。

老区精神。2016 年 4 月 24 日，习近平总书记在安徽考察时指出，无论是革命战争年代还是改革开放新时期，老区人民为党和国家作出了巨大贡献。老区人民对党无限忠诚、无比热爱。老区精神积淀着红色基因。在今天奔小康的路上，老区人民同样展现出了强烈的奉献奋斗精神。老区精神可以根据地区名称予以标识，比如沂蒙精神、吕梁精神、照金精神等。习近平总书记在各地视察时曾先后表示，"革命胜利来之不易，主要是党和人民水乳交融，党把人民利益放在第一位，为人民谋解放，人民跟党走，无私奉献，可歌可泣啊！沂蒙精神要大力弘扬""照金精神在现在还是很适用的，当时老一辈无产阶级革命家能够在照金落脚，就是因为群众基础好，他们能够密切联系群众，这里的群众能够支持革命，现在我们党要依靠群众，要把照金精神传承好，发扬好，如果能做到这些的话，我们的事业就固若金汤了"

---

① 冯俊：《百年大党与中国之治》，人民出版社，2021，第 17 页。

② 《习近平在调研指导河北省党的群众路线教育实践活动时强调　充分调动干部群众积极性保证教育实践活动善做善成》，《人民日报》2013 年 7 月 13 日，第 1 版。

"革命战争年代，吕梁儿女用鲜血和生命铸就了伟大的吕梁精神。我们要把这种精神用在当今时代，继续为老百姓过上幸福生活、为中华民族伟大复兴而奋斗"①。

红岩精神。红岩精神是革命时期被俘中国共产党人的革命主义精神，其内涵也延伸到包括白区斗争精神。习近平总书记曾指出，"解放战争时期，众多被关押在渣滓洞、白公馆的中国共产党人，经受住种种酷刑折磨，不折不挠、宁死不屈，为中国人民解放事业献出了宝贵生命，凝结成'红岩精神'"②。

爱国主义精神

爱国主义是中华民族精神的核心。习近平总书记认为，"爱国主义精神深深植根于中华民族心中，是中华民族的精神基因，维系着华夏大地上各个民族的团结统一，激励着一代又一代中华儿女为祖国发展繁荣而不懈奋斗。五千多年来，中华民族之所以能够经受住无数难以想象的风险和考验，始终保持旺盛生命力，生生不息，薪火相传，同中华民族有深厚持久的爱国主义传统是密不可分的"③。

习近平总书记曾说："历史深刻表明，爱国主义自古以来就流淌在中华民族血脉之中，去不掉，打不破，灭不了，是中国人民和中华民族维护民族独立和民族尊严的强大精神动力，只要高举爱国主义的伟大旗帜，中国人民和中华民族就能在改造中国、改造世界的拼搏中迸发出排山倒海的历史伟力！"④

习近平总书记表示，"爱国主义是激励中国人民维护民族独立和民族尊严、在历史洪流中奋勇向前的强大精神动力，是驱动中华民族这艘航船乘风破浪、奋勇前行的强劲引擎，是引领中国人民和中华民族迸发排山倒海的历

① 《用鲜血和生命铸就伟大的吕梁精神》，《光明日报》2021年2月24日，第8版。
② 习近平：《论中国共产党历史》，中央文献出版社，2021，第32页。
③ 习近平：《论党的宣传思想工作》，中央文献出版社，2020，第177页。
④ 习近平：《论中国共产党历史》，中央文献出版社，2021，第240~241页。

史伟力、战胜前进道路上一切艰难险阻的壮丽旗帜！"①

革命精神的本质也是爱国主义精神，但革命精神主要在当代革命史的重大历史事件中呈现，民间称为红色文化。除此之外，爱国主义精神还包括嘉庚精神和南侨机工精神、抗美援朝精神、雷锋精神、焦裕禄精神、红旗渠精神、劳模精神、"两弹一星"精神、川藏青藏公路精神、中华体育精神、女排精神、抗震精神等。

嘉庚精神和南侨机工精神。陈嘉庚是抗战时期华侨爱国行动的主要领导人，组织华侨捐款，筹集物资，支援祖国抗击日本侵略。1939 年，他组织了 3193 名南洋华侨机工回国参与抗战，后来他还创办了集美大学。1999 年至 2002 年，时任福建省省长的习近平担任集美大学校董会主席。2014 年 10 月，在陈嘉庚 140 周年诞辰之际，习近平总书记给陈嘉庚创建的厦门市集美校友总会回信表示，希望广大华侨华人弘扬"嘉庚精神"，深怀爱国之情，坚守报国之志，同祖国人民一道不懈奋斗，共圆民族复兴之梦。②

抗美援朝精神。2020 年 10 月 23 日习近平总书记在纪念中国人民志愿军抗美援朝出国作战七十周年大会上的讲话中表示，"在波澜壮阔的抗美援朝战争中，英雄的中国人民志愿军始终发扬祖国和人民利益高于一切、为了祖国和民族的尊严而奋不顾身的爱国主义精神，英勇顽强、舍生忘死的革命英雄主义精神，不畏艰难困苦、始终保持高昂士气的革命乐观主义精神，为完成祖国和人民赋予的使命、慷慨奉献自己一切的革命忠诚精神，为了人类和平与正义事业而奋斗的国际主义精神，锻造了伟大抗美援朝精神。伟大抗美援朝精神跨越时空、历久弥新，必须永续传承、世代发扬"③。

雷锋精神。2014 年 3 月 4 日，习近平总书记在给"郭明义爱心团队"回信中写道，雷锋精神，人人可学；奉献爱心，处处可为。积小善为大善，善莫大焉。当有人需要帮助时，大家搭把手、出份力，社会将变得更加美

---

① 习近平：《论中国共产党历史》，中央文献出版社，2021，第 277 页。

② 本书编写组编著《闽山闽水物华新——习近平福建足迹》（上），人民出版社、福建人民出版社，2022，第 372 页。

③ 习近平：《论中国共产党历史》，中央文献出版社，2021，第 296~297 页。

好。我国工人阶级应该为全社会学雷锋、树新风作出榜样，让学习雷锋精神在祖国大地蔚然成风。①

焦裕禄精神。2014 年 3 月 18 日，习近平总书记在河南省兰考县委常委扩大会上的讲话中指出，"焦裕禄同志是人民的好公仆，是县委书记的榜样，也是全党的榜样。亲民爱民、艰苦奋斗、科学求实、迎难而上、无私奉献的焦裕禄精神，过去是、现在是、将来仍然是我们党的宝贵精神财富，永远不会过时"②。

红旗渠精神。2022 年 10 月下旬，习近平总书记在参观考察红旗渠时强调，"红旗渠精神同延安精神是一脉相承的，是中华民族不可磨灭的历史记忆，永远震撼人心"。"要用红旗渠精神教育人民特别是广大青少年，社会主义是拼出来、干出来、拿命换来的，不仅过去如此，新时代也是如此。"③红旗渠精神作为中国共产党人精神谱系在社会主义建设时期的具体形态，与社会主义核心价值观具有一致的价值意蕴，是深入开展社会主义核心价值观宣传教育，深化爱国主义、集体主义和社会主义教育的鲜活教材。

劳模精神（包括大庆精神、铁人精神等）。2020 年 11 月 24 日，习近平总书记在全国劳动模范和先进工作者表彰大会上强调，应大力弘扬劳模精神、劳动精神、工匠精神。"不惰者，众善之师也。"在长期实践中，我们培育形成了爱岗敬业、争创一流、艰苦奋斗、勇于创新、淡泊名利、甘于奉献的劳模精神，崇尚劳动、热爱劳动、辛勤劳动、诚实劳动的劳动精神，执着专注、精益求精、一丝不苟、追求卓越的工匠精神。劳模精神、劳动精神、工匠精神是以爱国主义为核心的民族精神和以改革创新为核心的时代精神的生动体现，是鼓舞全党全国各族人民风雨无阻、勇敢前进的强大精神动力。④

"两弹一星"精神。2020 年 4 月 23 日，习近平总书记在给参与"东方红一号"任务的老科学家的回信中写道，50 年前，"东方红一号"卫星发射成功，

① 《把雷锋精神代代传承下去——论中国共产党人的精神谱系之九》，《人民日报》2021 年 8 月 16 日，第 1 版。
② 习近平：《论中国共产党历史》，中央文献出版社，2021，第 35~36 页。
③ 《［理响中国］红旗渠精神永在》，求是网，2020 年 10 月 31 日，http://www.qstheory.cn/2022-10/31/c_ 1129090055.htm，最后访问日期：2023 年 9 月 15 日。
④ 习近平：《论中国共产党历史》，中央文献出版社，2021，第 42 页。

我在陕北梁家河听到这一消息十分激动。当年，你们发愤图强、埋头苦干，创造了令全国各族人民自豪的非凡成就，彰显了中华民族自强不息的伟大精神。老一代航天人的功勋已经牢牢铭刻在新中国史册上。不管条件如何变化，自力更生、艰苦奋斗的志气不能丢。新时代的航天工作者要以老一代航天人为榜样，大力弘扬"两弹一星"精神，敢于战胜一切艰难险阻，勇于攀登航天科技高峰，让中国人探索太空的脚步迈得更稳更远，早日实现建设航天强国的伟大梦想。[①]

川藏青藏公路精神。2014 年 8 月，习近平总书记就川藏青藏公路建成通车 60 周年作出重要批示："这两条公路的建成通车，是在党的领导下新中国取得的重大成就，对推动西藏实现社会制度历史性跨越、经济社会快速发展，对巩固西南边疆、促进民族团结进步发挥了十分重要的作用。"当年，10 多万军民在极其艰苦的条件下团结奋斗，创造了世界公路史上的奇迹，结束了西藏没有公路的历史。60 年来，在建设和养护公路的过程中，形成和发扬了"一不怕苦、二不怕死，顽强拼搏、甘当路石，军民一家、民族团结"的"两路"精神。新形势下，要继续弘扬"两路"精神，养好两路，保障畅通，使川藏、青藏公路始终成为民族团结之路、西藏文明进步之路、西藏各族同胞共同富裕之路。[②]

中华体育精神。2019 年 2 月 1 日，习近平总书记在考察北京冬奥会、冬残奥会筹办工作时说道，体育强则国家强，国家强则体育强。发展体育事业不仅是实现中国梦的重要内容，还能为中华民族伟大复兴提供凝心聚气的强大精神力量。[③] 我们要弘扬中华体育精神，弘扬体育道德风尚，推动群众体育、竞技体育、体育产业协调发展，加快建设体育强国。

女排精神。2019 年 9 月 30 日，习近平总书记会见中国女排代表时表示，"全面建设社会主义现代化强国，需要在各方面都强起来。实现体育强

---

① 王建蒙：《孙家栋画传》，人民出版社，2022，第 79 页。
② 《习近平就川藏青藏公路建成通车 60 周年作出重要批示　强调要弘扬"两路"精神　助推西藏发展》，《人民日报》2014 年 8 月 7 日，第 1 版。
③ 《［奋进新征程建功新时代］体育强则中国强》，光明网，2022 年 2 月 18 日，https：//m.gmw.cn/baijia/2022-02/18/35528430.html，最后访问日期：2023 年 9 月 15 日。

国目标，要大力弘扬新时代的女排精神，把体育健身同人民健康结合起来，把弘扬中华体育精神同坚定文化自信结合起来，坚持举国体制和市场机制相结合，不忘初心，持之以恒，努力开创新时代我国体育事业新局面"。①

抗震精神。2016 年 7 月 28 日，习近平总书记在河北省唐山市考察工作时说道，在党中央坚强领导和全国广大军民支持帮助下，唐山人民以顽强拼搏的精神投入抗震救灾和灾后恢复重建，在中华民族奋斗史上谱写了一部可歌可泣的壮丽诗篇。在同地震灾害斗争的过程中，唐山人民铸就了公而忘私、患难与共、百折不挠、勇往直前的抗震精神。这是中华民族精神的重要体现。我们今天要继续弘扬抗震精神，为实现全面建成小康社会奋斗目标、实现中华民族伟大复兴的中国梦注入强大精神力量。②

时代精神

时代精神以改革创新为核心，包括改革开放精神、特区精神、航天精神、丝路精神、中非友好合作精神、金砖国家合作伙伴精神等。

改革开放精神。40 年改革开放不仅是中国变革体制、融入世界、发展生产、积累财富的过程，更是中国人民在变革发展中解放思想、坚定信念、磨砺品格、淬炼精神的过程，不仅富足了人民的物质世界，更丰富了人民的精神世界，铸就了伟大的改革开放精神。人民是历史的创造者，人民是真正的英雄。中国人民在改革开放实践中铸就的伟大改革开放精神极大丰富了民族精神的内涵，已成为当代中国人民最鲜明的精神标识，必将为中国发展和人类文明进步提供强大精神动力。改革开放精神包括锐意进取、大胆探索的开拓创新精神，真抓实干、克难攻坚的砥砺奋进精神，同心同德、同向同行的团结奋斗精神，壮志满怀、奋发图强的追求梦想精神，独立自主、开放包容的合作共赢精神。

---

① 《习近平会见中国女排代表》，《人民日报》2019 年 10 月 1 日，第 2 版。
② 《习近平在河北唐山市考察时强调 落实责任完善体系整合资源统筹力量 全面提高国家综合防灾减灾救灾能力》，《人民日报》2016 年 7 月 29 日，第 1 版。

特区精神。2018 年 4 月 13 日，习近平总书记在庆祝海南建省办经济特区三十周年大会上发表讲话时表示："创办经济特区是我国改革开放的重要方法论，是经过实践检验推进改革开放行之有效的办法。先行先试是经济特区的一项重要职责，目的是探索改革开放的实现路径和实现形式，为全国改革开放探路开路。只有敢于走别人没有走过的路，才能收获别样的风景。经济特区要勇于扛起历史责任，适应国内外形势新变化，按照国家发展新要求，顺应人民新期待，发扬敢闯敢试、敢为人先、埋头苦干的特区精神，始终站在改革开放最前沿，在各方面体制机制改革方面先行先试、大胆探索，为全国提供更多可复制可推广的经验。"①

航天精神。习近平总书记 2016 年 4 月 24 日在首个"中国航天日"作出重要指示："探索浩瀚宇宙，发展航天事业，建设航天强国，是我们不懈追求的航天梦。"② 经过几代航天人的接续奋斗，我国航天事业创造了以"两弹一星"、载人航天、月球探测为代表的辉煌成就，走出了一条自力更生、自主创新的发展道路，积淀了深厚博大的航天精神。

丝路精神。2013 年，中国国家主席习近平提出共建丝绸之路经济带和21 世纪海上丝绸之路的重要合作倡议。伴随着"一带一路"倡议的提出，习近平主席将丝路精神概括为"和平合作、开放包容、互学互鉴、互利共赢"。

金砖国家合作伙伴精神。2014 年 7 月 15 日，习近平主席在出席金砖国家领导人第六次会晤时提出，要发扬金砖国家独特的"开放、包容、合作、共赢"的合作伙伴精神，坚定不移推动经济可持续增长，坚定不移形成全方位经济合作，坚定不移塑造有利外部发展环境，坚定不移提高道义感召力。

中非友好合作精神。2021 年 11 月 29 日，习近平主席出席中非合作论坛第八届部长级会议开幕式时发表演讲，提出了"真诚友好、平等相待，互利共赢、共同发展，主持公道、捍卫正义，顺应时势、开放包容"的中非友好合作精神。

---

① 习近平：《论中国共产党历史》，中央文献出版社，2021，第 191~192 页。
② 《航天探索：从航天大国迈向航天强国》，《光明日报》2022 年 10 月 10 日，第 5 版。

后　记

　　《非洲华侨华人眼中的新时代中国》是中国非洲研究院"新时代中国与非洲丛书"的一部。本书展现了非洲华侨华人对新时代中国建设的关心和支持，阐述了新时代中非关系的深入发展。随着中非经贸交往、人文交流和人员交际日益密切，在非华侨华人数量已超过百万。非洲华侨华人积极融入并参与驻在国经济社会建设，为非洲国家和非洲大陆的发展作出了重要贡献。希望本书的出版能够为加强新时代中国非洲研究、促进中非人文交流贡献学术力量。

　　非洲华侨华人是中非关系的重要桥梁和纽带。习近平总书记十分关怀海外侨胞，高度重视发挥华侨华人作用。在党的二十大报告中，习近平总书记向广大支持中国现代化建设的侨胞表示衷心的感谢，并殷切期望海外侨胞继续加强团结，为形成同心共圆中国梦发挥更大作用。总书记的讲话在海内外侨界引起广泛热议，非洲华侨华人纷纷表示将继续为推动中华民族伟大复兴贡献自己的力量，为建设中国式现代化发挥桥梁纽带作用。中国非洲研究院面向非洲华侨华人发起了征文活动，希望以此进一步推动中非之间的文化交流和民心相通，以进一步增进中非人民之间的相互了解和友谊。

　　征文活动得到了非洲华侨华人的积极响应，来稿选题涵盖了新时代中非友好合作与人文交流等多领域。我们从大量的来稿中精选了 32 篇征文，按照主题划分为中非友谊篇、中非合作篇、中非故事篇、中非交流篇、共情抗疫篇、命运共同体篇和其他内容篇。在征文中，非洲华侨华人说经历、谈感想，书写他们眼中的新时代中国、中非关系和中非命运共同体。这些充满真情实感的征文，读之令人感慨、催人奋进。

感谢社会科学文献出版社的领导和编辑所作出的贡献，你们的辛勤付出保证了本书的顺利出版。因能力所限，书中难免存在错漏之处，欢迎各位读者批评指正。

图书在版编目（CIP）数据

非洲华侨华人眼中的新时代中国／中国非洲研究院
主编；张梦颖，丁刚编.--北京：社会科学文献出版
社，2023.10
　　（新时代中国与非洲丛书）
　　ISBN 978-7-5228-2464-2

　　Ⅰ.①非…　Ⅱ.①中…　②张…　③丁…　Ⅲ.①中外关
系-研究-非洲　Ⅳ.①D822.34

　　中国国家版本馆CIP数据核字（2023）第167285号

新时代中国与非洲丛书
非洲华侨华人眼中的新时代中国

主　　编／中国非洲研究院
编　　者／张梦颖　丁　刚

出 版 人／冀祥德
责任编辑／宋　祺　宋琬莹　李明伟
责任印制／王京美

出　　版／社会科学文献出版社·国别区域分社（010）59367078
　　　　　　地址：北京市北三环中路甲29号院华龙大厦　邮编：100029
　　　　　　网址：www.ssap.com.cn
发　　行／社会科学文献出版社（010）59367028
印　　装／三河市尚艺印装有限公司

规　　格／开本：787mm×1092mm　1/16
　　　　　　印张：25　字数：370千字
版　　次／2023年10月第1版　2023年10月第1次印刷
书　　号／ISBN 978-7-5228-2464-2
定　　价／138.00元

读者服务电话：4008918866